国家社会科学基金教育学一般项目
"英国学校公民教育及其启示"(BEA140071)的研究成果

英国学校公民教育

CITIZENSHIP EDUCATION
IN BRITISH SCHOOLS

唐克军 ◎ 著

中国社会科学出版社

图书在版编目（CIP）数据

英国学校公民教育/唐克军著. —北京：中国社会科学出版社，2021.3
ISBN 978-7-5203-7832-1

Ⅰ.①英… Ⅱ.①唐… Ⅲ.①公民教育—研究—英国 Ⅳ.①D756.14

中国版本图书馆 CIP 数据核字（2021）第 022053 号

出 版 人	赵剑英
责任编辑	张　林
特约编辑	张　虎
责任校对	季　静
责任印制	戴　宽

出　　版	中国社会科学出版社
社　　址	北京鼓楼西大街甲 158 号
邮　　编	100720
网　　址	http://www.csspw.cn
发 行 部	010-84083685
门 市 部	010-84029450
经　　销	新华书店及其他书店

印刷装订	三河弘翰印务有限公司
版　　次	2021 年 3 月第 1 版
印　　次	2021 年 3 月第 1 次印刷

开　　本	710×1000　1/16
印　　张	25
插　　页	2
字　　数	381 千字
定　　价	148.00 元

凡购买中国社会科学出版社图书，如有质量问题请与本社营销中心联系调换
电话：010-84083683
版权所有　侵权必究

目　录

前　言 ……………………………………………………………（1）

第一章　英国学校公民教育的观念目标……………………（10）
　　一　民主与公民教育 ……………………………………（11）
　　二　正义与公民教育 ……………………………………（30）
　　三　权利与公民教育 ……………………………………（36）
　　四　责任与公民教育 ……………………………………（48）
　　五　多样性与公民教育 …………………………………（53）
　　六　团结与公民教育 ……………………………………（63）
　　七　公共善与公民教育 …………………………………（85）

第二章　英国学校公民教育课程……………………………（91）
　　一　旨在民主参与的英格兰公民课 ……………………（92）
　　二　平等取向的苏格兰公民教育 ………………………（113）
　　三　促进民族认同的威尔士公民教育课程 ……………（133）
　　四　追求和平的北爱尔兰公民教育课程 ………………（138）
　　五　"16岁后"的公民教育 ………………………………（146）

第三章　英国学校跨课程的公民教育………………………（152）
　　一　"跨课程"的含义与公民教育跨课程的方式 ………（154）
　　二　通过历史课的公民教育 ……………………………（173）
　　三　通过地理课的公民教育 ……………………………（183）

四　通过科学课的公民教育 …………………………………（192）

第四章　英国学校的包容性宗教教育 …………………………（202）
一　作为促进政治发展的宗教教育 …………………………（203）
二　作为促进精神发展的宗教教育 …………………………（218）
三　包容性宗教教育的方式 …………………………………（225）

第五章　英国学校的学生参与 …………………………………（257）
一　学校的民主文化 …………………………………………（260）
二　学生的班级参与 …………………………………………（267）
三　学生的学校参与 …………………………………………（272）
四　学生的社区参与 …………………………………………（289）

第六章　英国学校的全球公民与可持续发展教育 ……………（301）
一　世界主义公民与世界主义公民教育 ……………………（302）
二　英国学校的全球公民教育 ………………………………（320）
三　英国学校的可持续发展教育 ……………………………（335）

结　语 ……………………………………………………………（357）

参考文献 …………………………………………………………（376）

前　言

虽然我在进入比较思想政治教育或比较公民教育领域的时候，就接触到英国学校公民教育，并在我的《比较公民教育》一书中提及，不过，书中所涉及的内容基本上是英格兰学校公民教育。2011年8月我赴英国斯特林大学教育学院访学，正式拉开全面研究英国学校公民教育的序幕。

尽管英国自视为民主国家，而且很早就确立了民主原则，如丘吉尔在《大不列颠的诞生》一书的序中所说，15世纪末，英国就确立了可称之为民主的原则，如议会、陪审团、地方自治以及新闻自由，但并未给普通民众赋予民主政治所需要的政治素养，而将公民教育限于狭隘的道德教育，也就是培养顺从的臣民。从1860年到20世纪，英国公共学校塑造"英国绅士"，即成为将自己奉献给公共事务的"精英公民"。这种教育状况既反映也促进了英国社会的阶级分化，年青一代的教育经历并未体现公民的平等权。对走向普通大众的年青一代，公民教育限于爱国和道德品质，让他们成为顺从的爱国者。而这种公民就是好公民。在伊丽莎白一世统治期间，战场上英勇的品质是那个时代公民教育的关键特征。从19世纪中叶到20世纪中叶学校的历史课大都教战争、军事和海军英雄，唤起学生捍卫国家的独立和爱国主义忠诚。20世纪上半叶，在英格兰的教育讨论中，爱国主义、公民资格和公民学三个术语几乎是同义词，用以要求英国学校灌输的英国人的美德观念[1]。1890—

---

[1] Jenny Keating, Approaches to citizenship teaching in the first half of the twentieth century-thee experience of the London County Council. History of Education. 2011, iFirst Article. p. 2.

1914年，大众媒体和学校的课本充斥帝国主义观点的宣传。如德里克·希德指出，"在20世纪上半叶，年轻人成长的整个文化散发着帝国主义气息。儿童的故事，尤其是针对男童的故事、历史、地理课本和统一的青年运动不仅诠释了作为自豪来源的帝国和英联邦的存在，而且作为自豪的部分，借以说明甚至断言那是英国优越于其他所有民族的证据"。[①] 如1904年，将维多利亚女王的诞生日5月24日定为帝国日，学校进行纪念活动。伦敦郡政务会提醒教师这一天应该在学生内心唤醒作为帝国儿童的与传统相连的真正的责任感和存在于所有英国臣民中的亲密的家庭纽带。第二次世界大战，英格兰当局对公民依然采取回避的态度。即使1949年英格兰教育部出版的《成长中的公民》小册子上，要求培养学生谦卑、服务、克制和尊重个性等品德，让学生应对争议性问题和理解公民权责的本质，英格兰官方仍未采取实质性措施，对公民教育课程漠然处之，尤其在1959—1968年。如1959年针对15—18岁年龄段教育的"克劳瑟报告"就未涉及公民教育课程。即使涉及，也是警句式的，如1965年学校委员会（Schools Council）的报告说，"如果每个人是国王，他怎样才能成为哲学家足以明智地行使权力？"要求在15—16岁能够掌握"普遍思想"，即"法治、正义感、接受责任的意愿、光荣完成所从事的事业、对过去的义务感和对未来的责任、民治政府、对少数人观点的尊重、言论和行为自由、乐意认可自由依赖信赖、友谊和个人责任"。[②]

之所以培育顺从臣民的德行而非积极参与政治的公民，很大程度上与长期弥漫于英国社会的反政治文化相关。伊丽莎白·弗雷泽（Elizabeth Frazer）指出，英国人对政治反感以多种形式出现，包括将"政治"等同于"党派"加以拒绝；道德价值观和人权重要性的强调与对政治价值观、政治关系或政治过程的重要性的否决相连；对政府干预尤其是对教育干

---

① Derek Heater, "The history of citizenship education in England", *The Curriculum Journal*, 2001（1），p.118.

② Derek Heater, "The history of citizenship education in England", *The Curriculum Journal*, 2001, 12（1），p.108.

预的厌恶。① 如果政治是党派活动，就要加以禁止，如1996年的教育法案禁止党派政治活动的寻求和促进党派的政治观点；如果道德价值观重于政治观，就防止因为权力的运作和政治稳定的需要而损害道德价值观；如果允许政府干预教育，那么政府就会采取工具主义方式，让教育屈从经济发展或技术革命等，从而损害教育本身的价值，即忽视个体的能力与需要，妨碍个体成长为自治的人。这种反政治文化内含了许多偏见，如认为政治是肮脏事务、政治属于成人的世界、政治教育导致灌输②等偏见。这些偏见阻挠了公民教育或政治教育进入学校课堂，也导致公民教育不为教育者所关注。在历史上英格兰教育政策大多提到"宗教与道德教育""健康教育""创业教育""学生负责的机会"，但少有提到"政治""民主""公民"。在20世纪90年代英国关于"公民教育"和"民主教育"的讨论中，许多人强调价值观方面的教育而对政治教育抱以怀疑态度。如课程与评估署署长尼克·泰特和牛津大学教育学教授理查德·普林即如此。泰特在关于公民教育的主旨演讲中，将"道德推理的促进"和"核心价值观与美德"的思考与历史、地理和经济等方面的基础知识相联系，而矢口不提"政治"或"公民资格"。普林反对任何教育上的"工具主义"，包括公民教育方面的工具主义，因为政府出于工具性考虑而控制课程、教学方法、评估和学校的治理，就会忽视教育主旨，即忽视培养学生的知识、理性和独立性。③

　　这种反政治文化导致人们对公民与公民教育的消极理解。20世纪80年代初，一些政治家消极地敌视学校公民教育的努力，如时任副部长的

---

① Elizabeth Frazer, "Citizenship education: anti-political culture and political education in Britain", *Political Studies*, 2000, 12 (48), pp. 97 - 98.

② 对于政治灌输，科瑞克指出，这种担心是多余的，因为宗教和政治是多元的领域，教师的任务不是避免任何看法的讨论，而是解释和理解信念之间的差异。他引用斯努克（Snook）观点说明何谓灌输。按斯努克，理解、理性和根据可区别灌输和教育。他说，灌输往往是让学生相信之而不管根据。而教育意味相信就要有根据，进而需要评估数据的方法、准确的标准和推理的有效性。"答案从属于获得答案的方法"，而"灌输者往往是关心信念的传递，根据是次要的"。(Bernard Crick, *Essays on Political Education*, The Falmer Press, 1977, p. 48)

③ Elizabeth Frazer, "Citizenship education: anti-political culture and political education in Britain", *Political Studies*, 2000 (48), p. 88.

罗茨·博伊森说，"我怀疑一切形式的政治学习，……政治，如性教育，应该留给家庭"。① 1995年一项英格兰两个教育学院学生调查发现，这些学生在开始课程学习之前将"好公民"描绘成消极形象，如"坦布里奇·韦尔斯的令人恶心"，"僵硬的上唇和礼帽"，"邻居守望和写信给教区理事会"，即刻板的中产阶级形象。而课程结束后，在问及教公民课时，他们显得更茫然和充满疑虑。该研究认为，英国一些文化和政治因素妨碍这种课程改革，第一，一些政治和社会观点认为，"公民"是外来概念，这一概念已经削弱传统的统治和被统治的宪政关系。第二，另一种政治观点认为，"公民资格"等同于特殊的阶级认同和一种顺从某些价值（如等级、受尊敬等）的态度。第三，不存在广泛认可的历史叙述和教材的积累，这意味教历史和教"政治"或"公民学"或"公民"会相互强化。第四，最重要的是对政治本质的理解。大多数实习教师将政治视为无关的和无意义的。② 对政治抱以偏见是阻碍政治教育或公民教育进入课堂的最重要的原因。伯纳德·科瑞克认为这些消极公民的观念长期阻碍了公民课成为法定的课程，一方面战后需要接受各种调和的观点，另一方面相信学校的精神风貌就足够了。他指出，19世纪塑造大多数政府和高级公务员的思想倾向的学校是独立学校。这种学校最有效的教育风貌强调对规则的忠诚和本能的服从以实现对军队、公务员、议会和教堂的领导。换句话说，英国公共服务的理想是自上而下。这种风貌，他认为最好称之为尊重"法治"，而非批判的思考和民主实践，好公民的思想在这里被发现，但鲜有积极公民的思想观念。③ 也就是说这种精神风貌实质上不需要培养民主的积极公民的正式教学。

可以说，这种反政治文化所塑造的顺从的臣民正好满足了精英政治的需要。精英政治往往贬低大众的理性，敌视大众的民主参与，从而希望大众对政治冷漠。在英格兰，到2002年公民课成为英格兰国家课程之

---

① Derek Heater, "The history of citizenship education in England", *The Curriculum Journal*, 2001, 12 (1), p. 108.

② Elizabeth Frazer, "Citizenship Education: Anti-political Culture and Political Education in Britain", *Political Studies*, 2000 (48), p. 96.

③ Bernard Crick, "Essays on Citizenship", *Continuum*, 2000. p. 1.

前,英格兰学校 16 岁以下学生的公民教育几乎是空白。但精英政治也令人质疑。如达伦多夫在 2005 年的一篇评论文章《精英政治的兴衰》所说,虽然精英依靠所有教育阶段的优等生的傲人成绩登上政治高位,看似比财富决定地位的富豪统治、年龄决定尊卑的老人政治要好,但经不起推敲,精英政治越来越受到人们的质疑,甚至受到辱骂,即使英国的政治精英不希望国家实行精英统治,如戈登·布朗也批评精英政治,"但我们却有必要对单纯基于学术成就的精英政治说法提出合理的质疑。这样的社会无法促使我们祈求尊严和公平,甚至不能带给我们明智和正确的判断。"达伦多夫在另一篇评论文章《我们的政治之神的黄昏》针对撒切尔夫人在交权时流下眼泪,布莱尔听到他的工党要求他下台时,说"'人民'还需要我",而讽刺道,"看起来,政治职位要比海洛因还要让人上瘾。"[①]

大众的民主参与呼唤新的政治文化和新的公民观念以及公民教育。1969 年《人民代表选举法》规定 18 岁公民依法享有选举权。与此同时一些专业性的自愿组织再次发起政治教育的努力,推动公民教育成为独立的课程。如科瑞克等人在 1969 年成立政治学会,借以推动政治教育进入学校正式课程。科瑞克认为英国不仅仅需要"好公民",也需要"积极公民"[②]。1969 年,科瑞克表达了进行政治教育的理由:

> 因为她(政治)不可避免,所以最好面对她。因为它(政治)不应避免,所以必须对之给予更多的关注和时间。而且因为它是有趣的科目,因而要以有趣的方式教它。文明的生活和有组织的社会依赖政府的存在,而且政府运用其权力和权威应该做什么和能够做什么,反过来依赖政治结构和在这些政府影响范围内亚社会的信仰。如果采取古希腊或雅各宾派的政治观点,现在似乎离得太远:一个人仅当他是个公民和参与公共生活,才可算是人。但这也是真实的,

---

① Ralf Dahrendorf, "The rise and fall of meritocracy, Twilight of our political gods", https://www.project-syndicate.org/commentary. 2012 – 10 – 12.

② Bernard Crick, "Essays on Citizenship", *Continuum*, 2000, p. 2.

即一个人如果他没有"公共精神",没有关心和参与所有形成政治的自我利益、群体利益和理想的竞争,就仍可被视为人的丧失。仅有少数人坚持,好生活在公共关心之外;但几乎所有人认识到,如果任何年龄段的人相信他们不应该或不能影响权威,那么我们整个文化或生活方式将失去丰富性、多样性而形式单调,也缺少对环境变化的适应性。①

政治不可避免,就需要面对和参与,影响政治权威,如此才是人,也如此才能让生活丰富多彩、生机勃勃,所以必须进行政治或公民教育,而且要以有趣的方式进行,而非枯燥乏味的灌输。科瑞克希望,要像学习一切重要的东西一样学习政治;政治教育更好地准备个体保护和扩充他的权利;政治教育让人们通过自愿的参与而非强制或收买的顺从在社会中发挥作用;政治教育创造或传递包含尊重的对其他观点的不赞同的经验,这种宽容的基础是自由的条件。② 到20世纪90年代,英国公民教育兴起。1990年,英国国家课程委员会将公民教育作为跨课程的主题,该主题包括社区、多元社会、做公民、家庭、民主、公民与法、工作与就业及休闲、公共服务等八个方面。1997年,执政的新工党关注公民资格,强调公民责任,要求通过公民教育培养儿童和青少年的公民习惯。在工党政府的支持下,1998年,以科瑞克为主席的"学校公民资格教育和民主教学"(Education for Citizenship and the Teaching of Democracy in Schools)顾问小组发布报告,即"科瑞克报告"。这份报告为公民课成为英格兰学校正式课程铺平了道路。2002年9月,公民课正式成为英格兰学校第3、4阶段(11—16岁)的法定课程,在第1、2阶段(5—11岁)公民课作为指导性课程,纳入个人、社会和健康教育(Personal, Social and Health Education)框架,鼓励学校进行公民课的教学。公民课的开设意味英格兰包含政治训练的公民教育向大众开放,从

---

① Bernard Crick, "The Introducing of Politics", in D. B. Heater (ed.), *The Teaching of Politics*, Methuen Educational Ltd., 1969, p. 1.
② Bernard Crick, *Essays on Political Education*, The Falmer Press, 1977, p. 38.

而意味着英国的政治文化从有品德的爱国的"好公民"转向民主参与的"积极公民"的文化。在英格兰公民教育的影响下，苏格兰将价值观和公民资格（Values and Citizenship）作为五个国家教育优先之一。威尔士将公民资格作为个人与社会教育（Personal Social Education）法定的部分，并于2002年公民课作为学校第3、4阶段的新的法定课程，北爱尔兰在2007年将"地方和全球公民"课（Local and Global Citizenship）作为学校新的法定课程。

"科瑞克报告"确立了英国公民教育的目标和框架。该报告要求培养积极公民，包括社会与道德责任、社区参与、政治素质等三个相互联系的部分，旨让学生应具备有关明智公民的知识与理解、调查和交流的能力、参与和负责行动的能力。该报告强调，只有参与的公民，才能保证民主的安全。科瑞克报告所规定的公民教育框架被詹姆斯·温伯格和马修·弗林德斯归为"正义取向"的积极公民教育模式。① 2004年，英国认证与课程局署（QCA）对公民教育做了与此一致的界定："公民教育让年轻人具备知识、技能和理解以便在社会中作为明智的和批判性且具有道德和社会责任的公民发挥积极而有效的作用。其教育旨在树立他们自信和信念，以便他们能在其社区（地方、国家和全球）与他人一起行动、发挥影响力和作用。"②

随着公民教育课程的确立，公民教育也就成为学术界讨论的热点，对公民资格的界定、公民教育的方式、公民教育涉及相关领域等给予极大关注。如彭妮·恩斯林认为公民资格包含五个关联的要素，即个人作为政治单元的成员资格的地位；个人作为集体成员的自我意识或认同；对一套价值观或对公共善的承诺；对政治生活的参与；政治与法律方面的知识与理解。③ 奥黛丽·奥斯勒和休·斯塔基认为公民资格包含三个基

---

① James Weinberg, Matthew Flinders, "Learning for democracy: The politics and Practice of citizenship education", *British Educational Research Journal*, 2018, 44 (4), p. 575.

② Paul Warwick, "The development of apt citizenship education through listening to young people's voices", *Educational Action Research*, 2008, 16 (3), p. 321.

③ James Arthur and Daniel Wright, *Teaching citizenship in the secondary school*, David Fulton Publishers, 2001, p. 8.

本的和互补的维度：地位、感情和实践。① 他们强调公民资格的变动性。关于公民教育的方式，詹姆斯·亚瑟和丹尼尔·赖特总结出三种模式，即关于公民资格的教育、为了公民资格的教育和通过公民资格的教育。他们指出，关于公民资格的教育涉及英格兰、英国和欧洲的政治制度方面的知识；为了公民资格的教育意味培养作为积极公民所需要的能力和价值观；通过公民资格的教育重在做中学。② 应该说，这三个部分与科瑞克报告的三个部分是重合的。这些讨论热点有助于厘清研究的框架。我在斯特林大学访学期间，格特·比斯塔（Gert Biesta）教授给我一本有关公民教育讨论的论文集，书名为《SAGE 公民与民主教育手册》（The SAGE Hand of Education for Citizenship and Democracy）。他告诉我说，从中可以看出英国公民教育的关注点。从这本书涉及的方面以及参照"科瑞克报告"，我确定了观念目标、公民课、跨课程的公民教育、宗教教育、学校民主化与学生参与、全球公民与可持续发展教育等六个方面作为英国公民教育研究的框架。

　　本书围绕六个方面展开。第一章主要阐释英国公民教育所培养的政治观念，内容涉及正义、权利、责任、民主、多样性与团结等观念及其教育。第二章分析英格兰、威尔士、苏格兰和北爱尔兰的公民教育课程。英国是由这四个部分组成的联合王国，由于受到政治、历史文化和教育传统的影响，各自保持着独特的教育制度，在公民教育课程中也呈现出差异性，英格兰重民主参与，威尔士强调民族认同，苏格兰追求平等，北爱尔兰则有超越国家的色彩。第三章探讨英国跨课程的公民教育。公民教育在英国被视为重要的教育任务和主题，因而也是其他课程的任务。这一章主要分析跨课程的内涵以及如何通过历史、地理和科学等课程开展公民教育。第四章涉及宗教教育对公民教育的贡献及其教育方式的探索。在英国，宗教教育是其学校教育传统的课程，与公民课并列，所以将公民教育融入宗教教育亦被视为跨课程的方式。但是宗教作为英国的

---

① Audrey Osler and Hugh Starkey, *Changing citizenship: democracy and inclusion in education*, Open University Press, 2005, p. 9.

② James Arthur and Daniel Wright, *Teaching citizenship in the secondary school*, David Fulton Publishers, 2001, p. 8.

文化传统塑造其民族特性与个人品德，其本身应该属于公民教育的范畴。而且宗教问题往往是政治问题，因而，我将宗教教育单列为一章，专门探讨英国宗教教育如何适应政治发展的需要，如何发挥公民教育的作用以及如何促进学生的精神发展并分析英国学校包容性宗教教育的方式。第五章分析英国学校的学生民主参与，重点分析学校委员会或学生委员会。第六章探讨英国学校的可持续发展与全球公民教育。在英国学校，可持续发展教育旨在培养生态公民；其全球公民教育带有世界主义公民教育的意味。虽然本书名为研究英国学校公民教育，但实际上是考察英格兰、威尔士、苏格兰和北爱尔兰四地的公民教育。这无疑给我增添了不少的挑战和困难。还要说明的是，英国政府的教育政策主要针对英格兰。

第 一 章

英国学校公民教育的观念目标

英国公民教育以培养"积极公民"为使命，其最终目的是要形成积极参与的政治文化。让学生将来能够积极参与辩论和其他活动，需要树立政治观念、掌握政治机构（地方政府和中央政府、国际组织）和政治问题等方面的基本知识，以及具备适于民主要求的政治技能与倾向。[1] 英国公民教育将观念目标视为公民教育的关键目标。"科瑞克报告"要求掌握民主与专制，合作与冲突，公平、正义、法治、规则、法律与人权，自由和秩序，个人与社群，权力与权威，权利与责任等七组概念。从2008年开始，英格兰公民课要求树立"民主与正义""权利与责任""认同与多样性：在英国和谐共处"等观念。伊安·戴维斯对正义、权利、责任、民主和多样性等政治观念做了说明。"正义"不仅涉及一般原则，而且要考虑具体的情境；"权利"不仅要考虑特殊国家的公民权还要考虑更为一般的人权；"责任"要讨论责任的意义与权利的关系、思考责任的范围；"民主"是协调不同利益群体的机制，包括选举制度；"多样性"与认同相关，多样性意味接受认同，尤其是种族或民族认同，要求推动跨文化教育。"认同明显是公民资格的至关重要的部分。认同和多样性现在被明确关注。"认同不仅涉及政治和经济，而且关涉文化，因而需要思考三个重要问题：我是谁？什么赋予我做事情的权利以及为什么？我对

---

[1] Ian Davies, 100 + *Ideas for Teaching Citizenship*, Continuum International Publishing Group. 2011. p. 3.

自己和他人的责任是什么?[1] 这三个问题实际上是社群主义关心的问题。英国学校公民教育也受到社群主义的影响，希望将英国塑造成团结的社会，让不同种族、宗教和文化群体和谐共处。本章主要分析英国当局在公民教育中推行的基本政治观念，即民主、正义、权利、责任、多样性和团结等观念及其教育的理论设想。

一 民主与公民教育

公民教育意味培养民主社会的公民，也就是说培养的公民合乎民主的要求。何谓民主？就是公民教育的基本问题。英国著名政治学家本纳德·科瑞克说，虽然民主为我们所欲求，所称颂，但民主无法定义，不过他认为，理性讨论本身就是民主的，或者说民主就是让不同意见的讨论得以进行的方式。"民主既是神圣的，又是杂乱的词。我们都爱她，但我们带着不同的眼光看她。她难以被明确说明。每个人都需要她，但没有人能理解她或完全正确叫出她的名字。……任何无限制的有关可能的意义的讨论在理性上是民主的。……可将'民主'视为是某种制度安排，或认为权威或个人以民主的方式行为。"[2] 如果分析英国学者关于民主的理解，可以看出民主在今天其含义不仅是制度安排，而且是行为要求，更多地指向程序性价值，即公共参与过程的内在规定性。赫尔德指出，民主不仅体现自由、平等和公正等价值，而且可以协调相互竞争的价值，"民主并不以不同价值的一致为先决条件，毋宁说，它只是为把价值相互联系起来以及把解决价值冲突放到公开参与公共过程之中提供一种方法，它遵从保护过程本身形成和形式的特定规定"。[3] 无论是自由主义者还是社会主义者，自由和平等都是要确立和捍卫的价值，而民主就是要确保人与人之间自由和平等关系的实现。他指出，左派要求能够保证人"自

---

[1] Ian Davies, 100 + *Ideas for Teaching Citizenship*, Continuum International Publishing Group. 2011. p. 9.

[2] James Arthur, Ian Davies and Carole Hahn (ed), *The SAGE Hand of Education for Citizenship and Democracy*, SAGE Publications, 2008, p. 13.

[3] [英] 戴维·赫尔德:《民主的模式》，燕继荣等译，中央编译出版社2004年版，第377页。

由和平等"发展的环境,这一环境保证所有人创造发展他们的本性和体现他们的不同特性;防止任意使用政治权威和强制权力(包括在不会对他人造成潜在和明显"伤害"的所有事务中尊重个人隐私的设想);公民参与决定他们联合的条件(包括尊重个人判断的可靠性和合理性的设想);扩大经济机会以最大限度地利用资源(包括当个人从得不到满足的物质需要的负担下解放出来时,他们最有可能实现他们的目标的设想)[①]。

下面以科瑞克的民主与政治教育思想为核心探讨民主与公民教育。之所以以他为核心,是因为一方面其研究工作的核心是公民资格,另一方面是其将毕生献给政治教育进入学校课程的努力,因而他被誉为英国公民教育的总设计师或英格兰公民教育运动的发起人。他在1997年成为"学校公民教育和民主教学"顾问小组的主席,并为时任英国内务大臣戴维·布朗奇草拟了一份备受争议的归化为英国公民条件的报告。报告要求归化需要经过一种仪式和评估有关英国事务的知识的考试。这份报告导致从2004年1月起,成功归化为英国的人必须参加公民典礼,宣誓或表达忠诚。

为了准确界定民主,科瑞克考察了西方历史上四个阶段的民主观:第一阶段是柏拉图和亚里士多德的民主观。柏拉图认为民主是作为贫穷的和无知的人对受过教育的和有知识的人的统治。亚里士多德修正了柏拉图的观点,认为好政府是少数受过教育的统治与多数人的一致同意等因素的混合体。城邦的公民通过公共讨论决定共同行为。公民是多数,但通过公共讨论做决定,投票选官员。第二阶段是古罗马共和国、马基雅维利、17世纪的英国和荷兰共和主义者、早期美国共和国的民主观。这种民主观相信好政府是在宪法之下的混合制政府,宪法不是通过简单的多数投票而是按照特别程序制定和修改。国家因为民主中的大众因素而获得了更大的权力。第三阶段是在法国大革命中发现的民主。卢梭将民主大众化,即认为每个人不管其教育与财产状况都有权将他的意志体现在国家的事务中。普通人从他们自己的经验和良心就可能理解公意或

---

① [英]戴维·赫尔德:《民主的模式》,燕继荣等译,中央编译出版社2004年版,第379—380页。

公共利益。这种公意更多地与大众化而非与代表制机构、法治、理性讨论和个人权利相连。这种观点有助于阶级和民族的解放，而非与个人自由相连。雅各宾派将卢梭的思想转为"人民主权"的口号。拿破仑将政治视为煽动大众的艺术。第四阶段是可以在美国宪法和19世纪许多欧洲国家的新宪法以及战后西德和日本的宪法中，也可以在托克维尔和约翰·斯图亚特·密尔的著作中找到的民主。这种民主观将所有人视为积极公民而且相互尊重同胞的平等权利[1]。科瑞克指出，当今民主的普遍意思，尤其在美国和欧洲及受他们政治思想影响的国家是人民权力思想和法律保护个人权利的融合。但他并不满足这一民主的意味，因为这种民主制度之下的民主生活仍然存在不民主的现实，美国和英国就如此。对他来说，民主不仅意味制度，而且意味行为，民主不仅意味法律保护的制度程序和习俗允许的公共讨论、新闻自由和自由投票的选举以便总统、州长和代表和平地更替，而且意味民主地行动，即把每个人作为有价值的人加以平等尊重，尊重所有人的意见。总之，"作为良好生活的部分，实现我们的人性，我们必须作为公民进入城邦，与其他公民进入政治关系中"，生活在城邦意味通过语言和劝说而非通过暴力处理一切事务。[2]他也指出罗伯特·达尔对现代民主制度特征的说明，即因自由、公平和定期选举而被选的代表；表达自由，有权接触不同的独立的信息来源；自治的协会，即公民因其不同的目的而自由结合，包括宗教、利益集团和政党；包容的公民资格，不因无永久居住而否定其为公民。科瑞克增加了司法独立和尊重职业的和中立的官僚等制度，但更多地强调民主是行动。"民主依赖我们大家；自由的代价不仅是永远的警觉，如亚伯拉罕·林肯所说，而且是永远的活动。"[3] 总的来说，在科瑞克看来，民主是将人民主权思想和个人权利的法律保护相结合的制度，也是在这一制度下尊重所有人和所有人的意见，实现不同意见的平等对话和协商，实现不同利益和价值之间的妥协。所以，对民主的维护，不仅需要公民的

---

[1] James Arthur, Ian Davies and Carole Hahn (ed), *The SAGE Hand of Education for Citizenship and Democracy*, SAGE Publications, 2008, pp. 14 – 15.

[2] Ibid., p. 15.

[3] Ibid., p. 18.

警觉,还需要公民的行动。如果出现破坏民主的合法的程序和法律,公民就要采取积极行动加以维护。他说:"在现代民主社会中,政治家当然必须意识到试图忽视强大的公共舆论的危险。但他们也必须意识到在一定时期迎合和追随公共舆论的危险,如果这种公共舆论似乎反对长期的公共利益或公共善。当公众被民粹主义的领导人(不管是政治家,传教士还是出版大亨)鼓动破坏民主上合法化了的法律或公约时,民主的政治家必须有勇气站起来并反驳,设计作为现代国家和复杂社会特征的不同利益和价值之间的妥协方案。"①

将民主理解为行动而不仅仅为制度,这与科瑞克对政治的理解相连。科瑞克给政治以广泛的理解。"我们的政治理论比许多传统的政治观要广泛得多。"在两个方面广泛:第一,"强调政治不可避免地涉及利益和理想的冲突,因而政治的理解必须从理解存在的冲突和竞争者的利益和理由开始。这就不能满足于宪政秩序和必要的共识的先入之见。一个有政治素质的人不希望立刻解决所有差异或困难,但他将这些存在作为政治"。第二,"强调现存于社会的权力的有差别的分配和有差别地接触资源。因而,我们关注我们归结为政治的人类经验的完整方面"。这样的政治,在科瑞克看来,不仅包括职业政治家和政治活动家的演说和行为、还包括政治学家的教学和写作,也包括"日常生活的政治","在家庭、地方、教育机构、俱乐部和社会,在各种非正式的群体中"。对普通人来说参与日常生活的政治,所以"政治教育的目标之一——一般是让大多数人接触各种信息和掌握职业政治家和政治专业学者所拥有的技能"。②

对于科瑞克,政治是为了促进一切事物的生长,也是一切事物生长的条件,它既是保守的,也是自由的、道德的,所以人因为政治而自由,因为政治而文明,因为政治而繁荣。"政治是自由人专注的事情,而且其存在是自由的测试。赞扬自由人仅仅是因为免于奴颜婢膝或屈尊而值得称颂。政治值得颂扬,用亚里士多德的话——作为'主人的技巧(sci-

---

① Bernard Crick, *In Defence of Politics*, Harmondsworth: Penguin Bokks Ltd., 1964, p. 31.
② Bernard Crick and Alex Porter (eds.), *Political Education and Political Literacy*, Longman, 1978, p. 38.

ence)'，而非为必要的恶辩解；因为是唯一的技巧或社会活动，目的在于所有其他'技巧'或活动的善，不破坏什么，而是栽培一切，只要他们自己允许。因而政治是教化。它将人类从可怕的困境中解救出来。"政治之所以保证一切生长和繁荣在于政治的保守性、自由、社会主义性质和道德性。因为保守性，确立了秩序；因为自由，保证宽容；因为是社会主义的，保证平等的分享；因为对话保证进步；因为具有道德性，保证创造性和人性。"政治是保守的——它维护已经确立的秩序的最低限度的好处；政治是自由的——它是特别自由的混合体，它需要宽容；政治是社会主义——它为审慎的社会变化提供条件，借此群体之间认识到他们公平分享共同体的繁荣和生存。……由于对话，进步是可能的。政治不仅拥有堡垒；它创造城堡外的多话语的繁荣共同体。""政治活动是一种道德活动；它是自由的活动，它是创造性的、灵活的、有趣的和人道的；它可以创造共同体意识，它也不是，如一个民族主义的奴隶；它不宣称解决一切问题或让每颗悲伤的心高兴；但它可以帮助几乎一切，如果它强大，可以防止意识形态统治的残酷和欺骗。"[1]

科瑞克强调政治对话带来进步，这种对政治的理解似乎源于亚里士多德。在亚里士多德的思想里，政治是生活在国家或城邦的自由公民之间的活动，即他们怎样通过公共讨论治理他们自己。"政治出自有组织社会，这个社会是许多成员的聚集，没有单个部落、宗教、利益，甚至传统。它可以定义为借以存在于复杂社会中的不同利益和价值协调的活动。民主政治是现代工业和后工业社会所需的这种协调的机制。"[2] 政治如果是理性协商和对话的过程，就基本上可以等同于民主。

所以科瑞克的政治教育也可以说是民主教育，因为民主在今天被视为分享和共享利益和意见的机制，意味着所有人是影响权威的公民。如果我们处于社会中，就必然处于政治中，就必然作为民主的公民参与政治共同体。否则，如果我们在政治之外，也就意味我们在社会之外，在民主之外，

---

[1] Bernard Crick, *In Defence of Politics*, Harmondsworth: Penguin Bokks Ltd., 1964, pp. 140－141.

[2] James Arthur, Ian Davies and Carole Hahn (ed), *The SAGE Hand of Education for Citizenship and Democracy*, SAGE Publications, 2008, p. 16.

亦即丧失了人之所以成为人的社会性。如亚里士多德所言，人是合群的，所以是政治动物。既然政治包含一切群体生活，我们不可避免地处于政治中，我们就必须接受政治教育，学会做公民。政治教育的目的在于培养公民的政治素质，而对公民的理解因为政治意识形态而有差异。

  问政治素质"为了什么"，就是回答我们都熟悉的——即使有时官方关于好公民的话语似乎把古罗马—法国—共和国"公民"概念与更为独裁的"忠诚的臣民"概念混淆。如我前面所言，公民教育的困难之一是它有时要培养公民——努力发挥影响的积极的人。但我认为我们还可以更加精确。似乎对我来说，存在三个关于政治教育为什么的对立的基本考虑，我称之为"保守主义的"、"自由主义的"和"社会主义的"。保守主义理论是社会的盛衰由统治阶级的品质来解释，其教义是有经验的应该统治，因而政治教育被视为灌输对传统的尊重和学习与守法臣民相称的权利和义务。自由主义理论是社会的兴衰由个人的发明和事业心来解释，其教义是应该给个人自由（或帮助，在积极的观点）以尽可能参与公共生活，因而政治教育应培养参与和发挥影响的技能。社会主义理论是社会的兴衰由个人和统治者的经济关系解释，其教义应该是无阶级社会或工人阶级的统治，政治教育因而是揭露当前阶级的利益，为未来做准备。[①]

  不过，科瑞克怀着对社会民主主义的承诺，将民主归为捍卫自由平等的公民的积极行为，进而将公民视为积极的行为者。他突出公共生活的自由、强调政治教育的重要性。在他看来，公共生活的自由保证富有成效的民主的妥协。好政府的一个重要方面是在冲突利益之间达成切实可行的妥协的能力。代表制政府保证人民大众和当选的少数人之间的对话和调和得以进行。公民就要利用这些制度达成民主的妥协。在科瑞克看来，如果要捍卫公民资格，就必须突出政治教育的重要性，但也要认识到培养学生政治素质的困难。公民资格与美德相关，一个有道德的人

[①] Bernard Crick, *Essays on Political Education*, The Falmer Press, 1977, p. 90.

必须是积极主动的公民。他指出，美德在古罗马的政治文化中与活力而非道德优良紧密相连，在古罗马的传统里，有道德的公民是积极主动的、强健的和参与的[1]。

科瑞克所设想的积极主动的、参与的公民是具备政治素质的人。在他看来，"政治素质"涉及对一定情境中发生什么有意识的理解和行动的能力。"政治素质必须是知识、技能和态度共同发展，互为条件的复合体。……一个有政治素质的人必定利用他的知识，或者至少清楚怎样利用知识和有利用知识的倾向；但同样他或她的参与的愿望必须以他进入什么状态和随着他的行为而来的可能的后果是什么的知识为根据，也要保证参与的有效性和正当性。所有的行为都影响他人，因而他必须意识到什么影响他的行为，而且证明这些影响的正当性。"政治素质包括理解政治的知识、政治态度和政治技能。"一个有政治素质的人知道当代政治中主要问题以及影响他自己的问题，也知道怎样让他自己清楚所利用的主要论点及怎样批判它们基于的根据的价值或关联。"他不仅需要了解制度结构，而且要理解相互竞争的政策的多元性和问题。[2] 政治教育不仅涉及制度，而且涉及政治行动的程序。所以政治教育必然从制度和行动展开。"政治的本质要求我们应该总是教授和表达两个方面：我们需要国家为我们做什么和我们希望防止它为我们做什么，简言之，愿望和限制。"[3]

（一）政治概念

一个有政治素质的人必须清楚基本的政治概念，这是从事政治活动的背景知识。这种知识是理解政治的前提，没有这种知识就不能很好地理解某种背景下的政治。"在最普通的水平上，有政治素质的人具有作为理解一定背景中的政治先决条件的基本知识。……有政治素质的人不仅对一定背景和情境的高水平理解，而且能在这种背景和情境中有效的工

---

[1] Byan S. Turner, "Bernard Crick: Citizenship and democracy in the United Kingdom", *Citizenship Studies*, 2009, 13 (3), p.290.

[2] Bernard Crick and Alex Porter (eds.), *Political Education and Political Literacy*, Longman. 1978, pp.37-38.

[3] BD. B. Heater (ed.), *The Teaching of Politics*, Methuen Educational Ltd., 1969, p.10.

作。这就涉及政策及其目标,要求能认识到政策目标怎样达到以及理解其他人的政策目标。政治素质不是简单地追求开明的自我利益的能力;它必须理解对他人的影响和他们的观点,怎样在道德上应对他们。"对于一个有政治素质的人来说,要知道为了理解某种政治现象需要什么知识,怎样获取这些知识,而且要有建立自己的政治理解所需要的概念知识,"一个有政治素质的人具有对建构概念和分析的框架所必需的最起码的概念方面的知识。"这些概念来自"政治的高级语言"而非日常生活。[1]

科瑞克提供了政治方面的三个层次的基本概念:政府——权力、强制力、权威和秩序;人民——自然权利、个体性、自由和福利;关系——法、正义、代表和压力[2]。他指出,这些政治概念来自政治哲学的传统而非政治学和政治社会学。政府方面涉及对我们做什么。按科瑞克解释,权力是指政府有权对人以明确和限定的方式影响他们达到预先计划的意图的能力,也就是政府可以诉诸强制力或权威达到预想的目标;权威是尊重和服从基于一致同意而获得必需的职能和有超人的知识与技能的机构、群体或个人;秩序是保证期望实现和计划实施的环境。人民方面涉及作为人我们认同什么。这些认同包括权利和自由、个体性和福利。权利和自由为人类所必需,自然权利即"人存在的最低条件",自由即"以自我意愿和非强制的方式做对公众重要的事和抉择";认同个体性,因为个体性意味个体的独特性,这是人的最终的行为和道德责任;认同福利,因为福利是与政府权力行使相连或在其统治之下所有的好处,"相信个人和社区的幸福和繁荣是政府的关注点"。[3] 关系涉及"他们"和"我们"或"秩序"和"个体"、"政府"和"被治理者"之间不同关系,法是政府颁布并由政府实施的普遍规则;正义意味着运用规则、处理争端或分配物品和好处时的公平和公正[4],而作为公平程序的结果就是人应得的;代表即少数人代表多数人的要求;压力包括除了通过法律

---

[1] Bernard Crick and Alex Porter (eds.), *Political Education and Political Literacy*, Longman. 1978. pp. 39–40.

[2] Ibid., p. 51.

[3] Ibid., p. 62.

[4] Bernard Crick, *Essays on Political Education*, The Falmer Press. 1977. p. 88.

或强制力外,政府和人民相互影响的所有手段。科瑞克指出虽然存在价值自由或价值解释的偏好,但不能背离概念共同的核心意义,否则难以进行政治交流。为了保证政治上的有效交流,我们应该掌握政治概念。"无论我们的目的是什么,是否理解政治生活或有效参与其中,或者最好二者都有,那么不管政治和政治活动在哪里,一些政治概念的熟悉是必需的。"[1] 科瑞克指出,清晰的政治概念是我们政治行动的开始,"缺乏清晰的概念语言必定使政治似乎不仅仅难于理解,而且难于谈论,而这是行动的开始"。[2] 科瑞克强调,这种概念的方式并不意味着直接教概念。[3] "理解概念不是理解社会,但仅仅是起步。理解社会及其政治制度就是理解这些基本概念及其关系的运作",并重申"我不倡导概念的直接教学"。[4] 对于科瑞克,重要的是理解实际的政治生活,即冲突。

(二) 政治态度

有政治素质的人应该有对一切价值抱以批判的态度。一个有政治素质的人要求一切价值应该接受批评。如果对价值观"没有最大可能的自我意识、自我批判和对后果思考,就绝不能普遍化",因而科瑞克也拒绝仅仅教授所谓正确的价值观或将所有价值观都同等地社会化。[5] 换句话说,只有经得住批判的价值观才能普遍化。"奇怪的是谈论'批判社会学'、'批判政治经济学'或'批判政治'的人事实上似乎追求比我所能想象的更为完备的社会理论,更不提希望所教似乎是真理。……理论本身必须被置于批判中。这是为什么我们从问题、具体的政治素质和基本概念的作用发挥(working)开始而非从理论或教义开始的另一个原因。惟有当学生和公民通过应对各种解释和反应发现自己,理论才证明是有

---

[1] Bernard Crick and Alex Porter (eds.), *Political Education and Political Literacy*, Longman. 1978. p. 64.

[2] Bernard Crick, *Essays on Political Education*, The Falmer Press, 1977. p. 89.

[3] Bernard Crick and Alex Porter (eds.), *Political Education and Political Literacy*, Longman. 1978. p. 47.

[4] Ibid., p. 60.

[5] Ibid., p. 40.

意义和有用的。如果从理论开始，就是强加的——不管是以伯克、亚当·斯密还是卡尔·马克思的名义。"[1] 批判是为了获得真理性认识，一个有政治素质的人必须具备批判的态度，能批判地审查各种理论。

科瑞克认为要保证这种批判进行，需要教师可以培养和强化某些程序价值，"如果存在真正的政治教育，某些价值是预设的。我称之为程序价值，因为它们不是像各种证明权威的正当性、像平等或各种正义等实体价值，但也是各种真正的政治教育或自由政治活动的预设。因而，有政治素质的人不能仅仅接受作为正确的一套价值；他将看到存在价值和利益多元性中的政治本质"。[2] 自由、宽容、公平、尊重真理和理性等程序性价值对政治教育来说是首要的，因为这些程序性价值保证我们寻求真实的生活和政治中的实体价值的冲突。在真实的生活中，许多价值可能相互冲突，而政治教育就要审查这种冲突。如果一个有政治素质的人要以批判的态度审查实体性价值，那么他就必须树立程序性价值观，也就是树立自由、宽容、公平、尊重真理和尊重推理等程序性价值观。在科瑞克看来，"自由（freedom）以自我意愿和非强制的方式做选择和做对公共有意义和有潜在意义的事情"。"宽容是接受我们不同意的事务的程度。……它包含两方面的概念，包括不同意和抑制或克制。因而宽容常常表达不同意，而且以公平的方式表达不同意而不是强加于另一方。"并指出宽容不是纵容。他拒绝对偏见保持中立。在他看来，从宽容概念出发，有政治素质的人不仅能以宽容他人观点的方式持有自己的观点，而且有移情能力，能以采取适合对方情况的策略。科瑞克认为移情是重要的策略，不理解对手不可能采取适当的对策。所以做到宽容，需要了解与对手观点相连的行为和信念，否则不可能采取适当的策略，科瑞克说"宽容不是简单的态度，也不是知识，但二者不可分"。[3] 政治教育的重要的任务就是培养移情能力，"培养对学生在生活中很可能遭遇的不同观点的多元性的理解和这些观点何以不能界定目标却界定问题"。[4] 对于"公

---

[1] Bernard Crick and Alex Porter (eds.), *Political Education and Political Literacy*, Longman. 1978. p. 65.

[2] Ibid., p. 64.

[3] Ibid., pp. 66-67.

[4] Bernard Crick, *Essays on Political Education*, The Falmer Press. 1977. p. 43.

平"，科瑞克认为一个有政治素质的人应该如罗尔斯所要求，不仅接受作为公平的结果，而且要质疑物品和奖励的分配是否公平，也可质疑惩罚的公平。①"尊重真理"就是追求真相，政治教育就是告诉政治行为或政策所涉及的真相，如果不告诉怎样行为或政策关于什么的真相，就不称其为政治教育，科瑞克指出，所谓"意识形态的正确"和国家的安全等妨碍对真理的追求。在"尊重推理"方面，"一个有政治素质的人应有向他人给出为什么持有某种观点的理由和给出行为正当的根据的意愿"。②政府和有权力和权威的人只有给出自己观点和行为的理由，才能使自己的权威和权力合法化。

科瑞克认为程序性价值帮助"我们应对价值冲突"，因而是政治教育的基础。"我认为一个教师不应该一般地寻求影响学生的实体价值，而且前卫的攻击无论如何是不会成功的。但我认为培养和强化程序性价值是适当的和可能的，因为它们有教育价值，是理性的和公共的。任何人可以看到实际的生活和政治存在许多偶然性，而这些价值必须变革，因为它们可能相互冲突或与宗教、伦理和政治的教义体现的实体价值冲突。政治教育所有方面是审查这种冲突。"③ 他坚持，教程序性价值不是灌输，因为灌输是教授需要相信的东西，而不管根据。

（三）政治技能

有政治素质的人应具备政治参与的技能。对于科瑞克，政治教育在于鼓励行动，政治技能意味着行动能力，亦即规划行动方案的能力。当然这种能力只有在政治参与中发展。科瑞克说，"政治素质最终的测试在于培养行动的倾向而不在于达到理论的分析。有政治素质的人有能力积极参与（或积极拒绝参与），不应因为仅仅缺乏预先具备的知识和技能而被排斥其参与机会。……有政治素质的人能设计影响和达到变革的策略。他必须认识到达成目的并可证明的正确手段"。④

---

① Bernard Crick and Alex Porter (eds.), *Political Education and Political Literacy*, Longman, 1978, p. 68.
② Ibid., pp. 70–71.
③ Ibid., p. 65.
④ Ibid., p. 41.

科瑞克列出了三种不同水平的政治素质的图表：

对问题的看法

不同反应、政策和冲突的看法

相关知识			自我利益和社会责任		行动技能	
1	2	3	4	5	6	7
a	a	a	a	a	a	a
增进某种政策的人或组织的知识	冲突的制度知识	影响的不同手段和方式的知识	对自我的影响	对他人的影响	在家里和日常生活中经历利益和价值冲突	在学校作业和独立学习时间做决定
b	b	b	b	b	b	b
怀疑不同来源的真实主张和替代性主张	解决争端的习惯方式和制度与强制	影响特殊目标的适当方式和手段	表达自我利益和原则的能力	理解他人利益和原则的能力	在家庭等场所决策、讨论或参与的经验	讨论、游戏和参与政治与社会的项目
c	c	c	c	c	c	c
看问题的不同方式	解决冲突的替代方式和制度变革的可能性	与之相连的手段和方式及可供替代的社会类型知识	提供追求自我利益和理想的理由并加以证明的能力	理解他人的理由和根据的能力	在家庭等场所坚持参与和发表意见	在学校做有效的决定

现实主义的政治判断　　　　　　　　　　　　　有效的政治参与

民主政治①

政治教育的任务就是在知识、技能和态度等方面不断提升公民的政治水平，最终将学生培养成不再"简单把自己视为臣民，而是作为影响

---

① Bernard Crick and Alex Porter (eds.), *Political Education and Political Literacy*, Longman. 1978. p. 42.

公共事务的人"。① 在第一水平，让学生理解政策相关的人和组织的知识、冲突的政策以及政策的不同影响方面的知识，认识到政策对自己和他人的影响，在家庭和日常生活中体验价值冲突和学会做决定；在第二水平，让学生质疑不同主张，了解争端的习惯性解决方式，培养表达自我利益与原则和理解他人利益与原则的能力，获得讨论、决策和参与的经验；在第三水平，让学生了解看问题的不同方式和变革的方式，具备追求自我利益和理想并为之证明的能力及理解他人理由与根据的能力，学会表达意见和做出有效决定。总之，让学生习惯于真实世界的价值冲突，批判地利用诸如革命的、种族主义的、民族主义的等不同党派的资源，做出理性的决定。

政治教育从何处开始？科瑞克说从实际政治本身开始。因为政治是积极的行动，所以政治教育也应该从积极的政治行动开始。他不同意从所谓"宪法"或"好公民"开始，将时间和精力投入公民学这一古希腊赐给政治教师的礼物，而应该从"关注作为不同理想和利益的激烈竞争而非一套僵硬的规则的现实的、活生生的和实际的政治事物"开始②；应该从现实的政治出发帮助儿童理解政治冲突关于什么以及服务什么目的，而非躲进在政治上失去本性的"英国宪法"或"好公民"的庇护所。"更为重要的是所有青少年应该学会批判地阅读报纸的政治内容而非他们应该倾听亚里士多德。"③ 他指出，政治教育的起点是历史发展阶段的重大问题，每个教育层次围绕这些问题展开。④

现实的政治是多样性的，而且有不同的利益、意见等冲突，如果教宪法或议会制度以及正义、平等、自由和爱、真理、福利、友爱、同情和责任等概念，就会掩盖压迫。因而，科瑞克主张以现实主义方式教授政治，而非仅仅是宪法的规则和议会的程序。"我发现学校政治教学的案例，作为普通和人文主义教育部分……但必须是现实地教学，否则会比不教政治造成更为犬儒主义或理想破灭。'现实地'我的意思是教学

---

① Bernard Crick, *Essays on Political Education*, The Falmer Press. 1977. p. 90.
② D. B. Heater (ed.), *The Teaching of Politics*, Methuen Educational Ltd. 1969. p. 2.
③ Ibid., pp. 3 – 4.
④ Bernard Crick, *Essays on Political Education*, The Falmer Press. 1977. p. 41.

将鼓励更成熟和更为细致地意识到'宪法'和议会的特殊形式是调解的工具,有时解决,但常常仅仅是包含利益冲突。……而学生……将宪法视为理所当然的好东西,他就是十足的傻瓜。"[1] 对科瑞克来说,自由社会需要的是公民而非臣民,他需要了解政治的实际运作以及政治如何解决问题。

既然政治教育就是研究现实的政治,而现实的政治必然是各种思想的交锋,政治教育也就是不同思想的公平和公开的斗争。因而科瑞克要求"重建政治讨论的大众传统,既在批判上也在追求方面,必须从学校和教师开始"。[2] 批判地讨论政治思想,宽容社会差异。因为政治是现实的,所以政治讨论必然是冷静的,"政治教育应该现实地影响无知者。像性活动一样,政治毕竟有着无可争辩的吸引力。……现实主义包括冷静地谈论政治,而非抱有火热的政治态度"。虽然政治如性一样吸引人,但不是如性一样狂热,而是冷静地对待政治,进行理性的分析与讨论,即"客观合理的政治教学"之所以要理性客观"部分因为政治道德或宽容意见的真正冲突的道德,而非寻求摧毁它们"。政治教学要表达不同人的观点,进行理性讨论。因而"政治教师的任务,无论在什么层次,基本是观念的教师,不是传授一致同意的事实性知识。他最重要的是表达讨论某一意见和持有它之间的差异。然后他继续表达政治事件怎样和为什么被同样诚实的人民以不同的方式解释。……教师必须而且能富有想象地传递不同政治学说的多元性"。如果不想失去思想的能力或倾向,教师必须描述差异,不能将制度与思想分开,教师应该表达所有制度服务的目的,并通过如何实现目的来判断制度,也要指出不寻求制度化的思想根本就不是政治思想。教师不必是这种学说或那种学说的倡导者,但"教师将专注我们自己的社会已经接受的政治思想是什么以及与其他制度怎样联系的教学。但他必须避免暗示对我们传统的但严格上地方安排的命定论或优越性"。应该教学生俄国、美国和中国以及"第三世界"国家、欧洲国家怎样被治理,这不是我们的喜爱或遏制岛国的自豪,而是现实

---

[1] Bernard Crick, *Essays on Political Education*, The Falmer Press. 1977. pp. 36 – 37.
[2] D. B. Heater (ed.), *The Teaching of Politics*, Methuen Educational Ltd. 1969. p. 20.

不同的差异。①

说到底，政治教育就是要让学生参与，在参与中获得知识，"内容不必为过程牺牲，即使玩'联合国'的游戏"。② 参与与知识的获得不可分离。他说：

> 正在发生什么和怎样发生的知识与参与的理论机会同样重要。因而按照学生本身和其实际结果，我高度怀疑美国采取课堂游戏、讨论、模拟议会和班级选举等制作民主的情景的'民主的教学'方式。这些有乐趣，可以教一些政治方式，可以发展表达技能和提供机械程序的环节，但这些不能代替实际的制度运作的现实知识。政府更多地被对其行为公开化的认识所限制而非参与机构本身。政治审查的缺席和独立新闻出席与自由选举一样重要。当亚里士多德讨论政治正义时，他诉诸两个基本标准：我们应该统治或反过来被统治——参与；和国家没有大到我们不了解其他公民的品格……或大到听不到通报人的声音。现代政治思想和理论无不强调第一条，而将第二条作为不现实而抛弃……人的参与和知识的交流必须结合在一起。③

总之，科瑞克将政治归结为行动，或者说行动是政治的本质，而且这种政治行动是采取讨论的方式面对不同的观点、利益和兴趣等差异性，寻求和平解决冲突的办法。而这种政治行动的成功依赖政治美德或公民美德，特别是他所称的程序性价值观。这些价值观就是公民教育的最终目的。这种公民共和主义的思想路线激发了英国公民教育的理论想象。安德鲁·彼得森、理查德·普林和伊恩·戴维斯等沿着公民共和主义路线设想公民教育。

彼得森全面考察了公民共和主义的理论，认为积极公民是一种实践

---

① D. B. Heater (ed.), *The Teaching of Politics*, Methuen Educational Ltd. 1969. pp. 13-15.
② Ibid., p. 19.
③ Bernard Crick: The Introducing of Politics. D. B. Heater (ed.), *The Teaching of Politics*, Methuen Educational Ltd. 1969. p. 18.

概念。这种实践包括践行公民责任、履行公民道德、参与公共商议、促进公共善。也就是说,作为公民共和主义的公民应该具有四个特征:对公民责任的承诺感、具备公民道德、有将公共利益置于私人利益之上的意识和具有参与公共讨论的商议能力。

从广义上理解,公民共和主义包含积极公民即做公民意味什么的概念,并将公民资格界定为一种实践。作为一个公民就意味着在一个特殊的政治共同体内以特殊的方式行动。这种公民行动的概念是当代共和主义思想的组织原则。借助这种被视为源自公民共和主义传统的历史观念,当代的该理论支持者倡导将公民资格积极地理解为一种实践,这种理解包含了对四个相关原则的承诺:第一,公民承担或应该确认某些公民责任;第二,公民必须树立高于私人利益之上的共同善的意识;第三,公民必须具有公民美德并按此行动;第四,公民的民主参与应当包括审议的方面。[1]

应该说,彼得森揭示了公民资格完整的实践特征,公民责任是实践的动力,公共善是实践的方向,公民美德是实践的道德要求,商议能力是实践能力。公民共和主义将公民责任归结为内生于对共同体利益的关注,换句话说,公民责任是共同体,特别是国家的道德呼唤。因而,公民责任与公共善紧密相连,公民责任在于促进公共善。彼得森基于社群主义的公民共和主义和自由主义的公民共和主义这两条路线,区分出两种公共善,即道德上的公共善和政治上的公共善。前者更多地涉及将特殊社群的公民结合在一起的基本道德要求。后者是公民之间协商的产物,这种公共善就是公民共同认可的东西,[2] 包括福利、权利、法治和正义等。为了增进公共善,公民需要两种美德,一种是特定社群要求的美德,如新教伦理;另一种是公民协商所需的道德。后一种道德即是科瑞克所

---

[1] Andrew Peterson: Civic Republicanism and Civic Education: the Education of Citizen. Palgrave Macmilla, 2011. pp. 3 – 4.

[2] Andrew Peterson, The common good and citizenship education in England: a moral enterprise? *Journal of Moral Education*, 2011, 40 (1), p. 22.

倡导的程序性价值。虽然区分两种公民道德，但彼得森坚持认为公民与国家、公民与公民之间的关系不仅是政治的，而且是道德的，要求将两种道德相联系，对学生进行两种公共善的教育，一方面促进学生与他人协商的意愿，增强其判断力和批判能力，提高其参与和提出问题的能力，树立公共利益意识；另一方面让学生探究公共善背后的道德基础，如讨论福利、权利等，要与道德品格、公民之间的道德义务和良好的生活联系起来，弄清其中的道德本质，如此才能强化公民教育[1]。至于商议能力，因为公共讨论或对话必然让参与者面对多样性，包括多样的利益和观点，因而商议能力，如彼得森所揭示的，必然包括理性论证自己论点的能力、清晰表达个人主张的能力、倾听他人意见并能设身处地地思考他人意见的能力、反思自己和他人观点及其依据的能力、为达成共识或理解而妥协的合作能力。

理查德·普林也沿着科瑞克以有趣的方式进行公民教育的路线。他与科瑞克一样认为，这种方式不是传递关于政府机构等方面的知识，而是采取论坛的方式，让学生通过辩论、讨论形成价值观念。他认为，作为公民，要参与商议，就要准备清晰表达自己的思想和感情，批判地审查他人的论点论据。而这需要培养学生的探索精神以及准备征求他人的意见，质疑现有的假设的习惯，倾听他人清晰表达的能力，让他们学会区分尊重持不同意见的人和意见本身，尊重每个真诚提出意见的人，宽容差异的态度。为了培养这些品质和能力，教师应该更多地将学校视为论坛，在其中，教师之间、教师和学生之间分享经验、探究观念。为鼓励这种商议，教师需要采纳刺激经验和反思的公民教育框架，让学生寻找充满希望的生活方式，包括不同的生活方式和评价模式，也可以让年轻人参与争议性问题的讨论，讨论不同价值观。[2]

伊恩·戴维斯指出，公民教育不仅需要学习关于公民资格方面的知识，而且更为重要的还需要明确怎样才是一个公民和学会做公民。也就

---

[1] Andrew Peterson, The common good and citizenship education in England: a moral enterprise? *Journal of Moral Education*, 2011, 40 (1), p. 30.

[2] Bernard Crick (ed.), *Citizens: Towards a Citizenship Culture*, Blackwell Publishers, 2001, p. 88.

是除了获得公民方面的知识和理解外,还应该树立基于批判理解社会和政治现实的理性、尊重在多元民主背景中的多样性和理解源于人的社会和政治责任的接受的参与和理解个人的权利。这就要求学生解释其有关公民资格观点、理解和主张;尊重他人,接纳和反思不同于自己的意见和观点;参与课堂思考和讨论,最好将这些经验和理解运用于校外生活。[1] 他沿着科瑞克将公民教育的教学当作政治实践的路线,要求教师引导学生对政治问题进行思考和讨论,强调过程和结果。他认为,政治知识与理解和政治辩论的能力不可分离。政治教育就要促进这两方面的发展。教师要促进讨论,同时让学生掌握所学习的内容。他批判关于宪法知识的公民学可能枯燥无味,误导年轻人认为决策符合宪政安排,而不是复杂的相互联系的因素作用的结果。而且这种教学虽然与政治理解和政治活动的概念相关,但不可能成为现实,因为有权威的教师总是倾向于权威主义,而使学生行使民主化为乌有,不能发展政治技能。他希望政治教育或公民教育不仅促进政治理解,而且培养学生政治价值与参与的技能,"我主张一种方式,围绕程序,教师和学生讨论政治事务的意义,寻求学习的参与。程序的概念区别于更为狭窄的特殊问题的研究的实质概念(如政府或战争)。我建议教师不仅要求学生记住特殊事实的细节,而且进一步让学生思考可能与许多的事实相关的实质概念和背景的本质"。[2] 这样,学生通过理解程序的概念不仅思考公民资格的政治方面,而且学会作为政治化的公民思考。他相信,如果利用程序的概念,就会鼓励教师和其他人更为清晰地认识到学生需要做什么和他们应该怎样思考才能达到有效的学习。戴维斯认为积极参与政治讨论是增进政治素质的有效的公民教育方式。这种方式强化了基于对社会和政治现实的批判理解的理性、多元民主背景中的宽容和由对社会和政治责任的接受和对权利的理解而引起的参与。政治讨论首先要求理性。通过政治事件和问题的探究,可以发展学生理解、分析、综合、判断和评估的能力。政治

---

[1] Liam Gearon (ed.): A Practical Guide to Teaching Citizenship in the Secondary School, Routledge, 2007, p. 6.

[2] James Arthur, Ian Davies and Carole Hahn (eds.), The SAGE Hand of Education for Citizenship and Democracy, SAGE Publications, 2008, p. 382.

讨论通过语言陈述和采取行动以及对之不同的反应,让学生理解宽容和与宽容相关的因素。他赞同科瑞克的话"做判断是必需的,除非我们接受一切。我们不应该羞于宽容作为自由和文明的基本价值。完全接受意味我们不存在重大差异以及共同的权利与人性。我们更应该意识到多元文化的社会和多民族的国家。要求完全接受而不是要求宽容就是要求整合为单一的共同文化,而非他们长期拥有的多元社会。共同的公民资格的实践维持民族、宗教和种族认同的差异性,以达到少数和多数的互利互惠"。[1] 参与必须具有行动的倾向,政治讨论有助于这种倾向的发展。为此,教师让学生从事件的背景出发理解讨论的问题或事件的本质;鼓励学生做判断;证明他们的决定或观点的正当性或详细表达他们的决定或观点;说服其他人接受他们所确信的;讨论他们的谈话,认识到他们正在做什么以及将进一步做什么。戴维斯要求教师要开展思想开放的讨论,避免诱导性的讨论,同时辅以"支持性的调动",如告诫学生要尊重他人、探索真理、利用合乎逻辑的推理、寻求说服而非进一步反对等,要求学生以积极和建设性的方式挑战他人的观点,学会利用词语、小心的和不经常的打断、身体语言等技能参与讨论。[2] 总之,通过参与这种开放性的讨论,学生可以弄清楚政治概念,发展对政治事件和问题的理解、分析、综合、判断和评估的技能。在这一教育过程中,戴维斯也坚持科瑞克增进学生参与的意义和有效性的主张,要求教师让学生关注重要问题的讨论,并将讨论置于一定的背景中,帮助学生证明其主张的正当性,鼓励学生做出自己的判断,认识到他们正在做什么以及将进一步做什么。

不过,伊恩·戴维斯虽然肯定科瑞克的公民教育以有趣的方式进行的必要性,但认为并不充分,需要将政治与年轻人联系起来,"以与政治教育的本质一致的方式教和学以便成为政治上有素质的人,做出有理性的选择"。[3] 为了增进学生参与讨论的素养,伊恩·戴维斯要求学生理解

---

[1] James Arthur, Ian Davies and Carole Hahn (ed.), *The SAGE Hand of Education for Citizenship and Democracy*, SAGE Publications, 2008, p. 383.

[2] Ibid., p. 385.

[3] Ibid., p. 381.

政治经济与法律方面的问题。政治方面包括地方政府（地方政务委员及其权限）、中央政府（选举制度、议员的职责、部长的职责）、国际组织（G8、联合国、欧盟）等政治机构、英国与世界的主要问题（恐怖主义、环境、歧视与偏见、南北关系）以及政治的概念（权力、权威和正义）、政治体制问题和适合于民主的政治技能和品性（如关于政治事务的讨论与辩论的技能）等四个基本方面。① 经济自由与政治自由密不可分，福利的创造和分配与公民资格密切相关，因为这些涉及权力、平等和正义。所以公民教育在经济方面需要考虑三个重要问题：是公有还是私有？（如教育、医疗卫生、法律与秩序、军队、煤炭工业、钢铁工业、造船业、铁路、农业、渔业、森林、住房是公还是私）；政府做什么？（如审查政府在防御、教育和福利上的花费）；个人应该做什么？（通过探究企业的本质以理解个人的责任与国家和国际问题的关系）。法律是否正义是公民教育的基本方面，因而公民教育要通过良好的法律活动让学生了解法律。如通过"年龄与行为"活动。教师列出一些行为，如独自买且饮酒、喝酒、不经父母允许而结婚、不经父母允许而入伍，要求学生推测合法行为的年龄。②

二 正义与公民教育

要保证社会的团结或和谐，正义是必要的前提。没有共同认可的正义原则及其保证这种正义的法律，社会不可能团结。正义不仅表现在制度安排上，也表现在个人品德上。公民教育不仅让学生明确正义观念，而且要养成公正处理事务的行为，其社会目的是要创造正义的社会。

正义涉及分配与地位或身份，亦即关乎如何分配以及在何种人中分配。而正义的标准即是平等。古希腊的亚里士多德就以平等为正义标准。"若不公正包含着不平等，公正就包含着平等。……公正必定是适度的、

---

① Ian Davies：100 + Ideas for Teaching Citizenship, Continuum International Publishing Group, 2011, p. 3.
② Ibid., p. 7.

平等的。"① 虽然他将公正区分为分配的公正、矫正的公正和回报的公正，但就公正本身即政治公正而言，也意味平等。"我们要探讨的既是公正本身，也是政治的公正。政治的公正是自足地共同生活、通过比例达到平等或在数量上平等的人们之间的公正。"② 亚里士多德的思想似乎影响了西方对正义的思考。如乔治·霍尔指出，从 18 世纪以来，平等观念已经成为社会正义思想的核心。③ 在英国传统政治思想中，平等不仅构成正义的内核，而且平等观念成为英国的政治传统。如简·富兰克林指出，平等是一种传统观念，与自由主义和社会主义两大意识形态紧密相连，在过去的两个世纪里，它作为国家政治、经济和社会改革的指导原则已经牢固确立。④ 平等作为原则涉及广泛的领域。约翰·贝克指出，平等原则包括基本需要平等、尊重平等、经济平等、政治平等，性别、种族和宗教平等。在她看来，每个人都有权满足自己的基本需要；每个人都具有平等的社会地位；每个人不仅有权从事某种工作，而且有权从事安全、有尊严、有用和有吸引力的工作；每个人有公民权利，能通过民主参与治理自己的生活；每个人不因性别或性偏好、肤色或文化、宗教信仰或无宗教而受到歧视。⑤

对于英国，正义不仅仅意味分配平等，更为根本的在于地位或身份的平等。即"社会或关系的平等"，如卡丽娜·福里等所言，"当我们呼吁平等的价值时，我们所指的是平等主义和非等级关系的价值，而不是分配的价值，平等分配仅仅在实现平等关系方面具有工具性价值"。⑥ 他们指出，奴隶制、阶级制度、基于种族或性别的社会地位等级制度、贵

---

① ［古希腊］亚里士多德：《尼各马可伦理学》，廖申白译注，商务印书馆 2009 年版，第 134 页。

② 同上书，第 147 页。

③ George Hull (ed.): The Equal Society: Essays on Equality in Theory and Practice, Lexington Books, 2015, p. 1.

④ Jane Franklin (ed.): Equality, London: The Institute for Public Policy Research, 1997, p. 1.

⑤ John baker: Arguing for Equality, Verso, 1987, pp. 4 – 5.

⑥ Carina Fourie, Fabian Schuppert, and Ivo Wallimann-Helmer (ed): Social Equality: On What It Means to Be Equals, Oxford University Press, 2015, p. 1.

族秩序等违反了社会平等,明显的奉承、逢迎、巴结和明显的轻蔑、贬低、侮辱或羞辱等行为,以及各种优劣关系也都违背社会平等。① 马歇尔就明确表达"公民身份实质上也是一项关于平等的原则"。② 戴维·米勒强调社会平等比分配的正义更为基础,将正义引向社会平等。他从团结的社群、工具性联合体以及公民资格三种关系区分出三种与此相对应的正义原则,即需要原则、应得原则和平等原则。需要原则即按需分配;应得原则要求所得与其贡献相等;平等意味"公民的地位是一种平等的地位;每个人都享有同等的自由和权利,人身保护的权利、政治参与的权利以及政治社群为其成员提供的各种服务"。③ 在他看来,"平等是支配公民间关系的首要的正义原则",④ 平等有两种,第一种按正义平等分配权力或利益;第二种社会平等,即相互平等对待。后者"确定了一种社会理想,即一个人们相互把对方当作平等来对待的社会——换句话说,一个不把人们放到诸如阶级这样等级化地排列的范畴中去的社会——的理想。我们把这种平等称作地位的平等或简称社会平等"。⑤ 社会平等被约翰·贝克称为"条件平等"(equality of condition),她从尊重与承认和爱、关心与团结以及权力三个维度构建"更为平等的社会关系以及更为平等的分配"。她说,"我相信,只有在我们以平等尊重的精神与对方交往;只有我们以适当的爱、谨慎和团结的方式相互联系;只有我们用真正的合作关系来取代对彼此的权力行使,我们才是作为平等的人相互联系在一起"。⑥

社会平等关于人与人之间的关系,不仅涉及个人之间的平等,也关涉文化、信仰、性别、种族等群体的平等,而且二者不可分割。后者平等涉及差异性或多样性。露丝·里斯特站在女性主义的立场探索男女平

---

① Carina Fourie, Fabian Schuppert, and Ivo Wallimann-Helmer (ed): Social Equality: On What It Means to Be Equals, Oxford University Press, 2015, p. 3.
② 郭忠华、刘训练编:《公民身份与社会阶级》,江苏人民出版社2007年版,第145页。
③ [英]戴维·米勒:《社会正义原则》,应奇译,江苏人民出版社2001年版,第32页。
④ 同上书,第33页。
⑤ 同上书,第259页。
⑥ Carina Fourie, Fabian Schuppert, and Ivo Wallimann-Helmer (ed.), *Social Equality: On What It Means to Be Equals*, Oxford University Press, 2015, p. 66.

等。里斯特坚持平等与差异并不矛盾,"平等概念包含着需要加以考虑的差异"①,要求在多样性框架内重构平等和差异。她指出,这种重构要"保证所有个体作为公民而得到发展,能够促进人类需要的满足和照护义务的实现——作为标准"。② 她也要求将正义伦理和关怀伦理结合起来,如此相互作用,"这对提升公共领域与私人领域中具有多重身份的妇女的公民身份是有意义的"。③ 肖恩·奥尼尔探索了在多种族背景下的文化正义与平等。他指出,个人的自由与平等实现与对特殊的群体认同的认可相联系。如果不能保证群体认同的表达,就不可能保证作为公民的平等与自由。他认为如果个体作为政治共同体的认同没有与群体的归属相联系,他们就会感受到国家的体制是与他们疏离的,因而被视为压迫力量而非作为权利的保障,也非作为集体的自我表达的渠道。④ 因为群体的文化表达与个人的认同形成相伴随,如果这种表达没有被尊重,作为公民的个人同样得不到尊重,即使有宣布公民平等权的宪法和国家存在,他们也会将此视为与己无关的东西。在北爱尔兰,新教群体与天主教群体的冲突就展现出文化的不正义。占多数的新教徒处于支配地位,他们愿意留在联合王国,占少数的天主教徒则希望并入爱尔兰。如果宪法性框架没认可这两个民族不同欲求、认同和忠心的合法性,就会被其中一个民族视为压迫的。因而,北爱尔兰的民族主义者就会感受到与大不列颠国家之间的疏离。"如果希望公民对国家不存在疏离感,那就必须让他们在其自我认同形成中感受到尊重。不管是爱尔兰人还是英国人,每个公民在每个重要方面将自己视为这个政治共同体中的自由而平等的成员。"⑤ 因而奥尼尔要求将两个民族之间的相互认可置于优先的位置。

我们也可以看到,在英国,平等不仅是社会正义的核心,也是社会

---

① [英]露丝·里斯特:《公民身份:女性主义的视角》,夏宏译,吉林出版集团有限责任公司2010年版,第151页。
② 同上书,第156页。
③ 同上书,第164页。
④ Shane O'Neill, cultural justice and the demands of equal citizenship: the Parading dispute in North Ireland. Theori, 2000, p. 29.
⑤ Ibid., p. 39.

正义追求的方向。如作为1992年成立的英国社会经济改革的独立调查机构——社会正义委员会（the Commission on Social Justice）为其研究提供了哲学框架，规定四个社会正义原则，回答"什么样的平等？"即社会正义意味着自由社会的基础是所有公民的平等价值；赋予每个人公民权以满足他们的基本需要；提供尽可能多的机会满足自尊和个人自治的权利的要求；虽然并非所有的不平等都是不正义的，但是不正义的不平等应当减少，并尽可能予以消除。[1] 2010年英国《平等法》也旨在禁止不公平待遇，促进工作场所和更广泛的社会中实现平等。该法案禁止在就业、私人和公共服务方面受到不公平对待，无论年龄、残疾、变性、婚姻和民事伙伴关系、种族、宗教或信仰、性别和性取向如何。按照2010年《平等法》的要求，英国政府实施2010年平等战略"建立更公平的英国"，其宗旨在于改变文化和态度；针对不平等的原因；建立更强健、更公平和更团结的社会，强调平等是为了每个人，也是每个人的责任。[2] 在教育领域，英国教育、儿童服务和技能标准办公室（The Office for Standards in Education, Children's Services and Skills）将促进学校的平等作为工作的核心，检查学校履行平等义务的情况，评估学校在确认和满足特殊教育需要或残疾儿童和青少年需要方面的工作，以及增加教职工的多样性、减少教职工中歧视、欺凌和骚扰等问题。[3]

如果平等成为教育的追求，那么学校就应该成为平等的学校，学校的各门课程，尤其公民教育课程，就应该发挥促进平等的作用。平等问题涉及种族、阶级、性别、宗教与文化等方面的不平等。加文·鲍德温、琳达·惠特沃思和菲利普·科瓦茨指出，公民教育不能满足于发言权和宽容，应该挑战并改变沉默和不容忍的原因，对社会阶级、种族、性别和残疾等方面不正义和歧视性的做法采取行动，强调承认、颂扬多样性

---

[1] Jane Franklin (ed): Equality, London: The Institute for Public Policy Research, 1997, p. 2.

[2] Creating a fairer and more equal society, https://www.gov.uk/government/policies/creating-a-fairer-and-more-equal-society, 2019-1-24.

[3] Ofsted's equality objectives 2016-2020, www.gov.uk/government/organisations/ofsted. 2016-5-3.

和行动是公民教育观的核心,希望公民教育必须致力于所有方面的机会平等,尤其种族、性别、阶级、残疾和性取向等方面的平等,发展学生针对不正义和压迫而采取行动的能力。[1] 蒂娜·姬妧（Dina Kiwan）倡导包容性的公民教育,内容涉及种族和宗教多样性、性别和性、年龄和残疾、社会阶级和环境问题。如在性别和性方面,虽然妇女在理论上拥有与男性平等的权利,但实际上制度结构、程序和实践等方面可能妨碍她们的充分参与,因而要确保能够听到妇女和其他边缘化群体的声音,如女同性恋、双性恋和变性群体的声音,以便能够影响并改变制度和现状。[2] 不平等、不正义难免引起人们的义愤。帕特丽夏·怀特（Patricia White）要求公民教育培养政治愤怒。在她看来,政治愤怒是公民所珍视的价值受到威胁所表现出的愤怒。公民教育就是促进公民热爱自由、平等、正义。如果正义和平等受到威胁就应该表达政治愤怒。她希望学生拥有表达这种民主愤怒方式的本领。[3]

虽然英国政治传统将平等作为正义的核心,但并不否认对正义理解存在政治上和道德上的争议。面对正义,公民课的教学如何引导学生达成有关正义的集体结论或共识？伊安·戴维斯认为迈克尔·桑德尔的著作《公正》为公民课的教师提供了大量帮助人们探索正义实践与思想的精彩案例,这些例子大都可以直接用于课堂。如火车司机如果要避免撞死一群人,需要他脱轨撞死道班工人,他应该怎么做？桑德尔提供了三种可能的建议：最大多数人的最大的善（如边沁的功利主义）；正义是一种看不见的方式,基于普遍的原则决策但不知道结果怎样（如罗尔斯）；决定什么是对取决于特殊的情境（虽然有普遍的原则,但在某种特殊情况下是对的）。伊安·戴维斯认为虽然这三种方式各有利弊,但只要讨论是真正的,达成个体或集体的结论的理由是明确的,那么就有潜在的教

---

[1] Dava Hill and Leena Helavaara Robertson (ed): Equality in the primary school: Promoting good practice across the curriculum. Continuum International Publishing Group, 2009, p. 261.

[2] Mike Cole (ed): Equality in the Secondary school: promoting good practice across the curriculum. Continuum International Publishing Group, 2009, p. 76.

[3] Patricia White: Making political anger possible: a task for civic education. Journal of Philosophy of Education. 2012, 46 (1), p. 11.

育价值。① 遗憾的是，伊安·戴维斯并未说明桑德尔《公正》案例讨论的教育价值所在。不过这种案例讨论也体现了公民共和主义公民教育的要求。

三 权利与公民教育

理查德·达格指出，至少从 17 世纪，权利的概念在政治讨论中凸显出来，尤其在说英语的世界。② 时至今日，权利虽然已被视为社会和文化的支柱，作为法律、社会和道德的原则，依然是莫衷一是而有待精确的概念。不同的群体和思想家处于不同的目的而对之有不同的甚至相反的界定③。权利的范围也很广泛，可以按权利的客体分，诸如生命权、投票权、解散议会的权利、在法律面前平等对待的权利等；按主体分，有儿童权利、劳动者的权利、国家的权利、人民的权利等。在学术界则有自然权利与法律权利、要求权利与自由权利、消极权利和积极权利、个人权利与群体权利的区分。每种权利的历史及其发展展示出社会斗争的历程。资产者为财产权而斗争；工人为劳动权利和社会权利而斗争；妇女为女性权利而斗争；而斗争的背后往往有不同的政治意识形态。汇集起来的权利要求必然反映到教育政策中，也进入公民教育领域。

权利之所以被要求，是因为权利是自由空间的保障。自由与权利是不可分割的两方面，无权利保障，则无自由；要维护自由，就需要权利。如果人生而自由，那么就必然有与生俱来的权利；人要获得安康的生活，也就必须获得这些权利。这些权利在西方被所谓的自然法所确认。大卫·卡尔指出，权利的呼声来自所谓的自然法理论，这种理论又可以追溯到古代，主要是斯多葛派，也可以在柏拉图和亚里士多德的思想中找

---

① Ian Davies: 100 + Ideas for Teaching Citizenship, Continuum International Publishing Group, 2011, p. 12.

② Richard Dagger: Civic virtues: rights, citizenship, and republican liberalism. Oxford University Press, 1997, p. 3.

③ Rights. http://en.wikipedia.org/wiki/Rights. 2014 - 2 - 10.

到，但更多的是包含在理性和启蒙时代的契约理论中。[①] 他分析了霍布斯、洛克、密尔、卢梭、康德等人的权利思想和当代罗尔斯的正义理论。在此，我们根据他所列举的英国的启蒙思想家，来分析他们对权利的理解。

霍布斯从人的本性而非从宗教传统出发来论证其权利主张。人的本性趋向于自我保全，所有人的自我保全得以实现在于和平的秩序。出于自我保全的本性、和平的欲望的权利就是自然权利，"就是每一个人按照自己所愿意的方式运用自己的力量保全自己的天性——也就是保全自己的生命——的自由。因此，这种自由就是用他自己的判断和理性认为最适合的手段去做任何事情的自由"。[②] 这些做的权利是积极权利；霍布斯也说明了不做的消极权利，"自然律是理性所发现的戒条或一般法则。这种戒条或一般法则禁止人们去做摧毁自己的生命或剥夺保全自己生命的手段的事情，并禁止人们不去做自己认为最有利于生命保全的事情"。但人的这些权利在"一切人反对一切人的战争"状态是无法实现的，因为对手会损害对方，会剥夺其赖以生存的条件和手段，让他做有损于自己生命的事情。为此，每一个人应当力求和平，当得不到和平时，利用一切所能利用的手段抵抗敌人和保全自己。霍布斯将这一基本原则概括为"这条法则的第一部分包含着……寻求和平、信守和平；第二部分……利用一切可能的办法来保卫我们自己"。[③] 也就是说，做有益于生命与和平的事情的权利和不做有损于生命与和平事情的权利。进一步说，一切维护和平与自我保全的条件和手段构成了这部分权利的内容，其中包括财产权、生活手段的权利、秩序与安全等的权利。至于权利的实现，在霍布斯看来只有依靠国家。在霍布斯看来，人的生命在自然状态是自由的，但并不安全。因为每个人都有杀死和处置对手的相同的自由。为了避免弱肉强食的局面，一个办法就是弱者联合起来战胜个体上的强者，最终

---

① David Carr: Rights, Duties and Responsibilities. James Arthur, Ian Davies and Carole Hahn (ed): The SAGE Hand of Education for Citizenship and Democracy, SAGE Publications, 2008, pp. 20-21.

② ［英］霍布斯：《利维坦》，黎思复、黎廷弼译，商务印书馆1985年版，第97页。

③ 同上书，第98页。

人们就会为了共同利益接受抑制对他人暴力的普遍规则。通过社会契约建立国家,由国家保证个体和共同的安全,同时个人放弃一些自由。"如果要建立这样一种能抵御外来侵略和制止相互侵害的共同权力,以便保障大家能通过自己的辛劳和土地的丰产为生并生活得很满意,那就只有一条道路:——把大家所有权力和力量托付给某一个或一个能通过多数的意见把大家的意志化为一个意志的多人组成的集体。"① 如此一群人组成国家。"这就是伟大的利维坦的诞生。"② 国家通过法治和主权者的教导将人文明化,改善其反社会的冲动和倾向。霍布斯的国家也就成为个人权利和公共安全的保护神,臣民应该服从它,服从主权者。因为主权者与臣民不可分,主权者是臣民授权的,服从主权者,就是服从自己。但臣民也不是无条件地服从主权者,如果主权者违反自然法,臣民就有不服从的自由。如不防卫自己的身体的信约是无效的,而主权者命令某人杀死、弄伤自己,或对他人的攻击不予抵抗,或命令绝食、断呼吸、摒医药等就有自由不服从。③ 臣民有服从自然法以及由此产生的国家的法律的自由,也有不服从违反自然法的国家行为的自由。

与霍布斯相反,洛克反对霍布斯的市民法的压制性主权,而提升个人权利,也避开了霍布斯人类自然倾向和冲动的反社会的特征,而主张在自然状态下,人们认可和尊重自然法,即认可和尊重由自然法决定的人的生命、健康和财产权利。"自然状态有一种为人人所应遵守的自然法对它起着支配作用;而理性,也就是自然法,教导着有意遵从理性的全人类:人们既然都是平等和独立的,任何人就不得侵害他人的生命、健康、自由或财产。"④

首先,人的这些权利是人平等享有的。因为人人是造物主平等的创造物,"不由他们彼此之间做主;我们既赋有同样的能力,在同一自然社会内共享一切,就不能设想我们之间有任何从属关系,可使我们之间彼此毁灭,好像我们生来是为彼此利用,如同低等动物生来是供我们利用

---

① [英]霍布斯:《利维坦》,黎思复、黎廷弼译,商务印书馆1985年版,第131页。
② 同上书,第132页。
③ 同上书,第169页。
④ [英]洛克:《政府论》(下篇),叶启芳、瞿菊农译,商务印书馆1964年版,第6页。

一样"。① 因为对独立、平等的个人的权利尊重，洛克就否决了为了支配他人而互为战争、相互残杀的状态。进而洛克说明，自然法即理性为人类的积极而有益的联合铺平了道路。也就是说，如果我们是理性的人，认可和尊重自然法，并尊重每个人享有自然法决定的道德权利，那么我们就可以联合在一起，而非导致相互残杀的悲惨状态。洛克与霍布斯的这种区别，很大程度上是洛克更多地看到了人理性的一面，或向善的一面，这否决了基督教的原罪说，从而否定人生而需要主人的观点，也就否定了霍布斯因为人的反社会的倾向而要求国家作为强者的约束的观点。在洛克的视野里，人是自己的主人，不需要外在的强者。

其次，人的生命、健康和财产的权利是相互关联的。大卫·卡尔指出，对于洛克，不能同时说：生命是人的完满的前提，生命唯有在考虑自由后思考或行为才是完满的。洛克也将财产作为自由的关键条件②。财产权的最初取得在于劳动。"在最初，只要有人愿意对于原来的共有的东西施加劳动，劳动就给与财产权。"劳动之所以具有原始取得的理由，是因为劳动创造价值，"将绝大部分的价值加在土地上的是劳动，没有劳动就几乎分文不值"。③ 通过劳动合法占有物品将鼓励人们勤劳，而勤劳不仅为满足自己的需要创造财富，而且为国家带来富强。对于个人，辛勤的劳动创造财富，而货币的发明，则为寻求巨额财富和事业的发达开辟了道路，"不同程度的勤劳会给人们不同数量的财产，同样地，货币的这一发明给了他们以继续积累和扩大他们的财产的机会"。④ 对于国家，"一个君主，如能贤明如神，用既定的自由的法律来保护和鼓励人类的正当勤劳，反对权力的压制和党派的偏私，那很快就会使他的邻国感到压力"。⑤ 对于洛克，财产权以及决定财产权的劳动于个人的完满和国家的

---

① [英] 洛克：《政府论》（下篇），叶启芳、瞿菊农译，商务印书馆1964年版，第6页。
② David Carr: Rights, Duties and Responsibilities. James Arthur, Ian Davies and Carole Hahn (ed): The SAGE Hand of Education for Citizenship and Democracy, SAGE Publications, 2008, p. 22.
③ [英] 洛克：《政府论》（下篇），叶启芳、瞿菊农译，商务印书馆1964年版，第29页。
④ 同上书，第31页。
⑤ 同上书，第28页。

繁荣何其重要！虽然我们希望勤劳致富，也赞美勤劳这一美德，但我们也不得不指出洛克的混合了劳动的财产权似乎是扩大财富的童话。如大卫·卡尔所指出，人们似乎找不到基于劳动获取和扩大财富的事例，所见到的是美洲的殖民者对不属于自己的土地的占有和从茫茫森林中获取财富，还有西欧工业国家的全球企业家从大西洋两岸贸易中增加财富，也是对黑奴劳动的剥削。追求财富不惜走向邪恶，如亚当·斯密所说："为了获得这种令人羡慕的境遇，追求财富的人们时常放弃通往美德的道路。不幸的是，通往美德的道路和通往财富的道德二者的方向有时截然相反。"①

以劳动为基础的财产权要求个人独立与自由，强化个人的责任感，应该说适合资本主义的发展。在社会主义者看来，资本主义吸尽个人内在的善，带来人类最坏的特征，鼓励自私、竞争。资本主义给人类带来的不是所有人的福利，而是罪恶，按欧文的观察，"根据人口法所作的最近一次统计说明，大不列颠和爱尔兰的贫民与劳动阶级的人数已经超过了一千五百万，或者说已经接近不列颠诸岛人口的四分之三了"。"许多人的环境还直接驱使他们走上极其邪恶和极其悲惨的道路，使他们成为帝国的最恶劣和最危险的臣民。"② 社会主义者寻求建立与人合作的社会。从欧文开始就着手通过建立合作的制度改造环境，进而改造人的性格，最终消除人的悲惨命运。他希望的取代"虚伪、仇恨、嫉妒、报复、战争、贫困、不公、压迫以及它们带来的一切痛苦"的新社会的精神是"真正的宽宏大度与纯挚的仁爱"，"这种宽宏和仁爱精神不容许排斥任何人，而会普及到每一个人身上，不论他们受什么教导和培育，同时也根本不管他们出生在哪一个国、肤色怎样、习惯和情感如何"。③ 欧文似乎以合作的制度和美德来解决不良的社会问题。

洛克对劳动的财产权的捍卫也未涉及财产不平等的分配以及财富差

---

① ［英］亚当·斯密：《道德情操论》，蒋自强等译，商务印书馆1997年版，第76页。
② 《欧文选集》第1卷，何象峰、何光来、秦果显译，商务印书馆2009年版，第13页。
③ 同上书，第126页。大卫·迈凯伦认为，欧文的新道德包含现代公民资格方面的道德意味，即个人责任与公民精神、尊重法律相结合。［见 David J. Mclaren, "Education for citizenship" and the new moral world of Robert Owen. Scottish Educational Review. 2000（2）. p. 114］

距的合法性，虽然他说权利和需要并行不悖，财产以需要的享用为限，"以供我们享用为度。谁能在一件东西败坏之前尽量用它来供生活所需，谁就可以在那个限度内以他的劳动在这件东西上确定他的财产权；超过这个限度就不是他的份所应得，就归他人所有"。① 但是欲壑难填，人对财富的欲望也将永无止境。社会也将因为财富的不平等而出现强者和弱者、富者和穷者。强者同时也是富者会通过强力而掠夺，也就不可避免地出现弱肉强食的悲惨局面。如果没有对强者和富者的强力约束，他们就可以肆无忌惮地违反自然法，而得到的报偿不是惩罚，而是更大的财富的奖赏。穷者和弱者在缺乏保护的状态就陷入任人宰割的境地。霍布斯预示了这种战争状态，而求助于"利维坦"。虽然洛克没有回避战争状态，但他的政府仅仅是权利救济者。倒是卢梭似乎赞同了霍布斯对人类悲惨命运的理解，将不正义追溯到经济和社会的不平等，从而开启经济和社会权利的路向，在此不必赘述。

我们再看密尔对权利或自由的理解。密尔也是从反抗威胁自由的暴政开始的，所不同的是他的对象是多数人的暴政。多数人的暴政不像少数人的暴政是为了满足自己的私欲，而是为了维护社会主导的正统。对违反正统的强制就是多数人的暴政。多数人暴政的武器就是他们的正统，这些正统包括习俗。凭借这一武器将一切人"正统"化，并摧毁一切反正统的思想和行为。所以多数人的暴政几乎没有给个性自由留下任何余地。为了个性获得解放，为了确立人的个性自由的权利，思想领域的自由就是其台阶。"因此，只预防政府的暴政是不够的；还需要预防主导的观点和情感的暴政，预防社会这样的倾向，即以民事处罚以外的方式把它自己的观念和做法当作行为准则强加于持不同意见的人，以阻碍任何与它的方式不相协调的个性的发展（如果可能，甚至阻碍这种个性的形成），从而迫使一切人格都按照社会的模型来塑造。集体意见对个人独立性的合法干涉也存在一个限度；发现这个限度并维护它免受侵蚀，这就像预防政治专制一样，对于维护人的事务的良好状态是必不可少的。"②

---

① ［英］洛克：《政府论》（下篇），叶启芳、瞿菊农译，商务印书馆1964年版，第21页。
② ［英］密尔：《论自由》，顾肃译，译林出版社2010年版，第7页。

密尔提出了免于多数人暴政的三种自由：思想与讨论的自由、趣味和志向的自由以及联合的自由。这些自由只影响自己而间接地影响他人，是人的当然的权利。

密尔将笔墨倾注在思想与讨论的自由、志趣和志向的自由。他认为，对付暴政不仅需要出版自由、财产自由，对付社会的暴政更需要思想与讨论的自由。在他看来控制意见表达的强制权是有害的，"按照公众意见来行使它，与违反公众意愿而行使它相比，是同样有害，甚至更加有害的。假定人类全体除了一个人以外都持这种观点，只有这一人持相反意见，则人类全体个人沉默，并不会比这个人使人类沉默（假如他有此力量的话）有更正当理由。……迫使意见不能表达的具体恶乃在于，它是对整个人类的掠夺，无论对后代还是对现有的一代都是一样，对不同意该意见的人甚至比对持有该意见的人还要严重"。① 思想与讨论的自由意味我们有形成意见的自由，公开表达和讨论观点和思想的自由，有质疑和审查的自由，尤其是审查权威的自由。当然这种自由本身不是目的，目的是个性的自由和多样性。但思想与讨论的自由松开了正统的枷锁，带来了宽容的社会，让我们宽容那些无损于社会整体利益的特立独行的个性。

所以，旨趣和志向的自由才是密尔权利思想的核心，这一自由其实就是个性自由②。个性自由在密尔这里主要关涉自己的方面，人有按照其内在力量表现自尊或自我发展的自由。他说，"人性不是一架机器，……它毋宁是一棵树，需要按照它成为活物的内在力量的趋向生长，并在各

---

① ［英］密尔：《论自由》，顾肃译，译林出版社2010年版，第18页。
② 虽然密尔没有明确谈论这三种自由的关系，但据笔者的分析，个性自由是核心。因为思想和讨论的自由本身不是目的，其目的在于让人们从社会的专制中解放出来，换句话说，是为个性自由带来自由的空气。有了个性自由，人们的感知、判断、辨别力、智力活动，甚至道德取舍等能力以及首创精神才发挥出来，从而才会出现各方面独当一面的人物。有了个性自由，人们不再牺牲个性而换取集体的伟大，而是通过志同道合的联合创造个性和集体的双重伟大。没有个性，联合就没有力量。密尔说，在习惯于处理自己事务的人民中，所表现出来就是总有人能够担当领导，组成团体应对公共事务，法国如此，美国亦如此。这使我想到顾炎武面对清军入关而无强有力的社会力量阻挡而一败涂地的焦虑，但他的想法是"寓封建于郡县"，而非民当自由。

方面发展起来"。① 内在力量就是欲望和冲动，这是人的个性生长的原动力。缺少这些就谈不上个性，"欲望和冲动就像信仰和约束的地位一样，是完善的人之部分"②，"使得个人冲动生意盎然而强大有力的那种强烈的感受性，也正是对美德最炽烈的热爱和最严格的自我节制得以产生的源泉"。③ 个人自己的欲望和冲动是其性格，否则就无性格为外在的冲动和欲望所塑造的，"一个人如果欲望和冲动都是自己的（这些是他自己本性的表达，由他自己的教化所发展和改变），就被称为有性格。一个人如果欲望和冲动都不是他自己的，就没有性格"。④ 欲望和冲动造就了人的生机勃勃。在他看来，一门学说在原创者那里充满生机，因为有原创者的欲望和冲动，如果后继者少了这些欲望和冲动，这门学说就会变成"僵尸"。所以个性自由的权利内在地要求尊重人的欲望和冲动。

以上这些思想家所涉及的权利基本属于个人基本权利范围。在当代的英国，马歇尔的权利思想影响了英国的教育政策，尤其影响了英格兰的公民教育政策，也就成为英国公民教育争议的焦点。1950年，马歇尔在《公民资格与社会阶级》一文中将权利分为公民的、政治的和社会的三个组成部分：一是对"个体自由必需的公民权利"；二是"参与行使政治权力的政治权利"；三是社会权利，包括"从少许的经济福利和安全权利，到广泛分享社会财富遗产的权利，以及按照社会盛行标准过一种文明生活的权利"。这些权利的发展经历了三个世纪：18世纪，因为财产权被认可而形成市民的公民资格；19世纪因为更多的人有投票权的获得而确立政治权利；20世纪随着福利的发展而凸显社会权利。社会权利与福利国家相连，因而马歇尔的权利思想的指向是福利国家。对于马歇尔，如何协调公民资格与阶级的关系或民主与资本主义的关系，"如何协调政治民主的正式框架与作为经济体系的资本主义所带来的社会结果之间的关系，即如何协调形式平等与社会阶级持续分化之间的关系。……马歇

---

① ［英］密尔：《论自由》，顾肃译，译林出版社2010年版，第62页。
② 同上书，第63页。
③ 同上书，第63—64页。
④ 同上书，第64页。

尔的答案是福利国家"。① 通过福利国家实现社会权利，限制因阶级分化对个人生活所带来的负面影响，从而促进个体对共同体的忠诚。

马歇尔的权利思想构成了英格兰公民教育的基础。1998年的公民教育与学校民主教育顾问小组提交的"科瑞克报告"根据马歇尔公民权的三个部分界定"好公民"和"积极公民"，其一，好公民具有社会与道德责任，这是好公民的核心，学校要教育学生理解道德价值，按照道德价值行为。其二，好公民积极参与和服务学校内外的社区，要促进学生在地方、国家和全球水平上参与。其三，好公民具备政治素质。即理解政治知识和一般意义上"公共生活"的知识，能够以最有效、最健康的方式表达意见，能够有效地协商、妥协，基于当前经济和社会问题的实际做出决定。根据马歇尔社会权利对应面是福利的提供，因而该报告将权利与义务相统一，强调权利与义务的相互性，作为"积极公民"，人们应该通过国家和地方的自愿组织相互提供。该报告认为积极的公民应该是马歇尔公民资格的三部分的内在的相互作用，其概念的核心是引导年轻人进入公共生活的、法律的、道德和政治的层面。公民教育不仅让儿童理解个人与社会的关系，还要培养对法律、正义、民主的尊重，树立公共利益的意识，同时鼓励独立思考。该报告指出，"有效的公民资格教育"意味，"第一，儿童在课堂内外对待有权威的人和相互对待中学习最初的自信和社会与道德方面的负责行为"。报告要求在校内外进行这种学习，如参与群体游戏和社区事务。"对道德价值和个人发展的指导是公民资格的基本前提。""第二，学会有帮助的参与生活和关心他们的社区，包括通过社区参与和服务社区学习。""第三，学生学习利用知识、技能和价值观在公共生活中发挥作用。"②

虽然马歇尔权利思想在很大程度上影响了英国的教育政策和英格兰的公民教育，但并不意味其权利思想在英国已成定论，相反受到了诸多批评。从马歇尔公民权利的三个组成部分看，社会权利的主张必然挑战

---

① [英]布莱恩·特纳编：《公民身份与社会理论》，郭忠华、蒋红军译，吉林出版集团2007年版，第7页。

② Advisory Group on Citizenship: Education for Citizenship and the Teaching of Democracy in Schools. London: Qualifications and Curriculum Authority. 1998. pp. 11–13.

了财产权,因为分享社会文明,就必然要求对社会财富和财产进行再分配。这种思想与保守主义和自由主义的思想不相容。因为有社会福利权利,就会依赖国家或其他社会组织,进而侵害个人的独立性和责任感。这与西方传统的道德不相符合,所以保守的撒切尔夫人就拒绝这种思想。她的传播于包括网络在内的媒体的政治名言就是要强化个人的独立性。1984年,撒切尔表达了其政治理念,"我带着一个目的来到这个办公室:令英国社会从依赖走向自力更生;从人人为我到我为人人;建立一个奋发有为的英国,而不是消极怠工的英国"。1987年,接受《妇女》(Women's Own)杂志专访时,撒切尔夫人说,"根本就不存在'社会'这种东西,只有独立的男人、女人和他们的家庭。得不到人民支持的政府不会有任何作为,但每个人必须先处理好自己的事。我们应该先处理好自己的事,然后再照料你们的邻居"。因而她要求造就强化个人独立性的社会。[①] 撒切尔夫人批评社会流行的"福利依赖"的文化,追随新自由主义思想家,如哈耶克,而非古典自由主义[②],她认为社会权利和国家提供福利一般更会削弱而非支持个人自由,因为这弱化个人责任和公民美德。基思·福尔克指出,撒切尔主义的理想公民不是与投入合作进行政治决策的政治参与者,公民不是在社区与人合作的独立个体,而是守法、物质上成功的个人,他们愿意并且能够运用市场权力所促进的机会,对

[①] 马歇尔的思想为英国公民权的讨论提供了理论根据。人们也会根据马歇尔的公民资格概念批评"撒切尔主义",如迪斯蒙特·金利用消费方式由社会化向私人化转变而侵害福利国家进而侵蚀公民权利的观点,认为私人消费模式取代社会化模式是剥夺英国人民某些基本权利。([英]布莱恩·特纳编:《公民身份与社会理论》,郭忠华、蒋红军译,吉林出版集团2007年版,第70页。)不过,撒切尔夫人后来在其回忆录中再次辩解说:"我反对人们将'社会'误解为有求必应的政府。"但仍然坚持国家经济的发展,个人与社团都应该担负更大的责任,还提高维多利亚时代的价值观,该价值观区别"值得同情"与"不值得同情"的贫穷。([英]玛格丽特·撒切尔:《撒切尔夫人会议录——唐宁街岁月》,远方出版社1997年版,第424页)

[②] 奥斯勒区别了古典自由主义和新自由主义,前者强调消极的国家权力概念,旨在免于国家的干预,而后者则描述出积极的国家作用的概念,国家通过提供条件、制定法律和制度创造能运作的市场;前者的个人是自治的,能运用其自由;而后者寻求国家造就有事业心和竞争力的企业家。(See Gert Biesta and Robert Lawy: From teaching citizenship to learning democracy: overcoming individualism in research, policy and practice. Cambridge Journal of Education. 2006, 36 (1), p.68)

比自己不够幸运的人表示偶尔的同情①。福克斯认为新自由主义将公民资格的定义从社会权利转向"市场权利",其公民资格概念的核心是市场权利,即财产所有权、消费者权利和对服务的选择权。个人以负责的方式自由选择是造就好公民的唯一方式。其核心是一个积极的公民是"能动的个人",独立且对自己的行为负责,而非依赖政府的干预和支持,有公民美德和国家与地方社区的自豪感②。虽然英国保守党要求将公民教育作为跨课程的主题,但他们所诉诸的是市场的参与者,而非政治的参与,他们担心国家进行的直接的公民教育就是集权主义和社会主义,因而在这方面的教育无所作为。如1992年首相梅杰在保守党大会上说:"我们小学教师应该学会怎样教孩子们阅读,而不是在性别的、种族的和阶级的政治上浪费他们的时间。"③

从平等的角度看,马歇尔肯定地位平等比收入不平等重要,这在某种程度上为阶级不平等辩护。如巴里·辛德斯指出,"阶级不平等在本质上是不合理的,然而马歇尔却把公民身份原则描述为是对这种不平等本身提供一个坚实的规范基础"。④ 法律上的平等、投票权并不能消除因社会和经济差异而导致的政治结果⑤。从马歇尔的权利外部看,也遭到各种批评。马歇尔的权利观是综合性的,带有目的论色彩,其权利主体似乎是传统的,即男性色彩,虽然说明了社会权利进化方向,但未充分解释如何扩展到不同群体,也忽视了种族、民族和性别等群体特性。布莱恩·特纳指出,马歇尔的公民身份观带有某种目的论的特点,仅仅提供了一种有关英国社会权利的演进的历史描述,不能提供公民身份如何扩

---

① Keith Faulk, "Rethinking citizenship education in England", *Education, Citizenship and Social Justice*, 2006, Vol. 1 (2), p. 125.

② Gert Biesta and Robert Lawy, "From teaching citizenship to learning democracy: overcoming individualism in research, policy and practice", *Cambridge Journal of Education*, 2006, 36 (1), p. 68.

③ Keith Faulk, "Rethinking citizenship education in England", *Education, Citizenship and Social Justice*, 2006, Vol. 1 (2), p. 125.

④ [英]布莱恩·特纳编:《公民身份与社会理论》,郭忠华、蒋红军译,吉林出版集团2007年版,第25页。

⑤ 同上书,第28页。

展的原因解释，而且甚少涉及社会阶级、新社会运动或社会斗争对公民权利的促进作用①。特纳总结了对马歇尔公民权理论的批评。第一，该理论没有提供推动公民资格扩展的因果机制的明确分析；第二，马歇尔的统一的公民资格概念无法引起在独特的历史轨迹中的公民资格形式的比较研究的兴趣；第三，马歇尔思考英国的一个重要弱点在于缺乏对与国家公民资格相关的种族和民族差异的理解，其理论忽略了种族和民族以及文化问题；第四，作为权利理论，马歇尔的思想很少甚至没有涉及义务和责任。②一些人认为马歇尔的公民资格概念在后现代、全球化时代是不适当的，他们从不同的视角探索公民资格的概念，如性别、种族、世界主义、残疾人、青年文化等。如伊辛和伍德讨论了公民资格与认同的关系，认为公民资格的理解因最近对种族、性别、世界主义、技术和其他权利与认同的研究工作而转变③。

不仅马歇尔的权利思想受到批评，"科瑞克报告"所表述的权利思想也受到批评。科瑞克报告被视为用来应对年轻人的政治冷漠，而公民教育是为了拯救正在衰败的民主。英国下议院的议长贝蒂·布思罗伊德也说，学校公民教育的缺乏是公共生活的污点，会给未来的民主带来不幸的结果。为了民主的健康和为英国奠定共同的基础，报告指出，"多数人必须尊重、理解和宽容少数人，少数人必须像多数人那样学习和尊重法律、准则和习俗，——因为这样做不仅有用，而且因为这个过程有助于塑造共同的公民资格"。④ 对此，奥德丽·奥斯勒说："虽然多数人宽容少数人是成功建立多元文化社会的关键之一，宽容是通向多元文化社会和多元文化的公民资格的第一步，但是它不是充分的条件，需要平等权利的保障、歧视的缺席来平衡。"奥斯勒进一步质疑少数人没有被要求宽容

---

① [英] 布莱恩·特纳编：《公民身份与社会理论》，郭忠华、蒋红军译，吉林出版集团 2007 年版，第 9 页。

② Bryan S. Turner, T. H. Marshall, "Social rights and English national identity", *Citizenship Studies*, 2009, 13 (1), February. pp. 69 – 70.

③ J. Mark Halstead and Mark A. Pike, "Citizenship and Moral Education: Values in Action", *Routledge*, 2006, p. 10.

④ Advisory Group on Citizenship, *Education for Citizenship and the Teaching of Democracy in Schools*, London: Qualifications and Curriculum Authourity, 1998, pp. 17 – 18.

多数人，而是要求学习和尊重这个社会的法律、规则和习俗。这是否意味少数人的文化和价值观与支持法律和习俗的价值观不一致？少数人没有被法律和习俗社会化可能因为他们是新移民？这是否显示少数群体的个人比多数群体的个人更经常违反法律？奥斯勒批判"科瑞克报告"未涉及差异和种族正义。她指出，虽然公民教育的目的在于增进这样的社会，在这个社会里，所有公民都能基于平等主张其公民权利和责任，但种族主义是阻止少数群体的成员实现其公民权的主要障碍，因而公民教育应该把审查这种障碍作为使年轻人能克服它们的第一步。而基于人权的公民教育才有潜力完成强化民主体制与实践，使所有人完全参与反种族主义的新事业。[①]

四 责任与公民教育

培养负责公民是英国教育的目标，许多教育机构，不管是托幼机构还是中小学都明示了这一点。"科瑞克报告"将重点放在责任上，该报告指出，"学校公民资格教育的目的是保证和增进与参与性民主的实践和本质相连的知识、技能和价值观；也增强作为积极公民所必需的权利、义务和责任意识；树立个人、学校和社会参与地方和广大共同体的价值观"。[②] 与科瑞克报告一样，英国青年委员会（the British Youth Council）也主张青少年有资格享有权利，建议课程："应该考虑归属社会的责任——公民的权利与责任。应该考虑儿童和青少年作为公民的权利和责任，而且随着他们成长而有变化。也应该考虑法律和司法制度以及怎样与他们的权利和责任相关。"

责任涉及不同层面，包括对自己、对家庭、对社会、对国家和全球的责任。科瑞克报告要求增进"负责行为的倾向性：即关心他人和自己；预先思考和预测行为可能对他人的影响；接受所预料到的或不幸的结

[①] Audrey Olser, "The Crick Report: difference, equality and racial justice", *The Curriculum Journal*, 2000, 11 (1).

[②] Advisory Group on Citizenship: *Education for Citizenship and the Teaching of Democracy in Schools*, London: Qualifications and Curriculum Authourity, 1998, p. 40.

果"。也要求关心公共利益。奥德丽·奥斯勒和休·斯塔克从国际文献对责任的界定归结出普遍责任。(1)对其他的个人与集体责任,也就是尊重和促进他人的尊严和人权,包括考虑其行为对他人安全和福利的影响;体谅和尊重他人;致力于公平,包括性别公平;尊重隐私;采取非暴力行动。(2)贡献地方、国家和全球共同体,即致力于自由、发展、民主与和平;利用教育机会发展技能和天赋;尊重法治;与人团结,维护他人的权利;积极参与治理和公民社会;消除腐败。(3)对未来一代的责任,即每个人在个人和集体方面有责任过可持续发展的生活方式,保护和提升人类的知识和文化遗产的多样性、和平的和创造性的社会结构、维持生命的全球环境的资源。他们认为这些一致同意的普遍责任是教育中制定行为准则和其他政策的出发点。①

如果要培养个人作为公民的责任,那么教育者必须回答责任的来源问题。规范伦理强调道德原则,往往将责任诉诸权利,而德性伦理强调美德的基础性,认为有美德的人才会负责。在英国,持公民共和主义立场的学者如安德鲁·彼得森、理查德·普林等人坚持将美德视为责任的来源。如普林强调维持和增进民主的责任需要公民美德。他指出,"责任很少像权利一样被捍卫,但保护这些权利的民主制度和程序需要不断的警觉,以免于被能行使权力的人侵蚀。因此,公民有责任保护民主制度和程序"。② 而维护民主的责任在于公民美德,"这种责任未被乐意接受或被行使。它们需要某些品格和公民美德。它们需要生活的和个人的技能。它们需要对社会和政治的框架的发展有基本的理解。这种品格、技能和理解可以也应该是教育的目标——而且因而在课程中有其位置"。③ 实际上,美德被视为责任的基础是西方的思想传统。亚里士多德和西塞罗对此有清晰的表达。在他们看来,只有好人才会负责,做一个公民,首先要做一个好人,因为我们不可能将公共事务交给不负责任的坏人。在亚

---

① Audrey Osler and Hugh Starkey: Changing Citizenship: Democracy and Inclusion in Education. Open University Press, 2005, p. 162.

② Bernard Crick (ed.), *Citizens: Towards a Citizenship Culture*, Blackwell Publishers, 2001, p. 84.

③ Ibid., p. 88.

里士多德那里，只有德行高尚的人才可以称为政治人。因为政治是为了城邦的善，公共利益是政治行为的出发点，所以，"希望自己有能力学习高尚［高贵］与公正即学习政治学的人，必须有一个良好的道德品行。因为，一个人对一件事情的性质的感觉本身是一个始点"。[1] 政治既然是道德行为，那么品德往往成为参与政治的通行证。无德之人不可能付出政治行为，即不可能引导人们过道德生活。因而无德之人不能成为公民。西塞罗也表达了道德责任源于美德的思想。他指出，道德责任来源于美德，无品德，就无责任，培养品德就是培养责任。如果缺乏谨慎、社会本能或公正、勇气、节制就不会有道德上正直的责任。他说，道德责任从道德上的正直衍生，"因为，一切道德上的正直都出自四种来源（第一种来源是谨慎；第二种来源是社会本能；第三种是勇气；第四种是节制），在决定责任的问题时常需要对这些美德加以相互比较和权衡"。[2] 西塞罗似乎给出了责任次序：公正、谨慎比智慧更有价值。因为责任的价值大小取决于责任的对象，关乎社会整体利益的公正是根本性的价值，与社会义务有关的责任也最为重要。

将权利作为责任的来源，往往强调权利与责任的相互性。如马歇尔将公民的权利与义务相对应，如公民的权利与守法和公民的美德，如诚实、自尊和正派相匹配；政治权利与对国家的义务相对应，如迈克尔·沃尔泽所列的公民义务包括对国家的忠诚、保卫国家、文明和服从法律，宽容、积极参与政治生活；社会权利与通过自愿活动、社区服务和其他作为积极公民的方式帮助他人的义务相统一[3]。奥德丽·奥斯勒和休·斯塔克不赞同吉登斯所说的话"没有责任就没有权利"，而认为如果不履行特殊的责任就否决权利会削弱人权的基础。他们指出，之所以权利与责任相联系，是因为二者的相互性，有权

---

[1] ［古希腊］亚里士多德：《尼各马可伦理学》，廖申白译注，商务印书馆2009年版，第10页。

[2] ［古罗马］西塞罗：《论老年 论友谊 论责任》，徐奕春译，商务印书馆1998年版，第160页。

[3] J. Mark Halstead and Mark A. Pike: Citizenship and Moral Education: Values in Action. Routledge, 2006. pp. 9–10.

利,就相应有相互帮助以实现权利的义务。也就是说他人的权利就是我的义务。因而,他们认为责任源于权利是可能的,但不存在权利与责任的一对一的对等。①

责任源于权利,在很大程度上为责任指明了方向,即实现每个人的权利,这是正义的所在。美德其实就是道德上的义务,这是人之所以为人的基本要求。当然美德不可能排斥合目的性。在亚里士多德那里,公民美德是为了城邦的正义。所以,道德原则和美德需要统一起来。大卫·卡尔调和权利和美德的道德来源的主张,不过他更重美德,希望培养合乎道德原则的美德。卡尔指出,道德价值和承诺源自人类的文化似乎合理,因为现今文明社会的许多道德价值由传统的前文明的文化所塑造,这种文化寻求比现代自由的公民所要求的更为实质性的道德理想。他说,公民的社会和道德责任不可能仅仅由权利赋予,更大程度由与道德原则一致的美德赋予。他批评洛克式的以权利为基础的理论在道德上、社会上和政治上是成问题的,特别是主要关注个人的需要和利益。因为难以说明权利怎样被人的需要决定。人的需要多种多样,所有这些需要不可能构成权利的基础②。而且尊重他人的权利的义务并不能唤起我们做出道德行为并承担道德责任。卡尔认为民主社会的负责公民不仅仅涉及抽象的权责概念,需要延伸到道德倾向、品格和承诺,如诚实、正义、节制、勇敢和同情等,而要具备这些美德不仅要获得特殊道德价值观,还需要提升到与美德相连的原则的赞同,而且在不同的文化背景里都可以培养这些美德。由此他回到亚里士多德的美德伦理学。他认为,由于当代的道德的、社会的和政治的讨论关注道德判断的特殊性而未充分重视亚里士多德的美德伦理学的传统不仅是行为准则的伦理学,而且是普遍行为准则的伦理学。"当亚里士多德及其后继者坚持各种道德力量是在正当的实践、与正当的对象相关、对适当的人、有正当的动机并以正当的方式行为的人时,他们仅仅认为(例如)正义或友谊可以以不同的方

---

① Audrey Osler and Hugh Starkey: Changing citizenship: democracy and inclusion in education. Open University Press, 2005, p. 156.

② David Carr: The moral roots of citizenship: reconciling principle and character in citizenship education. Journal of Moral Education. 2006, 35 (4), p. 445.

式表现在不同情境中——但不意味正义在不同背景中呈现出全新的涵义。"① 不可能要求人们因情境不同而采取不同对待的内涵,而是普遍要求人们作为道德力量要勇敢、自律、尊重真理、正义和他人的需要和情感。从亚里士多德的美德伦理学出发,卡尔描述了公民资格的道德方面的教育路线,亦即协调行为准则和品格的道德教育。他指出,亚里士多德的美德的培养是道德实践和习惯化,也就是说,成为勇敢和正义的人,正如成为建筑师和音乐家一样是实践过程。即使是亚里士多德主要强调的节制或自律不需要也不应该通过压制或强制培养,而是通过给年轻人提供有道德的思想和行为的适当榜样。包括自律在内的美德最好通过充满鼓励、爱和支持的积极的家庭和教育环境培育。因为美德涉及有益于个人和社会安康的欲望、本能和愿望的适当安排,家长、教师等人积极践行美德,做出有益自己和社会安康的道德安排,从而引导年青一代具有这种倾向性。所以要把年轻人培养成为具有良好品德的公民,那么其监护人和教师本身就必须是这些良好品德的模范。美德的示范和榜样是重要的心理机制和教育机制。培养品德或道德的习惯化对美德是不够的,还需要引向道德准则。在亚里士多德这里,道德习惯化仅仅作为理智或审慎的基础,而后者涉及实践智慧,则是美德圆满的关键。所以卡尔指出,任何理智的合理基础是理解公民资格的重要方面,因为道德主张的合理基础基本上与道德的和政治的、联合的普遍规则以及与冲突的社会利益的公平、公正协商的程序相关。所以,公民教育自然要进行关于公正的规则和程序的公共讨论,而学校则要将现代公民资格概念作为课程部分,借以增进政治程序的知识和民主参与的技能②。

在此,我们要看到,权利和美德共同构成了责任的来源,二者不可偏废。社会联合需要实现每个人权利的正义。如果缺乏资源和机会,美德是无从履行的。如果缺乏维护公正的社会责任,社会就会崩溃,道德也会因此沦丧。当然,肯定美德是责任之源,我们也要看到,美德往往

---

① David Carr: The moral roots of citizenship: reconciling principle and character in citizenship education. Journal of Moral Education. 2006, 35 (4), p. 448.

② David Carr: The moral roots of citizenship: reconciling principle and character in citizenship education. Journal of Moral Education. 2006, 35 (4), pp. 452 - 454.

由传统提供。伯克将绅士精神和宗教精神视为西方社会生活的两个基本原则,并将与之相关的东西均视为好东西,甚至要求国家应该依靠贵族和教士,"学会表达被授予贵族和牧师地位,通过其扩充思想和武装其头脑而得到高额回报"。[①] 利文斯通强调西方古典学问的价值,并将此视为西方文化的基础。他说:"如果我们只有一种民族文化的话,那么基督教和希腊精神过去是、现在还是它的基础。"[②] 马克·哈尔斯特德和马克·派克则以内化传统为培养明智的道德主体的目标之一。他们的目标包括三个水平,第一水平是了解特定的传统,如宗教传统或家庭传统。第二水平是让学生理解道德原则和程序,如理解相关的道德概念、认识到道德原则或规则、对人的感情的意识和关心的能力、与道德情境相关的知识、处理道德决策的实践智慧等。第三水平是道德的学术性研究,包括伦理理论,如功利主义和康德的伦理学,并运用这些理论到实际道德问题的技能。还包括心理学、道德发展、道德与宗教、法律的关系、精神与情感的联系等方面的学习[③]。

五 多样性与公民教育

多样性与认同紧密相连,在很大程度上指种族、宗教和文化等方面认同的多样性。"今天大多数国家都是文化多样性的国家。"[④] 在当今世界,文化多元的问题是民族国家公民资格面临至关重要的问题,"少数群体要求承认他们的认同、接受他们的文化差异。这种冲击通常被称为'多元文化主义'的挑战"。[⑤] 这种要求挑战了国家的认同和归属感,因

---

① Edmund Burke: Reflections on the Revolution in France. Oxford, New York: Oxford University Press. 1993. p. 79.

② 华东师范大学教育系、杭州大学教育系编译:《现代西方资产阶级教育思想流派论著选》,人民教育出版社1980年版,第255页。

③ J. Mark Halstead and Mark A. Pike: Citizenship and Moral Education: Values in Action. Routledge, 2006. pp. 41–42.

④ [加]威尔·金利卡:《多元文化的公民身份——一种自由主义的少数群体权利理论》,马莉、张昌耀译,中央民族大学出版社2009年版,第1页。

⑤ 同上书,第13页。

而认同的政治就成为大多数国家不可回避的政治议题。一个国家的公民教育是采取强调单一文化的同化政策还是采取多元文化主义政策？前者往往带有文化霸权主义色彩，后者拒绝统一的、同质的民族国家，要求促进多元种族文化，尊重不同文化和文化间性[①]。"在规范意义上，多元文化主义被用作一种支持文化差异和呼吁承认不同文化认同的价值观。多元文化主义的核心主张是移民的整合应借助于承认构成移民群体的文化。"[②] 多元文化主义要求一个国家的公民教育包容不同的宗教、文化群体的价值观和集体叙述。英国自视为多元文化的社会，所以包容多样性就成为其公民教育的价值目标。

坚持多样性似乎是英国的思想传统和政治传统。在政治上，1967年英国内务大臣罗伊·詹金斯（Roy Jenkins）说过这样一句著名的话："我界定整合，不是作为同化的整平（flattening）过程，而是作为在相互宽容的氛围中与文化差异性相结合的平等的机会。"这延续英国不是一个正式的"公民国家"的悠久传统。1988年实施的《教育改革法案》也致力于"文化多元主义"，该法宣布公立学校所有学生拥有跨课程的文化多元主义方面的权利，将多元文化主义界定为所有教师的职业责任。20世纪90年代，托尼·布莱尔在竞选期间强调英国内部的种族多样性，告诉英国人"每种颜色都是好颜色"，称颂"不列颠酷"。虽然从2001年开始，英国多元文化主义政策受到广泛质疑，如2002年戴维·布朗奇说，他对差异优越于社区团结的肆无忌惮的多元文化主义感到厌倦。2004年，种族平等委员会（the Commission for Racial Equality）主席特雷弗·菲利普斯说，多元文化主义应该抛弃，"在日益需要共同的英国认同时，它倡导分离主义"。负责社区和地方政府的国务大臣露丝·凯莉说，对多元文化主义价值的共识现在已经成为往事，她质疑多元文化主义更多地鼓励分离而非团结。2007年，戴维·卡梅伦宣称，多元文化主义会弱化英国的集体认同，分裂英国社会。2008年他又说，"我相信，多元文化主义是错误

[①] "Diversity", http://en.wikipedia.org/wiki/Diversity. 2014-3-17.

[②] Paola Mattei Miriam Broeks: From multiculturalism to civic integration: Citizenship education and the Netherlands and England since the 2000s. Ethnicities. 2016, 0 (0). p.5.

的信条，有着灾难性的后果"。当选首相后，卡梅伦在慕尼黑国际安全事务会议上说，多元文化主义已经失败，该是对过去失败的政策翻开新一页的时候了。2013年，一位名叫李·里格比（Lee Rigby）的士兵被穆斯林极端分子杀害，他说，多元文化主义政策是个错误。① 英国政府也采取了公民整合方面的硬性政策，2002年"国籍、移民和避难法"的归化政策包括整合的要求，如对英国生活的充分了解和对英语的精通，后又实施公民宣誓和公民考试。但是在菲利克斯·马修看来，所有这些不过是进一步平衡自由的和多元主义—多元文化主义的范式，不是一元论的同化范式，与英国长期的传统一致，英国"公民的转变"仍然是清晰的"多元文化主义的色彩"，赞赏差异性。他进一步指出，英国公民整合的强硬政策并未在多元文化主义政策上退步，并未妨碍多元文化主义政策。英格兰、威尔士、苏格兰和北爱尔兰的公民教育课程就有多元文化主义色彩。这一课程旨在培养社会团结和一体化，是通过强化种族文化的差异的包容而关心团结和公民资格，这反映多元文化主义进步。② 也是说，英国四地的公民教育都向差异性开放。

　　英国的思想传统也强调差异性的重要性。密尔强调个体和民族有追求个性的自由，对于个体，人相互模仿，遵循习俗而不做选择，不可能有创造性。"人的感知、判断、辨别力、智力活动，甚至道德取舍等能力，只有在作选择时才得以发挥。而因为习俗就照着办的人则不作任何选择。他无论在辨别还是在要求最好的东西方面就得不到锻炼。"③ 所以，密尔将自由的障碍指向习俗，如英国将其伟大归结为集体，归之为道德和宗教的博爱主义。因而需要清除习俗的专制，这种专制与"自由精神，或者叫作进步或改进的精神"相冲突。遵从习俗被视为正当和公正，这样一个民族就会没落，因为进步停止了。其所做的是禁止独树一帜，将人化为千人一面。在密尔看来，欧洲的进步完全得益于这种道路的多元性。

---

① Felix Mathieu：The failure of state multiculturalism in the UK? An analysis of the UK' multicultural policy for 2000 – 2015. Ethnicities. 2017, 0 (0), pp. 4 – 6.
② Ibid., p. 17.
③ ［英］密尔：《论自由》，顾肃译，译林出版社2010年版，第62页。

科瑞克将多样性视为政治存在的条件。在科瑞克那里,政治源于多样性,其本身是应对多样性的方式。因为有多样性才有政治,因为有不同的看法、利益和传统,才有政治。这样所有有差异的地方就是政治的所在。"因而政治是统治分裂社会而没有非法暴力的方式。"① 政治意味尊重社会多元,采取和平的统治方式。政治统治就不能将所有事物变成单一的统一体,必须创造或允许一些自由,否则就无政治统治。"一些自由②至少应该存在于有政治统治的地方。因为政治是讨论的过程,讨论在古希腊的意识上,需要辩证法。如果讨论是真正的和富有成效的,一些事情必须维持,反对和一些相反的案例必须被考虑。……政治需要人自由行动,但没有政治人就不能自由行动。政治是不在暴力之下统治分散的社会的方式——大多数社会是分散的,虽然一些人认为这非常麻烦。"③既然社会是分散的,就必然多样,也就必然要求接受、宽容多样,尤其宽容反对的意见和人。因为社会是分裂的,差异不可避免,政治就是为了差异,消除差异就等于消灭政治。对科瑞克,如果民主制造统一性,他愿反对民主而捍卫政治。他要求政治要反对人民民主的专制和民主概念中的排斥性主张,"民主是政治中的一个因素;如果其寻求成为一切,就会摧毁政治,将'和谐变成纯粹的一致性'"。④ 他要求民主包含"自由、自由选择、讨论、反对、大众政府,所有这一切合在一起——就是政治的形式"。⑤ 只有这些因素才能保证我们免于暴力恐惧的生活。不过,虽然强调差异,但科瑞克拒绝政治教育中"价值自由"和"诚实的偏见"

---

① Bernard Crick: In Defence of Politics. Harmondsworth: Penguin Bokks Ltd., 1964. p. 141.
② 科瑞克宁愿使用 freedom 而不愿用 liberty。按维基百科解释,liberty 意味个人控制自己行为的能力(quality)。不同的 liberty 的概念表达了个人对社会的不同方式。一些概念与社会契约下的生活、想象的自然状态的存在相连,因而将自由(freedom)和权利的积极行使限制对 liberty 所必需的范围。理解 liberty 涉及我们怎样按照自由意志和决定论想象、建构个人在社会中的作用和责任。古典的 liberty 概念意味免于被强制的自由(freedom),即消极自由。(见 http: //en. wikipedia. org/wiki/Liberty) 而 freedom 的概念似乎更为广泛,涉及自由意志、liberty、公民的自由(civil liberty)、政治自由、经济自由、言论自由、集会和结社自由、选择自由、学术自由和道德责任等。或许因为科瑞克对政治有宽泛的理解,所以倾向于对自由有宽泛的理解。
③ Bernard Crick: In Defence of Politics. Harmondsworth: Penguin Bokks Ltd. 1964. p. 33.
④ Ibid., p. 73.
⑤ Ibid., pp. 72 - 73.

的方式。因为价值自由不可能。①

多样性作为价值加以追求不仅因为其有政治价值，而且因为其有教育价值。科瑞克强调多样性本身就是教育，"资源和利益的多样性本身就是教育。生活在这种社会的人必须在一定程度上赞赏行为的不同路线"。由于多样性，政治就是独立的意识和相互依赖的整体意识的相互作用。②"如果政治认可对多样性的宽容，就必须进行政治或公民教育。"③ 布里格豪斯认为培养自治儿童，多样性就是教育的必然选择，因为接触宗教、非宗教和反宗教的伦理、多样的方式有其重要的教育意义，"因为个人在宗教和道德承诺方面的自治需要接触不同的观点"。④ 当然，这种接触以非控制和非压制的方式进行。

既然多样性有着政治价值和教育价值，那么如何包容文化多样性或不同的认同就成为不可回避的理论问题。在英国，马克·哈尔斯特德和马克·派克指出，民族国家的公民资格不可避免地与民族文化相连，不管在语言、宗教、历史和传统，还是在艺术、体育、休闲和环境与技术。但如果民族文化有过度要求，就可能导致这种问题，也就是说，将服从民族文化要求作为获得完全公民权的前提。他们认为"这种狭隘的公民资格观在多元文化的社会日益成问题，尤其当假设一个人的基本认同来自其公民资格"⑤。源自民族国家的公民资格往往被少数群体视为文化压迫。当然如果少数人的群体将公民资格与特别的文化联系太紧密也有潜在的问题。因而需要重建公民资格的概念，寻求包容认同多样性的基础。我们可以看到，英国官方坚持以多数人为基础的宽容多样性的方式。虽然科瑞克维护多样性，但"科瑞克报告"坚守了多数人群体的主体地位，以此塑造公民认同。报告要求"多数社群必须尊重和理解与宽容少数群体，少数群体必须学会尊重法律、规则和多数人的习俗——不是因为这

---

① Bernard Crick, *Essays on Political Education*, The Falmer Press. 1977. p. 50.
② Bernard Crick: In Defence of Politics. Harmondsworth: Penguin Bokks Ltd. 1964. p. 142.
③ Bernard Crick, *Essays on Political Education*, The Falmer Press. 1977. p. 35.
④ Harry Brighouse: On Education. Routledge. 2006. p. 24.
⑤ J. Mark Halstead and Mark A. Pike: Citizenship and Moral Education: Values in Action. Routledge, 2006. p. 9.

样做有用，但因为这个过程有助于培养共同的公民资格"。① 多数群体宽容和理解少数，少数适应多数的文化，这似乎与当代共和主义的路线一致，当代共和主义强调以国家认同为基础包容多样性认同，要求理解共有的历史，寻求共同的团结与自治。与官方不同，蒂娜·姬妧和奥德丽·奥斯勒提出了另外的包容多样性的公民教育策略。

蒂娜·姬妧以多样性为视角从道德、法律、参与和认同等四个方面分析公民资格的概念，提出最适合"以认同为基础"的公民资格的概念，将参与和多元文化的公民资格概念结合起来。她赞同认同是变动的、混杂的和多重的，而将包容的公民教育视为程序的"制度性"多元文化主义。这种公民教育间接地强调不同背景和文化的个人和群体之间的关系。"总之，我认为，'制度性多元文化主义'的概念，将此描绘为包容的过程，在某种程度上通过树立公民对国家法律和政治制度的信任提升公民与国家关系质量。"② 在姬妧看来，按制度性多元文化主义，多元文化主义不仅仅意味审美的经验，或遭遇不同的文化。"它是社会本身的政治再造，因而多样性不是'被称颂的'消极的概念，而是有结果的前摄的过程，不仅在个人水平，而且在社会水平。它包括两个相关的主要特征。第一需要公共机构认可差异而非忽视它。……第二个特征，关注因多样的种族和宗教背景所带来的'创作的'过程，这一过程促进对差异的承认③。多元文化主义希望通过程序以及变化的程序实现分享和包容，认可认同的变化。按照制度性多元文化主义的概念，她指出，英格兰"教育部（DfES）的多样性和公民资格报告"的主题"认同和差异：在英国共处"，一方面补充学生多样性的主题，另一方面强化统一性或分享的价值。因而，在参与和包容的公民教育模式中，认同是公民和政治共同体之间关系的核心，而参与的动力在逻辑上被断定与这种背景一致。这部分的教学方法是背景性的问题取向的方式，强调围绕当代认同和公民资

---

① Advisory Group on Citizenship: Education for Citizenship and the Teaching of Democracy in Schools. London: Qualifications and Curriculum Authourity. 1998. pp. 17 – 18.
② Dina Kiwan: Education for Inclusive Citizenship, Routledge, 2008. p. 115.
③ Ibid., p. 109.

格问题的集体讨论。① 姬妧认为"制度性多元文化主义"教育模式可以补充"科瑞克报告"所倡导的"参与的"公民教育模式。在她看来，参与模式对多元文化社会的积极公民资格不是充分的。"科瑞克报告"把积极公民资格作为主导的公民资格概念，内在地受到科瑞克所参与的政治素质运动的传统的影响。她指出，科瑞克把政治理解为涉及政治利益集团之间的协商等活动，和在公民共和主义的公民认同的理论水平上的承诺，这种承诺基本上按照认同的法律和政治概念化，将种族和宗教认同降到私人领域。她进一步指出，参与不仅需要接触信息和参与的技能而且需要参与的动机。而参与模式依赖认知参与的理论，即接触信息，而非依赖参与的动机。"理解什么促使人们参与对树立包容的公民资格概念是至关重要的。为了积极参与，来自不同背景的个体的公民必须能认同其社群——作为'实践的'公民资格和作为'归属的'公民资格之间无法摆脱的联系。因而公民认同和经验对包容的公民资格概念是必要的核心。"② 如果公民教育没有针对种族和宗教的多样性问题，就不可能吸引来自不同种族和宗教群体的年轻人的更为包容的参与。因而只有将认同和多样性与政治素养和积极参与联系起来，才能保证不同种族和宗教认同的年轻人更为包容的参与。

既然公民教育是有动机的参与，就需要进一步关注公民个体与公民整体的关系。因为存在地方、国家和国际不同层次的基于人权的公民资格概念，作为个体公民，除了与国家相连，还与国家之上的层次，如与欧洲和世界相联系，也与国家内的地区和民族相联系。这些关系的改善是公民教育努力的方向。姬妧批评"科瑞克报告"没有清晰地针对公民资格和民族性之间的关系，也忽视欧洲和全球公民资格③。姬妧提出，一方面要促进跨文化的理解。跨文化教育的重点在于文化之间的对话和参与，而不同背景的人的交往减少消极的成见，改善群体之间的关系；另一方面提高公民与法律和政治机构及政治共同体或国家的进程的垂直关

---

① Dina Kiwan: Education for Inclusive Citizenship. Routledge, 2008. p. 110.
② Ibid., p. 111.
③ Ibid.

系的质量。她说："共同体的团结不仅依赖不同社群的个人之间的良好关系，而且依赖所有社群的个人对他们所生活的社会的法律和政治制度的信任。"在许多情况下，不同群体之间的纷争是因为对不正义的认识或其他群体受到优惠的待遇。"这种认识反映对与国家的'垂直'关系的信任"，因而要付出更大努力改进垂直关系[1]。而改进这些关系，需要学校建立确保学生的声音被听到且起作用的机制，还要改进领导能力、制度结构和教师的训练。具体说，就是促进学校的民主风气和民主实践，能有效地促进公民知识和参与的发展；学校领导有责任保证学校内外的社群的包容政策和实践，通过训练支持学校领导促进"制度性多元文化主义"；对教师进行包容的公民教育训练或者多元文化方面的训练，让他们有能力应对与种族、宗教文化等相关的问题；在教师招聘方面，优先招聘少数群体的成员参与教学，因为少数群体的教师"提供学生参与的动机源"，"保证所有学生接触各种思想和信仰作为他们个人发展的部分"；学校要建立与其他学校、家长、社区群体和商业的联系；学校要鼓励学生参与，提供机制表达观点，让学生通过学校和班级委员会和学校的其他制度和程序参与。[2]

奥德丽·奥斯勒从普遍性的角度应对多样性，因为没有普遍的人权和人的尊严保证，没有普遍的民主参与机会，就不可能解决多样性问题。她倡导基于人权的公民教育。根据佛赫伦（Verhellen）所说的《儿童权利公约》暗示有权接受教育（to education），有权在教育中（in education），有权经历教育（through education），所以奥斯勒指出，"所有儿童，不管是否有公民权，都有权获得同等的高质量的教育，使他们实现其'充分的潜能'。非歧视的原则暗示民族国家采取适当的措施防止辍学和解决逃学与学校排斥"。学校的排斥削弱了"经历教育"，也进一步威胁接受人权方面的教育；"教育中的权利"包括学生参与和学校决策时向学生咨询，也暗示采取民主的结构和基本的法律规定保证学生参与；在课程框架中民主的公民教育提供了人权教育或经历教育的权

---

[1] Dina Kiwan：Education for Inclusive Citizenship. Routledge，2008. p. 114.
[2] Ibid.，pp. 118 – 123.

利发展的机会，但这需要政策和法律保证，保护儿童接受教育和在教育中的权利。根据斯塔克（Starkey）基本的人权概念，即普遍性意味平等和民主参与；互惠性意味团结、安全、正义与和平；包容性意味尊重人的尊严和自由，她指出，"普遍性概念是核心，权利属于人类家庭的所有成员。权利不可分割；它们作为一个口袋，它们作为菜单为个人或政府提供"。而"权利需要人的团结；这处于世界主义的核心。我们必须愿意承认和保护陌生人的权利，包括与我们不同文化和信仰的人"。互惠性也是关键的概念，"除非你准备捍卫权利，否则我的权利就没有保障，反之亦然。这意味内在于人权概念的是责任概念。我们所有人有责任保护他人的权利"。而且"在全球化的时代，我们的生活与遥远的陌生人相互关联……世界主义要求我们参与差异，而非创造可能过相同生活的幻想"。[①]

的确，不同价值观和信仰的人生活在一起已经成为地方、国家和全球的事实。而人权保证人们生活在一起。在奥斯勒看来，"人权给我们提供我们能工作和相互参与的广泛原则，并用来解决问题"。人权也成为评估和反思包括自己的文化在内的一切文化的尺度。生活多元的社会里，我们可以用人权尺度审查文化事件和价值观，包括我们自己的，并由此发展跨文化评估的技能和避免文化相对主义。奥斯勒指出，"所有文化处于变化中。文化不是孤立的，是相互联系的，相互借鉴。教育者需要帮助学生发展基于人权原则的跨文化评估的技能。这个过程的部分是自我评估和反思的过程。"她也指出，人权也是政府的责任，政府有责任保护非公民的人的人权。奥斯勒批评公民资格是带有情感色彩的认同概念，这样会排斥性地对待特殊群体认同的选择。她说，在英国一些英国公民仍被视为外人。因为性别和种族的原因而未获得完全公民资格的现象在许多社会存在。所以，奥斯勒借用美国公民权运动中马尔科姆·艾克斯的话"直到先恢复人权，我们才能在美国获得公民权。直到先把我们当

---

① James Arthur, Ian Davies and Carole Hahn (ed): The SAGE Hand of Education for Citizenship and Democracy. SAGE Publications. 2008. pp. 456 – 457.

作人，我们才被认作公民"。① 强调人权的重要性，要求认可我们共同的人性，然后认可公民权，因为人类的共同性将我们与遥远的人们联系在一起。认可这种共同的人性不仅需要法律规定，而且需要长期的文化和情感的变化，要求从文化和情感上认可同胞公民，不管其种族、性别、文化、性征、宗教或政治信仰，或其他任何差异，认可他们也是人类，与我们有相同的情感。而多元文化社会的民主公民的教育就要求教师和学生面对公民资格的包容性和排斥性，发展包容的和世界主义的公民教育。她强调，"人权事业是世界主义事业，在其中国家身份和公民资格并不优先于我们共同的人性。我们共享的人性和公民相互依赖的世界处于世界主义公民资格教育理论的核心"。"世界主义的公民教育，以人权为基础，强调我们共享的人性，是使政府履行其促进作为教育重要目标的人权的潜在的强有力的框架。"②

据此，奥斯勒批评英格兰的国家课程并未将人权作为公民资格教育的基本价值，相反，英国媒体讨论往往强调让年轻人生活在种族多样的社会，就需要树立英国的（British）价值观或"英国特性"（Britishness），如布朗在题为"未来的英国特性"的演讲中将英国的价值观罗列为自由、责任和公平等。奥斯勒还批评"科瑞克报告"缺乏对英国多元文化现实的了解，认为该报告对多元文化的理解是成问题的，对差异、平等和正义的处理是不适当的。奥斯勒指出，"科瑞克报告"中"我们少数社群的家园"这个短语不仅是保护的语调，甚至削弱有色人种学生将英国认同为祖国的权利；"科瑞克报告"中的"多数社群必须尊重和理解与宽容少数群体，少数群体必须学会尊重法律、规则和多数人的习俗"一句体现了英国对少数社群的消极的成见。她还进一步批判，虽然这份报告认为宽容是成功的多元文化社会的重要因素，但报告倡导的宽容是单向的过程，多数人社会的规则不受质疑，多数人社群的行为、文化和价值观被视为标准，而未认可

---

① James Arthur, Ian Davies and Carole Hahn (eds.), The SAGE Hand of Education for Citizenship and Democracy. SAGE Publications. 2008. pp. 458–459.

② Ibid., p. 465.

少数群体与同质的多数人群体生活在一起也运用宽容。奥斯勒指出，"科瑞克报告"没有针对作为公民资格障碍的种族主义，虽然科瑞克希望促进自由而平等的公民资格，但是如果不直接针对平等的公民资格障碍的种族主义，就不可能达到这个目标。她认为，如果要塑造多元文化的公民资格，需要宽容所有文化和权利平等，不存在任何领域的歧视，公民课必须让年轻人理解获得公民资格的障碍，包括种族主义，培养他们挑战和克服这种障碍的技能。[①]

从以上分析，我们可以看到，奥斯勒强调实体上的权利，姬妮则强调程序上的制度。虽然两人都承认文化既是变化的，也是相互联系的，认同也会随着文化而变化，因为文化联系而分享。但对奥斯勒，文化多样性的包容必须基于人权，否则不可能有文化认同的平等；对于姬妮，文化多样性的包容与分享需要借助于保证参与的程序性的制度，否则文化多样性的包容不可能实现。

六 团结与公民教育

随着全球化的加速，民族国家面临民族、种族、宗教和文化等多样性的挑战。如何将种族、文化和宗教多样性的社会塑造成为团结的社会是许多国家要完成的任务。"团结的社会是当前多民族的民主社会的基本追求。"[②] 英国自认为是多样的社会，不仅面临着苏格兰民族主义的挑战，而且面临因为移民而带来的种族、宗教和文化多样性的挑战。从20世纪80年代开始，英国由于经济衰退，不同文化之间的紧张也随之出现。2001年，英格兰北部的许多城镇发生了孟加拉穆斯林和巴基斯坦穆斯林之间的暴力冲突，2005年，伦敦爆炸案发生。这些事件迫使英国当局意识到需要强化社会凝聚力，创造公民之间互惠的、相互理解的关系，避免社会因为差异而分裂。英国政府采取一系列措施促进不同种族、文化

[①] James Arthur, Ian Davies and Carole Hahn (ed): The SAGE Hand of Education for Citizenship and Democracy. SAGE Publications. 2008. pp. 462–463.

[②] Peter Ratcliffe: "Community cohesion": Reflection on a flawed paradigm. Critical Social policy. 2012, No. 32 (2). p. 262.

群体的和谐共处。2002 年,地方政府联合会(the Local Government Association)、副首相办公室(the Office of the Deputy Prime Minister)、内务部和种族平等委员会联合出版了《社区团结指南》,正式界定了社区团结的概念:团结的社区是:有共同的愿景和归属感;赞赏和珍视人民的不同背景和环境的差异性;不同背景的人有相同的生活机会在工作场所、学校和邻居增进不同背景的人之间的牢固和积极的关系。[①] 2003 年,英国内务部建立社区团结组(the Community Cohesive Unit)着手设计测量特殊地方凝聚的水平的手段,从显著的结果、共同愿景和归属感、赞赏和珍视人们背景的多样性、背景不同的人有相同的机会、在学校、工作场所、学校和邻居增进不同背景的人之间牢固和积极的关系等方面测量团结的程度。2006 年,建立整合和团结委员会(The Commission on Integration and Cohesion)。该委员会的报告提出四个重要原则作为理解整合和团结的基础:"分享的未来""新的权责模式""对相互尊重和文明的新强调""明显的社会正义"。该报告也提供整合的和团结社区的综合界定,即在社区,不同个人和社区对邻里、城市、地区或国家的未来愿景的贡献有清晰的界定并广泛分享;存在个人责任和权利的强烈意识——人们知道相互的期望;不同背景的人有相同的生活机会和接受服务的机会;存在对地方机构强烈的信任感,相信能公平地仲裁不同的利益,履行其职责,服从公共监督;存在新来者和已经对特殊地方产生依恋的人对特殊地方的贡献的强烈认可;在工作场所、学校和其他机构中不同背景的人之间存在牢固和积极的关系。这个委员会区别了"团结"(cohesive)和"整合":"团结是特别的过程,即在所有社区保证不同群体和谐相处;而整合主要是保证新居民和老居民相互适应的过程。"[②] 2008 年,团结和整合委员会进一步强调"英国价值",英国居民因有许多共同的价值观而自豪,这些价值观包括:尊重法律;以尊重和公平的方式对待他人,所有种族平等;靠工作养活自己和纳税;尊重和保护自己地方的环境。[③]

[①] Peter Ratcliffe:"Community cohesion":Reflection on a flawed paradigm. Critical Social policy. 2012, 32 (2). p. 265.

[②] Ibid., pp. 270 – 271.

[③] Ibid., p. 273.

公民教育往往是造就团结社会的重要工具。在英国，特别是在英格兰，学校则加强有助于不同种族、文化等群体共同生活或团结的教育，为将英国建设成为团结的社会发挥作用。团结意味将社会联合成为整体，团结教育意味强化社会结合的力量。玛丽西·克曼等人将"社会团结"界定为"存于个人和群体中的能力，这种能力保证社会积极而成功地管理其中存在的不平等、差异和紧张"。[①] 对于科瑞克，政治的存在就意味社会存在不平等、差异和紧张，而公民教育的任务就是培养有能力处理利益和观点分歧的积极公民，通过积极公民最终实现他的社会民主的梦想。在布莱恩·特纳看来，科瑞克梦想的实现需要做到四点。第一，创造能够化解社会分裂的强有力的社会团结，这包括牢固的法律框架和能发挥实际作用的公民。只有这样国家针对少数群体的政策才能成功。第二，充分的经济增长、适当的福利和税收制度保证集体资源的再分配惠及第二代移民家庭的孩子。第三，创造相互结合、社会互惠和增进社会资本的中介协会涌现的社会环境。因为交叠的社会群体有助于达成价值观和信仰的重叠共识。第四，存在可抵制部落文化和排斥性种族认同的普遍价值的文化空间（包括体育和其他休闲活动）。[②] 布莱恩·特纳所说的这四个方面可以归结为团结的能力、经济实力、社会资本和普遍价值。社会资本和普遍价值往往被视为团结的来源，对于公民来说，其团结的能力应该包括互惠行为和普遍价值观的意识。雅各布·卡佩勒和法比奥·法伦斯坦区别两种团结的来源，一种来源于自由，一种源自忠诚。前者作为理性思考的结果的自由构成了共享的价值观。他们指出，消极自由和情感性的反身性自由普遍存在于盎格鲁—撒克逊社会。消极自由就是免于他人的干涉，如霍布斯所言自由就是免于外在的强制，即不受外在干预地追求个人利益。借助消极自由人们通过与他人的契约完成经济上的合作。盎格鲁—撒克逊的反身性自由，如休谟所言，因为道德标准以情感状态为基础，所以强烈的情感指导和限制理智，与他人一起行

[①] Mary J. Hickman, Nicola Mai, and Helen Crowley: Migration and Social Cohesion in the UK. Hampshire, UK: Plagrave Macmillan. 2012. p. 13.

[②] Bryan S. Turner: Bernard Crick: citizenship and democracy in the united Kingdom. Citizenship Studies. 2009, 13 (3), pp. 294-295.

动,就必须将行动置于同情他人之下。反身性团结也就意味相互理解、同情和移情。后者源于非理性的"道德实在",基于血统和归属的概念,依赖特殊群体共享的文化,涉及民族性、种族性、政治倾向、亲密关系和宗教团体等特质。群体的共同特质、历史的、社会的和政治的历程或记忆成为群体归属感的来源。忠诚的团结依赖群体的这些特殊性构建亲密关系。人们因为共同的记忆和特质而归属于这个群体,并忠诚这一群体。[①] 对民族国家的忠诚往往表达为爱国主义。我们可以看出,共同的价值观、爱国主义、产生社会信任的社会资本是社会团结的来源。在英国,英国的基本价值观、爱国主义和社会信任构成了团结教育的内容。

(一) 以共同价值观整合社会

共享的价值观往往被视为社会团结的基础或来源。为了塑造国家的统一意识,就必须通过塑造共同的价值观整合因民族、种族和宗教等而多样的共同价值观。在英国当局看来,社会由主要的社会、政治和法律制度以及公民社会组成,所以社会凝聚和稳定需要通过共享的国家认同即共同价值观认同,亦即"英国特性"(Britishness)来整合社会。2001年,英国内务大臣戴维·布兰奇呼吁一种基于共享价值观的英国公民资格意识,他批评重在政治素质的政治教育的狭隘性,而公民教育应该更为广泛地关注怎样将儿童教育成为公民。[②] 他说:"我们必须……旗帜鲜明地表达和保护支持我们民主的共同价值观。……尤其在年轻人中间,相互理解和尊重弱化。我们在过去几乎不曾明确表达共同价值观和民主共同体,或者促进积极的公民引导。"而后内务大臣杰克·斯特劳将共享的英国特性的意识或共同的英国价值观的衰退归因于移民造成的价值多样性,他说:"多样性的社会将没有共享的价值观视为理所当然。因而需要阐述、确认核心价值观以便让每个人理解它们是什么,以便我们能说同样的道德语言。"戴维古·德哈特接着杰克·斯特劳的论调,在他的一

[①] Jakob Kapeller, Fabio Wolkenstein: The grounds of solidarity: From liberty to loyalty. European Journal of Social Theory. 2013, 16 (4).

[②] Ben Kisby: Social capital and citizenship lessons in England: analysing the presuppositions of citizenship education. Education, Citizenship and Social Justice. 2009, 4 (1). p. 42.

篇《陌生人的令人不安》文章中写道："随着英国更为多样，共同的文化也更被侵蚀。"① 伦敦爆炸案后，强化儿童归属于政治共同体的公民教育成为英国公共讨论的重点，并得到各党派的支持。英国工党和保守党都大力倡导英国的价值观教育，如工党的戈登·布朗、托尼·布莱尔，保守党的戴维·卡梅伦。如英国财政大臣戈登·布朗在题为"英国民族性的未来"的演讲中强调强烈英国公民意识，他将自由、公民责任、公平和宽容作为英国的价值体系构成要素，并认为这些价值源于英国的历史方向。托尼·布莱尔强调向全社会灌输共享的价值，"重建社会秩序和稳定的唯一道路是通过个人、家庭和政府以及公民社会的机构灌输社会共享的牢固价值"。② 他将英国的基本价值界定为民主、法治、宽容、平等待人、尊重本国及其共享的传统等信念，要求移民有责任融入英国社会。他们两人将英国的国家认同设想为对分享的价值观的认同而非分享的种族认同，他们相信如果社会围绕一套核心价值观联合起来，那么社会就被整合。与此同时，内政部的《改善机会，强化社会》的报告选出"尊重他人和法治、公民之间的宽容和相互义务作为英国特性的基本要素"，借此整合社会。2007年，戴维·卡梅伦在剑桥大学做了题为"当今世界的伊斯兰和伊斯兰教徒"的演讲，将伦敦爆炸案和不安全环境的部分原因归之于英国的穆斯林的疏离感和归属感缺乏。他希望通过创立让所有人都感受到他们作为为国家共同奋斗的部分而树立共同的英国价值观来克服这种疏离感，而且这种分享的价值观可以部分通过颂扬英国成就的教育来培养。③ 2007年，政府的绿皮书《英国的治理》抛出"英国价值宣言"，力图通过这些原则和理想将英国团结为一个民族。

英国教育当局将塑造英国的共同价值观诉诸实践。多样性与公民课审查小组（the Diversity and Citizenship Curriculum Review Group）将英国

---

① Suke Wolton: Immigration Policy and the "Crisis of British Values". Citizenship Studies. 2006, Vol. 10, No. 4, p. 453.

② Andrew Dunn, Diana Burton: New Labour, communitarianism and citizenship education in England and Wales. Education, Citizenship and Social Justice. 2011, 6 (2), p. 170.

③ Derek Edyvane: Britishness, Belonging and the Ideology of Conflict: Lessons from the Polis. Journal of Philosophy of Education, 2011, 45 (1), p. 76.

的多样性界定为:"英国(Britain)是由多种族、文化、语言和宗教组成的社会,而且在不断多样化。作为'每个儿童都重要'议案的方面,需要学生考察他们的认同:个人的、地方的、国家的和全球的。首先,学生应该通过课程考察他们自己与其社群相关地方的认同。除此之外,还要求他们能把自己置于更大的英国(British)社会中,直至能理解全球背景中英国的价值观。"这种观念认为,为了赞赏英国的多样性和独特的认同,学生应该考察英国的来源和不同文化怎样创造现代的英国;考察英国和世界的不同种族、民族、文化和宗教群体的表现;考察种族和宗教不宽容和歧视的后果;培养他们对自己和他人的文化传统进行反思的批判能力。[1] 这种观念实际上要求通过课程教学培养学生对英国社会多元性的敏锐性。2007年的"阿杰伯报告"和英国议会下院教育与技能培训委员会关于公民课的报告建议,英国学校应该通过历史的视角教英国核心价值观,如言论自由、法治、相互宽容和尊重平等权[2]。2008年9月,中学的公民课包括新的第四部分"认同与多样性:英国的和谐共处",教学生民族的、地区的、种族的、宗教的文化以及相互联系,探索社区团结的概念。2014年11月,英国教育部发布《促进英国的基本价值作为学校SMSC的部分》,特别针对英国基本价值观教育。这份文件要求"学校应该促进民主、法治、个人自由、相互尊重和对不同信仰和信念的宽容等英国基本价值观"。学校要通过精神、道德、社会和文化的发展的教育,增强学生的自知、自尊和自信;让学生区别对错、尊重英格兰的民事法律和刑事法律;鼓励学生接受他们的行为的责任,发挥创造性,理解他们怎样对学校所在地和更大社会的人们的生活做出积极贡献;使学生获得英格兰公共机构与服务的广博的知识,并尊重这些公共机构与服务;通过让学生获得他们自己的文化和其他文化的理解和尊重,进一步宽容和协调不同文化传统之间的差异;鼓励尊重他人;鼓励尊重民主和支持民主过程的参与,包括尊重制定法律并实施于英格兰的基础。通过英国

---

[1] Uvanney Maylor: Nations of diversity, British identities and citizenship belonging. Race Ethnicity and Education. 2010, 13 (2), pp. 233–234.

[2] Rhys Andrews, Catherine McGlynn and Andrew Mycock: National pride and students' attitudes towards history: an exploratory study. Educational Studies. 2010, 36 (3), p. 301.

基本价值观教育最终让学生达到四种理解和一种接受。四种理解即理解通过民主程序公民怎样影响决策；理解在法治之下保护个体公民的生活对他们的安康是基本的；理解存在行政权和司法权的分离，当一些公共团体如警察和军队对议会负责，其他机构如法院保持独立；理解认识到歧视并与之作斗争的重要性。一种接受即接受和宽容有不同于自己的信仰或信念（或者没有信仰）的人，不应该将信仰的差异作为偏见和歧视的原因。该文件建议学校采取有效的方式进行英国基本价值观教育。如在课程的适当部分增加为学生所理解的民主长处、优缺点，以及民主在英国怎样运作，与其他国家的政府形式对比等材料；保证倾听所有在校学生的声音，通过积极促进民主过程如学生投票选举的学校委员会等开展民主的运作；利用诸如大选和地方选举的机会举行模拟选举以促进英国的基本价值观，提供学生学习怎样证明和捍卫观点的机会；利用来自各种渠道的教学资源帮助学生理解诸多信仰；思考包括由学生直接管理的课外活动对英国基本价值观促进的作用。[①]

当然，英国价值观教育是为了整合多样性而塑造英国特性。这种教育不可能回避多样性，而且必须包含多样性。一些英国学者也认为包含多样性的课程教学对增进学生相互尊重和培养英国的归属感是基本的。但如何才能树立学生对多元的英国社会的归属感？乌万尼·美洛调查了英格兰三所中学和三所小学的95名学生和15名教学人员，其中包括校长、课程负责人，个人、社会和健康教育（PSHE）/公民教育、历史或人文学科教学的教师。其研究发现，这些学校对多样性的理解普遍与少数种族群体及其文化与传统相连，而未涉及英国白人的多样性。这种理解将多样性限于少数种族群体。这种理解会形成学生对"多样性"的消极经验，导致学生不敢参与关于多样性的课堂讨论，从而妨碍他们树立作为整体的英国多样性的意识。他指出，"如果课堂强调'差异'而非相似，或忽略特殊群体，那么就可能妨碍共享的英国认同感的树立"。因而

---

① Department for Education: Promoting fundamental British values as part of SMSC in schools: Departmental advice for maintained schools. November 2014. ［EB/OL］. http：//www. nationalarchives. gov. uk/doc/open-government-licence/version/2, 2017 - 3 - 6.

学校要促进对英国多样性的理解,必须"仔细考虑'多样性'意味什么、它们愿意增进的多样性信息的类型和它们希望这种多样性的信息怎样被接受和理解。这就需要认识到'多样性'更多地涉及白人,当然也涉及少数种族群体。如果要达到对英国多样性的可分享的理解,对学校来说,保证课程能使学生在英国的多样性中赞赏他们自己的认同。重要的是,'多样性'的讨论触及敏感性以便使所有学生感觉自在和能参与"。[1]

整合意味着制造统一,至少意味给多样性奠定社会凝聚的基础。但其前提往往将多样性视为社会分裂的来源。这种预设也受到挑战。如将多样性视为政治存在前提的科瑞克却拒绝整合的政策。科瑞克指出,虽然法国大革命诞生了每个民族应该建立国家的思想,但是英国并没有沿用法国路线,并未将苏格兰、威尔士和北爱尔兰在文化上英格兰化,"英国是一个例证,不仅由四个有着不同的自我意识的民族组成的多民族的国家,而且自1707年以来越来越成为一个多元文化的社会"。[2]科瑞克将英国视为多种族和多文化的社会。他说,英格兰人和苏格兰人生活在一起,威尔士人和爱尔兰人是邻居。大家认可不同文化生活在一起,很少有人赞同将移民完全同化,把每个人变成英格兰人。他希望保护文化差异而非仅仅是宽容或理解,从而保证每个在有生之年出入不同文化地区的可能性。[3]南安普顿大学政治学教授安德鲁·梅森却认为通过一套价值观树立共同的国家认同而凝聚社群的政策是徒劳的。"因为这种方式并未要求不同文化群体成员的生活交织在一起,只是生活在一起,两个人或两个群体,可能分享价值观,但其社会完全未被整合,他们可能地理上是分离的,以致他们甚至未相互接触。"[4]德里克·艾迪瓦内讽刺卡梅伦以共同价值观医治社会疏离感的做法。这种做法设定社会的碎片化和疏

---

[1] Uvanney Maylor: Nations of diversity, British identities and citizenship belonging. Race Ethnicity and Education. 2010, 13 (2), p. 248.

[2] Bernard Crick: Citizenship, diversity and national identity. London Review of Education. 2008, 6 (1), p. 32.

[3] Bernard Crick: Socialism. Milton Keynes: Open University Press. 1987, p. 105.

[4] Andrew Mason: Integration, Cohesion and National Identity: Theoretical Reflections on Recent British Policy. British Journal of Political Science. 2010, No. 40, pp. 866 – 867.

离的病因在于英国自由民主社会的道德和文化的多样性,通过向儿童灌输英国共享的价值观就可以恢复社区团结和公民的归属感。艾迪瓦内说,这种理解就是把政治价值观的冲突当作社会生活的缺陷和归属的障碍,"社会(像个人)会得病,社会会遭受冲突,因而公民教育要发挥医治社会的作用。社会也是机器,冲突意味导致社会崩溃的社会故障,教育的作用就是修理这种失败。社会也是一种植物:团结和归属构成一种社会繁荣,教育可以发挥培育或培养这种繁荣的作用"。[1] 他批判社会和谐源自共享的公共价值观的主张,挑战学校培育共享的价值作为与疏离做斗争的方式,因为这样让人们看不到冲突的积极作用,限制人们对社会和政治的想象。

阿曼达·凯迪以汉密尔顿·考特学校因为信仰和文化多样而团结的事实证明了多样性不是社会分裂的因素,并不威胁社会和谐。这所学校坐落在伦敦最大的亚裔社区,约40%的学生有印度血统,其中20%认同锡克教或印度教,40%的学生认同穆斯林,而教学和管理人员则有着英国白人血统。虽然这所学校种族和信仰多元,但教职工和学生都将学校描述为和谐的,不同信仰和不同种族之间的学生建立了友谊。如一名来自乌干达的十年级女生说:"我有许多不同种族的朋友。因为每天可以向他们学习,非常棒。"[2] 阿曼达·凯迪指出,虽然英国当局希望学校进行英国"价值观"和"认同"的教学,尤其通过公民教育和历史等课程领域的教学促进团结,然而许多学校的公民课或英国特性的教学是令人忧虑的和无效的。[3]

(二) 以强化爱国主义教育奠定团结的基础

爱国主义也被视为团结社会、凝聚国家的基础。爱国主义是对自己祖国的爱,即对祖国感情依恋。祖国即民族共同体和土地统一体,爱祖

---

[1] Derek Edyvane: Britishness, Belonging and the Ideology of Conflict: Lessons from the Polis. *Journals of Philosophy of Education*. 2011, 45 (1), p. 78.

[2] Amanda Keddie, The politics of Britishness: multiculturalism, schooling and social cohesion. *British Education Research Journal*. 2014, 40 (3), p. 545.

[3] Ibid. , p. 540.

国就是对这片土地和人民的归属感。这种归属感既含有对祖国的义务，也内含对同胞的义务，因而构成民族团结的基础。2005年伦敦恐怖袭击激起了英国的爱国主义议题。所有政治家热切地表达他们的爱国主义。工党政府推行"一个民族，一个社群"的策略，要求在复兴英国价值观的基础上弘扬爱国主义。如戈登·布朗就呼吁复兴英国的爱国主义和英国的民族认同，他希望讨论"英国特性"内涵，希望就英国性的内涵达成新共识，其议程包括新的宪政安排、清晰的公民资格界定和公民社会的复兴。他强调历史教学在培养公民和国家认同方面的重要性。他说："我们不应该从我们的国家历史退缩——而是应该将其置于我们教育更为中心的位置。我提议，在我们的课程中应该给予英国历史更加突出的地位。"[1] 奥斯勒指出，布朗提出一种基于共同价值观而非基于种族或民族的新的爱国主义观，他呼吁通过一些象征，如国庆日、联合王国国旗来促进爱国主义。他将民主与爱国主义相连，并强调参与源自爱国主义。[2] 英国政府规定希望加入英国国籍的人不仅须通过公民考试，而且要参加公民典礼。2005年11月1日，第一次公民典礼在伦敦的布伦特镇举行，随后每个地方当局负责管理自己的公民典礼。典礼的过程是新公民先以小组方式起誓："我以全能的上帝的名义起誓，我将忠实和忠诚于女王陛下伊丽莎白二世，她的继承人，遵守法律。"然后全体新公民宣誓："我将忠于联合王国，尊重其权利和自由。我将支持其民主价值。我将忠实地遵守法律，履行我作为英国公民的责任和义务。"对于英国政府，公民典礼旨在让新公民表达对归属这个国家和英国属性的热情。内务大臣戴维·布朗奇说："发起典礼是为了让获得英国公民资格充满意义，庆典不是简单的政府行为。"不仅针对新公民，而且将公民典礼扩大到年轻人。2008年，戈德史密斯勋爵的报告《公民资格：我们共同的纽带》鼓动推行所有英国年轻人的典礼，提供表达自豪感和强化归属感的机会，要求表达"对女王忠诚的誓词和对英

---

[1] Rhys Andrews, Catherine McGlynn and Andrew Mycock, National pride and students' attitudes towards history: an exploratory study. *Educational Studies*. 2010, 36 (3), p. 301.

[2] Audrey Osler: Patriotism, multiculturalism and belonging: political discourse and the teaching of history. Educational Review. 2009, 61 (1), p. 89.

国承诺的宣誓词"。他还提议创立英国的国庆日作为庆祝共享的公民资格纽带的新的公共节日。与此同时，英国政府要求学校增强学生的国家归属感。2007年，基斯·阿杰伯课程审查报告《多样性和公民资格》要求将"认同与多样性"作为公民课的新增部分，其根据即公民参与社会的动机在逻辑上可视为归属感。

与官方爱国主义喧闹相反，学者的观点似乎对爱国主义教育抱审慎的态度。如奥斯勒指出，爱国主义虽然在美国是一个经常被唤起的观念，但英国和其他西欧国家则往往回避，因为这一观念常常与20世纪30年代的法西斯主义和种族性民族主义以及今天的极右势力相连。[1] 卡林顿和肖特主张，"应该鼓励儿童拒绝对国家的盲目忠诚。"[2] 艾莉森·杰弗斯认为，参加典礼的新公民在表面上表现出热情，但承诺可能并非真心。[3] 迈克尔·汉德和乔安妮·皮尔斯也指出，爱国主义含有两种规范性的信条，一是民族共同体应拥有政治独立性，民族主义就将民族与国家统一起来，主张民族享有独立的主权，国家应该是由单一的民族认同而团结起来的政治共同体；二是我们有对同胞的特殊义务，且这种义务高于对人类的普遍义务。基于这种考虑，他们认为学校可能对爱国主义教育采取四种方式：第一种方式：在课堂上回避这一主题，即使学生提及也将此置于安全领域；第二种方式：采取中立的立场，将爱国主义作为争议性或开放的问题加以讨论；第三种方式：积极地促进爱国主义情感，既在理性上向学生说明爱国的理由，也采取吹嘘、仪式和宣传等非理性的方式；第四种方式：采取理性和非理性的方式劝阻爱国主义。[4] 就第一种方式，他们认为学校有责任让学生理解爱国主义现象并增进他们对占据其情感生活的地方做出理性判断的能力。第三、第四种方式涉及

---

[1] Audrey Osler: Patriotism, multiculturalism and belonging: political discourse and the teaching of history. *Educational Review*. 2009, 61 (1), p. 88.

[2] Michael Hand and Joanne Pearce: Patriotism in British schools: teachers' and students' perspectives. *Educational Studies*. 2011, 37 (4), p. 406.

[3] Alison Jeffers, Half-hearted promises or wrapping ourselves in the flag: two approaches to the pedagogy of citizenship. *Research in Drama Education*. 2007, 12 (3), p. 373.

[4] Michael Hand & Joanne Pearce: Patriotism in British Schools: Principles, practices and press hysteria. *Educational Philosophy and Theory*, 2009, 41 (4), p. 454.

学生情感的培养，这样做本身不会招致反对，但必须给出有说服力的理由。由此他们认为，爱国主义教育是学校的责任，但应该作为争议性的问题来教，而且这种方式与大多数英国教师所宣称的观点和实践一致。[1]

迈克尔·汉德和乔安妮·皮尔斯调查了伦敦及其周边的20所中学的299名学生和47名教师。他们发现，学校和教师似乎并不热心爱国主义教育，几乎占一半的教师（47%）和学生（47%）认为学校在爱国主义问题上要严守中立；只有9%教师和8%的学生认为，学校促进爱国主义；19%的教师和16%的学生认为当学生表达爱国主义观点时，学校应该支持；2%的教师和2%的学生认为当学生表达爱国主义观点时学校应该挑战这种观点，只有1%的学生认为，学校积极组织爱国主义，教师则没有。虽然很少有人认为学校应该阻挠或挑战爱国主义，但约74%的教师和学生赞同和强烈赞同他们有义务向学生指出爱国主义情感的危险，有94%的教师和77%的学生赞同学校进行爱国主义教育时应该允许表达有关爱国主义的相反观点。爱国主义主题与公民课和历史课最为相关，他们发现，虽然有43%的公民课和历史课教师说在他们的教学工作中有讨论或教授爱国主义的计划，但只有15%的学生说讨论过爱国主义，而且教师和学生对课堂所涉及的爱国主义的观念和情感的回答明显不一致。19%的教师和占51.5%的学生说，在课堂上从未涉及爱国主义主题；2%的教师说课堂上出现爱国主义主题，会阻止讨论，4%的学生则说，课堂上出现爱国主义主题，我们的教师会阻止讨论；有40.5%教师说，我鼓励讨论爱国主义，但不分享自己的观点，14.5%的学生说，我们有时讨论爱国主义，但我们的教师不分享他们的观点；有23.5%的教师说，我鼓励讨论爱国主义，且公开分享自己的观点，16%的学生说，我们有时讨论爱国主义，且我们的教师公开分享他们的观点。占明显多数的学生还认为70%的历史教师，64%的公民课教师，62%的历史课课本，63%的公民课课本既未鼓励也不阻止爱国主义。学校集合也是爱国主义教育的途径，但调查发现，20%的学生感到学校集合激励爱国主义，11%的

---

[1] Michael Hand & Joanne Pearce: Patriotism in British Schools: Principles, practices and press hysteria. Educational Philosophy and Theory, 2009, 41 (4), p.460.

学生认为未激励，57%的学生感到学校既不鼓励也不阻挠爱国主义。① 历史课和公民课的教师将爱国主义视为敏感主题，虽然在他们的教学中涉及爱国主义，但是一般安排在特殊的内容或采取隐含的办法。迈克尔·汉德和乔安妮·皮尔斯发现，历史课教师计划将第一次世界大战、第二次世界大战作为爱国主义教育的主要背景，公民课教师将爱国主义隐含在有关人权、民主、贫困的教学计划中，当将英国的生活与其他国家的生活比较时就涉及爱国主义主题，如在世界反贫困日进行国别比较。② 有些教师和学生明确表达反对爱国主义教育，有的教师认为学校促进或支持爱国主义教育很可能造成社会分裂，"颂扬爱国主义排斥非英国的学生。在我的经验中，爱国主义涉及做英国人，这往往是白人的观点，因而导致按种族界限划分群体"。③ 也有教师说："我认为那是十分困难的事情，因为我认为爱国主义可能会引起不和……存在BNP（英国民族党）所认为的那种倾向。"还有一位历史老师说爱国主义让人想起臭名昭著的大英帝国，认为爱国主义"是大英帝国散发出的臭气"。④ 学生的感受更复杂，如果来自英国以外的学生会认同其母国，有的学生说，许多移居英国的学生爱他们的母国更爱他们实际生活的国家，虽然他们对母国知之甚少。不少学生甚至将爱国主义教育视为类似种族主义的东西，是在表达支持自己不喜欢的群体或观念。大部分师生赞同针对爱国主义观念和情感的最适当的策略是公开的讨论。因而，迈克尔·汉德和乔安妮·皮尔斯认为爱国主义应该作为争议性的问题在学校教授，并提出了十条教学建议：（1）按自身的条件将爱国主义作为主题教授；（2）当学生提出爱国主义，要积极反应；（3）知道拥护和反对爱国主义感情的不同主张，以便适当讨论； （4）挑战简单的共识和非批判地持有的观点；

---

① Michael Hand and Joanne Pearce：Patriotism in British schools：teachers' and students' perspectives. Educational Studies. 2011，37（4），pp. 406 – 417.

② Ibid.，p. 413.

③ Michael Hand & Joanne Pearce：Patriotism in British Schools：Principles，practices and press hysteria. Educational Philosophy and Theory，2009，41（4），p. 460.

④ Michael Hand and Joanne Pearce：Patriotism in British schools：teachers' and students' perspectives. Educational Studies. 2011，37（4），p. 414.

(5) 更正事实性错误;(6) 要敏感,即教师应明晰讨论的基本规则,意识到教师的情感氛围,准备平息出现的冲突,若有必要停止讨论;(7) 避免促进某种立场;(8) 意识到隐形课程,即教师要清楚以意识不到的方式影响学生的危险;(9) 讨论情感控制;(10) 意识到多种爱国主义情感的可能性,因为学生可能归属不止一个国家共同体。[1] 也就是采取审慎的方式讨论爱国主义,而且将讨论限制在理性的范围。

  迈克尔·汉德和乔安妮·皮尔斯的研究成果2008年被《时代》等刊物发表,引起了媒体的强烈反应,有的斥责他们是所谓的教育专家,提出了让英国走向毁灭的建议,因为他们认为树立孩子英国的自豪感是坏事。媒体的反应与英国官方的鼓噪高度一致。虽然英国政治家热衷爱国主义,但他们可能在英格兰之外更难以获得欢迎。戴维·卡梅伦虽然是英格兰选区的议员、英国首相,但保守党在苏格兰、威尔士和北爱尔兰不受欢迎。虽然有人认为存在民族特征,但一些人认为这是难以接受的普遍化,因为会导向种族主义[2]。强化"英国特性"的爱国主义路线不仅在英格兰受到学者的质疑,也刺激了苏格兰、威尔士和北爱尔兰的神经。在权力下放的背景下,苏格兰、威尔士和北爱尔兰采取了与英格兰不同的公民教育路线。苏格兰、威尔士和北爱尔兰的决策者没有将公民教育与多元文化主义、移民、英国的国家认同等问题相连。而且因为英国特性带有盎格鲁中心色彩,对贝尔法斯特、爱丁堡和卡迪夫则提出不同的政策难题。[3] 在苏格兰就有人指出,"英国特性"这一概念比英格兰更成问题。针对英国特性,苏格兰和威尔士选择强化自己的民族认同,而北爱尔兰则完全回避了国家认同。威尔士通过跨课程"Cymreig课程"传递"威尔士特性",通过"个人与社会的教育""增进学生成为积极的、明智的和负责的公民,意识到他们自己的权利,忠实地履行参与民主的义

---

[1] Michael Hand and Joanne Pearce: Patriotism in British schools: teachers' and students' perspectives. Educational Studies. 2011, 37 (4), pp. 415 – 416.

[2] Ian Davies: 100 + Ideas for Teaching Citizenship. Continuum International Publishing Group. 2011. p. 21.

[3] Rhys Andrews, Andrew Mycock: Dilemmas of Devolution: The "Politics of Britishness" and Citizenship Education. British Politics. 2008, 3. p. 145.

务和接受做威尔士公民的挑战",让年轻人必须理解"在威尔士社区的本质"和威尔士文化传统。在苏格兰如布朗一样强调苏格兰的历史教学。苏格兰更强化苏格兰意识,将苏格兰认同与英国认同相对照,认为后者塑造独特的、亲英的"他者"。① 2004年的《卓越课程》寻求促进学生对苏格兰在世界地位的理解。苏格兰民族党政府希望学生在校期间花双倍的时间学习历史。教育及终身教育内阁大臣菲奥娜·海斯洛普在2005年提议制造历史的历史,强调"苏格兰视野",并批判苏格兰的历史课教学没有自豪地促进本民族历史。这也就是说,苏格兰的教育没有促进民族的文化。不过苏格兰还是强调教育在树立苏格兰民族认同上具有核心作用②。

(三) 以创造社会信任实现社会团结

社群主义影响了英国的新工党,新工党将社群主义的因素化为英国公民教育的部分。工党执政期间,将社会团结作为政策议程。安德鲁·邓恩和戴安娜·伯顿指出,社群主义对新工党有重要影响,并构成新工党意识形态的核心。这种意识形态一方面保留撒切尔主义好的一面,即经济竞争;另一方面拒绝其坏的一面,坚持社会正义。③ 福里斯特和卡恩思将工党的团结议程的基础概括为五个基本因素,包括"共同价值观和公民文化""社会秩序和社会控制""社会团结和福利差别的减少""社会网络和社会资本""地方依恋和认同"。④ 工党政府希望通过丰富社会资本促进社会团结。按美国政治学家帕特南的观点,社会资本即互惠的规范、参与网络与社会合作关系密切。社会资本包括互信、互惠等因素。信任是社会资本的必要因素,因为存在信任,所以有合作行为,从而提

---

① Rhys Andrews, Andrew Mycock: Dilemmas of Devolution: The "Politics of Britishness" and Citizenship Education. British Politics. 2008, 3. p. 147.

② Editoral: Education and citizenship in modern Scotland. History of Education. 2009, 38 (3), pp. 327-328.

③ Andrew Dunn, Diana Burton: New Labour, communitarianism and citizenship education in England and Wales. Education, Citizenship and Social Justice. 2011, 6 (2), p. 170.

④ Peter J. Hemming: Religion in the Primary School: Ethos, diversity, citizenship. Routledge. 2015. p. 30.

高社会的效率。如果缺乏信任，人人都愿意开小差，搭便车，就难以摆脱集体行动的困境。互惠是重要规范。他认为互惠有两种，均衡的互惠指人民同时交换价值相等的东西；普遍化互惠是交换关系在持续进行，这种互惠在特定的时间里是无报酬的和不均衡的，但可使人产生共同的期望，即互惠意味现在我予人，将来人予我，并将此作为抽象的规范，成为道德责任或道德意识或道德能力。他认为信任、互惠的规范和公民参与的网络可以促进社会合作，并且指出，"普遍的互惠是一种具有高度生产性的社会资本"。① 按照他的理论，如果公民与国家、公民与公民之间存在普遍的互惠和信任，那么社会就会是团结的社会。

布莱尔政府执政后大力推进社群主义色彩的公民教育。教育和就业大臣戴维·布朗奇1997年设立公民课的顾问小组，并将社会资本与学校公民课的开设相联系。因为开设公民课，促进公民自愿参与，可以有效地应对社会资本在英国的下降。他指出，国家必须通过公民教育让公民过自治的生活。"很明显，公民参与不强和社会资本的缺乏会削弱民主的活力、健康和合法性。完全的民主参与依赖自由的、平等的和有社会责任感的公民之间的持续对话。国家……促进和提供这种框架，在其中培养社区和社会的更为强大的力量支持人民实现其潜能……自治需要丰富和全面的教育……如果自治依赖教育，而且完全自治的人当然就是积极公民，因而在学校需要明确的公民教育。"② 积极公民意味对社区做贡献。他希望通过公民教育，将社会正义和个人责任结合起来，创造社会资本。1998年的公民课顾问小组的报告即"科瑞克报告"不仅要求国家提供福利，社会组织也要提供福利，同时强调社区参与和自愿服务的重要性。科瑞克说，社区活动将旧的政治教育概念扩展到公民教育，虽然他不把自己视为社群主义者，但公民教育倡议包含社群主义要素，其公民资格是共和主义—社群主义模式。③ 与此同时，1997年的"达林报

---

① 罗伯特·D.帕特南：《使民主运转起来》，王列、赖海榕译，江西人民出版社2001年版，第202页。

② Ben Kisby: Social capital and citizenship lessons in England: analysing the presuppositions of citizenship education. Education, Citizenship and Social Justice. 2009, 4 (1). pp. 43 – 44.

③ Ibid., p. 55.

告"号召地方和地区的参与需要转向积极的和系统的参与。该报告指出:"学生群体对当地社区有巨大贡献。在这个国家有超过100个学生社区行动群体,由学生会组织,提供自愿者,与自愿机构的现存组织合作,也向学生提供宝贵的经验。"随着英格兰公民课程的开设,麦克法兰呼吁大学生应成为更"积极的"公民。2001年,英国大学主席指出,"大学从精英教育转向大众化,因而对更多人显得尤为重要。随着大学发挥核心作用,其责任的增长,它们不仅要改善学生的思考方式,而且通过参与其社区,建设和扩展他们城镇的文化生活和能力,提升他们的抱负"。[1]

社区参与和自愿服务的目的在于增进社区的社会资本,也即建立社区互惠性的信任关系。信任来自对同胞公民的积极关心的表达,如我们帮助陌生人捡起他掉落的东西,我们相互微笑和问候。这些生活细节,对德里克·艾迪瓦内来说,似乎就是信任。"友善的表达司空见惯,百姓日常行动而不知。像信任,我们居住在友善的环境中如居住在空气中,我们注意友善如我们注意空气,只有当缺乏或受污染时我们才注意到。……这种友善行为往往被视为真正关心的表达。"[2] 这种公民之间的友善,在他看来就是"政治友谊",而共享的理解是政治友谊的结果。作为友谊就必然包含某些美德。对于"政治友谊"或"公民友谊",玛丽·希莉认为这个概念的理解来源于对私人之间友谊的理解,她指出这种将私人友谊扩展到公民关系的做法会导致概念混乱,虽然这两种友谊都包含信任、诚实、相互帮助等美德。作为公民友谊的互惠性友谊(advantage friendship),意味着在公民共同体中,公民之间存在相互给予对方好处的希望和行为,每个人因为可以得到他人的好处又会强化自己给予他人好处的行为。美德友谊(virtue friendship)存在个人友谊中,其中包含信任、互惠与特别的关心、共享的历史等美德。希莉指出,认为将私人的美德友谊扩大到公民之间的关系是不恰当的。如朋友信义背叛,可以

---

[1] Andrew Morris, Maggie McDaid and Hugh Potter: Promoting Community cohesion in England. School Leader and Management. 2011, 31 (3), p. 292.

[2] Derek Edyvane: Community and Conflict: The Source of Liberal Solidarity. Palgrave Macmillan. 2007. p. 6.

寻求新的私人友谊,但公民之间的信任或公共信任需要法律和规则的维护;私人友谊的互惠和关心在于私人之间的依恋关系,而公民的互惠友谊基本上是自我中心的友谊,关心自我和自我需要的满足,即使公民之间需要相互支持,但这种需要不是友谊的需要;在共享的历史里,私人友谊的维系在于朋友之间的共同活动,如一起工作、共同度假、相互祝好等,但公民之间的共同经历往往通过大众媒体共同经历某些事件,但对事件的态度、意见又可能各不相同。所以,她强调,虽然创立团结意识需要情感联系和关心或依恋意识,但"公民友谊"不能完成团结的任务,因为友谊不可能成为压倒正义的美德。所以,她指出,"学校或多或少有共同经历等,它们是品德发展和强化我们公民生活所必需的特性的少有可靠途径之一。如果公民的行为和倾向形成公民生活的背景,那么在教育中其发展和强化是至关重要的挑战"。[1]

正义可能有助于信任的建立。安德鲁·梅森指出,如果国家公平地对待公民,如果公民之间相互公平对待,那么信任就可以维护各种机构和公民社会。关于公民之间的信任,只有公民之间相互信任对方公平的行为,信任才能很好地建立起来。如果个人将行为过程的不公平作为不公平行为的重要理由,那么信任将不可能很好地确立,社会的信任水平就可能下降。社会的信任包括两个方面,一方面必须推动个人以值得信任的方式行为,也就是社会要让人除了公平行为别无他途;另一方面个人需要学会信任他人,亦即学会充满信任。对于包含不同的文化群体的社群团结,梅森认为只要不同文化群体的接触是高质量和频繁的,就会促进相互理解和尊重,这又反过来导致高水平的信任行为。如果英国社会的不同文化群体只要在至少一个重要的领域,如住房、教育、工作场所、公民社会或政治等存在有意义的接触,就足以产生维持英国社会所必需的信任水平。而这种信任水平很可能在公民中间形成共同的归属感。这种归属感表明他们相信存在相互合作的理由。"共同的归属感可能提升相关方面的信任水平,因为一个将自己视为与其同胞牢固团结在一起的人更可能公平地对待自己的同胞,即使他知道将来不可能与之接触,而

---

[1] Mary Healy: "Civic Friendship". Studies in Philosophy and Education. 2011, 30 (3).

且他的同胞（部分因为这种团结）也将希望他以这种方式行为。"① 梅森认为，这种信任水平的提升并不依赖共享的国家认同。当然，这种由公民之间的信任导致的共同归属感不是对某一政体的归属感。梅森指出，只有公民相信存在他们应该是某一政体的部分的理由。这种理由同样由政体与公民之间的信任关系决定。一个公民如果没有被制度和机构排斥和边缘化，其参与其中自然如在家里，他就可能认同和信任这些制度和机构。如全国卫生服务部门（the National Health Service）提供公平的医疗保健服务。对于文化和宗教上的少数群体，至少要采取措施增进个体安全，终止这些群体遭受的歧视和改善处境不利的人们的机会。总之，政府不能将某些个人和群体边缘化，否则他们会认为政府的政策待之不公平而与政府处于对立的状态。政府与公民的信任关系取决于前者对后者的公平对待，公民之间的信任关系取决于双方的互惠性。

互惠的信任关系的建立需要人们之间的行为上的强化，即存在奉献与感恩的相互性。也就是不论是政府还是公民，如果要得到信任，必须担负道德责任，提供恩惠，如政府提供公平的福利与服务，公民履行道德义务，帮助他人、诚实经商等。反过来，得到恩惠的人付出相应的行为，如纳税、守法等；感恩个别公民而承担道德责任，如赞赏对方、辅助他人。因而感恩也应该成为公民教育的重点。伦敦大学教育学院的帕特丽夏·怀特（Patricia White）强调一定程度的感激之情对作为民主社会的公民极其重要，公民教育不仅要培养希望、勇敢、信任和诚实等品格，还要培养感恩之情。帕特丽夏·怀特区别两种感恩观念，一种是作为债务的感恩，一种是作为承认的感恩。前者强调从恩人那里得到恩惠的受益人应该认可施恩的适当方式。施恩是自愿的，否则是不适宜的。"因为感恩的表达是信念、感情和态度的综合表达。借此我们表达这种信念：施恩符合我们的利益，我们赞赏这种恩惠和他人的关切。我们也表达对恩人的态度，即我们并不简单地将他视为我们福利的工具，而是我们道德共同体的成员。我们的恩人的行为出自对我们的关心，我们感恩的表

---

① Andrew Mason: Integration, Cohesion and National Identity: Theoretical Reflections on Recent British Policy. British Journal of Political Science. 2010 (40), p. 870.

达是对此的认可。"① 但是作为债务的感恩存在问题，如果感恩成为一种被迫表达的义务，如果受益人因为受人之恩而处于无法结清的债务地位，那么受益人就与恩人在道德人格上不平等。帕特丽夏·怀特提出另一种感恩思想，即作为承认的感恩，也就是通过赞誉、称颂恩人的好意来回应。如在朋友之间互送礼物、相互帮助且接受这种帮助，认可相互之间的好意。得到他人的恩惠的人，继续将他人的好意发挥出来，施恩于他人。这就形成了处于关切他人的行善循环。在怀特看来，在民主社会，公民应该抱着承认的感激，不要关注人们是否施恩于我，而要认识到人们这样做有助于公民社会"少一些野蛮，多一些快乐和繁荣"。怀特要求家长引导孩子和学校教导学生表达承认的感恩。家长要指导孩子关注到恩惠背后的关切，帮助他们寻求表达感恩的方式，以便孩子想象与恩人的关系。教师和学校的组织机构通过对待学生的方式培养学生感恩的品格。学校也应该引导学生将感激之情由对本社群内扩大到本社群之外的公民②。

当然，感恩源于他人真诚的行善，二者的不断循环必将成就友善的道德社会，都会增殖社会资本。行善表达对他人的关切，感恩表达对善行的赞赏。如果一个不断扩大行善的范围，使所有人都成为受益人，都沐浴在善的阳光里，不再有边缘人，不再有被排斥的人，那么这种社会一定是完美的。我们要看到，行善是道德能力的体现，感恩既是道德责任，也是对道德行为的嘉赏。二者都是道德行为，否则就是邪恶，如康德将忘恩负义视为令人憎恨的恶行。而道德行为只有有道德的公民才能付出。公民道德实际上就成为社会团结的基础。恰如西塞罗所言，"友谊只能存在于好人之间"。③ 好公民必然是好人。让学生成为有益于社会的负责的公民，能够在英国社会和平共处，也就成为英国公民教育的指针。如 2007 年的课程审查报告《课程中多样性和公民教育：研究评论》要求学校促进社群团结。

---

① Patricia White：Gratitude, Citizenship and Education. Studies in Philosophy and Education. 1999（18）. pp. 43-44.

② Patricia White：Gratitude, Citizenship and Education. Studies in Philosophy and Education. 1999（18）. pp. 47-50.

③ ［古罗马］西塞罗：《论老年 论友谊 论责任》，徐奕春译，商务印书馆 1998 年版，第 52 页。

2008年9月实施的新修订的公民课程计划的目标之一就是使所有年轻人成为对社会有积极贡献的负责公民,树立学生在英国共处的观念。

从以上所述,我们可以看到,英国当局推行强化"英国特性"、爱国主义和社会信任的教育引发了相对立的反应,尤其是对"英国特性"的反应更为强烈。这可能与英国当局的立场相关。英国旨在团结的公民教育似乎站在英国,特别是英格兰的立场上,体现了一种普遍的观点,即认为社会分裂势力是本土的少数民族和外来的移民,对于前者,通过公民课、公民考试和公民宣誓等强化他们对英国的归属感;对于后者,除了权力下放,尊重其文化差异[1]。虽然有人批判"英国特性"所包含的价值观并非为英国所独有,但保守党所持的国家认同却有明显的民族特性。因诺克·包威尔的英国的国家认同观比较典型。他认为议会制主权、个人主义、英国人因亲缘和忠诚而团结的民族认同、国家的地理和历史构成英国的国家认同。他谴责将权力下放给苏格兰和威尔士,因为这样会减损议会主权,摧毁这个国家的统一性和认同。对待移民,他指出,英国人民从未接受和同化黑人和亚洲移民。他认为,英国应遣返少数种族或减少他们的权利,不允许他们的家属和妻子加入英国国籍。撒切尔夫人则更强调议会主权、个人主义和英国人民的民族团结等英国的国家认同,要求将移民同化进英国人的"血统"和生活方式,将他们文明化。在她看来,英国加入欧洲共同体的部分原因是为了促进欧洲的文明。[2] 唤起对英格兰的忠诚,无疑具有排斥的作用。有人指出,"如果团结唤起对特殊的民族、种族和宗教的忠诚,则团结就是排斥性的力量。"[3] 即便新工党对多元文化主义抱以宽容的态度,但工党要求在

---

[1] 按英国内政部公民调查组所调查的结果,85.95%的印度人、86.38%的巴基斯坦人和86.85的孟加拉人相当或非常强烈地归属英国,白人所说的相当或强烈归属英国,白人为86.7%。只有8.5%的北爱尔兰天主教徒认同英国,约33%的苏格兰人认同英国。因而金里卡指出,本土的少数族群比移民有更强的分裂性。[Will Kymlica: Multicultural citizenship within multination states. Ethnicities. 2011, 11 (3)]

[2] Bhiku Parekh: Defining British National Identity. The Political Quarterly. 2000, 71 (1), pp. 9–10.

[3] Jakob Kapeller, Fabio Wolkenstein: The grounds of solidarity: From liberty to loyalty. European Journal of Social Theory. 2013, 16 (4), pp. 476–477.

"英国悠久的价值观"的再发现的基础上确立英国的爱国主义。这些价值观强调正派、宽容、自由、公平、国际主义和义务,作为贯穿英国历史的黄金链。① 如布莱尔认为,英国的多元政治结构是以英格兰、苏格兰、威尔士,甚至包括北爱尔兰在内的平等伙伴关系为基础的议会民主,这一议会民主是英国认同的核心,与权力下放一致。他也强调英国悠久的宽容、文化多元性、对不同生活方式的友善、社会同情和富有青春活力的精神等传统。但这种包容性的"英国特性"的声音受到质疑。苏姬·沃尔顿指出,英国政治精英的所谓树立共同价值观和国家认同感,实际目的在于限制移民。沃尔顿说,自由的权利和普遍福利是英国的基本价值,如1848年的《国家救助法》就体现这种普遍福利的追求。该法旨在保证每个人有权获得某种救济。随着移民的增加,到20世纪90年代,英国新工党和保守党倾向控制移民的政策,如1999年的《移民和庇护法案》,该法案让国务大臣有权决定谁急需,谁得到支持以及支持的程度,从而否决寻求避难者的福利救济,让他们寻求慈善帮助。② 也即是说,寻求避难者并不享受普遍福利的权利,除非被认可为已确立包含"英国特性"的国家认同。国家认同作为阻止移民的障碍。在沃尔顿看来,因为移民破坏了早期普遍福利的政治共识,以移民威胁英国的价值观而将他们拒之门外。沃尔顿指出,即使做了归化为英国的好公民宣誓,"我将忠诚联合王国,尊重其权利和自由",但公民宣誓谈及的这些"权利和自由"在目前来说是不确定的,因为英国政府撤回最基本的"社会权利"的普遍申请,推进没有审讯的行政羁押。这样"将英国价值观的不确定性和缺乏共识归因于移民的到来以及预设他们带来价值观的多样性,极有讽刺意味"。③

我们还要看到,归化并不等于完全接纳,归化为某国的人们并不等于该国所有职位向他们开放,即他们不可能有与正统的该国人相同的

---

① Rhys Andrews, Catherine McGlynn and Andrew Mycock: National pride and students' attitudes towards history: an exploratory study. Educational Studies. 2010, 36 (3), p. 301.

② Suke Wolton: Immigration Policy and the "Crisis of British Values". Citizenship Studies. 2006, 10 (4), p. 458.

③ Ibid., p. 465.

"朝圣之旅"。安德森所言的事实，"斯洛伐克人要被马扎尔化、印度人要被英国化、朝鲜人要被日本化，但他们不会被允许参加会使他们能管理马扎尔人、英国人或日本人的朝圣之旅。他们被邀请赴会的宴席永远只是盘中空无一物的表面殷勤"。① 仅仅让移民归化，尊重少数民族的差异性，但并未提供公平的机会，并未培养对所有人的公平意识，这就为社会分裂埋下了隐患。因为只要存在社会排斥，就一定会破坏团结。因此，实现团结不仅仅是为了保持同质性而让少数接受多数的价值观的问题，而且需要多数公平接纳少数的问题。

另外，英国的政治人物将移民视为团结或共同生活的威胁。在他们看来，因为移民的影响，共享的英国特性意识或共同的英国价值观在衰退。这种看法本身就是一种错误。事实上，即使存在因为差异性而导致的冲突，但这种冲突并非都是破坏性的。德里克·艾迪瓦内指出，冲突不是政治友谊的障碍，也不是社群的障碍，冲突可以理解为为联合提供动力来源。② 他说："如果我们把社区视为政治上的朋友的联合，通过抵制共同面对的邪恶，出于相互基本的关心而一起前行，那么自由的政治共同体可能在冲突的状况下生存。……在冲突的状况中，自由的政治共同体不仅能生存，而且能繁荣，相向的（back-turning）和谐，一种爱的劳动。"③ 所以，为了团结的公民教育不仅要求树立共享的价值观，而且要激励学生反思排斥，换位思考，从内心清除排斥思想。正因为如此，公民教育要培养公民之间的友善，特别是主导民族的公民与少数民族和移民的公民之间的友善。

七 公共善与公民教育

好人与好社会似乎是鸡与蛋的问题，但却是我们孜孜以求的对象。

---

① ［美］本尼迪克特·安德森：《想象的共同体》，吴叡人译，上海人民出版社2016年版，第104页。
② Derek Edyvane: Community and Conflict: The Source of Liberal Solidarity. Palgrave Macmillan. 2007. p. 12.
③ Ibid., p. 168.

我们希望与好人过着好的生活。好生活必然包含众多为人所分享的好东西。这些好东西被称为公共善。"在哲学、伦理学和政治学中,公共善(common good)或公共福利(good weal),指为一定社群共享的且有益于该社群所有人或绝大多数人的'善'。"[1] 以上所论及的民主、正义、权利、责任、多样性和团结均可视为公共善。当然,从不同的立场出发,对公共善的理解不同,如从功利主义的角度,公共善代表最大多数人的最大限度的善。也就是说能增进所有人幸福的东西就是公共善。从自由主义角度,公共善是国家对个人权利的保障,即每个人有机会自由地过自己的生活,寻求美德,遵循道德法则。公共善虽然源于古代,但已为西方政治理论大为关注。这一概念不仅成为社群主义的思想基石,而且被许多自由主义的理论家如古特曼、马赛多和罗尔斯、金里卡所接受,这一概念也成为当代公民共和主义思想的核心部分。[2] 实际上,公共善与良好的生活联系在一起,良好的生活本身内含丰富的公共善,而公共善的丰富与分享本身意味良好的生活。所以要保证公民过良好的生活,公民就必须关注公共善。

在英国安德鲁·彼得森站在公民共和主义立场上将公共善作为英格兰公民教育的至关重要组成部分。他指出,公共善已经构成英格兰公民教育的重要内容。1998年的"科瑞克报告"将对公共善的关心作为公民教育的价值取向。对公共善的承诺也成为1999年英格兰国家课程的目标,认为学校的课程应该培养学生关心他人和为实现公共善而努力的能力。2007年修订的国家课程要求学生成为奉献社会的负责的公民,并指出,为了实现公共善,必须珍视真理、自由、正义、人权、法治和集体努力,法定的公民课的内容旨在培养公民共和主义的公民。公民共和主义强调

---

[1] Common good. http://en.wikipedia.org/wiki/Common_good. 2014 - 7 - 1.

[2] 对于"公共善",奥德丽·奥斯勒和休·斯塔克认为这是一个必须谨慎对待的概念,因为会借用"公共善"的名义行侵害人权、大屠杀之实。她引用菲格罗亚的话表达了这个意思。菲格罗亚说:"(在多元社会的)公民涉及:对社会中的多样性承诺感;对不同的人,尤其对不同'种族'的人的开放性,并与之真正团结,尊重他们;接受所有人的平等价值,接受权利与责任;拒绝任何剥削、不平等对待或种族主义。这意味适当地考虑差异。但这绝不意味对'共同善'的盲目承诺。"(Audrey Osler and Hugh Starkey: Changing citizenship: democracy and inclusion in education. Open University Press, 2005, p. 159)

自由通过公民的政治参与而得到保障,而这就需要进一步思考公共善的概念。[①]

为了推进英国公民教育对公共善的关注,安德鲁·彼得森区分出两种公共善的概念,并在此基础上表达了一种公民共和主义对公共善教育的诉求。[②] 他将公共善区分为道德上的公共善和政治上的公共善。公共善在道德上更多地涉及将特殊社群的公民结合在一起的基本道德纽带。这一纽带形成公民之间的道德义务,并与公共的政治契约所规定的好生活的观念相连。这种公共善的道德概念可以追溯到亚里士多德和阿奎那。按亚里士多德,自由作为个人的属性,可以自由过自己的生活而免于国家的控制;作为自治政府的代表,轮流统治和被统治,公民有义务参与决策和担任公职。所以亚里士多德倡导的是积极的自由观,并诉诸目的论观点,即对自治政府的政治参与以创造作为公民的人得以完全实现其潜力的条件。这样公共善就涉及与人的本性即与"好生活"一致的特殊的生活方式,而好生活对所有公民是共同的,也就是多方面参与政治,多层面完成人,成为真正的人。彼得森指出,托马斯·阿奎那继承了亚里士多德的作为自治的自由思想和对实现公共善所必需的政治参与的道德基础,并将亚里士多德的原则运用到基督教框架。对于阿奎那,人的行为指向某一目的,我们依此目的而行为。阿奎那不局限于亚里士多德城邦,而将政治共同体扩大到思考政治结构。在这种政治社会,个人的利益与更大的社群利益是不可能区分的。因而阿奎那认为政府是必需的和积极的力量。通过理性生活和自然法的指导,公民学习遵循公共善的行为,即过与美德一致的道德生活。彼得森也指出当代的共和主义者如奥德菲尔德和桑德尔也诉诸公共善以理解公民资格。奥德菲尔德将公共善与好生活相连,赋予公民资格以道德内容。公民共和主义促进公民参与,是因为"政治生活—公民的生活—不仅是最包容的,而且是大多数人所寻求的共同生活的最高形式"。桑德尔按照好社会的特殊概念重建权

[①] Andrew Peterson: The common good and citizenship education in England: a moral enterprise? Journal of Moral Education. 2011, 40 (1), p. 20.

[②] Ibid., pp. 22 – 32.

利,赞同公共善的道德方式。桑德尔认为公民参与政治有内在的价值,这种内在的善对所有公民作为人是公共的。如此将公共善视为"好生活"和人的优良的完成。政治上的公共善在当代的共和主义理论中,一方面关涉社会的普遍福利。在这个意义上,公共善就要求公民观照自己利益之外的社群利益,这样做是为了政治的和个人的安全而非道德义务。另一方面将公共善理解为财产(property),如菲利普·佩迪特将公共善视为可增可减的财产。这种将公共善视为经济概念,包括诸如清洁的空气和水、国防等众多公共善。彼得森指出,如果将公共善视为社会的普遍福利,就暗示公共善是政治共同体创造的,而非独立于特殊社会的实体之外。这也就是说政治上的公共善是公民之间协商的产物,这种公共善就是公民共同认可的东西。

彼得森认为这种对公共善的道德和政治概念的区分为公民课中讨论公共善提供了基础,因为对公共善的解释可能影响公民课中的教育的实践。彼得森坚持认识到公民与国家、公民与公民之间的关系不仅仅是政治的,而且是道德的,那么公民课不仅要帮助学生认识到自我利益之外的利益,而且要考虑将学生培养成为怎样的人以及认识到他们对他人的义务。按公共善的政治概念,公共善的教育基本上是寻求增进学生与他人进行协商的意愿,这种对话旨在考虑公共利益意味什么,学生发表自己的观点,做出自己的判断,认可批判性思考和学生之间交流观点的重要性,让学生能超越自己的利益而思考公民事务并对之行动,即培养公共利益的意识。通过与他人合作、基于公平协商的决策和思考,从而诉诸公共善的协商实践。公民教育即在于让学生扩大其公共关心的范围,强化积极参与和提问题的能力。对于彼得森,政治上的公共善的概念教育虽然增进学生关注公共善,进行超越自我利益的公平协商(discursive engagement),但是并未完成公民教育的任务,应该进行公共善的道德概念的教育,将道德上的公共善与政治上的公共善的概念结合起来。因为在讨论社群问题如贫困、福利、人权和慈善行为等时学生没有完全理解他们这样做为什么以社会意识为基础。这种公民教育让公民课的教师保持中立而未强加道德观念。其结果导致道德的真空。彼得森认为教师不能完全采取价值自由的立场严守中立,不能回避公共善的道德基础,应当引导学生参与道德上的讨论。如讨论福利、权利等，要与道德品格、公民之间的道德义务和良好的生活联系起来，弄清其中的道德本质。如此才能强化公民教育。如第四阶段的"与公民资格相关的经济"，就可以让学生讨论福利的道德本质。他也指出如卡尔、埃齐奥尼等人也强调公共问题的道德讨论在公民教育中的重要性。卡尔认为公民教育不能仅仅限于公平规则和程序的公共讨论，还要涉及作为特殊共同体的成员的学生共享的关系的认可。埃齐奥尼建议公民参与"道德对话"，这种对话涉及共同体的概念、分享或共同的历史及社会纽带的存在。因为如奥德菲尔德所言，"共同体思想较少与正式的组织而较多与归属和承诺感相连。承诺感是针对有共同利益或观点、或目的的他人，而且也针对不能照顾自己利益或追求自己目的的人。这就是要寻求他人的善，同时，也有时要忽略自己的善。这就是达成体现亚里士多德'和谐'精神的社会关系。这就是创造共同体意识，这也就是创造公民"。[①]

针对对公共善的道德概念与政治概念相结合的公民教育的批评，如霍尔斯特德和派克指出，这种方式会冒强加特殊公共善概念的危险，不管在社会还是学校，出现促进谁之善的紧张，彼得森认为，不能因为存在道德主张的差异就否认公共善的存在，相反这种差异推动人们探讨公共善与好生活的意味之间的联系，并在认可公民之间的共同的道德纽带的基础上展开对话从而增进对公共善的理解。"通过思考是什么形成好生活，学生能将其公民参与和互动与他们怎样在其政治共同体内思考和行为的道德问题相连。这包括赞同有道德的公民处于政治共同体中，承担源于将公民团结在一起的道德纽带的义务。因此，公民教育实践包括致力于帮助学生反思有益于公共善和好生活的道德基础。"[②] 当然这种面对差异的道德讨论符合桑德尔的道德参与的政治。对于桑德尔，道德参与才能尊重差异，反之才是不尊重不同的道德和宗教观念。"一种对于道德分歧的更加有力的公共参与，能够为相互尊重提供一种更强而非更弱的

[①] Andrew Peterson: The common good and citizenship education in England: a moral enterprise? Journal of Moral Education. 2011, 40 (1), p. 31.

[②] Ibid., p. 32.

基础。"① 在此我们可以看到，彼得森所辩护的强化公共善的公民教育不仅要促进学生学会政治协商，为达成共同体的普遍利益的共识，而且要推进学生进行道德讨论，寻求达成共同体的道德共识，从而为公民义务奠定道德基础。

---

① ［美］迈克尔·桑德尔：《公正》，朱慧玲译，中信出版社2012年版，第306页。

第二章

英国学校公民教育课程

民主、正义、权利、责任、多样性与团结是英国学校公民教育追求的政治价值。这些价值目标体现在组成英国的不同部分，即英格兰、苏格兰、威尔士和北爱尔兰的课程中，不过各有侧重，呈现出多样性。英格兰是不列颠岛上最强大的部分，保守的政治文化主导其政治生活。为了转变其政治文化，英格兰的公民教育旨在培养参与地方、国家和国际等层面的公共生活的积极公民，其侧重点在民主参与，并希望借此将英国的政治文化从有品德的爱国的"好公民"转向民主参与的"积极公民"的文化，这些政治观念构成了其公民课的主题。威尔士紧跟英格兰之后，开设公民课，将其包含在"个人的、社会的教育"框架内，称之为"公民资格和可持续发展及全球公民教育"。其重点在民族认同，强调威尔士文化的独特性。苏格兰位于强邻之侧，一直希望维护自己的独立性，与英格兰平等相处。这种政治情势或许让苏格兰对平等有着强烈的承诺感，其公民教育有着较为明显的平等取向。从20世纪60年代苏格兰学校开设的"现代研究"（Modern Studies）课就明显地体现这种追求。北爱尔兰是个分裂的社会，这种分裂既是宗教的，也是民族的。从宗教上看，是天主教徒和新教徒之间的冲突。从民族上看，天主教徒基本是爱尔兰人，新教徒大都为英格兰人。占少数的北爱尔兰的天主教徒希望尊重他们的民族和宗教认同，实现文化正义和民族和解。北爱尔兰学校开设的法定课程"地方和全球公民"反映了这种要求，一方面强化认同的差异性，另一方面又强调在民主人权基础上的和平共处。总的来说，英格兰重在民主参与，苏格兰旨在平等，威尔士突出认同，北爱尔兰追求和平。此外，英格兰、威尔士和北爱尔兰在大学预科（相当于我国的高中二、三年级）一直普遍开设"政府与政治"课。之所以开设这门课或许与英格兰保守的政治文化相关。大学预科是为了上大学，而大学是培养未来的国家和社会的精英的场所，而这些"精英公民"会将自己奉献给公共事务，因而有必要接受严格的政治训练，从而保证精英统治。这种教育从侧面反映了英格兰等地通过教育促进社会的阶级分化。因而可以说严格的政治教育是给未来的精英准备的圣餐。当然，这门课很大程度上是一门学术性较强的公民教育课程，所以也纳入本章探讨的范围。

一　旨在民主参与的英格兰公民课

英国政府在传统上是敌视公民教育的，因为政府认为在民众中提升政治意识会刺激激进主义和削弱对国家的忠诚。在英格兰公民教育史上，一直存在双轨制，一方面未来的国家精英接受良好的政治训练，这种教育针对大学预科。另一方面在大众层面施以品德教育，让他们成为顺从的臣民。直到2002年公民课成为英格兰国家课程为止，大学预科之前即16岁之前公民教育课程的教学几乎是空白。造成这种局面的原因，德里克·希特认为有政治、社会和教育等方面。政治原因包括英格兰的有限民主（英格兰的政治传统基于有限民主模式和排斥性的"公众"，这种"公众"观拒绝接受"受过教育的公众"这一充分民主的社会的前提，因而英格兰没有在严肃的政治讨论中质问公民资格问题的传统）、缺乏成熟的公民意识、担心学校成为破坏稳定的灌输的场所；社会原因包括英格兰在教育制度中复制阶级分化、存在对政治事务的普遍冷漠，尤其在年轻人中；教育原因包括缺乏对教师的公民教育专业训练、教师对处置公民教育学科内容时害怕被指责为偏见或灌输[1]。

由于缺乏公民教育的教学传统，大多数青少年怀着政治无知与冷漠步入成年社会。1997年，以科瑞克为组长的顾问小组提出的"学校公民

---

[1] Derek Heater: The history of citizenship education in England. The Curriculum Journal. 2001, 12 (1), p.104.

资格教育和民主教学"报告指出，青少年不信任政府和政治家，对政治无兴趣，也缺乏政治知识和公民责任，不投票、疏离政治，破坏公物、有暴力倾向等，18—24岁的人有25%在1992年未投票，到1997年比率上升为32%，是所有年龄组比率最高的。1996年的调查发现，只有21%的年轻人声称"支持"政党，55%的人说他们从不读报纸。[①] 这样的公民显然无法面对民主政治面临的诸多问题与挑战。为了解决青少年自身的问题，为了应对各种挑战与问题，就必须加强公民教育。该报告指出，由于个人与政府、公民团结的传统形式衰落，英国在欧洲的新的政治背景，全球社会、经济和技术变化的迅速迫切需要让所有年轻人为理性参与英国、欧洲乃至全球事务做准备。约翰·波特声称，之所以要求公民课的教学培养参与公共生活的积极公民，是因为政治意识形态、教育政策和社会包容的政策所面临的挑战。其一，恐怖主义。恐怖分子是民主社会的敌人。其二，社会资本的腐败。由于人们的社会疏离，将社区团结起来的信任网络越来越脆弱，社区的归属感已经失去。其三，年轻人的问题。年轻人成了怀疑的对象，被描绘为暴力和犯罪分子，而对民主无兴趣，宁愿街头暴力也不要理性辩论。其四，民主的缺陷。在西方，政治过程备受怀疑，对政治家的信任大幅度下降。在英国，2001年大选投票率较以前下降，许多选区投票人数不及合格选民的一半，且仅有1/4的年轻人投票，更多的人加入不投票群体。[②] 奥德瑞·奥斯勒和休·斯塔克从英国和其他国家以及跨国的教育组织的官方文件，分析出公民教育面临的六个因素的挑战。第一，全球不正义和不平等。针对不正义和不平等的挑战，民族国家几乎都认可1989年的《联合国儿童权利公约》，而该公约要求通过教育促进对人权和基本权利的尊重、对儿童的认同、文化、民族价值观等的尊重，本着理解、和平、宽容、性别平等和友谊的精神，将儿童培养成为负责的公民。第二，全球化和移民。全球化和移民增进了社区的多样性，但给民族国家为促进国家统一性和团结带来

---

① Advisory Group on Citizenship: Education for Citizenship and the Teaching of Democracy in Schools. London: Qualifications and Curriculum Authority. 1998. p. 15.

② John Potter: The challenge of education for active citizenship. Education + Training. 2002, 44 (2), pp. 57-58.

了挑战,因而公民教育被视为针对统一性和多样性的手段。第三,对公民的和政治的参与的关心。因为对公民的和政治的参与水平,尤其是年轻人的参与水平的关心,所以强化公民教育。第四,年轻人的问题。公民教育作为应对年轻人的政治冷漠、暴力或反社会行为的手段发挥作用。第五,冷战的结束。冷战的结束极大地推动民主,也促进东欧、中欧和拉美、非洲的民主教育。第六,反民主和种族主义运动。在许多国家,尤其在欧洲注意到反民主运动和种族主义的议程的出现,因而将公民教育作为增强民主和促进反种族主义的手段。[1]

总之,应对民主的挑战与问题,迫切需要公民教育,培养积极参与的公民,让年轻人具备积极参与社会问题的解决和面对社会的变革的政治素质,能够在公共生活中发挥作用。"科瑞克报告"相信公民教育可以增进学生作为积极的负责公民参与社会;相信有政治素质的公民是影响政府和社区事务的重要力量。[2] 该报告引用大卫·哈格里夫斯教授的话,强调公民教育不仅能培养年青一代的美德,而且可以提升他们的政治素质,以便让他们发挥完善民主的作用,"公民教育涉及成人希望体现在年轻人身上的公民美德和良好行为。但不仅仅如此。从亚里士多德,接受了提出关于我们生活的社会的内在的政治概念,怎样形成现在的政治形式,现在的政治结构的优劣以及如何加以改善……积极公民是政治的,如同他们是道德的;道德的敏感性部分源自政治理解;政治冷漠产生道德冷漠"。[3] 政治上的"积极"意味促进政治的进步,而这种积极性同时会提升个人的道德素养。反之对政治冷漠,不关心公共事务,会败坏个人和社会的道德。因而,政治上的"积极"是基础,公民教育旨在让学生成为一种参与政治变革的积极力量,为繁荣民主文化做贡献。英格兰公民课旨在培养积极公民,其方式是民主参与,其教学重在课堂讨论,其教学评估重在形成性评估。

---

[1] Audrey Osler and Starkey: Education for democratic citizenship: a review of research, policy and practice 1995 – 2005. Research Papers in Education. 2006, 21 (4), pp. 435 – 438.

[2] Advisory Group on Citizenship: Education for Citizenship and the Teaching of Democracy in Schools. London: Qualifications and Curriculum Authority. 1998. p. 9.

[3] Ibid., p. 10.

(一) 积极参与民主的公民

"积极公民"是英格兰公民课教学的目标。"科瑞克报告"奠定了英格兰公民教育的这种方向。该报告指出,"'积极公民'是我们的贯穿全部的目标"。[①] 按"科瑞克报告",积极公民意味着有参与公共生活的意愿和能力,并且不断寻求新的参与方式,"我们目的不仅仅旨在国家和地方层面变革这个国家的政治文化:让人民把自己作为积极的公民,愿意、能够并准备在公共生活中发挥作用,并在言行前有权衡根据的批判能力;在年轻人身上确立社区参与和公共服务的传统,让他们有信心寻找新的参与和行动方式"。[②] 该报告指出,参与公共事务源自古希腊和古罗马共和国的传统,公民参与公共事务和公共讨论,参与制定国家的法律和做决定。随着现代民主的发展,投票权扩大、新闻自由、政府信息公开,为公民参与或"公民民主"提供了条件。做公民就是积极地、批判地参与公共生活,就是维护、改善和增进民主,因而,学校要为参与民主准备公民,"学校公民教育的目的是保证和增进与参与性民主的实践和本质相连的知识、技能和价值观;也增强作为积极公民所必需的权利、义务和责任意识;树立个人、学校和社会参与地方和广大共同体的价值观"。[③] 可以说,积极公民是不同层次公共事务的积极参与者,具备民主所需要的权利、义务和责任意识;有民主的观念与知识,并具备将民主观念与知识化为行动的能力。"公民教育中的积极参与就是鼓励学生在地方、国家和全球的负责行动。"[④] 由此,科瑞克报告构建"有效公民教育"的三个相互联系的部分:社会和道德责任、社区参与、政治素质。[⑤] 在社会和道德责任方面,要引导年轻人学会负责的社会行为和道德行为,树立年

[①] Advisory Group on Citizenship: Education for Citizenship and the Teaching of Democracy in Schools. London: Qualifications and Curriculum Authourity. 1998. p. 25.

[②] Ibid., pp. 7 – 8.

[③] Ibid., p. 40.

[④] Liam Gearon (ed.): Learning to Teach Citizenship in the Secondary School. London and New York: RoutledgeFalmer., 2003, p. 206.

[⑤] James Arthur, Ian Davies and Carole Hahn (ed): The SAGE Hand of Education for Citizenship and Democracy. SAGE Publications. 2008. p. 253.

轻人对法律行为、规则、决策、权威、地方环境和社会责任的适当态度。在社区参与方面，让年轻人学会参与社区生活和关心他们的社区，包括通过社区参与和服务社区的学习。在政治素质方面，掌握与主要的经济和社会问题相关的决策和冲突解决的知识与技能，在公共生活中发挥作用，如参与对就业的期望和准备、公共资源安排和税收原则的讨论。"科瑞克报告"将三者视为一体，强调责任不仅是政治的，也是道德的，"我们对议会制民主的公民教育的理解在于一个身体三个头：社会和道德责任、社区参与和政治素质。'责任'基本上是政治的，也是道德美德，因为它暗示（a）关心他人；（b）预先思考和推测行为对他人可能的影响；（c）理解和关心结果"。[①]

与此相连，科瑞克报告确立了公民课的教学包括三个相互联系的因素：观念、价值观与倾向，参与技能和负责行为的能力，明智公民的知识与理解。观念、价值与倾向包括两方面，一方面要掌握民主与专制，合作与冲突，公平、正义、法治与人权，自由与秩序，个人与社群，权力与权威，权利与责任等重要观念；另一方面价值观与倾向包括关心公共利益、树立人的尊严和平等的信念、对解决冲突的关心、与人合作并对他人有同情的理解、负责行为、宽容的践行、按道德准则做判断和行为、捍卫某一观点的勇气、接受因讨论和根据而改变自己看法和态度的意愿、个人的创议和努力、礼貌和尊重法治、履行正义的决心、对机会平等和性别平等的承诺、对积极公民责任的承诺、对自愿服务的承诺、关心人权、关心环境。这些共享的道德价值成为公民教育的核心[②]。技能

[①] Advisory Group on Citizenship: Education for Citizenship and the Teaching of Democracy in Schools. London: Qualifications and Curriculum Authourity. 1998. p. 13.

[②] 吉登斯（Giddens）列举了当代政治的核心价值，如行为的自主、无责任则无权利、无民主即无权威、世界主义的多元主义、哲学的保守主义。"行为的自主"是后现代背景下的自由，这就要求学校给学生尽可能多的选择，同时也希望学生对自己的行为和学习负责；"无责任则无权利"，权利不是无条件的主张，而是不可分割地与责任紧密相连。如失业救济金包含找工作的义务。民主的文化由围绕相互赞同的权利和责任经讨论、协商和同意建立起来。"无民主即无权威"，民主是实现权威合法性的唯一方式。学校应以民主的方式对待学生。"世界主义的多元主义"，对文化多样性持欢迎和鼓励态度，文化之间相互尊重，给每种文化发展的空间。文化冲突通过民主程序和法律解决。这就要求学校培养学生欢迎文化多样性的习惯。"哲学的保守主义"，因为生活在远离传统和习俗的世界，就倡导对变化的实用主义态度和对科技抱以审慎的方式。这要求学校对科学和变化的方式抱以哲学上审慎的态度。[见 John Potter: The challenge of education for active citizenship. Education + Training. 2002, 44 (2)]

和能力包括以口头和书面进行辩论的能力；合作和与人高效工作的能力；思考和欣赏他人的经验和看法的能力；宽容他人观点的能力；提出问题解决方式的能力；利用现代媒体和技术批判地收集信息的能力；掌握权衡依据的批判的方法和寻找新根据的能力；辨认操纵和劝说的能力；确认、应对和影响社会的、道德的和政治的挑战和困境的能力。在知识和理解方面，该报告要求"必须理解地方和国家的民主的制度、实践和目的，包括议会、地方政务会、政党、压力集团和自愿组织；展示在英国、欧洲的背景中正式的政治活动怎样与公民社会联系，培养对世界事务和全球问题的意识和关心。对经济生活的实际有一定程度的理解，包括税收和公共开支的关系，也是必需的"。具体包括当前地方、国家、欧盟、英联邦和国际层次所关注的问题和事件；民主共同体的本质，包括其职能和变革；个人与地方和自愿的社群之间的相互依赖；多样性、异议和冲突的本质；个人和社群的、法律的和道德的权利与责任；个人和社群面临的社会的、道德的和政治的挑战的本质；英国议会涉及地方、国家和欧洲、英联邦和国际层次的政治的和法律制度，包括其职能和变革；共同体的政治的和自愿的行动的本质；公民作为消费者、雇员、雇主和家庭与社群成员的权利和责任；与个人和社群相关的经济制度；人权的章程和条款；可持续发展和环境问题。[①]

  英格兰公民教育课程体现了"科瑞克报告"的精神，将基本观念作为建构课程的基础。按照"科瑞克报告"的精神，英格兰公民课的学习计划要求公民课应该促进社会与道德的责任、社区参与和政治素质的发展。虽然英格兰公民课的学习计划几经修订，但其培养积极公民的宗旨一直遵循。我们可以从2008年和2013年的公民课学习计划清楚地看到这点。2008年修订的国家课程将培养积极贡献社会的负责公民作为三个主要目标之一，其他两个目标是：取得进步的成功的学习者；过安全健康生活的自信的个体。公民课教学是培养积极贡献社会的负责公民的主要途径。2008年的英格兰公民课学习纲要依然赋予积极公民知识与理解、

---

① Advisory Group on Citizenship: Education for Citizenship and the Teaching of Democracy in Schools. London: Qualifications and Curriculum Authority. 1998. pp. 40 – 44.

探究能力和负责行动的能力三个方面①。

1. 重要的观念

该纲要将"民主与正义""权利与责任""认同与多样性：在英国和谐共处"列为英格兰公民教育重要的概念。该纲要要求第三阶段学生在民主与正义方面，积极参与不同类型的决策和投票以便影响公共生活；权衡不同情境中的公平与不公平，理解到正义是民主社会的基础，探索法律在维持秩序、解决冲突方面的作用；思考不同信仰、背景和传统的人怎样珍视民主、正义、多样性、宽容、尊重和自由等价值；理解和探索公民和议会在控制政府和权力方面的作用。在权利和责任方面，探索不同的权利和义务以及这些权利与义务对个人和社群的影响；理解到个人、组织和政府有责任保证权利的平衡和维护；调查不同权利对抗和冲突的方式，认识到艰难的决策就是平衡这些权利。在"认同和多样性：在英国和谐共处"方面，意识到认同是复杂的，随时间而变化，并通过对做一个英国公民的意味的不同理解而显示出来；探索英国多样的民族、地区、种族和宗教的文化、群体和社群以及它们之间的联系；考虑到英国和欧洲其他部分以及更广大的世界之间的相互联系；探索社群团结和带给社群变化的不同力量。

纲要对第四阶段的学生与对第三阶段的学生的要求基本相同，在"民主与正义"方面，积极参与各种决策和投票以影响公共生活；权衡不同情境中什么是公平和不公平，认识到正义是民主社会的基础，探索法律在维护社会秩序和解决冲突方面的作用；思考在变化的民主社会化里民主、正义、多样性、宽容、尊重和自由怎样被有不同信仰、背景和传统的人所珍视；理解和探索公民和议会在控制政府及其权力方面的作用。在权责方面，探索不同的权利和义务以及这些权利与义务对个人和社群的影响；认识到个人、组织和政府有责任保证权利被平衡、支持和保护；调查权利之间竞争和冲突的方式，认识到艰难的决策必须平衡这些权利。

---

① National Curriculum in England: Citizenship Programmes of study for Key stages 3 or 4 http://www.education.gov.uk/schools/teachingandlearning/curriculum/secondary/b00199157/citizenship/ks3, 2011 - 12 - 16.

在"认同和多样性：在英国和谐共处"方面，意识到认同是复杂的，随时间而变化，并通过对做一个英国公民的意味的不同理解而显示出来；探索英国多民族、地区、种族和宗教的文化、群体和社区以及他们之间的联系；思考英国与欧洲和世界的联系；探索社群团结和变革社群的不同力量。

2. 批判的思考和调查

纲要要求第三阶段的学生在探索时事问题和争议性问题时接触和反思不同思想观念、意见和价值观；通过占有大量信息和资源研究、调查问题；分析和评估所利用的资料，质疑不同的价值观和思想观念与观点，并认识到偏见。为此，纲要要求学生在讨论、正式的辩论和投票中能够向他人解释自己的观点；能表达某一论点、考虑不同的观点和在研究、行动和讨论中利用所学的知识；论证自己的论点，给出让他人再次考虑的理由，改变或支持论点。纲要对第四阶段学生的要求与对第三阶段的学生的要求基本相同，如要求学生在探索时事问题和争议性问题时质疑和反思不同的思想观念、意见、假设、信仰和价值观；运用充足的信息、资源和多种方法研究和调查问题；解释和批判性分析所运用的资料，鉴别不同的价值观、思想观念和观点，认识到偏见；评估不同的观点，探索从地方到全球不同背景下观点和行动之间的关系和联系。

3. 理性和负责的行动

纲要要求第三阶段学生为探索创造性解决某问题以达到预期目的的行动方式；针对公民课某方面的问题而独立或与他人协商、计划和采取行动以影响他人，引起变化或抵制不必要的变化；分析他们的行动对社区和更广大的世界的现在和未来的作用；反思他们所推动的进步；评价他们所获的东西、进展顺利的方面、所面临的困难和所发挥的作用。纲要要求第四阶段的学生能够探索创造性解决问题以达到预期目的的行动方式；针对公民课某方面的问题，独立或与他人合作研究、发起和计划行动方案；协商、做出决定和采取行动以影响他人，引起变化或抵制不必要的变化，同时管理好时间和资源；批判地评估其行动对社区和更大世界现在和未来的作用，并对他人采取进一步行动提出建议；反思他们所推动的进步，评估他们从行动结果所获得的东西、他人的贡献等。

为达成积极公民的培养，2008年公民课学习纲领规定了第三、第四关键期公民课教学的范围，内容主要涉及政治领域，包括权利与责任、政治与法律制度和社会变化，层次涉及地方、国家和国际等方面。第三关键期包括：（1）政治权利、法律权利和人权、公民责任；（2）法律和司法制度的作用，以及这些法律制度与年轻人的关系；（3）议会民主的重要特征和英国各成员国的政府，包括投票和选举；（4）言论自由和观点的多样性、媒体在形成和影响公共舆论方面的作用以及对媒体权力的控制；（5）个人、群体和组织所采取的影响社区和环境的决定的行动；（6）处理地方和国家争议和冲突的策略；（7）地方社区的需要以及如何通过公共服务和志愿部门满足这些需要；（8）如何做出经济决策，包括公共资金的筹措和花费；（9）英国社会的变化的本质，包括分享的思想观念、信仰、文化、认同、传统、观点和价值观；（10）从英国迁出、迁入和在英国迁徙及其理由；（11）英国与欧盟、欧洲、英联邦、联合国和世界的关系。第四关键期包括：（1）从地方到全球层面的政治权利、法律权利和人权和自由；（2）民法和刑法的作用和运作、司法制度；（3）法律的制定和程序，包括议会、政府和法院；（4）公民在民主和选举过程中所采取的影响地方、国家以及国外的决策的行动；（5）英国议会民主和其他政府形式，包括英国外的民主与非民主的运作；（6）英国不同权利和自由（言论，意见、结社和投票等）的发展以及为之的斗争；（7）包括来自媒体、压力和利益集团的信息怎样被用于在公共讨论和政策制定中；（8）个人和集体行动，包括自愿部门工作对社区的影响和作用；（9）可持续发展的政策及其实践以及对环境的作用；（10）与公民相关的经济，包括公共资金的筹集与安排的决定；（11）消费者、雇主与雇员的权利和责任；（12）英国社会多样性的来源及其意味、变化的本质，包括分享或共同的价值观、移民以及整合对认同、群体和社群的作用；（13）英国在世界，包括在欧洲、欧盟、英联邦和联合国的作用；（14）全球社群面临的挑战，包括国际争议和冲突以及关于不平等、可持续发展和世界资源的利用的争论。

2013年，英格兰又颁布《第三、第四关键期公民课学习计划》，于2014年9月实施。该计划虽然没有列举和解释基本的观念，但仍将民主观念和积极公民作为公民教育的核心。该计划指出,"高质量的公民教育提供学生知识、技能和理解,为他们在社会中发挥充分和积极的作用做准备。公民教育尤其应该培养学生对民主、政府以及法律制定与维持的敏锐的意识。教学应该培养学生批判地探索政治和社会问题、权衡根据、辩论和做出理由充分的论证的技能和知识。也应该准备学生作为负责的公民参与社会,学会理财和做出合理的财政决策"。其目标:保证所有学生:获得怎样管理英国及其政治制度、公民怎样参与民主的政府的正确的知识与理解;增进英国的法律和司法制度的作用、法律怎样被制定和强化等方面的知识和理解;增强自愿参与和其他形式的负责活动的兴趣和承诺感;培养批判性思考和讨论政治问题的技能、理财的能力。关于学科的内容,该计划指出,在第三阶段,"教学应该增进学生对民主、政府、公民权利和责任的理解。学生应该运用其知识和理解同时培养研究和质疑根据、辩论和评估观点的技能,提出理由充足的主张和采取理性行为"。应该教给学生有关英国民主政府的政治制度,包括公民、议会和君主的作用;议会的运作,包括投票、选举和政党的作用;英国公民享有的珍贵的自由;规则、法律和司法制度的本质,包括警察的作用和法庭的运作;公共机构和自愿组织在社会中的作用、公民合作改善其社群的方式,包括参与校本活动的机会;金钱的功能和利用、预算的重要性和实行、管理风险。第四阶段是第三阶段的深化,要求学生经历和评估公民共同解决问题和贡献社会的不同方式。计划要求教授学生议会民主和英国宪法的要素,包括政府的权力,公民和议会在控制权力方面的作用,行政、立法和司法部门以及自由出版的不同作用;英国及国外的不同的选举制度、公民参与民主的和选举的过程以影响地方、国家以及国际的行为;英国之外的民主和非民主的政府形式和制度;地方、地区和国际的治理,英国与欧洲、英联邦、联合国和广泛世界的关系;人权和国际法;英国的法律制度、法律的不同来源以及法律怎样帮助社会处理复杂问题;英国多元的民族、地区、宗教和种族的认同以及相互尊重和理解的需要;公民改善其社区的不同方式,包括参与自愿服务以及其他负责的活动;信用与借贷、保险、存款和养老金、金融产品和服务,公共资金怎样筹集和花费。①

这些教育文献在很大程度上描绘出积极公民的形象。积极公民是对民主社会有积极贡献的责任主体。积极公民有政治素质,理解重要政治价值观念和掌握民主政治制度和运作方面的知识以及了解不同层次的问题;积极公民有参与公共事务的能力,既能对公共问题及其相关意见进行反思和调查的能力,也能对公共问题采取负责行动的能力。

(二) 通过民主参与培养积极公民

积极参与的公民意味着负责的公民行动。"科瑞克报告"要求"通过行动学习",也就是通过"做"民主进行公民教育或通过"做"公民学习民主。这种公民教育的重心和目的不是落在知识上,而是置于负责的参与行动上,最终树立学生民主的观念。亦即通过民主参与,增强学生的社会与道德的责任、社区参与的能力和政治素质。这些民主参与包括参与讨论、辩论,参与学校和社区的生活以及参与地方、国家和全球不同层面的公共事务。按"科瑞克报告",这些参与的具体活动包括建立公民资格文件夹、参与学校组织(如参与管理体育活动、学校委员会)、对同学的工作(如辅导)、参与学校或群体活动(迷你奥林匹克、模拟选举)、环保项目、社区活动(如针对老年人的活动)、在地方层面对中央政府优先事项的贡献(如对同伴禁毒教育、社区安全计划做贡献)、国际活动(如模拟联合国、国际学校链接)、规划和建设感官花园(sensory garden)、学校委员会、林地再开发、当前政治事务(如给议会议员写信)、"普利茅斯学校的声音"论坛、担任体育运动裁判。②"科瑞克报告"在很大程度上奠定了英格兰通过参与民主活动学习民主的教学模式。英国教育标准署 2002/2003 年度学科报告肯定课堂

---

① National Curriculum in England: Citizenship programmes of study for key stages 3 and 4. https://www.gov.uk/government/publications/national-curriculum-in-england-citizenship-programmes-of-study/national-curriculum-in-england-citizenship-programmes-of-study-for-key-stages-3-and-4. 2014-9-21.

② James Wood: Defining active citizenship in England secondary schools, Reflecting Education, 2006, Vol. 2, No. 2, p. 31.

讨论以及政治情景中的角色扮演和合作性工作等公民行动。2003/2004 年度学科报告则建议推进以下活动：模拟议会、地方政务委员会的民意调查（送结果给地方政务会）、学生写信给地方政务会、活动日和学校委员会。①

英格兰的官方文件要求提供学生参与讨论、辩论等机会，培养学生调查和交流的技能和参与与负责行动的技能。如 1999 年公民课学习纲要要求在培养调查和交流技能方面，教授学生思考政治、精神、道德、社会和文化等方面的热点问题，在口头和书面论证自己对这些问题的看法，在小组和班级讨论中发挥作用，参与其中的辩论；在培养参与和负责行动的技能方面，教授学生运用其想象思考他人的经验，并思考、解释和表达他人的观点，能负责地参加学校和社区的活动，在其中能负责地协商、决策，并反思参与过程②。2008 年的第三、四关键期法定的公民课学习纲要要求鼓励学生参与讨论与辩论，培养学生的批判性思考能力，"公民教育是让年轻人具备技能和理解，以便在公共生活中发挥有效作用。公民课教学须激发他们参与时事问题和争议性问题的兴趣，并积极参与讨论和辩论。学生学习涉及他们的权利、责任、义务和自由，以及涉及法律、争议和民主。他们学习参与决策和各种行动。他们作为积极公民在学校、邻里、社区和广大世界发挥建设性作用"。公民课须支持学生尊重不同国家、宗教和种族的认同；表达与社会正义、人权、社群团结和全球依赖等相关问题，鼓励学生面对不正义、不平等和歧视，帮助学生发展批判性技能，思考广泛的政治、社会、道德问题，探索与他们不同的意见和思想观念。公民课让学生具备民主参与所应有的知识、技能和

---

① 在詹姆斯·伍德看来，"科瑞克报告"和英国教育标准署学科报告对积极公民的界定有矛盾，前者强调真实的经历，后者包括情境活动，二者所列的政治活动也有差异。不过都肯定了积极公民行动是政治上有益的活动，而非一般地做好事，如慈善活动和辅导学生。他在总结这些文件的基础上认为培养积极公民学校：（1）需要强化公民课的知识、技能和理解；（2）在课堂上推进积极学习；（3）提供学生参与学校政治活动的机会；（4）需要鼓励学生在服务社区方面发挥有益作用 [James Wood: Defining active citizenship in England secondary schools, Reflecting Education, 2006, 2（2）, pp. 32 – 34]

② Department for Education and Employment: The programmes of study for citizenship. 1999.

理解，让学生成为有教养、能合作的、具有批判性的积极公民。① 该学习纲要建议在第三、第四关键期提供如下学习机会：

（1）有关时事和争议性问题的讨论，包括小组和全班讨论。

（2）运用公民技能的同时，增进公民方面的知识与理解的发展。

（3）独立工作和小组工作，承担不同的角色和责任。

（4）参与校本和基于社区的公民活动。

（5）参与不同形式的个人和集体活动，包括决策和倡议（campaiging）行动。

（6）尽可能与各种社区伙伴合作。

（7）从法律、道德、经济、环境、历史和社会方面思考不同的政治问题。

（8）从学校、当地、地区、国家、欧洲、全球等层面思考不同论题的背景。

（9）利用和解释作为交流思想手段的不同的媒体和信息与通信技术（ICT）。

（10）将公民课与其他科目和课程领域联系起来。②

纲要对"倡议行动"做了解释，纲要指出，倡议行动是基于社区的公民行动的重要例子，学生可以从中学习民主程序和了解掌权的人，学会以安全、负责与合法的方式积极参与公共生活。"社区伙伴和组织"包括地方和全国性的志愿组织以及公共的和私人的团体，包括警察、法官和法院、地方利益集团与雇主、地方政务委员、英国议会议员、记者和活动分子等。

---

① National Curriculum in England: Citizenship Programmes of study for Key stages 3 or 4 http://www.education.gov.uk/schools/teachingandlearning/curriculum/secondary/b00199157/citizenship/ks 3, 2011-12-6.

② http://www.education.gov.uk/schools/teachingandlearning/curriculum/secondary/b00199157/citizenship/ks3, 2011-12-6.

（三）通过参与课堂讨论培养积极公民

从以上英格兰的官方文件可以看出，公民课教学需要提供广泛参与的机会，但课堂教学的参与显然是基本方面。参与课堂公共讨论是培养积极公民的重要方式。因为讨论就是政治，参与讨论就是参与政治活动。在科瑞克看来，政治就是在一定的政治单元内协调不同利益从而保证整个社会的福祉和生存的活动。[①] 这一协调过程即讨论的过程。在讨论过程中，只有考虑反对和相反的情况或反对意见和相反情况为相信它们的人所坚持，讨论才是真正的和富有成果的。[②] 那么，积极公民参与政治，说到底就是参与政治讨论，进行政治辩论。而政治教育就应该用讨论的方法教授，即科瑞克所说的"有趣的方法"。因此，科瑞克反对非理性的、无根据的灌输。许多政府官员、家长反对学校教政治，是因为他们相信政治不可能没有偏见地教授，存在灌输的危险。在科瑞克看来，人们担心教政治会灌输是多余的，因为宗教和政治领域是多元的领域，这"使教师的任务变得容易——一旦他看到任务不是避免任何看法的讨论，而是解释和理解所存在的信念之间的差异"。[③] 因文化和政治的多元，争议必然存在，争议性问题的讨论也必然出现。为了消除家长和公众对公民课教学的偏见和灌输的担心，1998年"科瑞克报告"指出公民课会涉及争议性问题的教学，但这种教学在历史、地理、英语和"个人的社会的和健康的教育"等课程一样存在，但可以训练教师以平衡、公平和客观的方式进行教学。[④]

课堂讨论自然需要议题和争议性问题。伊恩·戴维斯提供了一系列公民课讨论的范例，这些范例包括利用新闻故事、政治卡通人物、报纸上的图片、争议性的政治人物激发学生讨论、反思，也可以让学生进行民意调查和新闻分析，借此开展讨论。如以"最近几天会发生什么"来

[①] Bernard Crick: In Defence of Politics. Harmondsworth: Penguin Bokks Ltd. 1964. pp. 16 – 17.
[②] Ibid., p. 28.
[③] Bernard Crick, *Essays on Political Education*, The Falmer Press. 1977. p. 49.
[④] Advisory Group on Citizenship: Education for Citizenship and the Teaching of Democracy in Schools. London: Qualifications and Curriculum Authority. 1998. p. 8.

刺激学生对当前新闻事件的兴趣并对此发表重要观点。教师可以选取最近应对危机的报道，简要地描述该事件的背景，然后向全班提供三种可能的结果。其中两个是相当简单和直接的，另一个可能是较为完整和更加微妙的回答。如一位政治家因为疏忽或滥用职权被指控，可提供三种选择：(1) 将被解雇；(2) 将继续履职；(3) 其他，并解释选择。记录最终的结果，且尽可能告诉全班实际发生了什么。在这一过程中，戴维斯建议，当学生做决策时可以创设活跃的气氛，不过要适当地对待事件，不能危及个人和公众。如果有学生抱怨因为不会考虑他们的意见而不参与，就要提醒学生公众意见很重要，我们都在其中发挥作用，哪怕作用很小。戴维斯指出，这种做选择活动可以引发对基于代表而非参与的民主制度的本质的讨论。又如"选举"。学生可以调查过去某一特别的选举形式，或预测选举的进程。如调查美国 2000 年选举：(1) 普选的份额；(2) 佛罗里达州的关键作用（当时的州长杰布·布什是胜选者乔治·布什的弟弟）；(3) 讨论由电脑读取的选票；(4) 邀请谁做出胜选决定。思考怎样建立政府，教师可以向学生提供结果，但要求学生设想下一步的政策。还如"煽情的警句"。让学生探索所熟知的政治家的话语。他们可以阅读以下句子，然后要求他们选取最喜欢的，并解释吸引人的理由或解释某些话无效：(1) 不要问国家能为你做什么，而要问你能为国家做什么（约翰·肯尼迪）；(2) 不仅强硬应对犯罪，强硬对待犯罪的原因（托尼·布莱尔）；(3) 哪里有混乱，我们就带去和谐；(4) 哪里有错误，我们就带去真理；(5) 哪里有怀疑，我们就带去信任；(6) 哪里有沮丧，我们就带去希望（撒切尔夫人）；(7) 在人类的战争史上，从未以如此小的兵力获得对如此多的人如此大的成功（威灵顿·丘吉尔）；(8) 我虽有一个纤弱女子的身体，但却有一个国王的心和胃口（伊丽莎白一世）。学生可能有兴趣看到一个词语会重复三次，如丘吉尔的"如此"，布莱尔也说"教育，教育，教育"，也有对照，如撒切尔夫人的话。再如"公民的德性"，让学生面对困难案例做出抉择，弄清学生对个人权利的认识以及怎样抉择。如苏和哈里特是连体双胞胎姐妹，若不分离，两人都会死。苏更虚弱，依赖姐姐身体供血。如果将两人分离，苏必死无疑，但姐姐有机会存活。其父母笃信宗教，觉得面对可怕的难题而听任自然。案子诉诸法庭。法官判决分离。苏死哈里特活。这个悲剧涉及人的生命被尊重，也涉及权责和公民资格的意味。戴维斯要求面对道德难题改善学生对公民资格的理解，"我并不是说不应该有对正确答案的考试，而是需要提升理解"。①

当代的争议性问题，如社会正义问题、环境变化和战争与和平等都会引起儿童和青少年的兴趣。因而争议性问题也就成为公民课教学讨论的部分，不过，讨论争议性问题，对教师是极大的挑战。戴维斯提醒教师面对争议时必须意识到能够和应该做什么。教师要注意：（1）确定争议性意味什么。（2）什么时候争议成为问题。（3）地方性的因素是重要的。如关于核废料处置的讨论在英国的某个地方是"有趣的"，在另外的地方则是令人烦恼的，且具有爆炸性。（4）运用什么教学方法？学生习惯于讨论问题？他们的年龄足够大和成熟到能应对特殊的争议吗？有帮助学生理解重要问题的事实性材料吗？教师中立吗？教师应该充当魔鬼代言人吗？戴维斯认为，争议性问题源自社会的分裂，常常与道德相关，而且问题的争议性或多或少依赖情境，包括地方因素和学习者的天性，因而教师将适当理解争议本质，关注地方因素。② 杰里米·哈沃德（Jeremy Haywrd）向教师提供组织争议性问题讨论的三个主要策略：（1）中立的主持人。这意味教师作为促进者，不表达自己的观点，教师的干预是过程性的（如安排发言）和教育性的（如澄清意思），也可以提供促进性的材料。这种方法避免灌输，防止学生依赖教师，鼓励学生提出自己的意见。③ 虽然这种方法会促进民主、开放、对理性承诺等价值，但也存在问题，如不可能完全陈述主要观点，而且教师在使用中立方法时会无意识表现出意见，如身体语言和面部表情、不公平地判断辩论的质量、准备不全面的辅助材料等。（2）平衡方法。教师提供对某问题的全部观点，但在提供材料时可能出现问题，如对不同党派的观点错误陈述、

---

① Ian Davis：100 + Ideas for Teaching Citizenship. Continuum International Publishing Group. 2011. pp. 136，140，143，151.

② Ibid.，pp. 152 - 153.

③ Liam Gearon (ed.)：A Practical Guide to Teaching Citizenship in the Secondary School. Routledge. 2007. p. 16.

利用不平衡的资料、利用贬义或褒义的语言,如恐怖主义者或自由斗士。(3)受限制的参与者。教师可以在参与学生讨论过程中提出自己的观点和意见,但必须受到限制,因为有灌输的嫌疑,而且教师的权威会限制学生思考其他观点。海沃德给出了对教师观点表达的限制:仅在学生挑战教师的意见并提出了他们自己的观点时教师陈述意见;教师保证乐意自己的意见被挑战而且不过度捍卫;学生有适当的智力和心理状态,感到能质疑教师的意见;保证全面平衡;教师表示乐于提出意见。[1] 阿利斯泰尔·罗斯也沿着科瑞克政治讨论的路线,认为如果让儿童参与涉及政治的学习过程,必须从儿童感兴趣的争议性问题开始。他设想了以政治概念为基础的争议性问题讨论方式,借此促进学生对政治的理解。其实践模式分六个阶段:第一阶段,从来自儿童经验的问题开始。第二阶段,教师围绕法治、代表、民主、政治权利、分权等政治概念的问题描述事件和过程。第三阶段,进行讨论。教师是讨论的促进者,允许异议、提出观点,同时保护少数人,鼓励保留意见和提出其他主张,但教师不是立场的中立者,旨在让课堂成为进行政治辩论的场所,如倾听他人、提出根据和论点、允许有不同意见、指出和阐述异同,也包括拿出挑战孩子观点的案例。第四阶段,鼓励寻找替代的观点和事实的信息。包括查阅资料,拜访他人,进行调查、与父母和其他成人交谈或访问特别的地方,同时教师要审查概念体系。第五阶段,再进行讨论。这一阶段加入学生研究获得的新知识,鼓励反思、比较和替代,以实现普遍化,如孩子通过比较相似点,开始作出预测和制定规则,然后形成概念。第六阶段,教师提供有关政治过程、程序和形式的结构性信息,启发和补充课堂理解。在他看来,这一工作具有挑战性,需要教师掌握政治概念、相关问题的知识,平衡好经验、问题、概念、结构和过程。[2]

---

[1] Liam Gearon (ed.): A Practical Guide to Teaching Citizenship in the Secondary School. Routledge. 2007. pp. 17-18.

[2] Hilary Claire and Cathie Holden (ed.): The Challenge of Teaching Controversial Issue, Trentham Books, 2007, pp. 124-128.

(四) 积极公民学习的评估

评估是教学的基本环节。英格兰公民课的评估在第三关键期是法定要求，要求教师在此阶段结束时做出评判，第四关键期则没有法定要求，一些学校利用"公民课学习"（Citizenship Studies）的普通中等教育证书 GCSE（General Certificate of Education）作为形成性评估和认证学生的学习水平。我们看到，英格兰公民教育旨在强调个人的重要性及其对社会的贡献，让学生成为民主社会的明智的、参与的积极公民，其核心是让学生形成与重要概念相连的价值观、意向和道德标准，最终能够负责地行动。这也就是让年轻人具备所必需的知识、技能和理解以便在社会中发挥实际的作用。这一目标必然要求教师采取形成性评估，不仅要评估学生公民方面的知识，而且要评估其公民技能和价值观，亦即评估学生作为公民知道什么、理解什么、能够做什么。

形成性评估是学习取向的而非成绩取向的，保证评估是学习的部分。这就要求教师找到并熟练地运用适当的评估方法，准确评估学生的公民行为能力。这些评估包括笔试、档案（如自愿服务档案）、实践考试、口头考试、作业、教师观察、自我评估和同伴评估等。公民课的教师则需要利用各种学习活动捕捉评估信息。马尔库斯·巴拉格瓦建议教师利用思维导图活动、讨论、角色扮演、对公民问题的研究、小组行动、基于信息技术的活动、写作活动等收集评估依据。[1] 巴拉格瓦也举例说明如何通过活动评估公民课学习的例子。如一位教师通过活动评估学生对权利冲突的理解：

学习目标：理解维护一个群体的权利可能会影响其他群体的权利。

成功标准：

· 在案例研究中准确地认识到并解释受影响的三项权利；

---

[1] Liam Gearon (ed.): Learning to teach citizenship in the secondary school: a companion to school experience, Routledge, 2015, pp. 126 – 127.

·解释维护一套权利会怎样影响其他人的权利；
·说明可能冲突的权利类型。

学习活动：

·导入：被否决的权利与图片配对，然后进行有关维护这些权利对其他人的影响的课堂讨论。

·个人：根据《联合国人权宣言》确认案例研究中被否决的权利并给出解释。

·小组：讨论案例研究中的维护这些权利对其他人产生怎样的影响之后，计划一出戏剧来表现这一点，包括平衡这些权利的困难。

·全班：观看戏剧，确认冲突中的权利。

·会议报告：经过讨论后说明权利冲突的类型。

·作业：有关探究案例研究的图片拼贴，以展示冲突的权利。[1]

当然，形成性评估是为了增进学生的学习进步，这就需要教师观察、记录学生的进步。玛丽·理查森提供了立足学生，围绕问题同时记录学生进步的评价方式：学生→评估什么？（依据的类型）→怎样评估？（教师、同学、自我和他人）→怎样认可成绩？（等级或分数，资格证明）→怎样赞扬成绩？（证书、奖励，授奖）→下一步做什么？（进一步学习，新主题、与就业相关、自愿服务）[2]。

通过活动评估学生的进步，需要不断地记录每项活动，包括活动的进程、活动的参与、针对不同的学生、反馈等方面。这无疑给教师带来巨大的挑战。伊恩·戴维斯承认评估公民教育是最具有挑战性的任务之一。因为一些方面不能评估，而且不知道重在知识、技能还是态度，也不知道怎样混合这三个方面。他指出不是评估公民，而是评估学生公民方面的能力；当学生表现其进步时，需要弄清楚所需的知识、理解、技能和意向的综合表现。他强调为学习而评估而不仅仅是学习的评价，因

---

[1] Liam Gearon (ed.): Learning to teach citizenship in the secondary school: a companion to school experience, Routledge, 2015, pp. 130–131.

[2] Liam Gearon (ed.): A Practical Guide to Teaching Citizenship in the Secondary School. Routledge. 2007. p. 84.

而评估贯穿所有时间,而且评估是良好教学的部分。① 他认为"公民教育不能简化为一系列简单的考试,对此我们必须谨慎。相反,可能有用的是我们自己和学生应该清楚什么被视为良好实践的初步特征"。他提供了三种参照:规范参照(依靠学生相互判断)、标准参照(学生达到的成绩)和自比(对照学生自己的表现)。这三种来测评学生的反应水平。测评学生的解释能力包括:学生为一连串的事件所困惑;学生按照对错解释事情;学生做出审慎的努力思考一定范围的因素和相互关联的方式。如李·杰罗姆谈到学生对认同和多样性的反应,体现不同水平:不理解社会多样性,仅仅理解个体差异性;将他人视为外来者,而脱离当代文化;混淆特殊群体,但没有明显的敌视;开始理解与群体、背景和看世界的方式相连的差异;开始理解群体思想影响所属群体的人,反过来人们又解释和形成群体思想,开始有原则地调和差异。②

或许是公民课教学评估的困难导致了整个公民课教学的困难。虽然英格兰教育当局和教育专家给公民课教师提供了各种评价工具,但公民课在英格兰学校教育评价中并未受到好评。2005 年,皇家学督(Her Majesty' Chief Inspector)、教育标准署署长贝尔发布报告指出,公民教育是中学教得最差的课程。教育标准署的报告也指出,1/4 的学校这门课的教授是不满意的,学生的成绩和教学质量与其他课程相形见绌,许多学校难以遵从对学生进步评估的要求。这些对学校公民课教学的评价说明公民课的教师评估学生进步方面与教育当局的要求相差甚远。英格兰教育标准署要求学生到第三阶段(学生 14 岁)结束是通过文件夹评估公民课,鼓励采取写作方式以让学生深化对公民课主题的理解。对此,派克认为这并不是深化主题的最适当的方式,而且这种方式将公民课视为学术性学科。他指出,这种方式完全不能缓解评估与公民课之间的内在矛盾。在他看来,文件夹提供反思积极公民和学习者发展的根据,但文件夹更适于记录学生一定时期社区参与而非考试。如果学生在孤立的教室

---

① Ian Davies: 100 + Ideas for Teaching Citizenship. Continuum International Publishing Group. 2011. p. 164.

② Ibid., pp. 166 – 168.

撰写有关他们参与的文章,且与他们描述的社区分离,这种考试就显得与社区参与不协调。另外,记录社区参与项目的文件夹不可能被视为学校独有的工作而与校外发生的事情分离。因而只依赖传统的学习评价方式,如写作,很可能无法促进包容的努力,因而不能反映学生作为公民积极性和参与的特性。他希望公民课的评价民主化,让学生参与文件夹的评价工作,这样可以帮助学生学会公民怎样合作,而非将重点放在竞争性的考试成绩上。他认为这种教学评价在第三阶段的运用而非 GCSE 在公民课的运用更能协调公民课的教学与评价,年轻人能从评价过程中认识到民主欢迎差异性,没有必要坚持统一性。[①]

公民课的评价不仅给教师带来了挑战,而且也影响师生对公民课的态度。玛丽·理查森调查了 400 所英格兰中学的公民课教师和学生发现[②],在对待公民课的态度方面,总体上看学生似乎喜欢公民课,他们认为在学校和社区学习多样性、权利和自愿服务等内容是有价值的。不过各年级对有价值的内容有所偏重,11 年级的学生强调政治知识和生活技能方面,而 9、10 年级的学生认为学习权利和法律知识更为重要。但一些学生说,公民课并不重要,就像催眠,因为安排在"辅导时间"。公民课教师也对公民课抱以消极的态度,而且越年轻的教师对公民课越消极,他们抱怨同事贬低公民课,学校领导也不支持公民课,因而公民课教师不可能改善这门课的教学或提升在学校整个课程中的地位。他们认为教公民课是屈尊,甚至认为公民课不是一门学科,因为缺乏正式的认可。这种态度不仅损害了教师道德,而且让学生对公民课抱以消极态度,甚至让学生认为这门课少有价值,与其他课相比处于劣势。在公民课的评估方面,教师似乎对总结性评价感兴趣,在第四阶段结束要参加 GCSE 考试的学校,教师认为这有助于让学生严肃对待这门课,这种总结性的考试有助于维护公民课的地位。遗憾的是在大多数学校不提供这种考试。教师虽然有将官方提供的学习评价方法运用到公民课教学中的热情,但

---

① Mark A. Pike: The state and citizenship education in England: a curriculum for subjects or citizen? Curriculum Studies, 2007, 39 (4), p.479.

② Mary Richardson: Assessing the assessment of citizenship. Research Papers in Education. 2010, 25 (4), pp.457–478.

运用却面临困难。教师将教学评价视为公民课教学的最困难部分之一，如有教师说，第三阶段所进行的教学评价是一场噩梦，难以评估学生的技能和知识。实际上，学校所利用的评价方法十分有限，常常利用等级评价，因为易于准备和管理，而且一些教师对形成性评价没有信心，因为他们认为学生对此持消极态度。

或许是教学评估的困难，学校教师更乐于采取传统的方式进行教学。科尔（Kerr）的英格兰公民教育的纵向研究发现，在课堂教学中，教师主导（teacher-led）公民资格相关主题的方式比积极参与的方式更为盛行，在许多英格兰学校教学以依赖教材的传统方式教授。而且玛丽·理查森的研究也发现，许多学校参加 GCSE 以完成公民学习的评定。这种考试似乎有明显的知识取向。如 GCSE 水平和高级水平（Advanced Level）两个考试委员会公民课的考试所涉及的主题包括：公民资格的本质；冲突解决；社区；文化和种族；商业和经济；人权、犯罪、司法和法；自愿部门；议会和民主；社会中的媒体；政府和公共服务；联合国和英联邦；欧洲；可持续发展的教育；积极公民资格。[1] 对于参与这种考试，梅特尔斯（Maitles）认为过分关注考试对公民教育有消极影响，因为为达到像数学、语言、科学一样高等级的 GCSE，学生会养成死记硬背的学习习惯，导致学校采取非民主的教学方式。[2]在此，我们可以看到，英格兰公民课的评估将公民课推到了争论的浪尖。公民课是价值观取向还是知识取向或者二者兼之，依然是个问题。

二　平等取向的苏格兰公民教育

苏格兰不是独立国家，没有自己的中央政府，目前只有因为权力下放的苏格兰议会，但苏格兰一直维护自己的独立性，借助公共机构，尤其是通过教育机构维护公共精神，发挥团结社会和防止社会原子化的作

---

[1] Liam Gearon (ed.): A Practical Guide to Teaching Citizenship in the Secondary School. Routledge. 2007. p. 24.

[2] Ross Deuchar: Citizenship, enterprise and learning: harmonising competing educational agendas. Trenham Books. 2007. p. 106.

用。苏格兰爱丁堡大学,教育政策学教授林赛·帕特森指出,虽然苏格兰没有中央政府,但并不影响苏格兰塑造公共意识,因为苏格兰的公共机构,如学校、教会在这方面发挥了作用。"苏格兰作为社会的真正存在似乎依赖通过诸如学校、大学、社区中心、青年俱乐部、医院、教堂、选举出来的地方政府和游说中央政府的组织等公共机构来完成锻造和维持社会纽带的任务。"[1] 如教会兴办学校,慈善组织帮助穷人。苏格兰将学校作为制造公共性的核心机构,通过学校教育将苏格兰追求的价值传递给下一代,从而促进苏格兰的民族认同。所以,教育常常被视为其民族认同的三个独特标志之一。"苏格兰的教育、长老会宗教和法律体系与英国的其他部分有重大的差异,被认作是许多世纪逐步形成的文化价值的极为强烈的体现。"[2] 苏格兰历史所形成的文化价值即是对民主与平等的追求,如苏格兰新教改革家约翰·诺克斯所承诺的给寒门子弟上升的教育机会。通过教育塑造对平等价值的民族认同称为"苏格兰神话"。"大多数历史学家赞同教育在树立苏格兰的认同方面发挥了关键作用。大都认为在苏格兰已经存在,且将存在关于教育目标的'苏格兰神话'。"[3] 这种神话是通向平等的民主、"机会均等"的神话。而追求民主与平等的教育目标正是公民教育的核心,公民教育就是教授民主,追求平等。

(一) 平民化方向的学校制度

或许因为与南方强大的英格兰为邻,苏格兰自然有不断地唤起独立性的要求。面对英格兰的持续而巨大文化影响,保持自己的特性似乎是苏格兰的文化使命。苏格兰的特性是什么?其实就是一种抵制,一种弱者对强者的反应。虽然不可能不受英格兰文化的影响,但寻求独立性的

---

[1] Stephen Baron (etal. ed): Social Capital: Critical Perspectives. Oxford University Press. 2000. p. 52.

[2] Colin Brock (ed): Education in the United Kingdom. An Imprint of Bloomsbury Publishing Plc. 2015. p. 133.

[3] Pamela Munn and Margaret Arnott: Citizenship in Scottish Schools: the evolution of education for citizenship from the late twentieth century to the present. History of Education. 2009, 38 (3), p. 438.

努力并未停止。雷蒙·威廉斯指出，苏格兰文化，在传统上存在两个相互联系的趋势，第一，严重依赖制度，尤其是法律制度、教会和教育作为文化形成的来源，这被视为民族的习俗、价值观和信仰的重要而独特的体现。第二苏格兰的文化（包括其制度）持续处于英格兰的威胁下，英格兰借助其政治和经济的支配性，往往将其影响渗透在苏格兰生活的所有方面。① 也就是说，苏格兰要通过包括教育在内的各种制度应对英格兰的持续威胁，维护自己的独立性。当然，苏格兰的独立性在更大程度上是为了维护自己的文化认同。黛博拉·威尔基说："苏格兰一直有自己强烈的认同感。历史显示苏格兰人从未为开创新思想和文化而烦恼，生活在苏格兰的人民非常愿意拥抱和称颂多样性。"② 雷蒙·威廉斯也指出，苏格兰有其共享的东西：说话直率和行为恭顺、侵犯性的男子气和多愁善感、对大多数英格兰的东西既羡慕又蔑视、道德正义和末世论的内疚、民主神话和权力腐败的矛盾。③ 对于苏格兰人来说，认同的危机唤醒独立性的维护。1981 年，苏格兰历史学家杰弗里·巴罗在爱丁堡大学演讲"苏格兰的灭亡"，他为苏格兰作为小而独特的欧洲国家允许强大的邻居英格兰统治而灭亡感到悲哀。巴罗指出，从 1603 年联盟开始，苏格兰受过教育的阶层彻底英格兰化，他们将对苏格兰的关心完全视为眼光狭窄。巴罗由此得出结论，苏格兰独立的国家意识已经不复存在，苏格兰很大程度上存在于普通人无意识的习惯中，"苏格兰的认同在很大程度上被认为是地理的，其文化和政治差异被当作不列颠的多样性，而不列颠的动力基本上是英格兰人。一般认为，苏格兰在独立的国家意识上在三个世纪前就消失了，而且最明智的苏格兰人也不会强烈渴望复兴它"。④ 巴罗的演讲激发了苏格兰人对苏格兰意识的维护。而民族认同的维护在于继

---

① WalterM. Humes and Hamish M. Paterson（ed）：Scottish Culture and Scottish Education：1800–1980. John Donald Publishers Ltd. 1983. p. 115.

② Citizenship Education：A Dialogical Perspective. Valies Education Council of the United Kingdom. 2001. p. 15.

③ WalterM. Humes and Hamish M. Paterson（ed）：Scottish Culture and Scottish Education：1800–1980. John Donald Publishers Ltd. 1983. p. 133.

④ Bernard Crick（ed.）：National Identities：The Constitution of the United Kingdom. Blackwell Publishers. 1991. p. 38.

承传统。林赛·帕特森呼吁苏格兰教育需要传统。"在教育上的努力不涉及知识的传统、思维方式和实践方式的传统,就根本不是真正的教育。如休谟所言,语言运用本身就预设与文化传统的关联,而且运用理性语言因而预设与理性传统的关联。苏格兰在其历史的当今时刻似乎需要传统以维护其认同,再次用休谟的话,对我们'最亲密的人'的情感依恋。"[1] 林赛·帕特森指出,苏格兰教育传统有四个因素,即传统上通过宗教保持的美德,但理性的宗教更多地促进启蒙时期的公民美德;美德通过理智的训练达到,而非像英格兰、德国和法国的精英学校和大学,通过直接的品德训练;这一切基于择优原则;相信传统适应新环境。[2]

独立性的追求必然强化平等的要求。独立性与平等似乎是一对孪生姐妹,因为没有平等的条件不可能有独立性,包括群体和个人的;没有独立性,也无以谈平等。要平等就必然要求发展独立性。对强邻要求平等,就必然要求发展、维护自己的独立性。而发展平等就必然在内部促进平等。只有内部平等的成员才能保证一个团体创造、发展和维护其独立性。我们可以看到,社会正义是苏格兰生活的基本部分。苏格兰两大政党即苏格兰民族党和工党的基本信念就是对社会正义的承诺。1999年,苏格兰工党领导人唐纳德·杜瓦说:"我们立足于对社会正义的承诺,这一承诺是苏格兰政治和公民生活的核心。"[3] 社会正义的核心是平等,平等也成为苏格兰的文化性格。

这一平等的追求在学校制度上体现为平民化的方向,即努力给所有儿童平等的教育机会。这一理念可以追溯到《第一教规书》对教育的关注。1560年,新教改革家约翰·诺克斯[4]在《教规书》中为苏格兰教育表达了应该追求的愿景,即每个教区设立一所学校,向所有儿童开放,

---

[1] Lindsay Paterson: Does Scottish education need traditions? Discourse: Studies in the Cultural Politics of Education. 2009, 30 (3), p. 279.

[2] Ibid., p. 274.

[3] Gill Scott, Sharon Wright: Devolution, social democratic vision and policy reality in Scotland. Critical Social policy. 2012, 32 (3). p. 442.

[4] 诺克斯是苏格兰长老会教会的创始人,他被信徒视为促进人类自由的人,因为他教导人们要有反抗不正义的政府以便引起道德和精神的变化的义务。

要求为所有有能力的儿童升入大学提供"机会阶梯"。这就给出身卑微的孩童提供了上升的空间。这种"民主和社会平等"的承诺在苏格兰历史上作为理想的象征性宣言发挥作用①。苏格兰教育沿着这条道路发展。1872年，苏格兰教育法规定保障所有儿童至少接受初等教育。1947年，学生毕业的年龄逐步由14岁延至15岁，1972年到16岁。在中等教育中，综合学校也发挥制造苏格兰神话的作用。1965年，苏格兰中学实施综合教育，即12—18岁六年一贯制固定学校，其宗旨在于将智力和社会性方面相结合，反映生源地区的需要，学生按年龄分流。其结果，苏格兰中等教育比英国其他地区更为统一。1965年，苏格兰有1/5的学校已经是综合学校，而英格兰只有4%的公立学校是综合学校。1999年，苏格兰议会建立，该议会重申其支持由地方政府控制的综合学校和共同课程的开设。2000年的《教育法令》提出教育的"国家优先"计划，涉及成绩和成果、学习框架、包容和平等、价值观与公民资格、终身学习，强调综合学校的重要性和利用学校教育作为追求社会正义的手段，续写了"苏格兰神话"。高等教育也如此。在英格兰只有两所大学的时候，苏格兰就有四所大学。哲学家乔治·戴维在其苏格兰大学后期演进的研究中，运用"民主的智慧"一词描绘高等教育的广泛的目标，与他认为狭隘的和更为功利的南方的英格兰的方式相对照。② 通过公共教育机构培育公共性的思想被苏格兰人带到了美国，并在美国开花结果。林赛·帕特森指出，19世纪美国的哲学来自苏格兰，苏格兰的医生、律师、教师、教会教长和其他专业人士大量迁居美国，将公共意识的思想带到美国。美国几所大学的领袖就是苏格兰人，如普林斯顿大学1768—1794年的校长约翰·威瑟斯普、奥伯林学院的创始人弗朗西斯·韦兰。威瑟斯普赞成基督教徒的公民参与，要求在公共事务上表现个人美德。韦兰强化人与人之间相互间平等的义务，要求相互帮助。他坚持公共空间优于国家，国家从中取得权威，"政府从社会取得权威，它是社会机构，……社会从个

---

① Colin Brock (ed): Education in the United Kingdom. Bloomsbury Publishing. 2015. p. 133.
② Ibid..

人间形成的契约取得权威"。韦兰影响了许多美国思想家,如阿瑟·马汉、爱默生。帕特森认为,苏格兰人的这种公共意识的思想就是托克维尔所称的19世纪美国的民主特征。[①]

(二) 平等的教育诉求

我们看到,苏格兰对社会正义的承诺,在学校制度上表达了对平等追求,也就预设了苏格兰公民教育塑造学生平等意识及其促进平等的能力的宗旨。随着英格兰将公民资格作为国家课程的重要主题之一,苏格兰也开始以自己的方式实施公民教育。如格特·毕斯塔指出,苏格兰公民教育的路线和方式是独特的,特别是苏格兰并未将公民教育作为单独的科目。[②] 2000年,苏格兰教育法案实施教育的"国家优先"战略,宣布了苏格兰学校的五个"国家优先",其中四个关注价值观和公民资格。1999年,苏格兰行政院和苏格兰课程咨询委员会成立专注于公民教育的工作组。次年,该小组出版了讨论和咨询报告,2002年出版更为详细的讨论和发展报告。该报告作为3—18岁公民教育的国家课程框架的基础,建议学校采纳并以适合地方的需要和环境的方式加以运用。2004年,苏格兰行政院出版《卓越课程》,将负责公民的能力作为3—18岁课程的目标之一。从苏格兰有关公民教育的文件和报告,可以清晰地看到其公民教育对平等的追求。

促进平等是学校的法定义务。2002年11月,《种族关系法》(修正案)在苏格兰生效,该法规定促进种族平等是教育机构的法定义务。学校应该完成消除非法的种族歧视、促进平等的机会、增进不同种族群体之间的良好关系等三个方面的任务。《卓越课程》提出现代学校课程的一个重要目标是培养负责的公民,并将促进平等和多样性作为重要的价值

---

① Stephen Baron (etal. ed): Social Capital: Critical Perspectives. Oxford University Press. 2000. p. 46.

② Gert. J. J. Biesta: Learning Democracy in School and Society: Education, lifelong Learning, and the Politics of Citizenship. Sense Publishers. 2011. p. 18.

追求。帕梅拉·穆恩和玛格丽特·阿诺特指出,这份报告将公民教育作为所有课程的目标的关键部分,并坚持将公民教育渗透在课程中的传统[①]。这份报告实际上要求学校通过所有活动促进平等。苏格兰教育督导组要求学校的所有课程融入公民教育,在学校内促进和发展平等与公平的精神。如2005年《促进种族平等》报告中强调苏格兰珍视平等的传统,"苏格兰是种族、文化和信仰多样的社会,苏格兰教育有着认可对所有人平等和公平重要性的浓厚的传统"。报告提出学校促进种族平等的原则:向所有学生提供研究自己的价值观和他人的价值观、欣赏多样性、树立对他人的尊重等机会。[②] 2013年,苏格兰教育当局发布《促进多样性和平等:为21世纪培养责任公民》报告。该报告指出"多样性涉及认可和珍视差异,每个人因为自身得到尊重"。"平等涉及创立每个人都能参与、每个人都有机会成就自己的公平社会。"该文件要求通过学校生活及其精神风貌、课程领域和科目、跨学科的学习、自我实现的机会等方面促进平等。[③]

平等和正义的促进必然要求学生具备实现这些价值目标的能力和品德。苏格兰公民教育的基本目的是为年轻人参与政治、社会、经济、文化和教育做准备,强调创造性、鉴别力、事业心是21世纪公民的品质。[④]《卓越课程》要求培养负责的公民。该文件指出,公民教育的目标是培养青少年思考问题的能力,鼓励学生参与政治、经济和社会文化生活;强调年轻人应该通过做积极公民从而最大限度地了解公民的意味,敦促学校创造鼓励积极公民的社会模式。该报告尤其鼓励学校促进年轻人积极参与决策,培养参与精神;鼓励学校通过激励年轻人成为社区的积极和

[①] Pamela Munn and Margaret Amott: Citizenship in Scottish schools: the evolution of education for citizenship from the late twentieth century to the present. History of Education. 2009, Vol. 38, No. 3, pp. 446 – 447.

[②] HMIE: Promoting racial equality. 2005. http://sur.ly/o/hmie.gov.uk/AA001303. 2016 – 9 – 6.

[③] Education Scotland: Promoting Diversity and Equality: Developing responsible citizens for 21 Century Scotland. 2013. http://sur.ly/o/hmie.gov.uk/AA001303. 2016 – 9 – 6.

[④] Education for Citizenship: A Portrait of Current Practice in Scottish School and Pre-School Centres. HM Inspectorate of Education. 2006. p. 3.

负责的成员，关心地方、国家和全球的事务，关注自己在现代社会中的多重身份，并发展相关能力等[1]。萨佳·阿赫塔尔也指出，"《卓越课程》的目的在于使年轻人成为成功的学习者、自信的个体、负责的公民和有效的贡献者，这些与公民教育相关，并促进公民教育发展"。[2]《卓越课程》将公民教育作为社会科的核心任务，要求社会科的教学培养作为积极公民所应该具备的能力与品质。该文件强调，"积极公民的培养是社会科学习中的核心特征，让儿童和青少年具备积极参与的知识和技能。在社会科中，教师要制定安排儿童和青少年参与其地方社区和更大世界的计划，支持他们思考和发挥作为积极而明智的公民的作用。"[3] 该文件要求学生在社会科学习中，通过了解不同时代、地区和背景的人民及其价值观，加深对世界的理解，理解他们所处的环境及其形成过程。具体说，学生通过社会科的学习达到：加深他们对苏格兰的历史、传统和文化的理解，欣赏他们的地方和民族的传统；通过了解过去和现在的人类活动和成就，拓展他们对世界的理解；加深对他们自己的和其他人的价值观、信仰和文化的理解；通过批判的和独立的思考，加深对民主原则和公民资格的理解；探索和评估不同的信息和根据；学会研究一定时空的时代、人民和事件以及如何将三者联系起来；参与创业的活动，加深对鼓励创业和影响商业的概念的理解；奠定终身学习和专业化学习与生涯发展的牢固基础。[4] 该文件要求学生通过社会科学习具备：观察、描述和记录等技能；运用比较与对比得出有效结论的能力；探索和评估不同的信息和根据的能力；具备好奇心、解决问题的能力和发起倡议的能力；与他人互动的能力，树立自我与他人的意识；计划和审查调查策略的能力；通过评价、分析和利用各种渠道的信息进行批判性思考的能力；讨论和有

---

[1] PamelaMunnand Margaret Amott: Citizenship in Scottish schools: the evolution of education for citizenship from the late twentieth century to the present. History of Education. 2009, 38 (3).

[2] Shazia Akhtar: The implementation of education for citizenship in Scotland: recommendation of approaches for effective practice. Improving Schools. 2008, 11 (1), p. 45.

[3] Curriculum for Excellence (building the curriculum 3): a framework for learning and teaching. the Scottish Government, June 2008, p. 281.

[4] Ibid., p. 279.

根据辩论的能力；合乎逻辑地证明观点的能力；在不同情境下制作和运用地图的能力；具备和运用解释和图表陈述信息的技能；树立顺序和年代意识的能力；运用口头、书面和多媒体的陈述能力①。

虽然苏格兰将公民教育作为社会科教育的核心任务，但并不意味社会科教育是公民教育的唯一途径。实际上，苏格兰强调通过学校所有方面的生活发展负责公民的能力。有人将公民资格纳入自由教育的目的中，因为自由教育将广博而全面的学术性课程视为促进文化包容和通过心灵的培育而养成美德的核心手段。如林赛·帕特森在2008年的英国教育研究会上指出，自由教育让人们更多地崇尚自由，反对威权主义；尊重多样性；反对不公平的歧视，信任自己的同伴；尽可能多地参与有价值的社会活动，总之，意识到并支持自由民主的基本原则。② 格特·毕斯塔分析苏格兰的公民教育方面的文件，认为苏格兰公民教育方式有四个特征。第一，在方式上有强烈的个人主义倾向，即将公民资格描述为能力，这种能力基于特殊的知识、技能和态度，并按照个人的责任和选择来理解。第二，基于公民教育的宽泛概念，包含政治的、经济的、社会的和文化的生活。第三，重在活动，既涉及公民资格的行使，也包括通过参与公民活动学习公民资格。第四，是强调社区，把社区作为公民资格行使和发展的相关环境或背景。③ 也可以说，在苏格兰学校的所有活动都是公民教育活动，所有的活动都把学生培养成为平等参与的负责公民。

（三）强化平等与民主意识的"现代研究"课

虽然苏格兰官方文件《卓越课程》将公民教育作为学校所有课程的基本任务，没有像英格兰设置独立的公民课，但"现代研究"是苏格兰

---

① Curriculum for Excellence (building the curriculum 3): a framework for learning and teaching. the Scottish Government, June, 2008 p. 280.

② Pamela Munn and Margaret Amott: Citizenship in Scottish Schools: the evolution of education for citizenship from the late twentieth century to the present. History of Education. 2009, 38, (3), p. 439.

③ Gert. J. J. Biesta: Learning Democracy in School and Society: Education, lifelong Learning, and the Politics of Citizenship. Sense Publishers. 2011. p. 20.

中学的一门课程，往往被视为一门公民教育课程，1962年开设至今。这门课被教育工作者、学生和家长视为社会学科的有意义的补充。[1] 现代研究课分为标准等级（中学3/4年级）和高级等级（中学5/6年级），课程内容包括政治机构知识、地方、苏格兰、英国、世界事务以及参与方法等方面知识，也涉及贫穷、老年人、发展问题以及公民、人权和平等权利等问题。如艾伦·巴克莱等的《高级现代研究》（*Higher Modern Studies*）[2] 谈及英国的政治问题涉及权力下放的苏格兰当局的决策、中央政府的决策、政党及其注册以及选举制度、投票和政治态度四个研究主题；英国的社会问题涉及英国财富和健康方面的不平等。国际问题涉及南非、中国、美国、欧盟、非洲发展和全球安全等六个方面的研究主题。课本内容以事实性的知识为主，基本包括问题—原因—应对三个方面，如同研究报告。从课本所涉及的问题看，主要关于民主与平等问题。我们可以说，苏格兰"现代研究"课总体上是平等取向的民主课程，体现了追求社会平等和正义的苏格兰意识。如1978年杰克·布兰德在苏格兰民族运动史的相关研究中指出，现代研究课的教学可能强化了学生的苏格兰意识，"它可能使他们更加了解政治和经济问题，并按苏格兰方式解释。这并非异想天开"。[3] 一所苏格兰的中学也清晰表达了培养学生增进改善社会的能力的宗旨，"这门课对学生是重要的，因为他们是未来的公民，要理解他们的社区和世界面临的问题，在社会上发挥积极作用"。要求学生利用各种教学方法学习，分享思想和主题，学会用批判的眼光评估各种信息，掌握调查技能，能对地方和国家层面的决策做出回应

---

[1] Henry Maitles: "They're out to line their own pockets!": can the teaching of political literacy counter the democratic deficit?: the experience of Modern Studies in Scotland, Scottish Educational Review, 2009, 41 (2), p.52.

[2] Alan Barclay, George Clarke, Alison Drew, Irene Morrison: *Higher Modern Studies*. Leckie & Leckie Ltd. 2007. 苏格兰"现代研究"有包括英国和国际问题的综合课本，也有专门问题研究的课本，如《世界》《英国》《英国的社会问题》等。

[3] Pamela Munn and Margaret Amott: Citizenship in Scottish Schools: the evolution of education for citizenship from the late twentieth century to the present. History of Education. 2009, 38 (3), p.441.

等。① 也就是学生要学会用民主的方法解决政治和社会问题。

1. 强化学生的平等意识

平等在社会方面内含所有社会福利，不仅包括相同的政治权利，还包括平等地接触社会产品和服务，也包括经济平等、健康公平和其他社会安全保障的平等。社会平等的对立面就是歧视和对特殊阶级福利的强化，如性别、种族、年龄、身份、阶级、宗教和文化等方面的歧视以及财富的不平等。关注平等自然就会指向不平等社会问题。苏格兰"现代研究"课本从苏格兰、英国、全球等不同层面描述各种社会不平等的状况、原因及其对策。如高级社会研究课本《英国的社会问题：财富与健康不平等》② 内容涉及收入、财产、生活水平不平等和性别、种族和健康方面的不平等，从不平等的状况、原因和应对措施等三个方面展开。不平等状况根据不平等报告、研究和文件等资料来描述，这部分描绘图文并茂；不平等的原因涉及健康不良、贫困和生活方式等；应对的措施包括中央政府、地方当局、慈善组织、压力集团和个人对不平等的应对。又如巴克莱等的《高级现代研究》课本在"英国的健康和财富不平等"方面，让学生探索英国财富和健康不平等的根据、原因和后果；社会和经济不平等的状况以及政府对这些不平等的应对；讨论福利国家的医疗保险和福利的资金供给以及个人和集体的责任。③

第一，关注不平等现状及其影响。

"现代研究"课本描述了苏格兰在内的性别、种族不平等和贫富差异以及健康方面的不平等。如标准等级的"现代研究"课本《英国》描述了英国的性别不平等。该课本指出，英国议会女性议员少，男女收入不平等。如在"妇女与工作"一节揭示对女性的职业歧视和男女收入不平等。课本指出，虽然从 20 世纪 70 年代开始颁布 1970 年《平等报酬法》和 1975 年《反性别歧视法案》，要求雇主平等对待妇女，但妇女依然报

---

① Modern Studies. http://www.grangemouth.falkirk.sch.uk. 2011-10-18.

② Tracey James: Social Issues in the UK: Wealth & Health Inequalities. Hodder Gibson. 2008. p. 2.

③ Alan Barclay, George Clarke, Alison Drew, Irene Morrison: Higher Modern Studies. Leckie & Leckie Ltd. 2007. p. 110.

酬低，工作条件差。① 课本运用图表说明男女的就业状况、失业率、就业的原因、职业和职位，揭示男女不平等，课本指出，研究表明，平均报酬方面，男人高于女人；更多的妇女从事低报酬和低职位的工作；学校教师69%的是妇女，但只有38.5%的是校长；仅有10%的妇女是英国下院议员；1994年，苏格兰54%的有资格的初级律师是女性，但苏格兰只有一名法官是女性。②《英国的社会问题》利用平等机会委员会的数据说明男女不平等，如每小时的工资（便士/小时）：1977年，男177，女127；1997年，男903，女723。1998年担任经理和行政人员男性为204000人，女性为105000人；职员和秘书，男88000人，女244000人；售货员，男30000人，女11500人。中学教师，男48.2%，女51.8%；校长，男90.3%，女9.7%；副校长，男81.7%，女18.3%；助理校长，男68.6%，女31.2%；总校长，男61.6%，女38.4%。③ 标准等级"现代研究"课本《英国》（第二版）关注弱势，如失业者、老人和有未成年人的家庭。如"工作场所的不平等"主要说明性别和种族在职业中的不平等。课本指出男女报酬的差距，虽然妇女有权利进入任何工作领域，但常常得到低薪工作。并用统计表说明大多数低薪领域的工作是妇女，如护士和护理占84%，清洁工占77%，而高薪的教师和其他教学职业占64%；营销、广告等行业占27%。苏格兰的妇女组织发现：与以前相比更多的妇女有工作；报酬比男人低；更多的妇女是低薪工作；更少的妇女有高薪工作；教育方面，考试成绩女生比男生好；32%的女生继续全日制教育，而男生只有27%；较少的女生上大学。在教学方面，更少的妇女达到所期望的高层工作；99%的保育教师是女性，91%的小学教师是女性，而66%的小学校长是女性；46%的中学教师妇女是，但仅有3%是校长。在政治方面，15%的英国下院议员是妇女；24%的苏格兰政务院是妇女，38%苏格兰议会议员是妇女。在商业领域，150个公司主管仅2名女性；仅3名妇女是苏格兰顶级的20个公司的董事。司法方面苏格

---

① Jim Bryden, Kenny Elder, Brian McGovern, Duncan Murray：Britain. Hodder Gibson. 1997. p. 110.

② Ibid. , p. 112.

③ John Mctaggart and Allan Grieve：Social Issues in the UK. Hpdder &Stoughton. 2000. p. 9.

兰仅有1名女法官；而1994年54.2%的有资格的低级律师是女性。① 课本也描述英国贫富差距。在高级"现代研究"课本《英国的社会问题：财富与健康不平等》中对富人和穷人进行比较，如富人的特征：住独立的大房子；不止1辆车；高等教育证书；自我雇佣；更多的是高级管理人员或专业人士；更可能与中国人或印度人为邻居；享受假期；加入游艇俱乐部；上私立学校；有私人保健等。穷人则是：住政务委员会的公寓房；中学毕业生；拿周工资或救济金；体力、非熟练或半熟练劳动者；更可能与巴基斯坦或孟加拉国人住一条街上；打保龄球；抽烟；吃外卖；上公立学校等。②

国际层面的社会不平等问题包括不同国家面临的社会不平等。高级"现代研究"课本涉及中国的社会与经济问题、人权问题。如经济不平等问题，说中国城市与乡村收入差距巨大，2004年是3.2倍。③ 社会不平等包括教育不平等和医疗保险不平等，城乡、性别等方面教育不平等，如大学女生仅占25%。④ 美国的社会和经济不平等涉及美国的贫困、健康、住房、犯罪和司法问题。在住房方面，不到50%的黑人有自己的房子，而白人达66%，西班牙裔在2001年达到47%。如犯罪方面，在2002年，虽然美国黑人占人口的12%，但监狱的罪犯有47%是黑人，比西班牙裔多3倍。黑人还面临司法不平等。近一半（45%）在监狱里死亡的是黑人。⑤ 如标准等级的"现代研究"课本《世界》，内容分两大部分，一部分是政府方面的知识，包括美国、中国和俄罗斯三国的政府和联合国、欧盟、华约等机构的知识；另一方面是平等问题，包括美国、俄罗斯和中国的国内不平等问题以及国际上国家之间的不平等问题，还有就是国际的和平、发展等问题。如美国的不平等问题，"美国的人口构成"一

---

① Jim Bryden, Kenny Elder, Brian McGovern, Duncan Murray: Britain. Hodder Gibson. 2006. pp. 125–126.

② Tracey James: Social Issues in the UK: Wealth & Health Inequalities. Hodder Gibson. 2008. p. 21.

③ Alan Barclay, George Clarke, Alison Drew, Irene Morrison: Higher Modern Studies. Leckie & Leckie Ltd. 2007. p. 207.

④ Ibid., p. 208.

⑤ Ibid., pp. 239, 240.

节，土著美国人处于贫困中，50％的高中未毕业；40％无工作；出生和死亡率高；自杀率是全国平均数的两倍。作为最大西班牙裔群体的墨西哥裔美国人教育程度不高，失业或者是美国农场的廉价劳动力。外国出生的美国居民很难过上美国的好生活，22.9％生活在贫困中，仅有17.3％的人有自己的房子。"'美国梦'的终结"一节，"美国是世界上最富有的国家之一，但也是贫困率非常高的国家。从1980年'富者越富，穷者越穷'。在纽约吃睡在街头和地下通道的人已是平常之事。现在15％的美国人生活在贫困线及其以下"。"'若努力工作就能成功'的美国梦似乎终结。"①"美国的犯罪与处罚"一节也把美国描述成犯罪的天堂。"美国被许多人视为世界的'犯罪的中心'。根据种族群体、黑社会和腐败的政治家的犯罪集团可以说明了这点。"根据《时代》杂志说明美国的犯罪的严重性，1986—1991年，14—17岁所犯的杀人罪增加了124％，1991—1992汽车抢劫增加25％，达25000起。俄罗斯也是腐败、黑社会和贫困，如老妇乞讨的照片，而且"一个失业者的津贴金等于7.5英镑，许多国人并不抱怨失业登记，以致数字不断攀升"。②这种描述似乎告诉学生风景苏格兰独好。

第二，分析不平等的原因。

"现代研究"课本不仅描述不平等状况，而且说明不平等造成的不良后果。如家庭贫困对孩子学习成绩、健康和参与造成不良影响，并且进一步分析不平等产生的原因。高级"现代研究"课本分析了英国的贫困水平变化的原因：生活标准提高导致相对贫困；国际经济竞争导致失业；政府的政策如税收政策；欧盟的成员国的协定，如苏格兰的渔民因定额捕鱼而失业。也指出，财富不平等原因在于政府政策、失业、低工资、社会排斥、性别、种族、年龄和地理位置等。③《英国的社会问题》将贫困的原因归结为个人脆弱、失业、工作类型变化、政府政策（如保守党

---

① Jim Bryden, Kenny Elder, Brian McGovern, Duncan Murray: the World. Hodder Gibson. 1997. pp. 9, 10, 11, 19.

② Ibid., pp. 19, 69, 87.

③ Alan Barclay, George Clarke, Alison Drew, Irene Morrison: Higher Modern Studies. Leckie & Leckie Ltd., 2007. pp. 116 – 117, 119 – 132.

的涓滴税（trikle-down taxation）。① 《英国的社会问题：财富与健康不平等》描述了苏格兰的贫困问题。如"在苏格兰的生活贫困"和"贫困对孩子的影响是什么"两节说明苏格兰的贫困问题及其影响。前一节也说明苏格兰的贫困率在上升，2/3的低薪雇员是妇女；有20%左右的年轻人因中学未毕业而陷入贫困等。后一节说明贫困影响孩子的学习成绩、健康和参与（如不会游泳、跳舞等）。标准等级的"现代研究"课本《英国》说明了英国议会女性议员少的原因，课本指出因为抚养家庭、管理家务、她们缺乏进入政治的机会、投入政治活动多则与家人时间少、政治中心在伦敦、收入比男人少，且政治花费多、选举委员会大都由男人组成。不过，苏格兰制宪会议建议苏格兰议会的组成人员有一半是妇女。②

第三，培养应对不平等的能力。

"现代研究"课针对不平等，解决不平等，其目的在于培养学生解决社会问题的能力。课本《英国》"满足失业者的需要"一节说明了政府采取诸如发放失业救济金、找工作者津贴，收入支持等措施应对收入不平等。③ 政府的应对包括福利、求职者津贴（2005年的标准为18—24岁每周44.5英镑、25岁以上56.2英镑）、收入支持、住房补贴、社会资助儿童税信用卡（资助到孩子16岁和16—18岁全日制教育）、养老金、儿童津贴（支付儿童的全日制教育，在2006年第一个孩子每周17.5英镑，其他孩子每周11.7英镑）、政务会税收津贴（支付低收入者和合格者）、工作税信用（支付低报酬工作的人，不管是自我雇佣还是被人雇佣，低于16000英镑，2006年单个工人达一年1410英镑，收入低于一年8000英镑的夫妻达3005英镑）、残疾人生活津贴（2006年最高每周62.25英镑，超过65岁也可申请）、国家最低工资（2006年时工资16、17岁3.3

---

① John Mctaggart and Allan Grieve: Social Issues in the UK. Hpdder &Stoughton. 2000. pp. 52–53.

② Jim Bryden, Kenny Elder, Brian McGovern, Duncan Murray: Britain. Hodder Gibson. 1997. p. 11.

③ Ibid., p. 118.

英镑、18—21岁4.45英镑、21岁以上5.35英镑)、应对儿童贫困等。①针对对妇女的就业歧视，课本叙述1970年《平等报酬法》和1975年《反性别歧视法案》，要求雇主平等对待妇女。② 政府的措施涉及英国的福利制度，课本指出，"福利国家是一种制度，在此制度下，政府对提供社会和经济安全负主要责任，其手段包括救济金、社会保障、免费医疗和免费教育"。该制度涉及累进税和递减税，收入越高纳税越高为累进税；低收入的人纳税递减等。③

此外，"现代研究"教材对与不平等相关的一些概念进行解释。如"偏见意味着接触他人而预先对他们做出判断"。"歧视意味'选择特殊对待'（pick out for special treatment）。若人们被不公正地对待时，这一词语常常用于消极的背景。""无形顶障（glass ceiling），意指妇女虽然受雇于某组织，但限制晋升到高级职位。""社会排斥意味贫困。不仅仅意味缺钱，而且意味缺少希望和期盼。社会排斥也意味缺乏摆脱贫困的意愿和能力。另外，社会包容意味安全，其意味高度的希望和期盼；意味在生活中进行理性选择的能力；意味做个积极公民。"④ 这就告诉学生，做积极的公民就是消除歧视、贫困，造就平等的社会。

2. 增进学生的民主知识

苏格兰公民教育的平等取向体现了苏格兰民主教育的特征，即重在培养学生民主决策的能力。不过苏格兰公民教育也不忽视民主的知识教育。"现代研究"教材涉及政府部门的实体性和程序知识以及社会问题的事实性知识，后者包括问题及其原因、应对的措施等。前者属于民主参与方面的知识，后者是民主解决问题的实际知识。

民主是参与公共部门的过程，因而需要理解政府部门的机构与职能、

---

① Richard Deakin: How to Pass Higher Modern Studies. Hodder Gibson. 2007. pp. 76 – 80.

② Jim Bryden, Kenny Elder, Brian McGovern, Duncan Murray: Britain. Hodder Gibson. 1997. p. 110.

③ Alan Barclay, Kerr Miller: Modern Studies: Equality in Society: Health and Wealth. Scottish Consultative Council on the Curriculum. 1999. pp. 2, 67.

④ John Mctaggart and Allan Grieve: Social Issues in the UK. Hpdder &Stoughton. 2000. pp. 3, 6, 10, 56.

政府运作的原则等实体性知识，也需要了解政府决策的程序。苏格兰"现代研究"课本的知识包括实体性知识和程序性知识。实体性知识包括各种政治机构的组织结构、原则与权限等方面的知识。如苏格兰议会的基本原则包括接触和参与、问责、平等机会和共享的权力。中央行政部门、议会的结构，如行政部门由首相、内阁、其他政府部长、公务员等构成，并对各组成部分进行介绍，如公务员是政府的永久成员，其作用在于向部长提出政策建议；日常管理；执行政策和提供服务等三个方面的职能。政党及其政策，包括政党的意识形态、成员资格、政党组织以及政党在税收、教育、法律与秩序、欧洲等方面的政策等。如保守党的教育政策是允许学校建立自己的优先性和预算；给校长和董事对入学、纪律和开除更多的控制；补助愿意学习职业课程的学生；校外俱乐部对所有学生免费；取消大学学费。在苏格兰，保守党的政策还授权校长拒绝接受有暴力倾向或有破坏性的学生；给学校确立自己的优先性的自由等。工党的教育政策：扩大职业教育；实现50%的青年人上大学；利用私人资金建设和管理学校；家长法律对允许其孩子逃学的家长处以罚金；苏格兰的教育政策还包括缩小班级规模；达到卓越标准等。自由民主党教育政策是促进所有人拥有平等的教育机会，其政策包括改善早期保育的供给；缩小班级规模；让教师控制教学方式的新课程；减少考试量；简化认证制度，创造包括学术和职业的认证制度；取消学费和向低收入家庭提供补助。选举制度，如比例代表制度。国际方面的政府与政治方面的知识涉及美国、中国、南非等世界主要国家的政府的结构、政党与媒体等，国际组织方面的知识涉及联合国、欧盟和北约等组织机构与功能的介绍。如联合国的主要目的是维护国际和平与安全，提供解决争端的和平手段；发展国家之间的友好关系；在解决经济和社会问题以及改善人权方面达成合作；国家共同工作的中心。[1]

在程序性知识方面，课本关注政治程序和政府的决策过程。如苏格兰议会对苏格兰行政部门的审查所采取的方式：提问、动议、辩论、决

---

[1] Alan Barclay, George Clarke, Alison Drew, Irene Morrison: Higher Modern Studies. Leckie & Leckie Ltd., 2007. pp. 7, 41, 68, 74, 79, 87, 303.

定时间和议员事务。提问要求部长回答；提出动议并加以介绍；就各种主题展开辩论，议员提出相关观点和问题；一般在周三和周四下午投票决定；决定时间结束到议会会议结束的 30 分钟，议员处理其事务，提供某问题的公开记录，引起公众注意。苏格兰议会的法律制度一般程序：咨询：行政部门起草咨询性的文件到立法部门。第一阶段：总的原则：草案送到相关的委员会即牵头委员会审议，其他委员会可能参与。在牵头委员会报告基础上，议会审议草案的一般原则。第二阶段：委员会详细审查。第三阶段：最终法案。表决是否通过。女王同意即成为法律。决策过程也会面对冲突、不同的意见和集团。如中央政府的决策则涉及"议会的反对派"。女王陛下的反对党（Her Majesty's Opposition）由大选后的第二党的议员组成，对反对党价值的认可体现言论自由。其功能：保证政府负责；与政府合作；提出替代性政策。其批评的作用：让政府的脚步慢下来；挑战政府以防向国家的不利方面运行；英国政治制度的对抗性的本质往往强调差异和鼓励冲突，而且几乎不寻求达成建设性的共识。课本解释了压力集团的类型，压力集团分为事业型压力集团和利益型压力集团。前者又分为局部性压力集团，即为无力发起运动的人组织运动的群体，如为无家可归者发起运动；态度性压力集团，试图影响公共舆论，如绿色和平组织。压力集团通过接触政策制定者和不接触政府的方式影响政府决策。[1]

在民主程序方面，教材关注多样性对投票的影响。如学习主题 1D："对投票类型的影响"用统计图表分析影响投票行为的因素，如社会阶级、年龄、性别、政党从属关系、种族、论点（对问题的政策）、形象和人格、地理位置。对保守党、工党、自由民主党和苏格兰民族党等四党的不同意识形态、成员资格、组织、选举和在税收、法律和秩序、健康、教育等方面的政策。主题 1B 论及"压力集团与民主"阐述对压力集团的对立观点，指出在民主社会压力集团有权提出不同的观点，它们在扩大政治参与方面发挥重大作用，压力集团是让投票人影响政府和参与政治过程的一种方式。

---

[1] Alan Barclay, Geprge Clarke, Alison Drew, Irene Morrison: Higher Modern Studies. Leckie & Leckie Ltd., 2007. pp. 17 - 18, 21, 45, 51.

批评者认为压力集团不见得对民主有益。压力集团不同于政党,不能角逐职位。压力集团一般提出少数人的观点,一个组织良好和强有力的群体迫使政府接受其观点。一些压力集团也采取非法的方式。①

当然,掌握民主的实体和程序方面的知识是为了解决不平等问题。苏格兰"现代研究"的作业和考试的重点在于增进学生解决问题的能力。"现代研究"课后的作业重在培养学生分析问题、解决问题的能力上。如高级"现代研究"课本中压力集团部分的作业:压力集团在哪些方面与政党不同?苏格兰向压力集团提供了哪些有利条件?讨论压力集团是民主社会的基本部分和讨论压力集团是民主社会的威胁。②"财富不平等的原因"的作业涉及描述英国失业的主要原因。要求学生思考社会阶级的界定,思考失业对所有群体有同等影响吗?在其所处的地区什么地理因素影响就业?并利用平等机会委员会网站的资料,说明与贫困相关的男女差异。"冷战结束和对和平与安全的新威胁"一节作业:冷战结束后全球安全的主要问题有怎样的变化?世界比冷战时期更为危险在多大程度上是真实的?在中国的"社会和经济不平等"一节作业:为什么教育对中国政府是重要的?中国教育存在的问题是什么?政府怎样解决?③ 苏格兰"现代研究"的考试也是指向解决问题能力,特别是针对学生批判地评估有关社会与政治机构、过程和问题的信息的能力,要求做到认识到信息缺乏客观性;进行比较并得出结论;对个人或给定观点表示支持。这种能力被亨利·梅特尔斯视为政治素养的核心。④ 苏格兰 SQA "现代研究"课的考试针对的就是这种能力。试卷分两部分,一部分是课程考试,为论文,时间一个半小时,考查知识与理解,内容包括英国的政治问题、英国的社会问题和国际问题,希望考生评估并得出平衡的结论。答题包

---

① Alan Barclay, Geprge Clarke, Alison Drew, Irene Morrison: Higher Modern Studies. Leckie & Leckie Ltd. 2007. pp. 53, 95 – 102.
② Ibid., p. 54.
③ Ibid., pp. 54, 121, 312, 208.
④ Henry Maitles: 'They're out to line their own pockets!': can the teaching of political literacy counter the democratic deficit?: the experience of Modern Studies in Scotland, Scottish Educational Review, 2009, 41 (2), p. 52.

括：阐述要点，或举例或作出评论；关键词的使用，如然而、虽然，表示重在讨论而不是仅仅描述；以坚定明确的阐述开始，显示对问题的理解；平衡的结论与总结差异。① 另一部分是决策训练（the Decision Making Exercise），时间1小时15分，要求考生按当前社会问题的材料，给出两个相同路线之一的建议，然后说明赞成或反对的理由。答题包括四个部分：引言，阐述建议；说明支持该建议的理由；说明放弃其他选择的理由；总结和结论，要求简明扼要。②

我们要注意到，苏格兰学校公民教育，尤其关注不平等的"现代研究"课成功提升了学生的政治素质，增进了对平等权利和民主的尊重。亨利·梅特尔斯的调查研究发现，学习"现代研究"课的学生比没有学习"现代研究"课的学生对政治更感兴趣，也对政治更信任，在移民、增强警力和平等权利等问题方面的态度也似乎更为积极，对欧洲的民主更为乐观，如前者有34%的认为自己对政治感兴趣，后者只有12%；前者表现出对政治信任的占43%，而后者占29%；前者较后者更普遍地反对警察应该获得更多的权力，反对应该将难民"送回家"的主张，反对黑人只有在接受英国文化的前提下才被授予英国公民权的建议，也有更多的学生认为移民不是对自己文化的威胁，较少反对"妇女完全平等"和认为"妇女的平等权利走得太远了"。③ 虽然不能肯定"现代研究"课对平等意识塑造的直接作用，但可以看到这种平等取向的公民教育的确发挥了塑造苏格兰民族个性的作用。如麦克里迪指出，苏格兰人对其历史、文化和政治的发展有强烈的意识，而且这种将苏格兰作为国家地位的意识，即苏格兰意识，存在于苏格兰所有阶层中，不仅存在普通人中，也在受过良好教育的人中。④ 今天苏格兰居民中对民主与公平强调高于英

---

① Tracey James: Social Issues in the UK: Wealth & Health Inequalities. Hodder Gibson. 2008. p. 82.

② Ibid., pp. 87 – 88.

③ Henry Maitles: "They're out to line their own pockets!": can the teaching of political literacy counter the democratic deficit?: the experience of Modern Studies in Scotland, Scottish Educational Review, 2009, 41 (2), pp. 54 – 57.

④ Bernard Crick (ed.): National Identities: The Constitution of the United Kingdom. Blackwell Publishers. 1991. p. 39.

格兰居民。弗兰克·贝克赫佛和戴维·麦克龙调查了苏格兰和英格兰的民族文化的标志,在英国文化方面,苏格兰和英格兰居民将英国的民主置于第一位,二者都是61%,而50%的苏格兰居民将英国的公平意识置于第二位,高出英格兰居民9个百分点,英格兰居民将英国的君主制置于第二位,而苏格兰居民将此放在第三位。在民族文化方面,苏格兰居民列在前三位的是风景、音乐与艺术、平等意识;英格兰居民是语言、公平意识和风景。在民族认同方面,苏格兰居民将风景列第一,将平等意识和音乐与艺术并列置于第二位,英格兰将公平意识、风景和国旗列为前三位。按民族身份界定英国文化的标志,主要认同苏格兰的人和将自己认同为苏格兰人和英国人的人将民主、公平和君主制放在前三位,其中前者民主占60%,公平占50%;后者民主占66%,公平占49%,而认同为英格兰人和英格兰与英国双重认同的人将民主、君主制和公平置于前三位,前者分别是民主60%,君主制44%,公平38%,后者民主55%,君主制48%,公平39%。[①]

从苏格兰学校公民教育,我们可以明显看到,平等的意识不是通过灌输正面的实现平等的成就来增强的,而是通过关注不平等来加强的。也就是说,消除不平等,就必须面对不平等;要消除歧视,就要面对受歧视;消除压迫,就要面对被压迫;消除暴力,就要面对暴力问题。如弗莱雷所言:"对人性化的关心立刻导致对非人化的认识,不仅作为本体论的可能性,而且作为历史事实。"[②] 对所有非人化的认识激发人的主体性,让人成为参与改造世界的主体。探索不平等的状况及其原因,分析各种应对不平等的方式,不仅是寻找通往平等的道路,而且会增强人对平等的承诺感。

三 促进民族认同的威尔士公民教育课程

虽然谈到威尔士,往往将其与英格兰联系在一起,认为在英格兰发

---

① Imaging the nation: Symbols of national culture in England and Scotland. Ethnicities, 13 (5), 2012. pp. 550 – 555.

② Paulo Freire: *Pedagogy of the Oppressed*. New York: The Continuum International Publishing Group Inc., 2000. p. 43.

生的事情，也发生在威尔士。不过，如罗崔·摩根 2008 年所言，威尔士是"小而灵巧的国家"。虽然威尔士是人口刚过三百万，但其"灵巧"，是因为有自己独特的教育计划。1997 年，威尔士人投票赞同政治权力的下放，1999 年，威尔士立法局（Assembly）建立，该立法局承担教育的责任。威尔士政府规划改革，追寻独特的威尔士政治传统和文化特性，与撒切尔夫人的新自由主义政治和布莱尔与布朗的新工党的"第三条道路"相区别。摩根 2002 年对此做了概括，"我们对平等的承诺直接形成政府和个人之间的模式，这个模式将个人视为公民而非消费者。而将选择置于结果平等之先，最终依赖公共服务的市场模式。在这种模式中，个别的经济行为者追求最佳利益而没有广泛的关切"。[1] 这种广泛的关切就是要求追求社会正义。威尔士对社会正义的承诺基于以下基本原则：善治是有益于你；进步的普遍性；合作优于竞争；高信任度而非低信任度；参与伦理；更大的结构平等。[2] 对社会正义的承诺实际上就是"在威尔士捍卫和弘扬社会民主传统"。[3] 这种承诺自然要求培养有社会责任感的公民。另外，威尔士也希望通过教育培养民族认同感。这涉及威尔士的语言、传统等。教育主要体现在"个人与社会教育"和威尔士"Cymreig 课程"中。

威尔士的公民教育主要是通过"个人与社会教育"框架内的"可持续发展与全球公民教育"进行。不过，"个人和社会教育"的"社区"部分也关注公民资格和公民学。"公民资格"虽然是"个人与社会教育"法定的部分，但不是独立的课程或跨学科的主题。其重点在于强化与地方和民族相关的社群责任与角色，突出威尔士文化的贡献。20 世纪 90 年代，公民教育作为中小学"个人与社会教育"部分纳入"社群理解"主题中。2000 年，威尔士立法局批准确立"个人与社会教育"和"与工作相关教育"的框架，并发布了 5—16 岁"个人与社会教育"框架，强调学生的参与。这个框架于 2000 年 9 月供公立学校使用。该框架包括社会、

---

[1] Colin Brock (ed): Education in the United Kingdom. Bloomsbury Academic. 2015. p. 198.
[2] Ibid., pp. 198-199.
[3] Ibid., p. 202.

社区、身体、性、情感、精神、道德、职业、学习和环境等十个方面。其目的在于提供学生发展和运用技能的机会，探索个人的态度和价值观，获得适当的知识和理解，让学生成为有效的个人和社会成员。其具体目标包括促进自尊、尊重他人和多样性、增进学生作为积极负责的公民参与学校和社区的活动，培养遵循环境和地方、国家和全球层面可持续发展原则的积极的态度和行为。[1] 同年，威尔士认证、课程与评估署出版补充指南，其中包括实施的例证。2003年3月26日，威尔士立法局批准《2003年威尔士基础课程法》。这个法案在基础课程中增加了两门新的必修课即"个人与社会教育"和"与工作相关的教育"课。威尔士立法局的教学指南要求"个人与社会教育"课树立学生的价值观和态度、增进其技能和增进对"个人与社会教育"的十个方面的知识与理解，实现学生在这些方面的全面发展。[2] 从2003年9月1日开始，"个人与社会教育"课就成为公立学校1—5关键阶段的一门必修的基础课程。这方面的学习围绕社区、情感健康、环境、学习、道德关怀、身体健康、性健康、社会福祉、精神健康和职业组织。为了增进"个人与社会教育"课程教学，威尔士当局采取一些措施，包括出版了用于中学的教学工具包，为学校制订"可持续发展和全球公民资格的教育"行动计划，加强"个人与社会教育"的普通中等教育证书的短期课程（GCSE Short Course）等。2008年，威尔士立法局审查了"个人与社会教育"课程框架，包括年轻人的权利与责任、学生参与决策、社区参与和价值观教育等方面，将现存框架的四个方面合理化为五个关键主题：身体和情感健康、道德与精神发展、积极的公民资格、可持续发展和全球公民资格、为终身学习做准备。[3] 同时也引进一种新课程的观点。新课程更重视技能发展而非知识

---

[1] James Arthur, Ian Davies and Carole Hahn (ed): The SAGE Hand of Education for Citizenship and Democracy. SAGE Publications. 2008. pp. 258-259.

[2] National Assembly for Wales Circular: Personal and Social Education (PSE) and Work-Related Education (WRE) in the Basic Curriculum [EB/OL]. (2003-6-15) [2016-11-23] http://gov.wales/pubs/circulars/2003/english/NAFWC13-03-e.pdf?lang=en.

[3] James Arthur, Ian Davies and Carole Hahn (eds.): The SAGE Hand of Education for Citizenship and Democracy. SAGE Publications. 2008. p. 259.

获得，更强调年轻人接受与他们当前和未来生活更为密切的教育。该框架旨在帮助教师"进行跨课程的计划以增进学生参与威尔士多民族社会所需要的知识和理解、技能、价值观和态度"，特别让学生成为在个人和社会方面的有效成员。具体说，"个人与社会教育"的课程目的在于：树立学生的自尊和个人责任感；促进自尊、尊重他人和欣赏差异性；让学生安全、健康地生活；为学生终身学习的选择和机会做准备；增强学生作为地方、国家和全球的负责公民参与学校和社区的能力；养成对可持续发展原则和全球公民的积极态度和行为；让学生对工作和成年生活的挑战、选择和责任做好准备。[1]

威尔士语言和文化方面的教育是培养威尔士民族认同或"威尔士意识"的最重要因素。在威尔士的官方文件中，"Cymreig课程"这个概念备受关注。这个概念要求学校增强学生威尔士意识，用例证向学生说明英语和威尔士语言文化以及影响威尔士的历史、社会和环境的因素，因而被视为独特的威尔士课程特征。里斯·安德鲁斯和加里·刘易斯指出，在这个观念中，文化的公民是主导的公民概念。[2] 也就是强调成员资格基于语言、宗教、血缘和其他传统形式。威尔士学校按照这个意图培养学生。威尔士语是所有学校的核心科目，一直教到第四关键期。其目的在于"帮助学生理解威尔士独特的生活，欣赏多样性和获得真正的归属感"。[3] 威尔士学校也强化树立威尔士的"地方和传统的意识"，不仅要求运用威尔士语作为交流手段，而且庆祝独特的威尔士文化，如圣大卫庆祝日、Urdd（5月27日至6月1日的民族节日，活动有唱歌、舞蹈、表演等方面的比赛活动）和学校威尔士吟游吟唱诗人大会，借此培养威尔士的归属感，从而培养"对待威尔士的积极态度"。

总的来说，威尔士学校公民教育在于增进社会正义的政治承诺和强化威尔士意识。这种公民教育可能更多地强调社会责任而在一定程度上

---

[1] Kevin Smith, Curriculum, Culture and Citizenship Education in Wales. Palgrave Macmillan. 2016. pp. 7 – 8.

[2] Rhys Andrews and Gari Lewis: Citizenship education in Wales: community culture and the Curriculum Cymreig. http//www.leeds.ac.uk/educo/documents/0000157.htm. 2011 – 9 – 20.

[3] Colin Brock (ed.): Education in the United Kingdom. Bloomsbury Academic. 2015. p. 204.

忽视政治参与，过多地关注威尔士的独特性，不仅限制学生发展更大的社群意识，而且可能引发身份的平等问题。实际上，威尔士的公民教育似乎忽视英格兰所强调的"政治素质"。大多数学校很少强调"政治素质"的发展，许多学校解释社区领域仅仅是推动树立共同责任感，也很少强调政治责任。许多"个人与社会教育"课的负责人感到，公民资格主要是社区事务。因而培养积极公民的重点基本体现在社会教育和慈善工作。一位"个人与社会教育"的负责人说，增进"经济与政治意识"似乎难以吸引学生。一名校长也表达了年轻人"极端忽视政治"的担忧。不过也有学校开设公民学的选修课，涉及深层的政治素质问题。这所学校还组团参加青年议会。同样，关注威尔士的独特性也会带来问题。威尔士学校教师往往回避政治参与的发展，专注于社群精神。一名教师将社区参与和拓展视为积极公民的核心，希望通过慈善活动、戏剧项目、诸如"预防犯罪测验"等活动培养社区意识。狭隘的社区意识也引起人们担忧，一名生活技能课的负责人担心，封闭的社区限制当地学生的抱负，这些学生将自己视为威尔士人，"因为英格兰是外国"。[①]

有趣的是，这种强化威尔士意识的"Cymreig 课程"教育给学生带来了不一致的感觉。虽然有学生认为历史学习因为分享地方经验而强化了威尔士意识，获得了"文化使你成为威尔士人"的感觉，威尔士语的学习让人更威尔士，因为他们"更坚守传统"，但一些学生表达了相反的感觉，认为"你伴随所有文化成长——威尔士语言并不影响你成为威尔士人"。在一所说威尔士语的学校，有些学生认为"已经有如此多地归属这个地方的文化"。而另一些学生——多数是男生认为如果太多的威尔士历史在学校教授并不特别令人感兴趣，而且认为这些历史与当代社会少有联系。对于参与威尔士的文化活动，如吟游吟唱诗人大会和 Urdd 的活动，大多数学生认为这些活动有助于树立威尔士意识，因为这是"其他

---

① Rhys Andrews and Gari Lewis：Citizenship education in Wales：community culture and the Curriculum Cymreig. http//www. leeds. ac. uk/educo/documents/0000157. htm. 2011 – 9 – 20.

国家没有的"独特的威尔士经验。① 不过,强化威尔士意识可能导致身份不平等问题。有一所学校的政策"拒绝一个人比其他人更具有威尔士人特性的观念,因为这种二等公民的观念在威尔士没有立足之地"。②

四 追求和平的北爱尔兰公民教育课程

北爱尔兰是个分裂的社会,夹杂着宗教和民族冲突。这种分裂主要体现在北爱尔兰新教徒和天主教徒的冲突和对立。目前,北爱尔兰人口约169万,天主教和新教人口比率分别为45%和51%。地理上这两个教派也是分裂的,天主教徒主要分布在西部边陲,新教徒主要分布在以贝尔法斯特为中心的都会区。在历史上这两个教派就冲突不断,尤其在爱尔兰共和国独立后。1922年爱尔兰南部的26个郡独立组成爱尔兰共和国,而北部的六个郡仍然是英国的一部分。这六个郡的居民,天主教徒是爱尔兰人的后裔,他们自认为是本地人,希望并入爱尔兰,而新教徒是随英格兰殖民当局而来的移民的后裔,虽然在北爱尔兰土生土长,但他们作为新教徒认同英格兰,对女王有着强烈的依恋,大都希望北爱尔兰保留在英国。天主教徒显然没有这种依恋,他们认同爱尔兰,面对有着英国政府支持的联邦主义者,他们以弱者的方式表达自己的愤怒。两派之间的分裂爆发了严重的暴力冲突。从20世纪60年代到90年代北爱尔兰的极端组织和宗教教派之间的冲突至少造成3300人死亡。这种政治冲突直接影响了北爱尔兰儿童。1967—1997年,有257名17岁以下的儿童在冲突中死亡。在"血色星期天",10名儿童被橡皮子弹所杀,其中几名为英军伞兵所杀,几名开车兜风青年为警察和军队所杀,4名儿童死于军车之下。这种分离的居住和两个教派的冲突影响了儿童。康诺利和希里研究发现,在北爱尔兰,3岁儿童就习得和吸收了分离两个社群的关键文化和标志,10—11岁就有了教派之间紧张关系的直接经验,常常表达

---

① Rhys Andrews and Gari Lewis: Citizenship education in Wales: community culture and the Curriculum Cymreig. http://www.leeds.ac.uk/educo/documents/0000157.htm. 2011 – 9 – 20.

② Ibid..

出走出他们所在居住地的恐惧①。如何化解这种文化对立而为北爱尔兰带来和平就成为政治和教育的核心问题。

1998年,《贝尔法斯特协议》为北爱尔兰奠定了政治解决的框架。该协议旨在北爱尔兰创立包容多样性的和平的政治文化,认可民族的多样性,实现和解、宽容和相互信任。该协议肯定了北爱尔兰人的双重民族性,既是爱尔兰人也是英国人,英国和爱尔兰政府承认"所有北爱尔兰人认同自己的出生权,且被作为爱尔兰人或英国人,或二者被接受",并以民族差异的方式被平等对待,平等的公民权被纳入北爱尔兰的法律。按照协议,政府应该建立在公民的、政治的、社会的和文化的平等权利以及充分尊重这些权利的原则上,公正地行使司法权,兼顾北爱尔兰所有公民身份和传统的多样性,保证所有公民免受歧视,平等对待两个群体的认同、民族精神及愿望。在肖恩·奥尼尔看来,《贝尔法斯特协议》承认了北爱尔兰人的双重民族性,确立了包容的北爱尔兰政治文化,即双民族身份的平等主义,认可民族的多样性。每个文化或宗教群体都有集体的自我表达的权利,如同个人一样,如果这种表达侵犯另一文化或宗教群体的尊严,或者说是对另一文化或宗教群体的挑战,那么受到威胁的文化或宗教群体的成员的公民资格就受到挑战。②除非集体的自我表达被相互认可,否则平等的公民权就受到威胁。《贝尔法斯特协议》不仅是北爱尔兰政治解决的框架,也为北爱尔兰的公民教育规定了方向,这个方向就是尊重文化权利,追求文化正义,创造北爱尔兰的和平文化。

随着英格兰寻求独立的公民教育课程,北爱尔兰也积极推进公民教育。在爱尔兰,1997年所有学校开设"公民的、社会的和政治的教育"（Civic, Social, and Political Education）课程,这门课以人权和社会责任为基础,涉及民主、权利与责任、人的尊严、相互依赖、发展、法律和管理工作等七个重要概念,教学单元包括个人与公民、社区、国家、爱尔兰与世界,旨在培养有地方、国家、欧洲和全球共同体归属感的积极

---

① Madeleine Leonard: Children's citizenship education in politically sensitive societies. Children, 2007, 14 (4), p. 491.

② Shane O'Neill: cultural justice and the demands of equal citizenship: the Parading dispute in North Ireland. Theoria (New York), December 2000. p. 42.

公民。北爱尔兰也寻求设置法定的公民教育课程①。2007年9月开始，北爱尔兰实施修订的课程。其中包括两门公民教育课程。一门是第1、2关键期即6—11岁的"地方和更大社区的相互理解教育"，另一门是第3、4关键期即11—16岁的"地方和全球公民资格"课程。

北爱尔兰从20世纪80年代中期开始执行"相互理解教育"的指令性计划，现在"相互理解教育"已融入学校的各门课程和深入学校各方面。"相互理解教育"术语源自北爱尔兰教育部的主题为"和平与发展教育"会议。1984年，贝尔法斯特的教会中心的"和平家园资源中心"开办，1986年，北爱尔兰"一个世界中心"在贝尔法斯特的女王大学旁的中立区成立。这两个组织促进了与和平、发展相关的教学法和方法论。

爱尔兰官方也积极促进相互理解教育。1982年的"北爱尔兰教育部""改善社群关系：学校的作用"的文件，提供一种创新的和整体的和平建设方式，"每个教师、每个学校的管理者、董事会成员和每位教师及行政人员有责任帮助学生学会相互理解和尊重他们不同的习俗和传统，为他们成年后的共同生活做好准备"。1989年的北爱尔兰《教育令》，北爱尔兰课程委员会（the Northern Ireland Curriculum Council）要求学校提供和平教育，让学生具备家庭、地方社区和更大世界的相互依赖的理解和知识。1989年《教育令》设置一门义务教育的法定课程，该课程包括相互理解教育和文化遗产两个跨课程的主题②。这一规定将相互理解教育推进到新的高度。从1992年9月，相互理解教育成为"跨课程的主题"，所有北爱尔兰的学生都要接受相互理解教育。该课程的目的在于让学生"学会尊重和重视自己和他人；理解人们之间相互依赖的关系；了解和理解他们文化传统的异同；理解怎样以和平的方式解决冲突"。③ 目前小学阶段的相互理解教育的主题包括"我的家庭和朋友""我的学校""我的社区和更大的世界"。此外，北爱尔兰还实施融合教育计划，让新教和天

---

① Alan Smith：Citizenship Education in Northern Ireland：beyond national identity? Cambridge Journal of Education, 2003, 33（1），p.23.

② Colin Brock（ed）：Education in the United Kingdom. Bloomsbury Academic. 2015. p.266.

③ David Kerr, Stephen McCarthy & Alan Smith：Citizenship Education in England, Ireland and Northern Ireland. European Journal of Education, 2002, 37（2），p.187.

主教儿童进入同一所学校受教育，增进他们相互理解，从而培育他们对待彼此的积极态度。如1996—2000年，北爱尔兰教育部"教育策略规划"要求通过支持年轻人的接触将相互理解教育融入课程，进行融合教育。总之，北爱尔兰的相互理解教育不仅旨在加强学生之间的相互理解，而且在于增进社区的和平。如诺曼·理查德森和托尼·加拉格尔所指出的，相互理解教育强调个人发展，并在自信和自尊基础上发展个人、群体、社区、国家和国际等层面的积极关系；发展创造性处理冲突、偏见的意识和能力，探索取代暴力的方式；探索人的多样性，理解包括文化、种族、宗教、民族、性别等多元社会的异同；增进人与人、文化与文化之间的互动、依赖和相互依赖的意识，包括正义、平等、权责等。[①]

随着北爱尔兰和平进程的推进，北爱尔兰地方议会也开始议会选举，与此相应就必须对青少年进行民主和公民社会参与方面的教育。2007年，北爱尔兰设置了"生活与工作学习"课程，其中包括"地方和全球公民资格"部分。该课程以调查为基础，在第三关键期探索四个核心领域：多样性和包容；平等和正义；人权和社会责任；民主与积极参与。其公民教育鼓励学生利用案例研究和资料，进行调查、信息管理、问题解决和决策，开展争议性问题和实际问题讨论，让学生在全球背景下思考公民意味什么[②]，借此增进学生对民主进程和对社会的、公民的和政治的生活参与的理解，增强对平等和正义的政治承诺，促进对多样性的尊重与敏感性，同时提升学生的批判性思考能力和决策能力。伊蒙·加拉格尔展示了北爱兰教育当局对第三关键期这四个方面探索的要求：

> 在探索多样性和包容性方面，让学生思考当地和全球社会多样性的范围和程度，并确定多样性和包容性在地方、国家、欧洲和全球范围内所面临的挑战和机遇。这方面的探究包括调查影响个人和群体认同的因素，如年龄、性别、青年文化、社群背景、多重身份

[①] Gerard McCann: Educating for peace in Northern Ireland: from EMU to Citizenship. The Development Education Journal. 2006, 13 (1), p. 19.

[②] James Arthur, Ian Davies and Carole Hahn (ed): The SAGE Hand of Education for Citizenship and Democracy. SAGE Publications. 2008. p. 257.

和变化的认同等；调查个人和群体表达其认同的方式，如衣着规范、语言、音乐和体育传统、宗教和政治意见、信仰等；调查冲突及其原因，包括社区中出现的偏见、成见、宗派主义、种族主义等；调查管理冲突和改善社群关系和促进和解的方式，如调查来自多样性和多元文化主义的机会和促进包容的可能方式，如社区关系工作、共享的节日和体育活动、融合教育。

在探索人权与社会责任方面，让学生理解为全球所接受的在国际人权文献中所概括的权利和民主社会中个人与群体的责任的价值基础，让学生调查在现代民主社会提升人权标准的重要性。这些人权标准包括满足基本需要，保护个人与群体。这方面的教育让学生考查《世界人权宣言》《欧洲人权公约》《联合国儿童权利公约》等文献中表述的作为价值基础的人权原则；调查为什么在北爱尔兰社会中不同权利必须受到限制或平衡，如个人权利对群体权利；调查地方和全球人权被侵害的情况，如童工、受到质疑和挑战的国家行为；调查社会责任的原则和个人、社会与政府在促进这些原则方面的作用。

在探索平等与正义方面，让学生理解社会有必要保护个人和集体的权利，确保公平对待每个人。这方面涉及让学生探索不平等的产生，包括一些人怎样和为什么遭遇不平等或歧视。可以调查一些人遭遇的不平等或社会排斥的经历，如绝对贫困和相对贫困、无家可归和避难经历；调查政府间、政府和非政府组织旨在促进平等与正义的努力，如联合国、北爱尔兰平等委员会等。

在探索民主与积极参与方面，让年轻人理解怎样参与和影响民主进程，并意识到一些重要的民主制度，以及他们在促进包容性、正义和民主方面的作用。这方面主要是让学生调查民主的基本特征，如参与、法治、促进平等和人权等；调查参与学校和社会的方式，如学校委员会、同辈调解、模拟选举、自愿服务、游说和竞选运动等；调查为什么需要法律规范、怎样强化法律规范以及违法对社区的影响，如学校规则、课堂章程、年龄与法等；调查来自不同观点的问题和建议改善状况或解决问题的行动方案，如怎样改善地方青年服务、设计社区花园、环保活动和参与全球运动。①

第四关键期"地方和全球公民"课的学习内容包括人权和社会责任,非政府组织的作用、多样性和包容,社会和政府在促进平等、社会正义和保障人权方面的作用,民主机构在促进包容、民主和正义方面的作用,年轻人参与民主进程等六个方面。按北爱尔兰课程、考试与评估委员会的规定(见 ccea. org. uk),在理解人权与社会责任方面,要求探究有关人权文献的历史背景、人权的重要性和类别、平衡或限制权利的复杂性,比较不同的人权文件、分析个人、社会和政府在促进人权方面的作用、评价北爱尔兰权利法案的必要性、分析北爱尔兰社会的挑战和机会;探究社会责任定义的复杂性、个人责任和社会责任之间的关系、个人怎样影响社会变革、评估社区需要,分析媒体对青年文化和社会责任的报道、分析社会(非政府组织)对社会正义问题的反应、分析非政府组织和政府在履行社会责任方面的作用和功能、理解和分析人权立法在影响变革方面的作用。在理解非政府组织的作用方面,要求提高对社会不平等与不正义所导致的问题以及非政府组织在解决这些问题方面的作用的认识:探究社会正义的概念和非政府组织的背景;深度分析(包括效果评估)所选择的非政府组织;深化对非政府组织所进行的工作及其对社会贡献的认识;比较不同非政府组织的工作效果;确认回应非政府组织的适当方式(支持或反对)。在理解包容和多样性方面,要求思考多样性的具体挑战是什么;确定学校或社区背景下的多样性问题;评估学校/社区应对多样性问题的有效性;在社区层面分析北爱尔兰的各种需要、挑战和机会;评价媒体对移民问题的描述和报道;确认国家和全球的多样性;评估国家应对全球多样性的有效性;采取比较方式探索多样性问题;评估非政府组织和政府在促进平等和多样性方面的作用;评估人权在针对多样性问题方面的作用。在理解社会和政府在促进平等、社会正义和保障人权的作用方面,要求增进对平等概念和

---

① Eamonn Gallagher: Racism and citizenship education in Northern Ireland. Irish Educational Studies. 2007, 26, (3), pp. 260–261. 此学习计划自颁行一直沿用至今。

《北爱尔兰法》（Northern Ireland Act）第七十五条的理解；研究个人、社会和政府如何保障个人和群体/社会权利的例子；评估政府和社会在保护公民权利和促进公平方面的作用。在理解民主机构在促进包容、民主和正义的作用方面，要求认识到和探索民主的特征和基本概念；表达对地方、区域、国家和欧洲层面的民主制度的已有的理解和认识；探究一两个民主机构怎样促进包容、正义和民主；评估民主机构在促进包容、正义和民主方面的效果；评估（地方、地区和国家）政府在促进包容方面的作用。在理解年轻人参与民主进程方面，要求认识到个人，尤其是年轻人参与民主进程的各种方式：确认个人更有效、更全面参与的各种方式。

从课程名称及其内容看，我们可以看到北爱尔兰的公民教育虽然关注平等与多样性，促进宽容的和平文化，但缺少国家认同，不存在"促进忠于国家的'爱国主义'公民教育模式"[1]。之所以如此，是因为北爱尔兰不存在一致的国家身份或者国家本身的合法性，北爱尔兰的新教徒认同的是英格兰，而天主教徒认同的是爱尔兰。北爱尔兰公民教育不可能采取以国家认同为基础的公民教育模式，而是要避免民族主义。"不像大多数国家，公民教育集中在增强共同体意识的因素——国旗国歌、政府制度和分享的历史上——所有这些特征在北爱尔兰备受争议，因而公民教育必须在'规范政治'之外寻求。"[2] 北爱尔兰公私部门的相关人员也认为北爱尔兰公民教育应该避免国家认同。乌尔里克·尼恩思调查了北爱尔兰公私机构的相关人员，调查发现，他们认为国家认同在其他社会可能有作用，但在北爱尔兰这个分裂的社会应该避免，一些受访者认为需要用包容性价值取代民族主义，如人权，因为这些权利被国际社会合法化。不过，也有人认为虽然人权可以作为一种选择，但更可能会引起争议，因为人权是自由主义所倡导的政治路线，有其政治立场而不是非政治的东西。还有人提出多元主义作为摆脱分裂社会公民教育陷阱的

---

[1] David Kerr, Stephen McCarthy & Alan Smith: Citizenship Education in England, Ireland and Northern Ireland. European Journal of Education, 2002, 37 (2), p. 189.

[2] Colin Brock (ed): Education in the United Kingdom. Bloomsbury Academic. 2015. p. 206.

方式，强调公民教育的中立立场，让学生维持自己的认同[1]。总的来说，北爱尔兰公民教育将国家认同与公民概念分离，强调共同的权利和责任而非国家认同，希望包容不同的公民认同。也因为北爱尔兰分裂的社会现实，公民教育不可能采取灌输的模式，只能采取以探究为基础的公民教育模式。如果采取灌输的模式，就会确定正确的知识与价值观，也就必然引发谁的"正确"的质疑，从而引发新的政治冲突。采取探究的公民教育方式表明对所探究的四个领域的概念的揭示与挑战是开放的。

北爱尔兰所采取的回避国家层面的公民认同的公民教育的课程模式并未让学生面对北爱尔兰的民族与宗教的冲突，甚至避免学生对此发表自己的意见。这种公民教育现象被北爱尔兰学者称为"沉默文化"。这种现象的出现与北爱尔兰公民教育计划的决策相关。北爱尔兰的公民教育计划是自上而下的，未咨询教师、父母或学生。一些教师对之抱以消极态度，觉得这种提议根本上是政治议题，而学校应该在政治之外。[2] 而且这一计划是成人中心的，在目的上是将儿童培养成为有能力的成年公民。这就否定了学生参与北爱尔兰和平进程的能力。学校顺从这一公民教育计划的安排，教师很少给学生机会讨论涉及北爱尔兰地方的问题。教师往往选择讨论某些主题而排除另一些主题。教派的冲突、国家认同等问题很少进入课堂讨论。在针对学生的调查中，仅有1/3的学生认为有特别的课针对了诸如教派等问题。对相互理解教育的评估发现，教师往往回避争议性和困难问题。地方与全球公民教育的审查发现教派在公民教育计划中是很少讨论的主题。但79%被调查的儿童希望在学校学习政治。他们希望探索和讨论争议性问题，但觉得他们没有必要的知识和技能这样做。[3] 在此我们可以看到，北爱尔兰成人的教育安排与儿童

---

[1] Ulrike Niens: Understandings of citizenship education in Northern Ireland and the Republic of Ireland: Public discourses in the public and private sectors. Education, Citizenship and Social Justice. 2010, 5 (1), p. 79. 与北爱尔兰相反，爱尔兰的一些受访者认为公民教育有助于向年轻人灌输民族自豪感。其中一人建议公民资格以宪法为基础，其界定为特殊国家的归属感。

[2] Madeleine Leonard: Children's citizenship education in politically sensitive societies. Children, 2007, Vol.14 (4). pp. 492 – 493.

[3] Ibid., p. 497.

的期望相左。但未来毕竟属于年轻人，也由年轻人创造。如一名12岁的北爱尔兰学生的和平诗《和平还是战争》表达了祈盼和平、创造和平的愿望，"为年轻一代着想，想想对我们的影响"。年轻人并不希望回避争议，回避过去的真相，与成年人相比，他们更关切过去的真相，在恢复真相方面，有2/3的年轻人支持，而成年人只有一半，因而公民教育课程"需要给这一代人提供不仅了解过去而且从过去经验中汲取教训的机会"。①

五 "16岁后"的公民教育

在英格兰、威尔士和北爱尔兰，第四关键期结束即16岁意味义务教育结束，学生分流到不同的教育机构，包括大学预科（school sixth form）、继续教育学院、训练机构以及青年与社区组织接受不同的教育与训练。所谓大学预科就是中学的最后两年，相当于我国的高中二、三年级。大学预科有一门"政府与政治"课。这门课一直是英格兰、威尔士和北爱尔兰政治教育的重要课程，也是大学入学考试的科目。

（一）16岁后公民教育的框架

公民教育不仅是每一阶段的特定教育，而且贯穿整个教育过程。2001年9月，在教育与就业大臣的要求下和响应本纳德·科瑞克16—19岁公民教育顾问组的意见，英格兰16岁以上青年公民资格发展计划开始实施。科瑞克小组的报告建议在16岁后的义务教育和训练的第一阶段的所有学生和受训者有权发展公民资格，其中参与是重要的部分；所有这样的青年应该有效地参加与公民技能发展相关的活动，并认可他们取得的成绩。②

这一青年公民资格发展计划旨在将青年培养成为国家和社区的积极

---

① Lesley McEvoy: Beneath the rhetoric: policy approximation and citizenship education in Northern Ireland, Education, Citizenship and Social Justice, 2007, 2 (2), p. 146.

② Qualification and Curriculum Authority: Play your part Post – 16 citizenship. 2004.

公民，特别强调公民教育对青年的意义。该计划指出，其有益之处在于帮助青少年为成年和工作的机会与挑战做准备；教授他们权利与责任；帮助他们理解社会的运作；让他们在民主进程中充分发挥作用；增强他们学习的动力；树立他们的自信与自尊；让他们积极参与涉及现实问题的学习；培养他们与人合作所需要的公民技能。① 也就是通过公民教育，让青年关注周围世界，获得社会和政治运作的知识与变革社会能力，以及参与挑战性的和有价值活动的经验，同时培养民主参与的能力。这种公民教育是"让年轻人了解他们的权利和责任，理解社会怎样运作，和增进社会与政治方面的知识与理解。公民教育促进年轻人对与之相关的事务采取行动，在民主过程中发挥积极作用，借此成为社会的有效成员。鼓励他们表达自己的观点，发出自己的声音，在社区发挥积极作用"。② 该计划提供了六种方式：学生的声音和申述、认证与个人化的计划、小组辅导和改进计划、自愿的活动和社区的活动、单独活动、研究项目。③ 该计划要求16岁以上青年的公民教育应该向年轻人提供如下计划：认识、调查和批判性思考他们关心的公民议题、问题和事件；决定和采取后续行动；反思、认可和审查他们的公民学习。④

（二）学术性的政府与政治课

在英国，进入大学预科学习，就是为了上大学，成为社会各界的精英。这些精英必须具备良好的政治素质，也就必须接受高质量的政治教育。我们可以从20世纪70年代英格兰政府与政治科目考试看出其对知识要求之高。如1974年联合入学考试委员会（Joint Matriculation Board）的英国政府与政治的高级水平大纲要求考生做两份试卷，每份三小时，每张试卷回答四个问题。内容包括：宪法（宪法的本质、1832年以来宪法

---

① Qualification and Curriculum Authority：Play your part Post – 16 citizenship. 2004.

② Quality Improvement Agency for Lifelong Learning：Six approaches to Post – 16 Citizenship：6 Citizenship through research projects. the Learning and Skills Network. 2007. p. 3.

③ Quality Improvement Agency for Lifelong Learning：Six approaches to Post – 16 Citizenship：16 Citizenship through research projects. the Learning and Skills Network. 2007. p. 3.

④ Qualification and Curriculum Authority：Play your part Post – 16 citizenship. 2004.

的主要发展、君主制、议会、行政和司法),代表制(包括政党、选举制度、投票行为和政党冲突的本质等),议会(下院、议会的职能、上院的作用等),政府(首相、内阁、部长、公务员的组成和职能等),公民与法(司法原则、公民权、法院、警察等)五个方面。① 牛津和剑桥学校考试委员会(Oxford and Cambridge School Examination Board)1973 年的高级水平(A-level)考试包括四张试卷:政治思想(包括卢梭的《社会契约论》、柏克的《法国大革命的反思》、《联邦党人文集》、密尔《自由与代表制政府》、马克思和恩格斯的《共产党宣言》),英国政府(包括议会、首相和内阁、君主制、公务员、法院、地方政府和政党制度)和美国政府(宪法、总统、国会、高等法院、联邦制的分权、白宫办公室、公务员、法院和政党等),英国从 1830 年以来的宪政史,政府的理论和实践(重在基本的政治与宪政、现代世界主要国家的运作)四张试卷,考生必须任选两张试卷完成答题,每张三小时。② 东南区考试委员会(South-East Regional Examinations Board)公民学大纲要求考生完成两张试卷,一张 45 分钟,一张 90 分钟。其目的是提供积极公民的训练,"鼓励学生对附近社区、地区、国家和国际事务抱有积极兴趣";"鼓励接受对社区的责任,清晰理解所涉及的权利和义务";"使学生能够对社区生活做出积极贡献。"③ 考生要回答以下方面的问题:政府政治(组织与财政、公民的权利和责任)、中央政府(主权的作用、议会工作、政党、选举和下院议员的工作、内阁、政府部门和公务员、国家财政)、法和司法(法院的工作和职能、警察的工作和职能、公民的权利和义务)、社会机构(福利国家和社会服务、自愿服务和组织、工会、出版、电台、电视和其他通信服务)、世界公民(联合国和结盟的组织、英联邦、国家政府的不同类型、当前世界的政治、社会和经济问题)。④ 考试包括两张试卷的书面考试和学校的课程作业评估。书面考试,第一部分包括知识及其运用的客

---

① T. Brennan: Political Studies: A Handbook for Teachers. Longman Group Ltd. 1974. pp. 118 – 119.
② Ibid., pp. 119 – 120.
③ Ibid., p. 131.
④ Ibid., pp. 131 – 132.

观问题，问题涉及整个大纲。第二部分为论述题（essay-type answers）。①

我们可以说，英国大学预科的政治教育是高水平的知识教育，内容涉及政治的各个方面。如北爱尔兰政府与政治课包括四个方面：北爱尔兰的政府与政治、政治权力与政治思想、英国的政治过程、比较政府（英国与美国、英国与爱尔兰共和国）。按2008年9月开始实施的课程大纲，北爱尔兰政府与政治涉及北爱尔兰的政治制度、政党和选举制度；英国的政治过程包括英国的行政、立法和司法机构；政治权力与政治思想包括政治权力的理论、合法性与稳定性以及保守主义、自由主义和社会主义思想；英国与美国的政府比较包括美国宪法、英美国家的立法与行政机构；英国与爱尔兰共和国政府比较包括爱尔兰宪法以及两国的立法与行政机构的比较。大纲对需要掌握的知识与理解做了规定，如在政治权力的理论方面，需要掌握马克思主义、多元主义、精英政治理论和女性主义等理论的主要特征，每种理论说明的权力来源、谁有权力、所用的权力以及对这些理论的批判。在合法性与稳定性方面，基本的知识与理解包括：形成国家合法性的因素、决定国家合法性的要素、社会分化怎样影响国家的合法性、国家怎样实现自身的合法性、国家可以通过强制统治吗？大纲对各种政治权力的理论进行了解释，如女性主义，即"寻求解释两性不平等，关注性别政治以及男女之间的权力关系。女性主义将妇女平等的促进与争取妇女权利和利益的运动紧密结合"。精英政治理论"寻求解释怎样掌握和运用权力。该理论的核心原则是少数掌握经济和政策规划权力的精英实际控制公共资源，而无关怎样选举"。马克思主义"是政治和经济的理论，源于卡尔·马克思和弗里德里希·恩格斯。其核心思想是资本主义的批判性分析和社会变革的理论。其与共产主义的政治意识形态紧密相连"。多元主义认为"政治权力并不为选民所掌握，也不集中在少数精英手中，而是分散在如商业组织、工会、利益集团和压力集团等社会群体和联合体中"。大纲也解释了权威、强制、民主等政治概念，如"民主""在字面上意味'人民的统治'，……今天最普遍的民主形式常常被称为'自由的'或'宪政的'民主。自由的民主特

---

① T. Brennan：Political Studies：A Handbook for Teachers. Longman Group Ltd. 1974. p. 132.

征在于成人的普遍投票权、自由公平的选举、竞争的政治过程和规定了基本权利、自由和政府权威限制的宪法"。① 政治思想方面，内容包括自由主义与《论自由》、保守主义与《法国大革命的反思》、社会主义与《共产党宣言》。每种思想主要涉及四个方面的知识与理解，即这些主义怎样看人的理性、个人自由、国家的作用和社会不平等？密尔的《论自由》或柏克的《法国大革命的反思》或马克思与恩格斯的《共产党宣言》怎样阐释这些思想？这些主义怎样看现代世界？这些主义的思想以及密尔、柏克、马克思与恩格斯受到怎样的批判？大纲揭示不同的意识形态，如保守主义保守已确立的社会制度，反对激进的社会变革，将社会秩序和稳定作为政治的基本目标；自由主义承诺扩大个人权利，坚信人的个体的至关重要性，将人的自由的扩大作为政治的基本目标；社会主义强调生产手段的集体所有，将平等置于优先的位置，将经济的和社会的平等作为政治的基本目标。②

教学大纲的具体化就是教材。英格兰大学预科的政府与政治的教材同样突出知识性，强调概念的掌握。我们以供英格兰高级证书考试学生使用的两本教材《英国政府与政治》和《美国政府与政治》来分析其知识特点。

政治知识主要涉及政治价值和政治过程两方面的知识。政治价值包括权利、民主、平等等方面，政治过程涉及具体的政治制度，包括选举、政府、政党和压力集团。《英国政府与政治》和《美国政府与政治》全面阐述了这方面的知识。如《英国政府与政治》包括政治概念与宪法、选举、政党、政治意识形态、议会、首相与内阁、公务员、君主制、司法、地区与地方政府、欧盟、压力集团等12个方面；《美国政府与政治》描述美国政治制度的过程、体制和政策，同时与英国的制度比较，内容包括历史概述、宪法、联邦主义、选举、政党、总统制、国会、联邦政府、最高法院、压力集团等10个方面。知识的结构自然包括概念，这两种课

---

① GCE Government and Politics：Unit A2 2：Political Power and Political Ideas：Option A：Political Power. http//www. nicurriculum. org. uk. 2011－9－23.

② Ibid. .

本注重概念，包括概念的解释。如《英国政府与政治》政治概念与宪法包括33个概念，选举包括26个概念，政党包括24个概念；《美国政府与政治》宪法部分包括21个术语，选举部分包括43个，联邦主义部分为39个。而且对各种概念进行了界定。如《英国政府与政治》对政治概念的解释，"政治是涉及冲突""权力是关系"，权力的类型包括强制、影响和权威（包括传统的、法律的和个人魅力）；"权威是以运用权力的权利为基础";[1] 将个人主义解释为：洛克相信在自然状态中人是独立的，有能力做出自己的决定，因而个人平等，个人同意政府，政府反过来保护个人的权利和自由；个人权利是政治的、经济的和法律的权利，"政治上，个人有权利通过投票、组织政党和压力集团参与政治系统。经济上，个人有私人财产权和追求自己幸福的权利。……法律上，法律面前人人平等，司法应该免于政治干涉。换句话，自由主义者支持法治"。"法治"即法律面前平等。没有法就没有自由。政府应受到审查和平衡，防止权力落在个人和机构手中；自由即传统的自由以消极方式理解，免于政府干预而追求其利益的自由；平等：要求每个人在生活中有相同的机会，不是结果平等而是机会平等。因而他们相信精英社会而非基于特权的阶级社会。[2]《美国政府与政治》也对相关概念进行解释，如否决的权力，"宪法否决联邦政府的某些权力，对其进行限制，就是为人所知的否决权力"。对压力集团分类，如分为利益集团、商业集团、劳工集团、农业集团、专业团体、意识形态团体和促进集团，并对这些集团进行解释分析。如意识形态集团，不在于经济利益，而是"促进特殊人权的权利和利益"，如"全国有色人改善协会"，并对该组织进行简要介绍。[3]

---

[1] Any Williams, UK Government & Politics (Second Edition). Heinemann Educational Publishers. 1998. pp. 1, 2, 3.
[2] Ibid., pp. 68–70.
[3] Ibid., pp. 40, 164–168.

第 三 章

英国学校跨课程的公民教育

为民主社会培养公民不仅是公民课的教育任务，也是其他课程的教育任务。英国，尤其是英格兰，因为缺乏公民教育的教学传统，往往要求将公民教育融入所有学科教学。如杰奎琳·沃森指出，"公民教育是贯穿整个学校的路径"。公民教育既是独立的课程，也融入其他课程。① 这种将公民教育融入其他课程的方式即是"跨课程"方式。这种方式一直为英国的教育政策所强调。英国官方文件要求将公民教育作为基本主题贯穿所有学科的教学中，完成公民教育的任务。1988 年英国《教育改革法》指出，促进学生精神、道德、心理和身体的发展是学校法定的责任。1990 年，英国下院议长的委员会的《支持公民教育》提出公民教育包括：理解规则；认识活动；技能的培养和运用；通过学校活动学习民主的行为，从中学会在更广大的社区发挥作用。该报告要求在第二关键期通过英语、科学、历史和地理等课程学习"做公民"，让学生研究基于早期文明及法律与习俗的主题，调查某一社会状况及其原因、冲突及其解决。在第三关键期通过英语、历史、宗教教育和社会科学等方面学习"做公民"，学生讨论报纸和其他媒体关于人权的问题，然后开展角色扮演、创造性协作和项目工作。在第四关键期通过技术、英语、科学和社会科学等科目学习"做公民"，学生参与社区服务项目，如老年人工作、儿童工作。② 1990 年，英格兰国家课程委员会将公民教育作为国家课程五个跨课

---

① Jacqualine Watson: Educating for citizenship—the emerging relationship between religious education and citizenship education. British Journal of Religious education, 2004, 26, (3), p. 260.

② Education for Citizenship. National Curriculum Council. 1990. p. 26.

程的主题之一（其他为经济和工业的理解、健康教育、生涯教育与指导、环境教育），要求学校增进学生对责任和权利的理解，提供机会和鼓励让学生参与学校各方面的生活，从而把学生培养成为积极的参与的公民。该委员会指出，虽然"公民教育常常关注政府机构及其运作程序等方面的知识。但公民的义务、责任和权利是复杂而广泛的"，因而要求通过英语、科学、数学、地理和宗教教育等课程进行公民教育。如宗教教育课"作为法定的基础课程部分，宗教教育对促进价值和信仰、个人和社会的关系、义务、责任与权利的研究特别重要"。科学课可以帮助学生建立公民教育的概念框架。[1] 同年国家课程委员会的《课程指南3：整体课程》也将公民教育作为其他课程的任务，该文件要求跨课程的培养学生在民主社会行使权利和承担责任所必需的知识、技能和态度。1998年的"科瑞克报告"将培养"积极公民"作为所有教育的目标，建议"学校应该将公民教育的因素与其他科目结合，尤其是历史与公民课的结合有明显的教育优势"[2]。该报告指出，"当代问题"会涉及历史的根据，诸如权力、自由、平等、民主和种族主义，是公民资格讨论的核心，可以通过所有课程，尤其是历史课加以探索；地理课通过从地方到全球的位置、主题和问题的研究，提供有关冲突、所关心的事项的学习机会，扩展有关政治组织和压力集团的活动、自愿群体方面的知识，而且评估决策对人、地方和环境的影响，从而理解人与地方相互依赖，体验从地方到全球的公民资格，培养学生采取明智行动所必需的理解力、技能和自信。目前，塑造"负责任的公民"已经成为英格兰国家课程的既定目标，而不仅仅是公民课的任务。[3] 苏格兰的公民教育采取整个学校的方式，将课程的公民资格作为公民教育的一个领域，希望通过跨课程的方式达到公民教育的目标。1999年创立苏格兰议会后，苏格兰开始自己的公民教育，并赋予公民教育"有苏格兰独特的解释，不仅仅强调为了公民资格而教

---

[1] Education for Citizenship. National Curriculum Council. 1990. p. 14.

[2] Advisory Group on Citizenship：Education for Citizenship and the Teaching of Democracy in Schools. London：Qualifications and Curriculum Authourity. 1998. p. 22.

[3] Ian Davies（ed）：Debates in history teaching，Routledge，2011，p. 186.

育（education for citizenship）而且是公民教育（citizenship education）"。①这意味将公民教育渗透在所有方面。如2001年苏格兰公民论坛副主任黛博拉·威尔基所说，公民教育不仅需要融入课程，渗透到学校的精神风貌，而且要延伸到校外，要让学生学做有知识和批判性的公民，能做出合理的决定。他指出，即使有人担心公民教育被作为控制而非转变或解放的工具，人们也需要通过参与，在学校、工作场所、社区和家庭受到尊重而经历公民资格。② 苏格兰教学局（Learning and Teaching Scotland）的"公民教育：讨论与发展报告"指出，传统的课程是公民教育的重要媒介，要求通过跨课程达到公民教育目标。这些跨课程的方式包括组织全校活动，如集会、社区论坛展示学校对公民教育的决心；提供儿童运用各学科的知识和理解到跨课程的学习如欧洲研究、反种族主义和全球教育中。③

　　实际上，公民教育是整个教育的任务，"跨课程"公民教育是必然选择。公民教育旨在民主正义，"跨课程"作为一种教学思想和教学方式，不仅意味将其他科目的教育目标和因素融入本学科的教学，而且意味在本学科内推进民主正义的批判性反思，探索人类进步的民主与正义的条件。这种批判性反思既深化本教学的深化，而完成培养公民的任务。本章在厘清"跨课程"内涵的基础上分析英国跨课程公民教育的开展的形式，并具体分析通过历史、地理等课程的公民教育。

一 "跨课程"的含义与公民教育 跨课程的方式

　　跨课程（across-curriculum）一般意味通过其他课程完成某一特殊课

---

① Gert. J. J. Biesta: Learning Democracy in School and Society: Education, lifelong Learning, and the Politics of Citizenship. Sense Publishers. 2011. p. 19.

② Citizenship Education: A Dialogical Perspective. Valies Education Council of the United Kingdom. 2001. p. 15.

③ Shazia Akhtar: The implementation of education for citizenship in Scotland: recommendation of approaches for effective practice. Improving School. 2008, 11 (1), p. 40.

程的教育任务，因而涉及两门课程的结合问题，换句话说，涉及课程整合（curriculum integration）的问题。因为课程整合意味通过主题、问题、过程和经验将不同学科结合起来，而跨课程的工作也可能采取主题方式。但跨课程是否可以等同课程整合？在英国，有的学者将两个概念区分开，有的学者模糊了这种区别。如帕特·汤姆森等人赞同美国学者詹姆斯·比恩将跨课程与课程整合区别开。在比恩看来，课程整合从有组织的主题开始，然后到概念，再到活动。其主题取自主要课程、社会问题和年轻人关心的问题或年轻人感兴趣的热点或围绕概念取向的过程。而跨课程虽然寻求不同课程的相同主题，学科自始至终仍是完整的。整合提供活动顺序的逻辑，跨课程则不提供。[1] 从这一区分可以看出，不论跨课程还是课程整合都会寻求将不同课程结合的主题，一则涉及不同课程，二则关注相同主题。所以二者的界限有某种程度的模糊性。福格蒂（Fogarty）就未加区分地描述了课程整合或跨课程工作的十个水平：（1）碎片的：分离和独立的学科；（2）联系的：与一门学科的主题有联系；（3）渗透的：在一门学科领域中目标指向社会能力、思考能力和记忆技能；（4）连续的：虽然学科是独立的，但将相似的思想协同安排；（5）共享的：设计两个学科的团队计划或教学关注共同的概念、技能和态度；（6）网状的：利用一个主题作为多门学科教学的主题；（7）链接的：思考技能、社会技能、多元智力和学习技能贯穿整个学科；（8）整合的：为了共同的技能、概念和态度优先考虑多学科交叉；（9）透视的：学生透过一个兴趣领域将所有学习融为整体；（10）网络化的：学生通过专家和资源的网络的选择进行整合。这十个水平与英国关于跨课程的讨论所涉及的维度有许多相似的地方。艾伦·里德和威廉·斯科特指出，在"跨课程"的讨论中其内涵可能涉及十三个维度：以共同的主题、技能、兴趣、共识、答复和知识等为核心的"课程交叉"；将内容"补充"或"增补"到现存的结构中；作为补充教育中的材料的"配方"或"增

---

[1] Pat Thomson, Christine Hall, Ken Jones: Creativity and across-curriculum strategies in England: tales of doing forgetting, and not knowing, International Journal of Educational Research, 2012, (55), p. 13.

加的开胃品";将不同学科联系起来的"连接手段（bridging device）";将学科板块聚合起来的"砂浆";"矫正"教育哲学和政策中学术结构和学科的不适当与支配性;"黏合"学习经验与知识;"补偿"或"丰富"教育的"有限的食粮";进步的或激进教育的"避难所"或"空间";国家课程中的教育思想与实践中的"健忘症"的"治疗";渗透在"整个课程"中的"维度"（如强化跨学科的相关性）;加强教育的"转变性"而非"社会再生产性";学校的"创新"或"变革的动力"[1]。朱利安·莫斯和凯特·哈维也指出一些学者将课程整合和跨课程混用，如美国哈佛大学的维诺尼卡·布瓦·曼西拉将跨学科学习定义为"在两个或多个学科中整合知识的能力和思维模式以促进认知进步。如通过跨课程方式解释一种现象，解决一个问题，创造一个产品或提出一个新问题。又如德雷克和伯恩斯将跨课程区分为三种不同程度的课程整合形式：多学科课程（Multidisciplinary curriculum），重在对前景化的（foregrounded）跨学科的概念和基本理解有适度的课程整合；跨学科课程（Interdisciplinary curriculum）是各学科之间的桥梁，重点是了解、做、具备（know/do/be），并在跨学科技能和跨学科的概念与基本理解方面有中度和高度的整合；超学科课程（Transdisciplinary curriculum）是一种范式转换，在转化中跨学科的技能和跨学科的概念与基本理解被运用到真实的生活情境中，并将所有利益相关人视为共同规划者、共同学习者，并利用通才和专家的知识。[2]

从以上所述，我们可以得出的结论，即跨课程是以一门课程为基础的课程整合，最终指向解决问题和社会行动。因为跨课程的工作一定会以问题开始，挑战传统的教师主导的教学方式，将学生作为主动的学习

---

[1] Alan Reid & William Scott: Cross-Curricularity in the National Curriculum: reflections on metaphor and pedagogy in citizenship education through school geography. Pedagogy, Culture and Society, 2005, 13 (2), p.185.

[2] Julianne Moss, Kate Harvie, "Cross-Curriculum Design: Enacting Inclusive Pedagogy and Curriculum" In Inclusive Pedagogy Across the Curriculum, Julianne Moss, Kate Harvie: Inclusive Pedagogy Across the Curriculum Cross-Curriculum Design: Enacting Inclusive Pedagogy and Curriculum, Emerald Group Publishing Limited, 2015, pp.265–266.

者，教师作为促进者，鼓励学生通过问题解决、合作学习和自我经验与兴趣的拓展而学习。[1] 而这些与詹姆斯·比恩界定的课程整合一致。在比恩看来，课程整合的主题来自生活和经验，学生利用这些主题批判性地调查现实问题，并在他们认为需要的地方采取社会行动，由此深化对民主的理解而且学生参与课程规划，就挑战了知识权威，重新界定课堂上的权力关系。[2] 由此，我们可以看到，跨课程有明显的公民教育意味。如朱利安·莫斯和凯特·哈维所论及的支持跨课程设计的四个关键理论要素的第一个要素是具备"21世纪的认同和公民资格"，包括民主价值观、接受和归属；跨文化理解；思维习惯；生活技能（如团队合作、自我负责）等四个方面。丹尼斯·海耶斯也认为，跨课程是教师将公民教育结合进不同学科领域的方式。[3]

1990年英国国家课程委员会将公民教育作为跨课程的主题后，英国教育学界积极探索跨课程的公民教育的方式，如1993年莱斯特大学公民教育研究中心（the Centre for Citizenship Studies in Education）就出版跨课程的公民教育论文集，研究跨课程的公民教育因素以及如何将公民教育结合进核心的和基础的课程。作为跨课程的主题，公民教育要求增进学生对共同体的本质、民主的作用、义务、责任和权利等的理解，培养沟通能力、数字能力、研究能力、问题解决能力、个人与社会的能力、信息技术能力等跨课程的技能；树立学生独立思考、尊重、公平和重视民主决策等态度以及关心他人、勤奋和努力、自尊和自律等道德价值观。为了实现这些公民教育目标，莱斯特大学公民教育中心在跨课程公民教育方面做了有益的探索。如罗丝·格里菲斯强调数学在培养公民能力与责任方面的作用，"数据处理是公民教育工作的重要方面"，而且可以培

---

[1] Pat Thomson, Christine Hall, Ken Jones: Creativity and across-curriculum strategies in England: tales of doing forgetting, and not knowing, International Journal of Educational Research, 2012, (55), p.8.

[2] James beane: Curriculum Integration: Designing the Core of Democratic Education, Teachers College Press, 1997, Introduction.

[3] Denis Hayes: The seductive charms of a cross-curricular approach. Education3 – 13. 2010, 38 (4), pp. 382 – 383.

养学生的责任。如让学生用数学的方式解决生活中面临的问题,教师可以让学生调查喜欢吃的水果,调查"你的喜好是什么",利用调查表,收集数据。"最重要的是,我们应该以让孩子感到自信,让他们控制他们所作所为并承担责任的方式教授数学。"[1] 蒂娜·贾维斯强调,技术是人类文化的基本部分,技术产品与文化和社会不能分离。"公民必须意识到技术通过改变家庭、工作场所和生活方式等方面影响社会的方式。他们应该理解技术的伟大力量,通过个人行为、利用投票和表达他们的观点等民主权利,承担挑战和改变技术的责任。公民需要理解并能预测引进新的系统或程序的影响,认识到对特殊技术可能产生的影响的限制。"[2] 等公民课成为英格兰公民教育的法定课程后,一些学者积极思考如果通过其他课程实现公民教育的目标。如加扎勒·卡齐姆·赛义德介绍将公民教育结合进其他课程的方式。他指出,可以通过地理课教授和解释国家认同的问题,通过英语课探索社会问题,如在20世纪90年代的英格兰,种族主义作为一个根本问题出现,在英语课中利用乔治·奥威尔的小说《动物庄园》反对种族主义;还可以通过文学进行公民教育,如利用维果茨基的假想游戏,让孩子讨论权利和责任;也可以在小学的文学课上让学生学会解决冲突的策略。他还指出,公民教育也可以与科学教育合作,让学生明确自然和技术在民主进程中的作用。[3] 戴维斯也设想通过历史、地理、音乐、艺术等课程的公民教育,如在音乐课上让学生听10分钟"最后的毕业舞会",要求他们分析《希望与荣耀之地》的歌词以及所传递的信息,思考音乐对听众的影响,分析听众的行为;也可以让学生听俄罗斯作曲家肖斯塔科维奇的《第五交响乐》,要求学生考察作曲家的日记、信件,研究政府和听众对《第五交响乐》的反应,思考政府与艺术之间的关系。[4] 对于数学课,戴维斯强调,数学可以直接用于公民教育的

---

[1] Janet Edwards and Ken Fogelman (eds.): Developing Citizenship in the Curriculum. David Fulton Publishers. 1993. p. 46.

[2] Ibid., p. 62.

[3] Ghazal Kazim Syed: How Appropriate is it to Teach Citizenship through Mian Curriculum Subjects?, Citizenship, Social and Economics Education. 2013, 12 (2), p. 138.

[4] Ian Davies: 100 + Ideas for Teaching Citizenship. Continuum International Publishing Group. 2011. p. 89.

目标。如学校进行模拟选举,数学就可以帮助计算选票,显示"摇摆"的幅度、已投票人的比率、不同的选举制度的不同结果(对比简单多数票当选与单一可转移票制)。当考虑几个主题如健康、教育和防务,如果不同政党的偏爱是不稳定的和一致的,可以要求学生利用斯皮尔曼等级。[1] 戴维斯认为艺术与社会紧密相连,可以开展各种艺术活动表达对社会的理解,如可以让学生研究或创作宣传画,让他们标出达到宣传效果的东西,如醒目的颜色、所配的文字、对行动的强调等;让学生绘制地方、地区或全球的图画,思考强调什么以及为什么强调、创作是以现实主义还是以理性主义的方式、包括哪些真实的对象等;也可以让学生研究一幅画或一位艺术家,对于高年级学生,可以通过考察某些艺术家的工作,向他们提出道德和宽容的问题;让学生调查新建画廊的设施,调查公共资金的花费、思考怎样判断金钱的价值以及怎样做有益于公民的事情。[2]

结合跨课程的内涵分析和跨课程公民教育探索的思考,我们可以说,跨课程是在一门课基础上的课程整合,跨课程的公民教育即将公民教育内容整合进其他课程。美国学者詹姆斯·班克斯将发生一门课程内的课程整合由低到高分为四个水平:(1)贡献方式;(2)增添方式;(3)转化方式;(4)社会行动。"贡献方式"即对其他课程目标做贡献;"增添方式"将新的成分增加到现存的课程中而不改变这门课的基本目标。"转化方式"即改革课程,让学生从不同的观点看某一概念、问题与主题。"社会行动"是最高层次的课程整合。在这一水平,学生审查学科类型,辨析与此相关的概念和问题,而且要求根据他们的发现规划行动策略和采取行动。这种方式因为其复杂性,更适合高年级学生。[3] 我们可以从这四个水平分析英国跨课程的公民教育方式。我们可以看到英国公民教育展现出四种方式,即将公民教育目标贯穿其他课程,对公民教育目标做

---

[1] Ian Davies: 100 + Ideas for Teaching Citizenship. Continuum International Publishing Group. 2011. p. 91.

[2] Ibid., pp. 87-88.

[3] Melissa K. Berke: Curriculum Integration: A two-way street. General Music Today. 2000, 14 (1).

贡献；通过学科探索政治概念；以不同角度批判性地探索课程内容；利用公民主题促进变革。

（一）对公民教育目标做贡献

公民教育旨在增进对政治的知识与理解、树立政治认同，尤其是国家认同，培养公民参与的能力。所有课程都可以对这些公民教育目标做贡献，将公民教育目标贯穿在课程教学中。

首先，增进政治知识与理解。任何课程，尤其是历史、地理、语言与文学课都表达对社会、道德和政治的理解。戴维斯指出，语言和权力、故事与文化、交流和社会问题有诸多联系，可以通过英语课程促进对公民方面的理解。马克·霍尔斯特德和马克·派克写道，"艺术是'一项核心的、不可或缺的人类活动与社会活动'。'艺术所具有的震撼和鼓舞人心的力量以及对人民观察事物的视角、观点和感情的改变'，在道德上都具有教育意义"。[①] 地理课与公民课紧密相连，能够让儿童理解英国乃至世界范围内文化与认同的多样性，理解全球相互依赖及其挑战。[②]

其次，增强对政治价值观和国家的认同。塑造国家认同是公民教育的核心目标。国家往往通过教育传递本民族的文化，塑造本民族的国家认同。增进国家认同不仅是公民教育的任务，也是所有课程的目标。1988 年，英国发起国家课程，教育大臣肯尼斯·贝克说："我把国家课程视为增强我们社会内聚力的方式。在现代世界如此分散、多样和不确定，今天在我们的国家，我们的孩子处于失去共同文化和共同传统意识的丧失的危险中。国家课程的凝聚作用将给我们社会提供更强的认同感。"曾任英国认证与课程署署长尼克·泰特（Nick Tate）也将学校的课程设想为培养共同文化、创造团结社会的手段，要求树立学生清晰的国家认同感。他指出，这是"在一个迅速变化和变迁的时代所保留的少有的目标之一"。他强调，这"意味将课程中优先的位置给予英语和英国历史……不列颠群岛的地理课；英语中的文学遗产；在这些岛屿内所言说与书写

[①] J. 马克·霍尔斯特德、马克·A. 派克：《公民身份与道德教育：行动中的价值观》，杨威译，社会科学文献出版社 2017 年版，第 73 页。

[②] 同上书，第 98 页。

的英语语言；英国的政治制度；我们共享价值观的基督教和犹太基督教的共同根源"。在1996年的地理学会的年会上，泰特指出，面对均质化的全球文化，地理应该帮助培养国家共同体意识。地理课应该研究作为整体的英格兰或英国，达到树立国家认同感的目的。[①] 因而，塑造国家认同的任务贯穿历史、地理等课程中。

树立政治价值观，如公平、宽容和尊重等也不仅仅是公民课的教学任务。学校的竞技体育教学也可以完成这一目标。托尼·多诺万等认为通过学校竞技体育的教学可以树立学生公平、宽容、尊重和关心他人的价值观和增强他们对个人与社会健康的责任感。按照斯登托普的概念，竞技运动的重要特征有助于学生获得积极的运动经验，把学生培养成为有合格的、有体育素养和体育热情的爱好运动的人，亦即掌握运动的技能和策略，理解与特殊运动相关的规则、传统和价值观，区别好与坏的运动方式，维护和提升体育文化。竞技体育的特征：（1）需要和促进所有学生"完全参与"，包括分组、学习经验的设计、竞赛规则；（2）以"发展性适当"的运动形式为特征，这些特征包括与学生的能力与经验相匹配；小型的改良的项目而非成人的运动形式；（3）让学生参与"不同角色"，包括教练、裁判、管理者以及运动员。托尼·多诺万等调查了英格兰中部小学竞技体育的开展情况。他们发现，通过参与竞技体育活动，学生学会平等待人、尊重和寻求必要的帮助。一名做裁判的学生说："我学到你必须公平，你必须做出正确的决定，你会赢得许多能帮助你的人的信任。"而且竞技体育也推动学生积极参与，让学生对自己更负责任。从此，他们看到了通过竞技体育进行公民教育的巨大可能性，也认识到创造性教学方式而非课程内容在培养积极公民方面的至关重要性。[②]

公民教育不仅涉及国家的认同感，还涉及培养参与公共事务的公民能力。蒂娜·贾维斯认为，技术课可以在培养公民态度、问题解决能力等方面发挥作用。在培养解决问题的公民能力方面，技术可以提供解决

---

① David Lambert and Paul Machon（ed）：Citizenship through secondary Geography. Routledge-Falmer. 2001，pp. 109 – 110.

② Toni M. O'Donovan, Ann MacPhail and David Kirk：Active citizenship through sport education. Education 3 – 13. 2010，38，(2)，pp. 204 – 214.

的方法，如改善图书馆的设施。技术课可以培养学生的态度，诸如相互依赖、合作和关心他人。通过设计和技术活动可以让学生重视民主以及相关的责任、义务和权利。在相互依赖方面，如技术可以培养学生的创造性、适应性等，评估他们的工作。在合作方面，设计和技术课要求学生设计组织系统以及开展团队工作，分享任务和充当不同方面的领导角色，从而培养合作精神和对他人需要的敏感性。理解和赞赏不同的文化方面，技术教育可以扩大学习的文化范围，将自己的生活方式扩大到其他人的生活方式。利益冲突方面，因为技术活动会影响他人，学生可以访问，探索个人或群体之间的、长期利益与短期利益之间、经济发展与保护有限资源之间的冲突，并对冲突做出反应，并让他们感受到这种反应的意义。总之，技术有助于学生成为富有想象的、乐于思考的、宽容的和负责的成人，让学生成为具有技术素质的好公民的实现者。[1] 对于音乐课，琳达·哈格里夫斯指出，通过音乐会和演出可以联系学校和社区，孩子们参与表演就可以增强公民意识，培养积极参与的公民。学生探索作为社区和家庭成员的公民，组织表演、实践审查、挑选资源的技能。[2] 也可以将公民教育融入音乐活动中。如让学生听音乐，相互谈论听的感受，培养交流技能；将学生组成小组，相互倾听，提出积极评论和改进的建议，培养尊重不同意见和思想的态度；让学生欣赏西方音乐和非欧洲的音乐，体验多样性。也可以让学生讨论涉及音乐的公民责任，如关于音乐制作和噪声污染，可以讨论其权利和责任；讨论摇滚歌星作为年轻人模范的责任等。[3] 安吉拉·沃尔特里认为，体育和体育活动具有重要的公民教育价值，可以培养勇气、健康和团队精神、让学生认可比赛的公平规则，养成遵守规则的习惯等。沃尔特里认为，体育课对公民教育的作用在于：体育的大多数活动提供合作和竞争的本质体验；在课堂上和课外的竞争情境中提供思考公平、正义和道德责任的机会；比赛、体操、舞蹈和户外活动提供培养问题解决能力的机会；体育课创设的情境

---

[1] Janet Edwards and Ken Fogelman (ed): Developing Citizenship in the Curriculum. David Fulton Publishers. 1993. pp. 63 – 65.

[2] Ibid., p. 79.

[3] Ibid., pp. 80 – 81.

提供培养个人的和社会的技能的机会。沃尔特里认为体育活动对公民教育的作用：提供学生参与体育活动的信息，如加入俱乐部、预订设施和请教练等；鼓励学生自己组织活动，如体育庆祝活动；探索在体育活动中运动员和观众的责任即他们的行为怎样对社区有积极和有害的影响；通过学校和社区的伙伴关系提供体验休闲的设施怎样依赖地方和中央的政府、私人企业和自愿努力；建立让学生与体育组织和行政部门服务的联系。[1] 戴维斯认为公民技能的培养与英语教学紧密相连，英语教学可以培养通过书面和口头表达意见的能力。他建议，通过观看电视访谈的片段，让学生分析政治家回答问题的方式，如让学生关注身体语言、回答的时间、（采访人和被采访人）打断的次数和类型、事实材料的运用、情感语言的使用、对过去所做事情的解释、对将来所做事情的承诺、可能用于获得支持的个人陈述、关于自己和他人的消极陈述、关于自己和他人的积极陈述等方面。他还建议在英语课上让学生写信向特殊的对象表达某种意见，要求学生思考信的第一和最后的一句和一段怎样表达、在信中所运用的根据、语言的类型（公正的、正式的或情感性的）、应该针对谁。[2]

（二）将公民主题结合进学科教学

教育的社会任务是为了促进更加人性、更加正义和更为可持续的社会，因而各科教学应该以民主、正义、平等、差异性和宽容等政治观念为意旨。跨课程的公民教育意味超越本学科的内容表达政治价值的追求。如加拿大的凯思琳·诺兰所提出的"批判的和转变的数学教育"，要求除了完成传统的数学教学任务之外，还实现三个批判的目标，即反思个人对数学教与学的态度和信念；提出关于数学的课程、教学和本质等方面的问题；反思数学教育中的重要问题并对之采取行动，问题包括多元文化主义、社会正义、公平、差异性与包容、读写能力和其他与数学相关

---

[1] Janet Edwards and Ken Fogelman (ed): Developing Citizenship in the Curriculum. David Fulton Publishers. 1993. pp. 75–78.

[2] Ian Davies: 100 + Ideas for Teaching Citizenship. Continuum International Publishing Group. 2011. p. 84.

的社会文化问题。① 也就是说，通过数学教学关注社会正义，对贫困、剥削和歧视等问题进行数据分析。在英国，古特施泰因认为这种关注社会正义的数学教育有两个教学目标：一个是关注社会正义问题（运用数学读写世界），另一个是关注数学（主要涉及学习和理解数学并将数学与"真实世界"相联系）。② 这种教学追求超越了本学科的教学内容，使教学更具有教育性。

　　语文课与公民课紧密相连，因为语言文学往往表达某些政治和道德的诉求，而且文学激发对新生活的构想，"文学为我们打开了通向不同生活方式的道路"，也就是构想新的可能性，即是创造新的"派生世界"。③ 因而可以将公民主题结合进语文课的教学中，探讨社会和道德问题。罗斯·麦克洛克也指出，"英语课有许多增进核心的公民主题的发展的方面"。因而，她要求，在英语课上，让学生探讨正义和其他道德价值，"我主张在英语课上，探讨各种人类的经验，讨论道德行为的特征。这比其他课程更为有效。而且我认为之所以要这样做是因为各种文学提供的特殊性和参与性"。因为文学处理的是特殊情境中的特殊的人，而且因为同情心而被故事中的人所吸引，从而参与进来。罗斯·麦克洛克要求英语课教师既要鼓励孩子们参与，同时要让学生保持与故事中人物的距离感。针对文学作品中的人物，让学生问你觉得 X 做得对吗？当 Y 说那句话，你的感觉如何？当做的时候你认为 Z 做出反应的理由是什么？在这种情景中你将怎么办？通过做出对故事所呈现给学生的行为、价值和态度的个人反应，让故事成为学生的故事，让故事的价值观帮助他们探究自己的道德价值，"什么是公平，何以适宜，为什么有权利做。这些问题与个人的价值规范密切相关，正是公民资格的核心"。④

---

① Kathleen Nolan：Mathematics in and through social justice：another misunderstood marriage？Journal of Mathematics Teacher Education. 2009，（12）. p. 208.
② Ibid.，p. 207.
③ J. 马克·霍尔斯特德、马克·A. 派克：《公民身份与道德教育：行动中的价值观》，杨威译，社会科学文献出版社 2017 年版，第 86 页。
④ Janet Edwards and Ken Fogelman（ed）：Developing Citizenship in the Curriculum. David Fulton Publishers. 1993. pp. 52 – 53.

艺术是为了创造美的世界，而创造美的世界一方面需要做出合乎美的要求的决策，另一方面需要大家共同参与。这与公民教育的民主意旨相通。学生通过参与创造美的决策和活动探索公民资格的意味。首先，需要做出创造美丽世界的决策需要人有艺术素养。马丁·文翰强调，没有视觉的感知、素质和想象力，"保护和改善视觉环境质量的理性的决策和行动是不可能的"。他说，"艺术对公民教育的最直接和明显的贡献在于培养视觉意识、素质和想象力"。艺术对公民教育的第二个贡献是让学生做选择和对自己的工作负责。积极学习是艺术教育的基本特征，学生要对其工作、所用的材料和方法做选择。他指出，学校的视觉环境对公民教育具有重要作用，因为学校的视觉环境由教师和学生共同控制，师生有责任给学校带来视觉上的建设性的变化。如在小学的教室里，艺术可以帮助学生发展主人翁感。在自己的教室里，学生更容易被激发对视觉环境的集体责任。让他们批判地"阅读"熟悉的教室，唤起视觉意识和改善视觉环境的意愿。[①] 艺术也会通过悲剧暴露人类的罪恶与荒唐，唤起人的政治义愤与正义感，反思作为公民的责任。霍格斯的系列漫话《一个妓女的堕落》讲述了一个从东欧农村来到伦敦的年轻女孩莫尔的悲惨命运。莫尔为了更好的生活非法移民到伦敦，但因为犯罪分子的盘剥和逼迫沦为妓女，并因染上性病而逝，留下年幼的儿子。马克·霍尔斯特德、克·派克认为这样的作品可以发挥公民教育的作用，"能够引导儿童思考性伦理、法律、当地政府为那些穷困潦倒的人提供照料和庇护的义务等问题"，激发思考"作为公民的责任以及社会应该如何保护最脆弱的人"。他们提出了一系列思考的问题，诸如财富不平等如何导致穷人被剥削？为了避免莫尔的悲剧重演，建议出台什么样的法律？[②]

（三）强化学科教学的批判性审查

实际上，对民主正义的追求，本身意味对现实世界的转变，而转变

[①] Janet Edwards and Ken Fogelman (ed): Developing Citizenship in the Curriculum. David Fulton Publishers. 1993. pp. 70–73.

[②] J. 马克·霍尔斯特德、马克·A. 派克：《公民身份与道德教育：行动中的价值观》，杨威译，社会科学文献出版社 2017 年版，第 82—84 页。

需要公民具有批判性意识，教育就要赋予人转变社会的批判精神，让学生具备批判的反思能力，成为社会变革的行动者。这是批判教育学的宗旨。琼·温克指出，"批判教育学促使教育工作者重新审视权力的基础议题，以及这些议题与整个社会对于学校影响力之间的关系"。思考知识如何以及为何变成这样，质疑某些实体机构如何以及为何被主流文化合法化。[1] 任何学科的教学都可以进行批评性审查。

针对语文课教学，马克·霍尔斯特德和马克·派克引用鲍威尔（Powell）等的话，从民主正义的角度说明批判性读写能力培养的重要性。鲍威尔指出，"民主议程需要批判性读写——它承认社会权力的差异性，力图实现一个更加平等、正义和具有同情心的社会……批判性读写指导可以准许（empower）并导向变革性的行动"。他们也指出，"批判性读写挑战社会的不平等，促进社会正义和强烈的参与性民主"。[2] 也就是说，批判性形成公民变革社会的力量。因而，马克·霍尔斯特德和马克·派克要求在语言和文学学习方面要强化批判性读写，拷问文字，将阅读变成政治活动，如弗莱雷将识字与识世相结合。"批判读写能力即阅读这个世界，或解读权力结构以及自己在这些过程中所扮演的角色。"[3] 借助读写，我们要描述世界，解读世界。罗斯·麦克洛克也要求英语教师培养学生批判的反思能力。如在英语课上，让学生进行批判的反思，形成使他们理解语言过程和结果的意识，从而发展他们的批判能力。因为学生们会发现语言被他人用来劝说，甚至操纵，这样就可能培养他们作为个人、社会存在物，作为公民提供了机会。当然，反思与交流能力紧密相连，罗斯·麦克洛克指出，没有交流能力和反思能力就不可能成为积极的公民。[4]

---

[1] Joan Wink：《批判教育学——来自真实世界的记录》，黄柏叡、廖贞智译，（台湾）巨流图书公司2005年版，第50页。

[2] J. 马克·霍尔斯特德、马克·A. 派克：《公民身份与道德教育：行动中的价值观》，杨威译，社会科学文献出版社2017年版，第57页。

[3] Joan Wink：《批判教育学——来自真实世界的记录》，黄柏叡、廖贞智译，（台湾）巨流图书公司2005年版，第79页。

[4] Janet Edwards and Ken Fogelman (ed): Developing Citizenship in the Curriculum. David Fulton Publishers. 1993. pp. 51 – 52.

地理课也是批判性教学的适当领域。约翰·赫尔克从社会批判的视角出发，主张通过地理教育培养民主上积极的、社会上建设性的公民。"学校的地理在培养青少年对其在世界上的'位置'的理解以便形成他们的认同方面有潜力，使他们能够认识到有助于和妨碍他们发展的结构和程序，能培养其对社会正义和民主、保护的、参与的和批判的公民的承诺感，由此他们能寻求保护或变革这些结构和程序，从而有助于创造更为美好的世界。"[①] 艾伦·雷德和威廉·史考特认为赫尔克表达了地理教学的理想，称之为"为了公民责任的批判的地理教育"（critical geography education for citizenship）。在他们看来，学校地理课研究人、位置和空间，鼓励调查人们怎样受到环境影响以及他们怎样影响环境，重在培养学生个人和群体行为的责任感。如根据公平贸易和可持续发展，地理课的教师让学生面对和参与实际的问题，比较不同的主张、价值观和信仰，批判地审查论点和意见，得出结论，讨论差异，解决冲突，反思和做出应对等。因而地理课教学有助于学生建构世界，把自己视为当地、地区、国家和国际的公民。这就要求地理教师在教学中在分析地理教材时运用批判性的方法；利用戏剧或情景生成看待地方情境的不同观点的移情的经验；运用社会理论质疑被认为是自然的、"给定的"或唯一能解释的地理特征和影响；鼓励学生建构自己的地理认同，或采取社会行动，作为其阅读地理的一个结果。[②]

地理课是塑造认同的重要领域，而认同的建构往往与排斥性相连，如赛义德指出，"认同的建构……确立对立面和他者，其现状总是服从他们不同于我们的差异的持续的解释和再解释"。葛蓓傲说："群体往往不是根据自己的特征界定自己，而是通过排斥，通过与'陌生人'比较来界定自己。"[③] 从对"陌生人"的批判角度，可以看到，英国就是利用对

[①] Alan Reid & William Scott: Cross-Curricularity in the National Curriculum: reflections on metaphor and pedagogy in citizenship education through school geography. Pedagogy, Culture and Society, 2005, 13 (2), p. 189.

[②] Ibid., p. 194.

[③] David Lambert and Paul Machon (ed): Citizenship through secondary Geography. RoutledgeFalmer. 2001. p. 114.

众多危险的"外人"来建构英格兰人、苏格兰人和威尔士人的英国认同。琳达·克里指出,18和19世纪的英国历史就展现出英国是一个被发明的民族。"通过战争锻造。一次又一次与法国的战争锻造不列颠人,不管他们是否来自威尔士、苏格兰或英格兰,以明显敌视外人来对抗,并鼓励他们以此界定集体的自我。为抗击世界上天主教的权力,他们将自己作为清教徒,将自己界定为反法国的人,而将法国人想象成为迷信的、军国主义者、颓废的人和不自由的人。随着战争的继续,他们与他们征服的殖民地的人对照来界定自己,这些人按文化、宗教和肤色明显是外国人。"① 如果要促进学生建设性的地理认同,树立学生包容性的地理观念与国家认同,就有必要从"他者"的角度进行批判性的地理教学,批判地理所描绘领土、经济和社会的边界所造成的是排斥性。西蒙·胡尔特指出,地理对话从来都不是中立的,地理研究因其与帝国主义和殖民主义对"东方"的使命相联系而有着政治化的历史。他指出,文化上不同于自己的生活的"他者"研究,是地理学的重要组成部分,而且这种研究往往涉及诸如移民、发展和援助等主题,这些主题与公民课有着重要联系。② 如果站在西方权力中心的立场研究这些主题无疑是有问题的。因而他要求地理课教师揭示西方在话语权的拥有、学习内容重要性的确定以及所认同的思维方式等方面的权力。克里斯宾·琼斯也指出,地理边界包括内外,涉及权力与权威。"边界不仅仅用地图上的线划定民族国家。它们也是包容和排斥的有用标识。"这些边界构成了人们哪些土地是我们的而非他人的心理地图和社会空间,也由此区别出"我们"与"他们","我们的"与"他们的"。地理课就是通过这种区别增强国家认同,亦即通过建构不同于自己的外人建构自己的认同。如弗兰克·莫莱蒂指出,"敌视外人是集体认同的来源"。③ 格温·爱德华茨指出,英国的地理

---

① David Lambert and Paul Machon (ed): Citizenship through secondary Geography. Routledge-Falmer. 2001. p. 100.

② Liam Gearon (ed.): Learning to teach citizenship in the secondary school: a companion to school experience, Routledge, 2015, p. 231.

③ David Lambert and Paul Machon (ed): Citizenship through secondary Geography. Routledge-Falmer. 2001. p. 99.

课谋求通过他人的消极描述来形成认同。如《世纪地理读本6》，通过强调英国的"独立"，与之相反其他国家的"领地""依赖""殖民地"等话语，引导读者阅读殖民主义，然后描述几个被殖民的国家的物质和政治的特征，以及工业、商业和制造业，它们的居民的习俗和举止方式，因为相互怨恨而暴力、缺少团结它们的爱国主义以及相互仇恨甚于不喜欢外国人。而英国则建立铁路、公路，灌溉工程，为土著人建立学校和学院。因而印度人有理由满意英国的统治。总之，贯穿整本书的，是歪曲"他者"的形象。如澳大利亚的土著人还处于奴隶社会阶段，从而树立英国的优越感。[①] 温特指出，为第三关键期广泛使用的地理课本中的题为"肯尼亚——马赛族生活方式怎样"部分，将肯尼亚界定为经济上的发展中国家，并与发达国家如英国比较，建构肯尼亚有缺陷的形象。课本让马赛族扮演"博物馆珍藏品"，以其奇怪的特征吸引西方人的注意。她指出，课本为"白种男人，西方的声音"所支配，而谈及马赛族的地方、历史、故事和生活，则是否定性的描述。[②] 实际上马赛族的生活方式发生了巨大变化，绝不是课本所描述的固定的生活方式。温格·爱德华兹也批评这样通过外地，通过外人构建国家认同的地理教学，他从两方面提出批评。第一，地方限于地方性、地区和国家的僵化的等级制。从经济发展二元论，将世界划分出发达与发展中国家和地区，而发达国家就成为发展中国家渴望的状态。其结果将二元论本质化，赋予西方世界观以特权，并使"发展主义的过失"永恒化。他认为先经济后社会与政治的发达国家的经验并非事实。第二，地方，无论范围大小，被设想为唯一的、有自然边界的、同质、相当稳定的实体。这种假设地方作为具体的实体先于和区别于其相互依赖，而事实上各个地方是相互依赖的，在全球化的时代尤其如此。随着全球的信息、商品、思想和人员流动，曾经区分地方的边界被消解。因而地理教学要让学生意识到认同常常混合着不同地理层面的互动，认同是变化的。[③] 他希望，英国所有地理课教

[①] David Lambert and Paul Machon (ed): Citizenship through secondary Geography. Routledge-Falmer. 2001. p. 114.

[②] Ibid., p. 115.

[③] Ibid., p. 116.

师应该怀疑任何利用他们的学科作为传播民族主义感情的企图。他也希望英国的地理课应该改变过去培养英国臣民的做法，在未来，应该是培养更具世界主义色彩的公民，希望 21 世纪地理学家对民主公民的培养做出真正的承诺。[1] 此外，地理不仅划出国家之间的边界，也绘制出经济和社会的空间，因而不仅存在对外国人的排斥，也存在一个国家、一个城市内部因为阶级、种族、宗教等边界而排斥。克里斯宾·琼斯指出，伦敦的社会经济地图，就可以标示出不同街道不同的颜色或阶级，各有其边界，为空间和暗示的道德所维持，表现出排斥。她认为地理课不仅要增进学生理解社会排斥，而且要寻求终结排斥，消除歧视、种族主义和对外国人的仇视。[2]

（四）通过开展公民主题活动实现变革

公民教育关注的问题和主题，诸如权利的不平等、社区发展、认同的多样性、全球相互依赖等也是历史、地理、戏剧等学科所关注的主题。按班克斯，社会行动是让学生针对社会问题采取行动。如针对"我们应该采取什么措施来消除学校中的种族偏见与歧视？"学生收集数据，综合其知识与价值观，确定采取行动的方案。[3] 这种社会行动往往采取主题活动和项目活动进行。教师可以将主题整合进教学单元。美国的格雷戈里·威廉姆斯和利昂·雷斯伯格将单元整合归结为：（1）确定主题或单元的关注点；（2）明确所针对的次级单元或主题；（3）明确各次级单元或主题的学习目标；（4）针对每个次级单元或主题收集资源和材料；（5）开展各次级单元或主题的活动。如将暴力防御项目整合进美国内战的学习单元。他们认为通过这种课程整合可以促进学生的社会技能发展。[4] 因

---

[1] David Lambert and Paul Machon (ed): Citizenship through secondary Geography. Routledge-Falmer. 2001. p. 119.

[2] Ibid., p. 107.

[3] 班克斯（James A. Banks）：《文化多样性与教育：基本原理、课程与教学》，荀渊译，华东师范大学出版社 2010 年版，第 58 页。

[4] Gregory J. Williams and Leon Reisberg: Successful inclusion: Teaching social skills through curriculum integration. Intervention in School and Clinic. 2002. 38 (4), p. 207.

而，将公民主题整合进教学单元，可以发挥公民教育的作用。

在英国，也有教师将公民主题整合进自己的课程中，如通过戏剧表达公民主题。乔纳森·里兰兹见证了英格兰的两所学校将公民主题融入戏剧课而成功地转变了学生和学校的精神面貌。[①] 在诺丁汉郡的废弃煤矿区的一所学校，这里工业凋零，没有工作，少有希望。该校曾经因为各方面差而声名狼藉。而现在学校是一所表演艺术专科学校（Specialist Performing Arts College）。学校一片祥和，走廊上学生平静地谈话，没有推搡，孩子们相互问候而非谩骂，温文尔雅的男生在角落弹奏吉他。英国教育标准署的评价是学校师生关系良好，学生之间有效合作，他们对学校的需要作出积极反应。另一所在莱斯特，为城市的衰败所笼罩，是新移民聚集区。该校在2004年被英国教育标准署评定为失败学校。到2008年，英国教育标准署对学校的评价是"该校制定了强有力的戏剧教学计划，该计划非常有效地提升学生的自尊，改善他们的行为和提高英语质量。这也导致排斥与种族主义事件的显著减少。学生自信，举止得体，相处融洽"。这两所学校的变化来自戏剧的行动力量。里兰兹描绘了这两所学校戏剧课的情形。在前一所学校戏剧工作室里，男孩与男孩、男孩与女孩、女孩与女孩花一个多小时专注于表演在临行之际一位母亲手如何放在一位提着行李箱的父亲的手上。这是严肃的工作。没有脸红，也没有推开，也没有躲藏。男孩的手触摸男孩的手，女孩的手触摸男孩的手，每个场景目的在于发现行动中的意义，和寻求更好的世界的人的诉说。后一所学校的《李尔王》课上看到，一群女生聚在一起，有印度教徒，有穆斯林，有意识地研究李尔王的形象。她们边倾听边凝视对方。为了创造未来，她们在教室、操场、当地街道上努力寻找共同的文化。而寻找共同文化是这所学校多年来戏剧课的部分。我们从里兰兹所描绘的戏剧课的情形可以看到学生创造未来的主题，一个是为了更好的生活，一个为了和平共处，消除印度教徒和穆斯林之间的敌意。这所学校借助戏剧发挥了转化作用。

[①] Jonothan Neelands：Acting together：ensemble as a democratic process in art and life. The Journal of Applied Theatre and Performance，2009，14（2），pp. 173 – 187.

当然，主题活动的教育力量不仅来自主题的意义，而且来自行动的过程。为了未来，共同参与，共同建构，也就处于转化之中。这一过程就是经历民主的过程。戏剧之所以发挥公民教育的作用，在于戏剧为年轻人提供了民主参与的空间。在戏剧创作和扮演过程中不仅通过戏剧主题表达美好社会的追求，而且表达对理想剧团的追求。乔纳森·里兰兹认为，在戏剧过程中共处的持续经验促进变革，因为戏剧培育参与公共事务的积极公民的潜力。剧团原则在教育和专业领域都要求导演或教师的权力的罢黜和分散、演员之间相互尊重、共同对真理的承诺、戏剧制作的内在价值的意识、共同专注于对话和社会意义的制作的艺术过程。里兰兹指出，这些原则与科尼利厄斯·卡斯托里亚迪斯所称的民主的"胚芽"有共鸣，"希腊是一个社会—历史场所，在这里民主和哲学被创造。这就是我们的源头。……古希腊对于我们是一个胚芽"。在古希腊，社群赞赏其法律和变革法律，其基于的原则：尊重法律、言论权利、平等代表、说你想法的道德义务、自决权。剧团是典型的合作艺术形式，鼓励发展"社会性智能"。要遵循：接受别人的一切；容许犯错误；充分地展现兴趣；有社会良知、思考后言行；理解人们的思想、情感和意图、站在他人的立场、向新的经验、思想和价值观开放。里兰兹说，剧团的戏剧展示世界的可变性，剧团的戏剧结合民主城邦的生活经验，表现出人的创造、美的生活和智慧的生活，热爱公共善。所以他倡导全员参与创造剧团的模式，即塑造怎样通过集体艺术性、协商、行为与熟练领导的默契的方式，课堂上的这种方式可能成为怎样在世界上生活的模式，亦即"共处"的模式。这种方式一方面让年轻人一起寻找新的共同生活的方式，在共同的不利处境中寻找团结，创造新的多元主义社区的模式。另一方面侧重学生的利于社会的转变，满足学生面对不确定未来的社会、情感的个人和集体的需要。

在此，我们还要指出，戏剧不仅是英国学校的一门课程，而且可以作为青少年公民行动的空间发挥作用，也可以作为教学方法被运用到其他教学中，发挥整合作用。纳丁·霍尔兹沃斯倡导戏剧导演琼·利特伍德的戏剧是日常生活部分的主张。利特伍德希望打破日常生活和戏剧、教育和娱乐、观看和参与的边界，让社区活动和场所，如街道、商店、娱乐场所成为儿童接触和参与文化活动、接触社会和创造性表演的空间。霍尔兹沃斯认为参与这种地方性空间能够发展青少年的公民能力。[1] 伊恩·科比则倡导将戏剧应用在公民课的教学中。科比是英格兰怀特黑文镇圣本尼迪克中学（ST. Benedict High School）一名富有经验的公民课的负责人（Co-ordinator）。他认为可以通过戏剧的运用，将公民方面的问题引入生活，从而帮助年轻人以有意义的方式将事件与概念结合并加以处理。在他看来，在戏剧创作和表演过程中，学生扮演角色，并通过所扮演的人的视角看问题，而且戏剧也是沟通需要的产物，通过故事创造仪式，并在仪式中积极表现，分享和交流思想观念、知识和情感等，从而达到新的理解高度。戏剧表演强化学生的理解，"让这些知识与技能最终成为我们社会和文化的不可分割的部分，而这反过来构成公民意味的基本要素"。如他与历史课教师合作，共同关注第二次世界大战中的大屠杀教育和反犹太主义影响的主题，特别涉及安妮·弗兰克的故事。他先利用教室的墙壁介绍角色，包括照片和其他文献，让学生意识到故事的要点和角色的存在，通过主要事件和角色的讨论探索角色的动机和感情。这样就开始再现剧情。他还计划将戏剧引入第三关键期的社区、学校、地方、国家和国际等公民教育的层面，以探索法律与秩序、政治和环境，让学生有探索和提出他们思想和观点的机会。在第四关键期，利用戏剧提升公民课的学习，包括创建模拟选举、辩论和角色扮演。[2]

二　通过历史课的公民教育

历史是分享的记忆，因为有历史，一个社会才能有共同的记忆、共同的价值观的传承；因为有历史知识和理解，人们才能对政治、社会和道德问题做出明智的判断。英国赞同美国《国家历史课程标准》对历史的理解。该课标强调，"历史知识是政治智慧的先决条件。没有历史，一

---

[1] Nadine Holdsworth: Spaces to play/playing with spaces: young people, citizenship and Joan Littlewood. Research in Drama Education. 2007, 12 (3), pp. 293–296.

[2] Ian Kirby: The use of drama in Citizenship Education. Citizenship & Teacher Education. Spring 2006.

个社会就没有其在哪里、其核心价值是什么以及过去的决定对当前情况的影响是什么的共同记忆。没有历史，一个人就不能对社会中的政治、社会和道德问题进行合理的探究。而且没有历史知识及其所支持的调查，一个人不能成长为明智的、有辨别力的公民，从而有效参与民主治理过程和让我们所有公民实现国家的民主理想"。[1] 共同的记忆、价值观和明智的决策都与公民教育息息相关。在英国教育史上，历史课与公民教育紧密相连。实际上，英国的历史和地理一直在发挥公民教育的作用。伊恩·戴维斯说，许多人认为政治与历史有非常紧密的联系，一句众所周知的话说："政治是现在的历史，历史是过去的政治。"公民资格的构成因素表明过去和当代社会的联系。他指出，今天的政治有其历史原因，需要引导学生探索当今社会的特征和思想观念的历史来源，说明其在当今社会的意味。如果学生调查历史事件和思想，积极参与当前问题的讨论，就参与公民教育。戴维斯建议，滑铁卢车站、特拉法加广场、"希望与光荣的土地"、联合国日、欧盟的旗帜、满18岁的投票权等历史地点和事件，可以问两个重要问题：这些思想或做法或地点背后的历史是什么？对今天英国的生活历史告诉我们什么？[2] 大卫·科尔考察了英国历史课和公民教育之间关系的历史后指出，在英国历史课和公民教育之间的联系有着悠久的传统。历史常常是公民教育的核心部分，二者有着相同的教育目标。在维多利亚时代，教育为了社会目标。公民教育的目标主要是保证学生理解他们在社会中的位置及其义务，历史教学支持这一目标，让学生学习名人和英国政府以及帝国的发展。到20世纪20年代，受第一次世界大战影响，教育的基础是"利益"，尤其是在国家和地方社群的个人利益。公民教育是寻求让学生熟悉人的关系，并将此与社会环境联系起来。历史课也以此为中心，关注人的本质和行为。历史课的教学鼓励讨论和个人经验以探索地方和国家的重大事件。至20世纪60年代，教育的重点转向社会研究。公民教育的范围由地方和国家的关注扩大到

---

[1] National Standards for History. http://www.sscnet.ucla.edu/nchs/standards/toc.html. 2010 – 12 – 12.

[2] Ian Davies: 100 + Ideas for Teaching Citizenship. Continuum International Publishing Group. 2011. p. 82

培养世界公民意识和生活的经济方面。历史也就不再适合这一目标。不过，虽然1990年的国家课程改变了历史和公民教育的关系，但仍将历史作为公民教育的核心部分，让学生具备作为公民发挥作用的历史知识，而且在知识、理解、技能和态度方面有相当的重叠。在他看来，公民教育的八个部分，如工作、就业、休闲、家庭和社区与历史课相连，可以将此置于历史背景中。①"科瑞克报告"确定了公民教育的三个方面，即社会和道德责任、社区参与和政治素质，一些学者开始思考历史课对这三个方面的作用，探索将公民教育融入历史课教学的方式。

（一）历史教学在公民教育中的作用

在英国，历史课是跨课程公民教育的极为重要的途径，可以对公民教育做出全面的贡献。历史课教学可以将公民教育的主题，如对民主与权力、社会多样性、政治与法律制度、时事政治的理解置于历史情境中，深化对政治的理解。同时，历史课也要发挥培养质询与沟通等基本的公民能力的作用，"培养批判精神和对证据进行筛选的能力，从而表达自己的观点、理解他人的观点，是儿童在历史学习中发展的重要技能"。② 然而，历史因其复杂性，包括战争、种族压迫与迫害等内容导致历史观的争议，尤其在国家认同方面。我们可以看到英国历史课对国家认同、政治素质与道德责任的培养的作用，也可以看到其中的争议性。

1. 历史在塑造国家认同方面的作用

"科瑞克报告"强调社区参与，这实际上做了社群主义的公民教育的表达。新工党也要求培养具有社群主义情感的公民，也就是要培养归属英国的情感。2000年的国家课程要求既要反映不同的文化传统，也要意识到英国的国家认同。英国的归属感和认同的培养，按社群主义的理解，需要强化共同的历史记忆。但这种所谓的共同记忆往往并非"共同的"，

---

① Janet Edwards and Ken Fogelman (ed): Developing Citizenship in the Curriculum. David Fulton Publishers. 1993. p. 56.

② J. 马克·霍尔斯特德、马克·A. 派克：《公民身份与道德教育：行动中的价值观》，杨威译，社会科学文献出版社2017年版，第109页。

而是"排斥的"。英国主流的历史往往被理解为新教的英格兰的历史，这就不免引发不同群体之间的争议。

在英国历史上，新教占主导地位，因而认为新教赋予英国人认同，新教制造了大不列颠的基础。天主教徒主要是爱尔兰移民的后裔，虽然在1829年颁布天主教解放法，但天主教徒仍未被视为英国人，他们往往受到公开歧视。从1927年到20世纪90年代，英国天主教寻求改变学校历史教学的目标、内容和方法。1927年成立的威斯敏斯特天主教联盟建立警戒（Vigilance）委员会审查历史课本和读物，随后抗议出版社、作者和地方政务会对天主教不公正的对待，主要包括史实的错误、对天主教教义的错误解释、反天主教的攻击性偏见等。该联盟指出，在153种学校使用的历史课本中天主教人物被系统性地抹黑，质疑他们的动机，贬低他们的行为，损害他们的名声。苏格兰玛丽女王、修道士、欧洲天主教，都是这种带有偏见的历史著作的攻击对象，萨拉戈萨的穷人被描绘为"迟钝、懒惰和粗心"。爱德华·阿诺德（Edward Arnold）的《历史的门径》系列丛书特别攻击教皇和西班牙，在许多历史课本中使用攻击性的词"Papist"（天主教徒），说波兰人是心胸狭窄的人。有的课本叙述更为奇怪，如伊丽莎白拒绝嫁给西班牙的菲利普二世是导致他在1588年派遣无敌舰队试图征服英格兰的原因之一。该联盟批评，历史课程大都是英格兰的历史，而且描述常常是错误的，以特殊观点证明事实，将意见作为事实描述。在天主教社群的压力之下，许多历史教材被迫修订。除了攻击天主教，英国历史的叙述也常常忽视少数和移民社群对英国历史的贡献。如乔纳斯·潘诺尼娅说，她是印度人，小时候移民到英国。但学校不教她所在国人民的历史，也不教黑人的身份认同。她说历史课只教有限的历史，旨在维持英国的秩序，这些秩序维护种族、性别和阶级的不平等。她倡导多重公民资格，要求将种族、阶级和性别的压迫融进国家课程。她也批评狭隘的多元文化主义，认为多元文化主义掩饰种族主义问题，仅仅提供文化的肤浅讨论。在她看来，学校的隐性价值可能是种族主义，因而要求父母警惕和挑战历史教学和批判教师的意图。她的观点得到许多人的支持。①

英国历史教学的争议体现出对主流社会的历史的挑战。对于通过历史培养英国民族认同,曾任历史学会主席的基思·罗宾斯指出,如果"标记"转化为排斥性的"标记",而且教学生"英国特性"非常纯正地体现在特殊的传统中,危险就会出现。② 历史教学不可能排斥不同的文化群体,因为历史是不断有不同的人、不同的群体加入的历程。历史总会被再解释与再重建,从而再塑造国家认同和归属感。面对英国历史教学争议的历史,詹姆斯·亚瑟等人指出,英国的故事不是固定的,"历史教师的任务不仅帮助学生了解重要的英国历史,而且帮助他们参与其建构"。他们强调对历史学科的内容再解释过程中,批判的意识是重要的。③

2. 历史在增进政治素质方面的作用

提升政治素质是英国公民教育的重要任务。政治素质涉及对公共事务的参与所必需的政治知识、实际参与公共生活的经验和具备"调查和交流、参与和负责行动的技能"。与此对应,科尔区分"关于公民资格的教育"、"通过公民资格的教育"和"为了公民资格的教育"。关于公民资格的教育就是赋予学生政府结构和过程与公共生活的知识和理解;通过公民资格的教育涉及学生通过做公民来学习,也即是获得积极参与学校和地方社区内外的公共活动的经验;为公民资格的教育,就是让学生具备一定的素养(知识与理解、技能与态度、价值观和倾向性),使之能积极和明智地承担在他们成年后所面对的角色和责任。为增进学生的政治素质,历史课教学也可以从这三个方面展开。如在政治知识和理解方面,可以从政治的角度审查历史上的政治活动。如历史课包括政治的视角。如一位历史课教师,在七年级课上花几周时间调查约翰国王的历史声誉。学生在调查研究中从政治的视角比较约翰国王与中世纪英格兰的统治者比较。这位教师在教授"1500—1750 年的英国"和"1750—1900 年的英国"时,强调政治的变化和改革。也可以将过去延伸到现在,研

---

① James Arthur, Ian Davies, Andrew Wrenn, Terry Haydn and David Kerr: Citizenship through secondary history. RoutledgeFalmer. 2001. pp. 61 – 64.

② Ibid., p. 64.

③ Ibid., p. 67.

究现代的政治问题,理解公民的作用。如一位历史课教师在讲授北爱尔兰的历史时就将北爱尔兰的冲突追踪到和平条约,内容涉及君主制、议会、民主等的理解和不同时期的含义与重要性。①

3. 历史教学提升公民道德素质的作用

公民的社会与道德责任是公民资格的重要方面,历史课不仅是传递认同的途径,而且作为一门学科,也是学生道德教育的部分。在英格兰,通过历史进行道德教育有悠久的传统,且源于亚里士多德、柏拉图和阿奎那的思想中对美德养成的强调。英格兰在启蒙时期有种出版物说:"所有在大不列颠的男女孩童有他们将来行使的权利和义务。历史的职责是追溯这些权利和义务的起源……将过去伟大男女的榜样置于他们面前,不管是模仿或是颠覆。"② 1907年,苏格兰教育部出版的《学校历史学习备忘录》强调道德在历史教学中的位置,认为"明确的道德意识"重于史实的知识的积累。两次世界大战期间,英国学校历史课存在的价值在于服务公民教育的目的。海伦·玛黛尔要求根据增进儿童道德成长和负责的道德决断能力来确定历史课的目标。她认为,历史教学是提升美德的工具,历史课要以西方传统中的美德和道德传统为基础,通过历史教学让儿童认识到英雄和恶棍,提升学生抗拒邪恶的美德。这些观点依然为今天大多数英国历史教师所赞同。到20世纪50年代,历史教学依然是增进认同、鼓舞爱国主义和树立社会价值观的工具。通过学习和重复历史课本的解释,训练儿童遵循道德准则。1988年,《教育改革法》以道德教育为基础,将知识与道德、学科的重要性与道德价值相连,因而依然强调历史教学的道德工具性价值。在该法令颁布前,保守的政治家就重申历史教学的传统目标。基斯在1984年历史学会的演讲中说:"历史,适当地教授,通过让所有学生达到公民资格的要求证明其在学校课程中的地位。"约瑟夫认为,历史是理解当代世界的手段,而且有明显的道德内容,能促进公民资格的发展。皇家学督(HMIS)也坚持这种传统的观

---

① James Arthur, Ian Davies, Andrew Wrenn, Terry Haydn and David Kerr: Citizenship through secondary history. RoutledgeFalmer. 2001. pp. 71 – 76.

② Ibid., p.90.

点,将历史与道德价值观相连,要求学生至16岁能认识到历史上一直作为人类行为的基础的价值观和态度。1988年《教育改革法》通过后,一些人要求在历史课中培养责任、谨慎、诚实、自尊和敬畏等美德。塞缪尔(Samuel)赞同历史发挥道德教育的作用,"历史……是道德讨论的领域,虽偶有'史实'与'价值观'的区别,但接下来应将二者统一起来"。英国的新工党执政后,在题为"学校课程的原理和国家课程的功能"审查报告中强调学校课程的道德和美德的培养任务,指出"历史课对学校课程的独特贡献"在于道德目标,"在历史背景中他们能澄清他们自己的生活选择、态度和价值观",要求在第三关键期历史课和公民课的学习计划相联系。①

虽然主导的观点,特别是英国官方的共识是历史课的价值在于对公民资格和道德培养的贡献,但也有人反对将历史教学道德化。如李(Lee)认为历史课有自己的目标,不应用来传递价值观或进行道德教育。他认为将广泛的教育目标结合进历史教学将违反历史研究中的公正和客观性。对于李,目标内在于历史学习中,不必从属于道德教育,因而需要从教育目的中区别出历史课的目标,否则就会歪曲历史教学。许多历史教师也认为,道德教育和公民教育会妨碍历史本身的分析;历史的概念和方法论不是道德教育的概念和方法论,因而历史教师有权利避免历史课道德化,不过他们知道国家课程要求在历史课中有一些道德讨论。也有许多历史课教师将其学科视为知识的,而非道德的,认为应该在历史教学中避免实质性的道德价值。他们认为,所有道德思想具有主观性和相对性,价值观是特殊的个人和社会所特有的,包括信仰、感情、意见、偏爱、偏见等,而历史是客观判断的结果,应趋向价值中立。②

在今天的英国,虽然一些历史课教师否定历史与道德的相关性,但是教师普遍从道德对公民意识形成的作用来设想历史课的教学,并

---

① James Arthur, Ian Davies, Andrew Wrenn, Terry Haydn and David Kerr: Citizenship through secondary history. RoutledgeFalmer. 2001. pp. 91 – 94.

② Ibid., p. 95.

将历史课教学作为道德教育的重要途径。因为历史涉及人的活动，探索不同时期的价值系统，也就不可避免地涉及道德问题。詹姆斯·亚瑟等人指出，历史课教学至少涉及三个主要的道德因素：第一，不同历史时期道德词语的理解。学生要认识这些历史上的道德词汇并能恰当地使用。第二，根据史实做出道德判断的能力。学生不仅要学习其他的生活方式，而且要批判地反思自己和社会的价值观。第三，直接指向道德教育的历史教学。让学生针对自己认为好，他人认为坏的东西使用道德词语，如鼓励学生将种族主义政策和纳粹德国的行为视为道德上不可接受的。①

（二）将公民教育融入历史课的教学设计

公民教育的任务是将学生培养成为积极参与的明智的责任公民。因为参与公共事务，要面对复杂的情境和问题，以及不同的诉求和意见。只有澄清事实和价值观，理解问题的本质，才做出明智的决定。因而要培养学生尊重根据、处理根据、基于充分的根据做出判断的态度和能力。历史教学就应该在这些方面做出努力。如何将学生培养成为尊重根据的公民，大卫·科尔给历史课教师提出了如下建议。（1）提供历史背景：将公民教育的因素整合进历史课，并提供相应的历史背景。（2）设计活动：让学生将自己的观点与历史上的观点做比较。（3）提供适当的资源并进行教学：教师提供对某历史事件的不同解释，让学生审查。（4）评估：按照学生在当前背景下的理解评估学习成果。②

如何将公民教育内容整合进历史课教学中？詹姆斯·亚瑟等认为，历史教学可以采取"护照项目"（Passport Project）的课程整合模式，即由中心点向外拓展：（1）所涉及的核心课；（2）与其他"最重要的"课程的相关内容和技能的相联系；（3）延伸的拓展活动。如历史教学完成公民课的任务，核心为公民课，最重要的课程为历史课，然后

---

① James Arthur, Ian Davies, Andrew Wrenn, Terry Haydn and David Kerr: Citizenship through secondary history. RoutledgeFalmer. 2001. p. 89.

② Janet Edwards and Ken Fogelman (ed): Developing Citizenship in the Curriculum. David Fulton Publishers. 1993. p. 56.

向外拓展。如讲授英国1832年的改革法案。处于核心的公民课关注点：处于中心的是现在的议会的程序和选举——历史教学的关注点：模拟有限制投票权的1832年的选举——拓展活动的教学关注点：所有九年级学生见证议会的辩论。如剑桥郡欧努尔夫（Eurnulf）学校的历史课教学通过角色扮演拓展教学。在学习克伦威尔解散尾闾议会（the Rump Parliament）和在爱德华时期英国的妇女参政权利运动的历史的基础上进行角色扮演，并结合学校委员会的选举。通过结合生动的历史背景，学生深化和丰富对这种选举的民主程序的理解[1]。詹姆斯·亚瑟等人认为，这种从中心向外拓展的历史课教学模式，将公民教育从过去追溯到现在，有助于深化学生对民主程序发展历程的知识与理解，这是孤立的公民课教学不易达到的。

（三）将公民教育融入历史课教学的实践方式

历史教学要完成公民教育的任务，不是仅仅了解过去发生的事情，为维护现状寻找理由，而是学生探索史实，思考所面临的社会、道德和政治问题。库珀指出，青少年"应该运用想象反思社会的、道德的、灵魂的和文化的问题，理解其他人的经验和观点，思考其他地方和时代人的生活以及有不同价值观和习俗的人，思考社会的和道德的难题。这让历史课教学更具创造性和生动性是绝好的机会！"[2] 历史教学的任务是通过学习过去的人和文明，理解与前人共享的经验，培养社会的与道德的责任、社区参与的能力和政治素质。历史课教师就要思考如何将这三个公民教育目标融入历史课的教学单元。安·乔丹和保罗·泰勒教授五、六年级的学生（年龄10岁和11岁）历史课，他们从国家课程历史研究单元"20世纪30年代以来的英国"开发出"第二次世界大战期间后方的主题"，将公民教育的三个目标结合进这一主题中。其关注点是考察在

---

[1] James Arthur, Ian Davies, Andrew Wrenn, Terry Haydn and David Kerr: Citizenship through secondary history. RoutledgeFalmer. 2001. p. 78–81.

[2] Ann Jordan and Paul Tayor: Delivering citizenship through the history National Curriculum in England: a practical approach in a primary school context. Citizenship, Social and Economics Education. 2002, 5 (2), p. 96.

英国的公民怎样应对战时经历和对卷入影响所有人的生活的国家主要事件的人来说公民资格意味什么。他们要求学生考察社会背景中的权利、责任和自由（社会的和道德的责任），并寻求将询问和思考公民资格的含义渗透其中（社区参与）。在这一学习过程中，他们让学生完全参与，倾听学生表达观点。他们设计出不同历史背景下需要探索的公民方面的主题：

历史方面	公民资格的主题
战争前夕的英国	社会和文化的多样性
1940年敦刻尔克撤退	盟国的反应？
应对可能的入侵或空袭	供给的平等
疏散	文化的冲突
国民卫队	真实的社会混合？
战争中的妇女	期望和现实
配给	事实上的公平和平等？
1945年欧洲的胜利	价值观的共享意识和共同的公民资格？

如"战争前夕的英国　社会和文化的多样性"主题的目标是展示战前社会中不同的社会阶级划分和国家危险即将来临的共同意识。主题的执行是让学生看英国战前生活的录像和听评论，展示强调文化多样性的不同观点，引导学生讨论听到的评论，让他们理解对不同背景的人怎样分享对国外事件结果的共同关心。"1940年敦刻尔克撤退　盟国的反应？"主题让学生将思考公民在第二次世界大战中的重大挫败的反应以及这场战争对所有人生活的真实的冲击。主题通过利用当时的报纸、电影、照片、绘画和书面账单展开，要求学生对敦刻尔克撤退这一事件是怎样增强公民团结起来面对未来挑战的公共意识做出判断。"应对可能的入侵或空袭　供给的平等"主题的目的是让学生审查面对空袭和可能的入侵，政府如何平等地对待公民。主题执行是向学生展示政府负责的各种宣传，如海报、传单、电台广播和新闻图片，重在公平和平等地对待每个人以

及让每个人同等地准备。① 要求学生思考是否所有或大多数人感受到信任和获得安全感。"国民卫队 真实的社会混合?"主题的目的是考察国民卫队的组成以及怎样反映人口组成的广泛性。主题的展开是让学生接触不同的文本、图片和参加国民卫队的人的记录,再与公众中描绘的国民卫队的形象做比较,还让学生观看英国的连续剧,审查剧情是否符合自己看到的事实。"疏散 文化的冲突"主题旨在让学生看到疏散到本国更为富裕地区的是大量的妇女和儿童,以及怎样按其不同的社会阶级被接纳和安置。主题执行是向学生介绍撤离经历的纪实的和虚构的文学以及视觉记录和接受他们的人,旨在就国家危机时刻对所有人来说什么是共享的公民资格,身处其中的人的不同经验是怎样的,为什么是这样的,达成一些结论。"战争中的妇女 期望和现实"主题考察因为战争的影响和政府的期望所造成的妇女角色的变化。该主题通过利用书面的和图画的妇女形象等活动,让学生利用自己的推断能力解释妇女怎样履行传统的和新的角色,这些战争经历怎样提升或妨碍她们的公民的地位。"配给事实上的公平和平等?"主题审查配给政策在实际上的公平性。主题执行是利用一周时间考察配给政策,要求学生思考他们是否感觉这是保障社会所有成员被公平对待的适当方法,他们是否认为任何人应该或将会骗取配给。"1945年欧洲的胜利 价值观的共享意识和共同的公民资格?"主题要求学生思考战争如何将战前的一个明显分裂的社会团结起来。这一主题展开是通过移情的角色游戏思考工人阶级家庭庆祝欧洲胜利日的看法和回顾他们战争期间的经历。②

三 通过地理课的公民教育

人存在于时空之中,并为时空所锻造,历史以连续的方式塑造人们的认同,而地理则从空间上塑造认同。因为人生存于地方、国家和全球

---

① Ann Jordan and Paul Tayor: Delivering citizenship through the history National Curriculum in England: a practical approach in a primary school context. Citizenship, Social and Economics Education. 2002.5 (2), p. 97.

② Ibid., pp. 97 – 98.

之中，其认同也会随着自己的空间意识而扩大。如罗丝所说："社会学科，如历史和地理，必然界定'我们'是谁，'我们的社会'是什么？归纳各种活动、创造边界、界限和类别。我们不是无组织的个人集合，而是阶级、学校、行政区和国家。"① 认同是公民教育的核心问题之一。因此，地理课与公民课有着不可分割的联系。帕特里克·贝利指出："地理直接针对公民教育的核心方面和问题。公民教育解释为什么所有社会成员只有相互关心，社会才能为每个人的福利所在。地理课说明了这一重要方面：因为相互依赖的全球环境，因而所有人相互依赖。""地理和公民教育都可由儿童成长的经验引起，二者都是安排儿童经验的方式并从这种安排得出结论。"儿童很小的时候就认识到社会和空间的环境。"地理和公民教育共同教导我们和谐家庭与和谐世界的条件。"他指出，"地理的核心知识是负责的公民从家庭开始起航"。在他看来，在良好的家庭长大的孩子会意识到所有的人应该在资源利用方面平等交换、关心和保护而非破坏性地利用可靠的东西、合作而竞争、帮助需要帮助者。② 地理方面的素养构成公民素养的部分。斯莱特（Slater）说："公民需要了解地理和具备地理学的理解。"她认为地理是涉及我们的环境，以及作为有地理和政治素养的公民，我们怎样在其中寻求对生活的认识。③

英国当局希望通过公民教育塑造共同体意识，如布莱尔就希望"为现代世界界定一个新的公民和社区的关系"，即"一个国家，一个共同体"，就表达了公民应具备国家作为共同体的认同感。而塑造共同体认同感，需要明确的空间范围。地理无疑提供人清晰的空间概念，包括国家的疆界。约翰·摩根指出，"地理的作用是界定社会空间和领域，因为地理涉及边界、活动的区域和区域性概念"。④ 地理将人们置于一定空间的

---

① David Lambert and Paul Machon (eds.), Citizenship through secondary Geography. RoutledgeFalmer. 2001. p. 89.

② Janet Edwards and Ken Fogelman (ed.), Developing Citizenship in the Curriculum. David Fulton Publishers. 1993. p. 58.

③ Paula Bradley-Smith: The Challenges of teaching global citizenship through secondary geography. Citizenship & Teacher Education. Autumn 2005.

④ David Lambert and Paul Machon (ed): Citizenship through secondary Geography. RoutledgeFalmer. 2001. p. 89.

人与人、人与社会、人与环境的关系中。如国家赋予公民资格，而国家是一定地理空间的政治共同体，公民资格也就意味在这个地理空间行动的权利与责任，同时这一地理空间也给每个公民提供了活动空间的心理暗示，即地理共同体的意识。林恩·丝戴海利等从一般概念来理解公民资格的复杂性。他们指出，公民不仅是法律的范畴和包含正义与关怀的规范性意味，也有空间意味，"公民资格的空间在理论上和在实践上是重要的。在理论上，一个人希望公民资格被置于这样的所在，在这里尽可能鼓励对政体、对其他公民和自我发展的承诺。在实践上，治理的结构意味公民资格边界化的形式对为特殊目标和创造公民表达诉求的制度形式的最切实可行的方式"。① 公民资格的空间概念意味公民与自己、其他公民和国家的权责关系。国家意味着疆界或领土，鼓励领域内的公民之间的互惠性、相互关心，为国家团结奠定基础。疆域的特征就成为构建民族归属感的基础，但也是排斥新来者的来源。因而地理对学生的公民身份具有塑造作用。地理赋予公民空间维度，公民教育应当增进学生"把自己视为几个重叠共同体——当地、地区、国家和国际的成员的能力"。② 地理课可以在塑造地方、国家和全球等不同层面的公民意识方面发挥作用。

（一）通过地理课塑造地方共同体意识

学校的地理课教学应该寻求培养学生地方性的归属感与认同感。尼古拉斯·塔特认为"地方认同感"由三部分组成：特殊地方的独特性意识、该地的身份认同感、对有共享目的的社区的归属感。奥布莱恩指出，地方性存在包括以下方面：历史方面，地方具有同一性和确定性，也是当今大城市的一部分；政治方面，基于"想象的线索"以界定选民、自由的市镇、防卫；社会方面，涉及地方居民的互动；文化方面，涉及该地居民的习俗、传统和生活方式。学校地理课可以让学生调查这些地方

---

① Lynn A. Staeheli（et al）：Dreaming the ordinary：Daily life and the complex geographies of citizenship. Progress in Human Geography. 2012 36（5），p. 637.

② David L. Grossman：Democracy, citizenship education and inclusion：a multi-dimensional approach. Prospects. 2008（38）. p. 42.

的地理资源，增强他们对地方共同体的认同感，并在此基础上探索世界的相互联系，如贝尔（Bale）所说，"地方环境提供孩子们第一手的对世界的洞悉，这不能在课堂上模拟。它提供田野工作和实践探索与调查的情境。同时，地方性提供许多线索探索世界相互依赖的本质——世界其他国家的情况存在于我们自己的家庭、学校和街道的事实"。① 伊恩·戴维斯认为，"地区政治是理解当代社会的重要方式。因为居住在哪里对许多人是非常明显的公民资格类型的问题"。也就是说通过对一定地方和社会背景的共同生活的认识，人们可以意识到他们作为公民在世界上的位置。戴维斯建议，在地理课上，可以选择一些地方的事情，要求学生探索为什么会出现这些事情以及是怎样发生的。如制作一份相互对照的地图（真实的或想象的；靠近学校的或从另一个地方到学校的），要求学生研究一些背景信息（如两个地方的房产信息、犯罪率、当地学校学生的考试成绩、失业的数量等），突出（或要求学生认识到）地图上的某些特征，如医院、学校、娱乐中心、交通路线和商店。然后要求学生草拟一份工厂名单（他们可能注意到经济因素，如靠近工作地点、房屋价格，个人因素如家庭或朋友，环境因素如在乡村或城市居住的愿望以及政治和文化因素）。最后讨论不同背景下稀缺商品的分配、思考城镇的规划，探求他们就本地区可以和应该提供什么发表自己的看法。戴维斯认为，这些看法可以涉及全球和环境的问题。②

当然，通过地方地理资源的探索建构地方共同体的认同不可能停留在对这些地理资源的认知，必然贯穿权力关系和地方的边界，如地理资源的占有就体现权力关系。约翰·摩根认为对地理教学培养地方性归属意识应该抱以审慎的态度。因为强化社区的归属感存在排斥的可能性，也存在掩盖地方权力关系的不平等、不正义的问题。所以通过地理教学培养学生的地方社区意识，并不是仅仅强化学生的归属感和依恋情感，还应该探索地方性的权力关系，如审查男女之间、不同社会阶级之间和

---

① David Lambert and Paul Machon (ed): Citizenship through secondary Geography. Routledge-Falmer. 2001. pp. 90 – 91.

② Ian Davies: 100 + Ideas for Teaching Citizenship. Continuum International Publishing Group. 2011. pp. 82 – 83.

种族之间的分化等。地理学家戴维·哈维主张，地方的建构是一个积极过程，贯穿广泛的权力关系，包括审查地方性的经济的、政治的权力关系等。多琳·梅西鼓励地理课教师解构地方社区的思想以便发展更为开放和"进步的"地方意识。在她看来，不是围绕地方划定边界，强调其统一性和凝聚力，而是延伸到全球的社会关系网络，如伦敦某个街道有来自不同国家的人。[1]

（二）通过地理教学培养国家共同体意识

英国学校地理课在历史上承担树立学生英国臣民或作为帝国成员的意识的任务，如灌输国家力量的精神和自豪感。1945年后虽然地理课不再强化帝国色彩的国家意识，但依然要完成建构国家的认同的任务。如彭诺斯（Penose）从"国家"的概念出发，要求树立国家的归属感。他指出，国家包含三个部分：第一，国家由归属于它的特殊的人组成；第二，这些人占有特殊的领域或地方；第三，在某种程度上存在人与地方的纽带，将他们结合在一起。他进一步指出，政治权利的实现需要成功的"国家"计划，要做出相当大的努力促进"归属感"。塔特也将教育视为树立国家认同感的工具，强调教育有助于社会团结，有助于共同体意识的培养。对他来说，地理课就是更大的社会整合计划的部分，他鼓励地理教师教独特的"英国"地理。他指出，当涉及环境事务时，地理课应该促进全球的认同感，但这不应妨碍培养国家认同感。"一个社会的和地理的流动、经常的工作变化以及家庭的破裂的世界是一个需要将人民结合成为独特的共同体。"[2]

英国的岛国地理特征往往成为塑造国家认同的来源。英国人将大海设想为机会和挑战的来源而非保护的手段，由此暗示其民族性格。英国保守党政治家诺曼·谭柏德说："我们的大陆邻居用'岛民'作为辱骂的话语，但是我们在不列颠有一切理由感谢我们的岛国。我们的边界……

---

[1] David Lambert and Paul Machon (ed): Citizenship through secondary Geography. Routledge-Falmer. 2001. p. 90.

[2] Ibid., pp. 92-93.

由海绘制,一些人说是天意。"撒切尔夫人指出:"上帝将不列颠与欧洲大陆分开,本来就是有目的的"。戈登·布朗也说:"我们存在的地理事实——向世界开放的岛国——意味不列颠明显的外向型。我们是航海家、商人、商业冒险家和探险家的民族——看着我们周围辽阔的大海,把它视为高速公路而非护城河,被武装起来面对全球市场的贸易和技术的挑战。"①

塔特等人希望通过国家地理课程建构英国的国家认同,目的在于塑造有强烈盎格鲁特征的"共同文化",强化学生的国家归属感。但这种既依靠地理边界和依赖将人们团结在一起的独特文化塑造的国家认同正面临经济和文化的全球化而带来的多元化的挑战。因而,约翰·摩根希望学校地理课通过结合多元文化的因素和认可国家空间内的多样性,提供年轻人更包容的国家概念。也就是说,地理课不仅仅关注国家的边界,还要关注国家边界的开放性,建构包容的公民资格。在这里,我们要看到,从国家边界和独特的文化锻造的国家认同会严格区分出"他们"和"我们",这对全球共同体的建设无疑是威胁。

(三) 通过地理培养全球共同体意识

出于塔特这种"新保守主义者"狭隘的国家概念,就会建构出排斥性的共同体意识,这对世界共同体或人类命运共同体的建构是巨大挑战。琼斯和古德森等主张,学校地理课需要体现地球村的思想,把学生培养成"想象的全球共同体"的成员,培养学生如下责任:通过国家的和国际的信息资源发现国家和全球;树立对待其他环境、其他文化和其他人的世界主义立场;参与与可持续生活观念一致的各种文化、环境和其他地方的行动;回应表达作为全球而非特殊国家、种族、性别、阶级和代际的高度差异性公民的形象和叙述;说服其他人为了全球的整体利益而寻求行动;按照全球公共利益而非地方或国家的利益而行动。② 地理课不

---

① David Lambert and Paul Machon (ed): Citizenship through secondary Geography. Routledge-Falmer. 2001. p. 117.

② Ibid., p. 94.

仅提供学生关于世界地理的知识,而且让学生成为全球化的积极参与者。为此,就要通过地理课让学生理解全球化的进程,认识到他们在世界中的位置,探讨全球社会的正义与平等,学会接受世界迅速变化和不确定性所带来的挑战,从而树立全球共同体意识。

葆拉·布拉德利—斯密斯看到地理和全球公民教育的联系,探索通过中学地理课进行全球公民教育。[1] 他们指出,1999 年英国地理学会提出了四个地理教育目标,其中三个涉及全球观,而且该学会强调通过社会行动进行全球公民教育,"增进对我们周围世界的明智的关注以及在地方和全球层面采取积极行动的能力和意愿"。这一目标与第三、四关键期公民课的目标一致,即培养参与和负责行动的能力。这些能力包括教学生思考他人的经验,负责地参与各种活动以及反思参与过程。他们利用施乐会(Oxfam)对全球责任公民的要素的规定设计了通过地理课进行全球公民教育的方式。施乐会从三个方面界定全球公民的关键因素:知识与理解方面:社会正义和公平、多样性、全球化和相互依存、可持续发展、和平与冲突;价值观与态度方面:认同感和自尊、移情能力、对社会正义和公平的承诺、珍视和尊重多样性、关心环境和对可持续发展的承诺、相信人发挥重要作用的信念;技能方面:批判的思考能力、有效的辩论能力、挑战不正义和不平等的能力、尊重人和事的能力、合作和解决冲突的能力。2004 年该教学设计在英格兰的西南部女子文法学校实施。教学设计包括两方面,一是确立地理课和公民课的教学目标,二是设计单元教学的程序。如七年级地理课,其地理课学习目标包括学习内容:发展差异的不同效果及其对不同人群生活质量的影响。技能方面:提问;分析和评估根据,得出结论和证明结论;理解人的态度和价值观怎样影响当代事务。其公民课方面的学习目标包括学习内容:将世界视为全球共同体及其对政治、经济、环境和社会的影响。学习技能:对某个问题的看法在口头上证明并在书面上表达;利用自己的想象思考他人的经验。在"安提瓜(Antigua)的可持续发展"单元,让学生通过网站和旅游指

---

[1] Paula Bradley-Smith: The Challenges of teaching global citizenship through secondary geography. Citizenship & Teacher Education. Autumn 2005.

南了解安提瓜的历史和经济，观看两个视频材料：一是电视第四频道的儿童节目，展示牙买加儿童自己的生活观。节目由10—11岁的牙买加儿童表演。第二个是纪录片，说明旅游对安提瓜的影响。组织学生根据这些背景知识规划牙买加的未来。其步骤：（1）发给学生代表牙买加政府部长的角色卡：分别有就业、旅游、文化和环境等部；（2）基于所研究的资源并联系其角色，学生列出牙买加面临的问题；（3）将学生重新安排成四个大组，每组代表一个部长的角色，如就业、旅游业等。全组分享所产生的问题，并记录他们忽略的问题；（4）再次重新安排班级，以便四个组的学生有一人代表"部长"。每个组的学生分享所确认的问题，并试图就某些"解决方案"达成共识。这些解决方案向班上其他三组提交。他们可以利用地图、图标或海报解释其想法。陈述5分钟后，他们必须接受其他组提出的问题。另外安排两个后续任务：（1）每个学生必须记录她们认为是最好的陈述。学生可以利用这些想法，并结合她们自己的想法，拟出有关牙买加未来的报告；（2）在小组中，她们草拟牙买加游客"行为准则"。可以将准则印在传单上，游客一抵达，便将传单发给他们。

　　作为教师和观察者，葆拉·布拉德利—斯密斯发现：（1）这些女生获得个人的或第一手经验。如关注快餐店的问题，并将此问题视为旅游业发展的结果。每个组都要求禁止快餐店。其中一个组提出引进麦卡米卡（Mc Jamaica）和麦金（Mc King）连锁店的想法，但只卖当地的食品。另外，她们的真正问题是用词语表达她们对这个遥远地方的精神意象。她们试图通过参照这个遥远地方在媒体或电影中所熟知的形象解释她们的看法。（2）欧洲中心的思维非常明显。如供游客住的公寓是"传统的小屋"或"棚屋"。她们认为饭店的"传统的"食品仅仅是米饭和水果（尤其是水果粒）。（3）学生关心环境。她们看了40秒有关旅游业怎样影响珊瑚礁的视频，感触颇深，将大部分时间投入解决该问题的思考。她们优先考虑的是保护珊瑚礁而非移开部分珊瑚礁保证游船通过。她们详细设计跨越礁石的人行道或桥以及直升机运送游客的方法。海滩上的垃圾是她们关心的另一个问题。这也在每个"行为准则"的制定中提及。小组反馈会生动活泼。学生们热衷于彼此讨论。她们特别表示，她们乐于为牙买加这样的发展中国家描绘更为美好的未来。葆拉·布拉德利—斯密斯指出，虽然这几节课实现了发展她们技能的目标，但也存在问题，这些学生在理解遥远地方方面有困难。她们理解了"可持续性"的概念，但在多数情况下不会运用。她们乐于参与这些活动，但在许多情况下缺乏全球视角。不过一些女生体现出对全球公民的感性理解。她们提出：建议牙买加国家信托组织对环境的保护和决策承担法律责任；这个岛可以分为三个区，权力下放给这些区的"委员会"，"委员长要密切接触当地人民，了解其愿望"；将牙买加建成公平贸易岛，所有食品以公平的方式生产和销售。建一个文化公园，内有牙买加人的雕像、建筑和诗歌艺术；改善儿童和成人的教育，"因为旅游业中的工作并不比他们做奴隶时更好"，提议最低工资法。

八年级的"救灾"主题课让学生思考为什么在一些地方的自然灾害比其他地方导致更为严重的损害。如关注洪水，学生审查不同地方洪水的原因及其影响。让学生观看施乐会制作的孟加拉国的视频材料，该视频说明缺乏避风塘是风暴和山洪泛滥期间生命丧失的基本原因。学生参与角色游戏，说明在发展中国家生命和财产怎样迅速丧失。然后问学生：与发达国家相比，同样级别的自然灾害在发展中国家造成更大的损失和生命丧失？学生讨论的意见大都是，居住在发洪水的河边；所建的房子非常脆弱；没有给房子买保险。葆拉·布拉德利—斯密斯发现学生看法简单化，而且对她们所研究的人缺乏同情心，因而并未树立学生全球公民的价值观和态度。在十年级第一学期的"人口和资源"单元结束后，葆拉·布拉德利—斯密斯要求每个学生填写一份评估表，让学生表达与特别问题相连的真实的感觉和情感，旨在调查学生作为全球公民的"道德反应"，检查学生是否对贫困和不正义真正愤慨，并希望采取行动改变这一切。如"研究经济发展程度较低的国家如中国和印度对人口增长的控制问题，让我们感到……"让学生选择害怕与悲伤；幸运；没感觉、冷漠和担忧；残忍、惊讶、同情、愤怒；优越感；可怜、为女人感到惋惜等选项，并展开评论。学生选择各异，学生的评论如"我必须做一些有益的事情。与其他孩子相比我感到很幸运"。"我能也应该做更多有益的事情。""感到惊骇，是因为经济发展程度较低的国家陷入消费主义的怪圈而不能自拔。"从学生反应中,葆拉·布拉德利—斯密斯认为学生对全球问题反应强烈,表现强烈的正义感。通过这场教学实践,葆拉·布拉德利—斯密斯发现,学生难以面对全球性挑战,需要教师帮助他们分析这种复杂性;视频可以帮助学生了解不同的观点;学生乐于关注全球问题,喜欢看到一些事情在其他文化怎样做,喜欢规划未来。为了更好地通过地理进行全球公民教育,他建议:内容必须与年龄和情感的成熟度相适应;帮助学生理解遥远的地方和文化;当涉及解释新的或复杂的材料时,学生倾向于"教师教授";需要培养学生的移情能力。

四 通过科学课的公民教育

随着科学技术的进步,科学技术与实际生活和人的关系更为密切。公民面临的许多问题几乎都涉及科学技术,如转基因食品、能源、基因工程、人工智能等。没有一定的科学素养,公民几乎很难参与公共问题的讨论。在英国,许多人注意到科学教育与公民教育的密切关系,要求培养具有科学素养的公民,如哈特·戴维斯倡导普及科学教育,"我热爱科学,而且毕生'从事'科学研究。我希望每个人接受良好的科学教育,然后我们可以更明智地讨论全球变暖、克隆、转基因等等。可悲的是目前存在普遍的无知,至少在做决策的大部分政治家中"。[1] 政治精英也表达了具备科学素养的公民对明智决策的重要性。2008年皇家学会(the Royal Society)会上的演讲中,英国科学与创新部部长伊恩·皮尔森说:

> 一个有科学素养的公众,在我看来,是真正的好事。对情况和危险有相当好的理解,人们更好地为他们自己和他们的家庭做出明智的决定。他们可以对围绕诸如转基因食品、计量生物数据库、核能和胚胎研究等复杂问题的政治的和道德的问题的讨论做出贡献,而且对像我们这样的人施加压力,当然,这绝对考验我们的民主过

---

[1] Ian Davies: Science and citizenship education. International Journal of Science Education. 2004, 26 (14), p. 1752.

程。而且在一个对新技术有信任的社会，往往通过消费者的需要促进创新，而非将某些事自上加于不怀疑和可能怀疑的公众。①

只有有科学素养的明智的公民才能在涉及科学技术问题的公共讨论中发挥作用。参与这些问题的讨论并尝试性解决科学问题，"我们逐步规定我们自己，而且怀有希望地理解做公民，进而理解做人意味什么"。② 因而要加强科学课与公民课的联系，要认识到科学的学习过程会触及公民方面的核心问题，如社会和道德责任问题，因为学习科学不仅要知道科学关于什么，还要知道科学影响什么。莱文森说道："存在科学与道德世界的相关性，而且我认为如果儿童不理解这点，他们就根本不会理解科学。"作为惠康信托基金会的主管，德克斯特说："今天的年轻人首先会从诸如人的基因组工程受益，但他们也将面临由此而来的挑战性的社会和道德问题。这份报告显示，需要教育改革，为良好的科学素养奠定基础。"他要求彻底改变科学课的本质："如果我们在科学渗透到生活方方面面的时代让我们的孩子面对公民责任的挑战，我们科学及其相关问题的教学方式必须重构。应该教育我们的孩子们具备广博的科学素养和批判精神，以保证我们新的基因知识为人民服务而非反人民。基因组时代必须是民主的，这意味每个人明智地讨论由科学提出的社会的、伦理的和政治的新问题。我们必须不惜一切代价避免'科学的排斥'。"③ 英国似乎强调科学课对公民教育的价值，如 GCSE 教学大纲强调科学对公民教育的价值。

科学教育发挥公民教育的作用，需要基于二者的目标和过程的相似性，将公民教育的目标、公民方面的概念融入科学教育中。珍妮·哈里森（Jenny Harrison）指出，可以通过科学的学习过程强化公民责任感和

---

① Ralph Levinson: Science education and democratic participation: an uneasy congruence? Studies in Science Education. 2010, 46 (1), p. 69.

② Ian Davies: Science and citizenship education. International Journal of Science Education. 2004, 26 (14), p. 1752.

③ Ibid. .

技能。① 哈里森指出，科学涉及知与做。科学课一方面增进对重要科学概念的理解和技术的运用，另一方面提供调查、学科探究和相关的问题解决等课程方法运用的第一手经验。他说，可以通过让学生协商在有危险的科学实验室的行为规则，培养他们对健康和安全负责的态度。也可以让学生照看学校的野生物区，增进学生对生物体和物质环境的尊重与责任感。还可以开展科学实践活动，如访问当地的采石场、监视学校池塘污染的环保项目，或让学生加入学校的科学俱乐部，积极参与学校环境保护的活动。科学教育也可以培养学生的合作意识，哈里森要求将合作的结构组织进课程。如科学实践课，通过小组工作提供为了共同目标的合作机会。科学教育培养学生的科学态度。通过运用科学方法，如测量，收集各种数据，思考因素之间的联系，学会得出由测量结果支持的结论，发现收集数据的错误，确定是否有其他影响因素，培养尊重根据、宽容不确定性的态度。哈里森建议，要引导学生注意到科学对社会的影响。因为科学会引起社会的变化，学生要判断这种变化是不是需要的。科学课要让学生理解科学的有限性和尊重其他知识形式，认识到与科学相关的社会问题不可能只用科学方法解决。要让学生理解由于技术的发展而引起的道德和伦理问题，意识到在发展中和发达国家涉及科学运用的困难和问题，从而培养学生作为社会成员和贡献者的责任感。另外，科学课教师要创造民主的环境。为了让学生接受在饮食、营养、能量和生态方面的种族和文化的多样性，就需要教师营造相互尊重、信任和社群的气氛和创造共同领导和结合观念调查的方式。为了让学生面对争议性的问题能形成自己的看法和信念，并接受挑战和变革，如解剖动物时讨论尊重生命，就需要教师创造倾听、发表意见和给时间反思的环境。

在英国，也有人建议将科学概念置于一定的情境中，引导学生对社会的理解和探索作为公民的责任感。如奥斯本（Osborne）和迪伦（Dillon）指出，如果科学教育完全忽视社会背景，那么对未来的公民的教育是不充分的。只有社会背景与科学知识和技能相联系，才会对公民施以

---

① Janet Edwards and Ken Fogelman (ed): Developing Citizenship in the Curriculum. David Fulton Publishers. 1993. pp. 47-49.

有用和有意义的影响,否则非语境化的科学课会被视为遥远的、无关的和无用的。① 达根和戈特也主张,科学课教学可以将根据的效度和信度、不确定性和风险等概念置于当代问题中,不仅强调学科内容,而且引导学生探索社会的本质以及一个人怎样作为公民行动。奥斯本还建议,从科学根据、对根据的理解、当代科学、探索科学的道德与价值观等四个方面的关注增进科学教育与公民教育的融合,实现公民教育的社会的和道德的责任的培养目标。② 伊恩·戴维斯也建议科学课教师可以建立科学的"媒体观察",利用科学确定和评估一些事故,而且不断地问"公民在哪里?"因为学生需要有关于当代社会的知识,理解公民资格的概念(如权力)和学会参与。③ 这种将概念置于情境中的教育方式对公民教育的作用是有条件的。戴维斯确定了提高学生和广大公众对科学的兴趣的四个维度:(1)科学知识和理解必须与公民介入的问题相关;(2)公民需要有一个民主的过程来影响科学教育工作者,以确定适当的社会维度对知识和理解的重要性;(3)科学教育应增进那些遭受社会排斥的群体的力量;(4)如果科学与公民教育之间存在积极的关系,则可以解决上述问题。④ 他指出,必须保证这些科学教育目标与公民教育的关键方面实际相关。课堂材料和活动必须要围绕主要的概念(不平等或正义、认同等与社会本质直接相关),并与当代问题明确相关。而且这些材料和活动用以鼓励学生解释他们的观点、他们的理解和他们的论点;宽容、调和、包容和反思与他们不同的意见和观点;在课堂参与这些思想的思考和辩论,且(理想上说)利用校外的经验和理解。⑤

---

① Liam Gearon (ed.): Learning to teach citizenship in the secondary school: a companion to school experience, Routledge, 2015, p. 255.

② Ian Davies: Science and citizenship education. International Journal of Science Education. 2004, 26 (14), p. 1759.

③ Ian Davies: 100 + Ideas for Teaching Citizenship. Continuum International Publishing Group. 2011. p. 86.

④ Liam Gearon (ed.): Learning to teach citizenship in the secondary school: a companion to school experience, Routledge, 2015, p. 260.

⑤ Ian Davies: Science and citizenship education. International Journal of Science Education. 2004, 26 (14), p. 1760.

对英国，非常重要的应该是将学生培养成为具有科学素养的民主参与者。1998年的"暨2000年以后"的报告要求，"对大多数青年人，5—16岁的科学课程……必须提供终身学习的扎实基础和现代民主生活所需要的准备。……我们的观点是5—16岁科学课程的基本的和明确的目标应该是一门提升'科学素养'的课程"。这个目标通过批判地针对涉及科学知识的问题和主题来达到。[1] 拉尔夫·莱文森考察了科学发展的历程，归结出四种对科学技术问题的公民参与模式。[2] 科学发展由学术研究的科学发展到工业科学家（industrial scientist）出现的后学术的科学。作为学术的科学研究，科学家遵守公开、普遍性和无私利性的原则，公开意味公开分享信息，科学结论对同行的审查公开，知识公开分享，这一原则预设反权威主义的结构，事实上交流的规范与自由的民主一致；普遍性意味科学无国界，无关文化和经济的差异性；无私利性意味科学家的研究服从公共知识的批判性建设，其承诺和情感处于次要的位置。莱文森指出，这种学术性的科学与基础科学相连，免于公共责任，因而不同于满足工业需要的科学家。他说，后学术的科学则走向跨学科的暂时联系，包括跨国的科学家、顾问、技术人员、工程师、统计师和律师的联合，如人的基因组项目；而且存在来自公众审查的科学技术问题的争议的巨大挑战。因为学术科学知识越来越屈从市场的力量，如大学与商业合作；后学术的科学也更应回应社会的需要，如满足癌症、艾滋病等患者的需要，全球性的药品便民性运动导致亚撒哈拉地区与更便宜的普通的抗病毒药品，但也意味更谨慎的研究。"可以使用库恩的规范科学的解谜（puzzle-solving）范式相反，后规范的科学突出表现出当代科学技术的不确定性和多学科性。这标志从启蒙科学——价值中立、客观、非个人性转向充满价值观、多主体性和整合多派别观点的统一体。"[3] 也就是后学术的科学因为不确定性而存在高危险，更容易引起激烈的价值观争论。虽然这些已反映在英国14—16岁的科学课"21世纪科学"中，但很少强

---

[1] Ralph Levinson: Science education and democratic participation: an uneasy congruence? Studies in Science Education. 2010, 46 (1), p. 70.

[2] Ibid., pp. 75 – 110.

[3] Ibid., p. 77.

调对社会的和政治的、结构的或技术知识和价值观复杂的相互作用的协商。为了推进学生科学素养和政治素质的发展，莱文森阐概括出四个民主参与的科学教育框架。

1. 科学知识和民主参与：欠缺框架（the deficit tramework）

欠缺的模式预设学生缺乏科学知识与理解，将科学知识灌输给学生，提升学生的科学素养，以便他们在民主决策中充满对科学政策的信任和信赖。这种模式包括三个层面：应获得的科学知识—所应用的知识—决策。其特征：（1）在社会—认识的关系方面，学生在教师的帮助下建构他们与社会相关的科学知识。其等级是科学家—教师—学生，知识由科学家流向教师，再流向学生。（2）在认识论方面，科学是知识库，专家是知识权威，基础科学扩展为应用科学。（3）在科学技术中的争议和参与方面，学生和普通人不可能有参与争议问题的必要知识和理解，但可以教给他们的科学方法以及在科学和社会—科学领域的争议问题。（4）在教学法方面，知识的权威属于科学和作为科学代表的教师，但要让学生注意应对争议所需要的知识。

2. 对话的和商议的框架

这种框架是对情境性的科学技术问题展开协商或对话。对话可以在个人之间或者普通公民与科学家之间展开。这种对话是平等的，科学知识不必是权威，而且必须针对问题重新加工。这种对话也是思想的交流，而思想交流是商议民主的构成因素。作为文化再生产的场所，学校应通过"对话教学"，提升学生对社会—科学问题的思考，如设计促进课堂听与说的项目。莱文森指出，课堂讨论在英国已经制度化了。商议性的对话的特征：（1）在社会—认识的关系方面，在获得科学技术信息和来自不同利益集团的专家意见后做决定。如果这个决定是师生做出的，决定是否执行取决于学校的民主进程。（2）在认识论方面，科学技术知识是不确定的和不可靠的，为价值主张所限制。科学的认识过程就可能是科学家和利益相关人委托的非专业的专家的认识的集合。知识的理解、批判性思考技能和基本的移情能力是科学认识的前提。（3）在科学技术中的争议和参与方面，对话是开放的，参与人虽然知情，但缺乏变革的政治手段。在学校学生可能有在小组工作和学校委员会协商的机会，但其行动有赖于学校民主的实际情况。(4) 在教学法方面，因为科学知识来自专业的科学家而非教师，因而教学重在增进批判性思维和对科学方法与手段的理解。

3. 作为实践训练的科学教育的特征

欠缺的框架需要赋予学生科学素养，但不质疑科学和科学家。商议的框架虽然学生在对话中能发出声音，但影响力有限，实际上学生仍处于被动的而非积极主动的地位。罗斯和卡拉布雷斯·巴顿提出将社会正义、为了社会政治行动的科学和社会建构的知识置于科学技术的学习与决策的核心。也就是将科学技术的学习融入解决社区正义问题的行动中，表达公民的关心、利益和活动，从而建构社会知识。在行动中，科学是解决问题的工具，而行动涉及不同动机、利益和关心的力量，而且在行动中认识和改造这些力量，从而提升政治素质。如 7 年级学生参与社区的一项运动，清洁该地区的一条被污染的小河。寻找修复这条小河的方式，如修建浅滩让水翻滚而充氧。这就意味与环保活动家、当地居民、农民和科学家等人合作，虽然有着不同的动机，但都共享清洁流域的目标。又如涉及伦敦的年轻变性人的"科学：自我项目"。参与者利用一系列的研讨会，探索问题"性科学是什么？"包括讨论南非年轻的运动员卡斯特尔·赛门亚（柏林 2009 年世界锦标赛女子 800 米冠军）、与年轻的变性人合作并听取他们的叙述、与医生开展问题—回答的会议，揭示年轻变性人对性别看法的差距，最后参与者创作出展示他们的项目经验和认同的艺术品。无论是流域的改善还是有变性人意味的艺术创作，所有参与者对目标有共同的理解，且利用必要的知识达成目标。这种作为实践的科学教育框架的特征：(1) 在社会—认识的关系方面，知识被扩散，且在实践中产生，不存在知识的权威，但存在认识方式的权威。(2) 认识论方面，参与者通过合理的参与获得解决问题的科学技术。科学知识是可争论的，向所有参与者的反思开放。(3) 在科学技术中的争议和参与方面，所有参与者有共同的社会目标意识，其观点服从共同的质疑和反思。(4) 在教学法方面，弄清楚真正的科学知识怎样通过社会的、道德的和政治的关注而被改造。知识的提供以认识的需要为基础，教师没有认识上的特权。①

4. 通过冲突或表达异议的民主的科学教育

民主商议的预设是通过理性商议达成有关分歧的共识。但前提是参与者必须到场，而受害者往往不能到场；而且因为商议民主强调理性、冷静，将对因不平等产生的义愤作为商议的障碍加以排斥。与此相对立，墨菲（Mouffe）将民主建构为一种让竞争的或对抗的利益之间斗争的制度，而不是达成共识或重叠的利益。这样冲突就成为多元社会民主的核心，热情通过民主过程而激发。瑞滕伯格（Ruitenberg）在三个方面进一步说明了与商议民主的区别。第一，个人有归属"变化的集体认同"的可能性，亦即人们会基于共享的对抗性、对手和目标而采取行动，如人们为艾滋病人可以获得廉价的药品走到一起发起运动。第二，"政治的"情感作用，情感提供思考和行动的方向和紧迫性。第三，需要区别政治对手和道德上的敌人，要认识到前者作为社会关系霸权的要素，而且捍卫他们自己利益的霸权动力与对错观点的个人辩护是不同的。这种表达异议的民主对公民教育有三种暗示：第一，要培养政治义愤，即培养社会不正义的意识，以及对侵犯处于社会无力地位的人的不正义表示愤怒的能力。第二，说明道德愤怒与政治愤怒的区别。道德愤怒是对某一不正义事件感到的愤怒，而政治愤怒是更为抽象更有距离感的而与支持正义社会的政治价值相连的概念。第三，促进政治素质的发展。学生必须能根据有关自由和平等或者霸权的社会关系等的解释的争论，读出政治术语中的社会冲突和不正义的来源。这种民主参与的科学教育框架的特征是：（1）在社会—认识关系方面，与作为实践的科学教育有相似的特征，即知识是通过实践扩散和产生的。（2）在认识论方面，与作为实践的科学教育一样，学习中存在强烈的社会—政治因素。表达异议的空间重点在于政治素质，认识和分析社会不正义的来源，并运用和创造知识来针对与不正义相关的科技问题。（3）在科技中的参与与争议方面，通过各种媒介积极参与。重点在于通过履行旨在社会和政治变革的公民的

---

① Ralph Levinson: Science education and democratic participation: an uneasy congruence? Studies in Science Education. 2010, 46 (1), p. 103.

科学责任而进行的运动和积极活动。(4) 在教学法方面,知识的提供以认识的需要为基础,但重在政治素质,即重在社会不正义的原因、政治知识和变革行动。

民主参与不仅意味在程序上参与民主,而且意味引起民主的变革,并且在这些过程中提升民主的政治素质。这四种民主参与的科学教育框架各有优势。欠缺的框架可以提升学生的科学素养,为参与科学技术方面的问题准备了必要的条件。商议的民主参与为学生提供了实际参与的机会,锻炼了学生商议的技能。作为实践的科学教育则提升了学生的政治素养。异议和冲突的模式则突出政治理解和变革行动。这四种框架也各有问题,如莱文森所指出的,欠缺的框架预设在科学家或教师与学生之间存在社会认识上的不平等,这就会限制由下发起的政治变革的能力。商议的框架虽然学生实际参与对话过程,但因为对重要决策难有影响力,因而难以有效地引发民主变革。

走笔至此,我们分析了英国跨课程公民教育的意旨、建议及其具体的实践。我们可以看到,跨课程的公民教育需要将公民教育的因素融入或者渗透在其他课程的教学中,批判地思考本学科所蕴含的公民议题,反思如何创造更加民主、更加包容的社会。这种融入或渗透给教师带来巨大的挑战和问题。赛义德将这些挑战归结为:教师可能误解跨课程的公民教育,将其视为寻求内容的相似性而非提供探索公民议题的方式;因为渗透相似的公民教育内容导致主题的模糊性,以至于不知这门课教什么;教师轻视跨课程主题的重要性。[1] 罗威和阿普尔顿指出,在跨课程的主题工作方面,一些教师觉得主题妨碍了他们的实际工作;学生有时不知道教师试图做什么;重要的讨论往往被视为无效的活动;采用的例子脱离学生的经验;虽然一些学科用引导材料让学生理解关键概念,但学生不能理解这种材料的实质。[2] 如一些历史课教师就不愿意通过历史课关注公民责任,认为这与真正的历史课相去甚远。为了让其他课程的教

---

[1] Ghazal Kazim Syed: How Appropriate is it to Teach Citizenship through Mian Curriculum Subjects?, Citizenship, Social and Economics Education. 2013, 12 (2), p. 139.

[2] Ian Davis: Citizenship and the teaching and learning of history. James Arthur, Robert Phillips (ed): Issues in History Teaching, Routledge, 2000. pp. 141 – 142.

师有效地通过自己的课程进行公民教育，戴维斯认为第一要提升公民课的地位，第二要赋予教师公民教育的责任；第三要探索其他课程开展公民教育的程序。① 其实，公民教育是学校教育的本质要求，杜威早就表达了学校课程服务民主目的的教育理想。他要求不论是社会科课程还是自然科学课程都要培养民主的公民，让公民采取明智的行动，增进民主从而推进自由与和平的事业。杜威认为社会学科与社会生活关系更为密切，因而"社会学科在课程上的增设与注重应是学校系统迎接民主主义的挑战之一个工具"。② 杜威也希望科学教育培养学生民主的习惯和态度，将民主的信仰渗透科学技术中，"使科学和技术成为民主希望和信仰的侍仆，才能在具体上执行这个任务。这个动机鼓舞着思想上和行动上的忠诚心。……我们还应养成观察和了解的自由的、广泛的、有训练的态度"，③ 最终"使个人能够和热望达到和平、民主与经济安全的目标"。④ 他希望学校的科学教育培养民主的习惯和态度，达到物质知识与社会知识的平衡，最终让科学技术造福于社会。因而所有教师应该承担公民教育的责任并接受这方面的专业训练。如赛义德指出，如果公民教育是教育的基本目标，那么公民课方面的训练就有理由成为所有教师训练的部分。⑤ 如约克大学等一些大学已经采取大胆的措施提供新教师公民教育方面的专业训练。

---

① Ian Davis: Citizenship and the teaching and learning of history. James Arthur, Robert Phillips (ed): Issues in History Teaching, Routledge, 2000. pp. 146–147.

② ［美］约翰·杜威：《人的问题》，傅统先、邱椿译，上海人民出版社1987年版，第37页。

③ 同上书，第23页。

④ 同上书，第21页。

⑤ Ghazal Kazim Syed: How Appropriate is it to Teach Citizenship through Mian Curriculum Subjects?, Citizenship, Social and Economics Education. 2013, 12 (2), p. 140.

第 四 章

英国学校的包容性宗教教育

公民资格不仅包含政治层面，也内含文化层面。民族国家公民资格的建构要求其教育传递本民族的传统，由此奠定公民良好行为的道德基础。如吉登斯所言："无论传统可能出现的变化有多大，传统还是为能够基本上不受质疑的行为提供了框架。"① 所谓"好公民"很大程度上就是具备合乎传统的道德品质或具备传统美德的人。可以说，好公民的品格的完成在于民族传统文化的陶冶。因而教授传统就成为公民教育的应有之义。但我们也要看到，虽然宗教或文化传统提供了行为框架，生活于此文化中，习于此文化之道德规范，似乎是天经地义的，但当外来种群涌入，文化的多样性成为政治现实，国家的公立学校灌输业已认为理所当然的传统就面临巨大的挑战。为了增进不同种群或族群之间的宽容，国家往往在教育上采取文化多元主义政策。如果学校传递所有文化群体的传统，这种教育就可能成为传递文化知识的过程。但是教育毕竟要促进人的内在的人格发展，文化传统的知识教育显然无法完成这种任务，因为这种教育没有进入儿童的心田。如果传统教育不能让儿童有深切的体验，就难以进入儿童的心灵深处，也就无法在儿童内心生根，最终也难以形成好公民所应具备的品格。如洛克要求根据上帝的真实观念，奠定儿童的德行基础。② 这样传递不同传统的知识教育与塑造人格的精神教育之间就产生紧张。英国学校的宗教教育就展示出其内部的紧张关系。

---

① ［英］安东尼·吉登斯：《失控的世界》，周红云译，江西人民出版社2001年版，第39页。
② ［英］约翰·洛克：《教育漫话》，杨汉麟译，人民教育出版社2006年版，第131页。

对于英国，其传统就是宗教。英国历史上是基督教国家，即使内部有新教和天主教之分，学校的重要职责就是树立学生的基督教信仰。但随着20世纪五六十年代前殖民地移民的涌入，英国逐渐演变成为多文化、多宗教的多元社会。英国单一的宗教教育遭遇前所未有的挑战，不得不正视多宗教的社会性质而将其他宗教纳入教学内容。英国学校的宗教教育，除了少数教会控制的学校外，不再树立学生某一特殊宗教的信仰，而是传递不同的宗教传统。即便如此，宗教作为传统依然被视为道德基础。如乔伊斯·米勒和厄休拉·麦克纳调查了英格兰某学校的10名教师，其中一位罗马天主教男教师写道："我的信仰……是我生命的基石，给我道德框架。"另一名教师写道："（信仰）提供核心的道德价值观，是生命的指针和拯救……提供应对困境的力量；也是存在的理由。"[①]对某一特殊宗教群体的成员来说，其宗教自然为他提供了行为准则，但对其他宗教或无信仰的成员来说，则不过是宗教知识，这种知识对他来说很难获得精神上的内在体验，也就很难化为其人格的部分。英国宗教教育方式的转变由20世纪60年代末的世界宗教或现象学的宗教教育方式，到理解的宗教教育方式、后现代的宗教教育方式等的探索，正好反映了服从政治需要的知识教育和触及灵魂的精神教育之间的紧张。

一 作为促进政治发展的宗教教育

目前，英国的宗教教育主要涉及两个方面，一是关于宗教的学习，另一个是从宗教中学习。前者的核心在于通过学习不同宗教的信仰、仪式、社会制度、故事，达到对宗教的理解，后者在于通过鼓励学生在个人层面上参与所教授的宗教各个方面，帮助儿童丰富自己内在体验。[②] 宗教教育不仅要促进学生对宗教的理解，而且要促进学生的精神发展。2004年10月28日，英格兰启动国家框架，对宗教教育这两方面的作用

---

① Joyce Miller and Ursula Mckenna: Religion and religious education: comparing and contrasting pupils' and teachers' views in an English school. British Journal of Religious Education. 2011, 33 (2), p. 177.

② Derek Bastide: Teaching Religious Education 4 – 11, Routledge, 2007, pp. 18 – 19.

做了清楚的表达:"宗教教育可以转变学生对自己和他人的评价以及对更广大世界的理解。这对于深化包容、理解多样性和促进宽容是至关重要的";"宗教教育在提供学生广泛的经验,从而增强他们对自己的信仰和观念的现实而积极的意识方面发挥至关重要的作用"。德里克·巴斯蒂德指出,宗教教育包括实现两个方面的目标:社会包容和精神发展。[①] 也就是通过宗教教育增进学生对宗教的理解,实现社会包容,同时促进学生的精神发展。

(一) 服从多元民主需要的宗教教育

从西方启蒙运动开始,宗教逐步被理性主义挤出政治领域而变成私人生活的事务,并且宗教事务为国家的政治所约束,社会也渐渐朝着世俗化方向发展。不过,宗教作为赋予公民的身份认同和奠定道德基础的作用依然存在。对一个国家来说,如果宗教大体上单一,政治就会利用宗教塑造好公民。如果面对多宗教的社会,政治必须处理认同的多样性,实现宗教或文化群体之间的宽容、尊重,保证各宗教群体和睦共处。英国宗教教育的演变正好反映了政治环境的变化和需要。按照 L. 菲利普·巴恩斯,直到 20 世纪 50 年代,英国作为基督教国家,学校重要的责任就是树立基督教信仰,到 60 年代,宗教教育则是另外一回事。[②] 从 60 年代开始,因为移民的涌入让英国成为多宗教、多文化的多元社会,英国的宗教教育服从民主包容的政治需要,强化尊重、宽容和社会的和谐共处,其教育方式明显带有自由主义色彩,强调知识、理性和对话。

在英国历史上,教育与宗教密不可分,学校与教会相连。玛吉·韦伯斯特指出,从 1780 年开始宗教和教育似乎是伙伴,托马斯·斯托克斯和罗伯·特雷克斯在 1777 年和 1780 年分别开办了教会学校,其宗旨似乎是向目无法纪的孩子提供道德指导的方式。[③] 杰克森也指出,至少到 20

---

① Derek Bastide, Teaching Religious Education 4 – 11, Routledge, 2007, p. 14.

② L. Philip Barnes, Ninian Smart and the phenomenological Approach to Religious Education. Religion, 2000 (30), p. 316.

③ Maggie Webster, Creative Approaches to Teaching Primary RE. Pearson Education Limited. 2010. p. 7.

世纪 50 年代末，在英格兰和威尔士，宗教教育、道德教育和公民教育被认为是紧密相连的①。英国宗教教育的实质就是基于基督教信仰的道德教育，强化基督教信仰是这个时期宗教教育的本质。第二次世界大战后不久，英国地方制定的"商定教学大纲"（Agreed Syllabuses）就体现了这一本质，大纲仅仅关注基督教，要求学生接受基督教信仰和价值观。如 1949 年的"剑桥商定教学大纲"规定，其目标是"引导儿童体验上帝及其教堂、他的话语，基于祈祷、教友和服务的经验"，树立青少年的基督教信仰和价值观，从而奠定其生活的道德基础。因而，宗教教育被视为道德与公民教育的基础。英格兰教育部的小册子《公民成长》清楚地说："基督教信仰及其奉行是真正的和持久的公民资格培养的最可靠的基础。"

随着世俗化、全球化和多元化，宗教教育不再完全囊括道德教育和公民教育，旨在树立学生宗教信仰的宗教教育方式似乎难以为继。20 世纪五六十年代，大批加勒比、非洲、塞浦路斯及印度次大陆的移民进入不列颠，而这些人所信奉的宗教不是基督教，他们给英国带来了清真寺、印度神庙和锡克庙，学校有不同宗教信仰的学生。同时人们对基督教的态度也在变化，因为宗教怀疑导致信教人数急剧下降。所有这些变化影响到宗教教学。许多教师不愿意按照过去的方式教学，在他们看来，"我不信上帝，我怎么教宗教教育——这让我成为伪君子"。教师宁愿让学生自己活动，自己探究。有些宗教教育课的教师甚至说："宗教教育死了，永生的是公民教育。"尽管如此，还是有 90% 的家长赞同学校进行宗教教育。② 在这种情况下，是顺应政治的需要，以公民教育取代宗教教育，还是满足家长的意愿继续加强宗教教育？在英国展开了一场争论。在英格兰，自 20 世纪 60 年代，威尔逊等人思考在世俗和多元的环境下的道德教育，并对道德教育做了自由主义的表达。威尔逊倡导"超越文化的思维方式"的道德教育，拒绝道德教育"为特定文化、教义、国家、意识形

---

① Robert Jackson (ed): International Perspectives on Citizenship, Education and Religious Diversity. RoutledgeFalmer. 2003. pp. 67–71.

② Janet Edwards and Ken Fogelman (ed): Developing Citizenship in the Curriculum. David Fulton Publishers. 1993. p. 83, pp. 84, 9.

态、政党或其他什么所独有"。① 很显然,他拒绝了以基督教教义和价值观为基础的道德教育。与此同时,科瑞克要求在中学进行政治教育,他在题为《政治教育和政治素质》的报告中提出政治教育的课程计划。1979 年,撒切尔政府给政治教育更进一步关注,1988 年的《教育改革法》将多元文化、反种族主义教育引进课程。公民课作为非法定的跨学科主题纳入国家课程。② 剑桥大学教育学教授大卫·哈格里夫斯主张用公民教育取代宗教教育。这一主张对 1997 年将公民教育作为课程发挥了直接的作用。他要求扩大公立学校,引进公民教育。他认识到,在世俗和多元的社会,宗教不再是社会团结的基础,俗世的社会大多数成员的道德和公民资格与宗教教育无关,因为在这样的社会,宗教与道德的关系不存在一致性。他指出,"英国多元社会的问题是如何找到一些社会因素保证有着不同道德、宗教和种族价值以及社会的、文化的和语言传统的人民和睦地生活在一起"。对他来说,宗教不再是社会的"第一语言",宗教和文化群体应该通过参与公共机构表达自己与国家的关系。他主张在世俗的学校宗教教育为公民教育所取代。③

与英格兰一样,苏格兰宗教教育在 20 世纪 60 年代也陷入进退维谷的困境。1967 年 11 月 15 日,阿伯德尔勋爵在上院提出加强学校宗教教学的动议时将"宗教教导"(Religious instruction)作为"疼痛的拇指"表达了对宗教教育的忧虑。为了挽救苏格兰学校的宗教教育,政府立法增加了两项条款,一项规定地方当局在管辖范围内如果学校不再安排宗教教导课程,可以寻求全体选民的同意(通过全民公决);另一条款规定,学校将宗教教导的课表送政府审查,要求每个教育当局委任一名由地方教会批准的督导(无薪酬),督导有权在任何时候进入学校监督宗教教导。1962 年,苏格兰政府立法通过特殊的计划支持学校的宗教教导的教

---

① 约翰·威尔逊:《道德教育新论》,蒋一之译,浙江教育出版社 2003 年版,第 4 页。
② Robert Jackson (ed): International Perspectives on Citizenship, Education and Religious Diversity. RoutledgeFalmer, 2003, p. 68.
③ Ibid., p. 70.

学。1965年的"麦克拉伦信托计划"就以此为目的。① 另外，一些非法定的组织，如"苏格兰宗教教育联合委员会""苏格兰宗教教导教师协会"都投身于挽救苏格兰宗教教育生存的行列。这些努力在苏格兰社会文化与知识的变化趋势面前如螳臂挡车。20世纪60年代，苏格兰社会文化弥漫着对宗教的怀疑，人们对宗教教育的看法是轻蔑的，普遍认为以圣经为基础的信奉的宗教教育与"后基督教"的自由社会的追求不一致。这种对宗教的怀疑和对宗教教育的轻蔑的态度导致人们对宗教活动失去兴趣。到70年代，一部分人声称他们不再有宗教信仰，甚至许多认同基督徒的人很少在周日上教会，虽然76%的苏格兰人是基督徒，但45%的人几乎不参加宗教活动。② 这些变化将苏格兰宗教教导推向课程的边缘。苏格兰教育部不再将宗教教导作为真正的"学术性"学科，建议在小学将宗教教导融入其他课程领域。摆脱苏格兰宗教教育的困境，只有顺应社会文化的变化。在英格兰，在斯玛特的现象学的宗教教育、罗纳德·戈德曼的宗教发展阶段理论、迈克尔·格里默特的从宗教中学习和关于宗教的学习理论、约翰·赫尔的教育性宗教教育的理论发展的影响下，苏格兰学者如伊丽莎白·金尼伯格、史密斯、亚历克斯·罗杰等寻求苏格兰宗教教育的变革。金尼伯格认为利用圣经故事作为唯一的教学工具对宗教教导的声誉是灾难性的。在她看来，这是许多孩子小学毕业时不再喜欢宗教教导的原因。她强调好的宗教教导应该鼓励儿童做判断（神学批判），允许不接受圣经观点的儿童根据自己的知识做判断。这与斯玛特的主张相类似。史密斯认为需要重新思考世俗学校的宗教教育。他认为基督教教育在他所称的"后基督教"世俗社会不再可行，唯有基督教和非基督教的教育者共同规划宗教教育政策，教育才仍然是宗教的。为此，他呼吁宗教教育方式的激进变革，即向包括个人发展和非宗教问题开放的宗教教育方式。史密斯的思想也影响了1971年英格兰学校委员会《工作报告36：中学的宗教教育》。罗杰要求宗教教育既要关注社会的变

---

① Yonah Hisbon Matemba: Problems, survival and transformation: religious education in Scotland-a historical review, 1962－1992. History of Education, 2014, 43（4），pp. 542－543.

② Ibid., p. 544.

化，也要注意教育普遍目标的走向。他强调应基于理解、开放和自治等原则将宗教教育作为教育的不可分割的部分，帮助学生朝自治和对他们逐渐领悟到的真实的、有价值的和正确的东西做出承诺方向发展。虽然他坚持基督教在宗教中处于首要位置，但这种教学既是"客观的"，即公平对待所有信仰，也是"主观的"，即帮助儿童理解信徒的信仰和感情。总之，他认为宗教教育有助于儿童探索生命的意义、价值和目的。[1]

英国的宗教教育虽然面临持续的挑战，即使英格兰公民教育成为独立的课程而与宗教教育分离，即使宗教教育不在国家课程之列，但宗教教育依然是英国学校的核心课程。这一方面因为英国的教育传统。在历史上，英国政府与宗教势力有着良好的合作关系。在1870年英国义务教育之前，英格兰学校教育由教会提供，教育内容和形式几乎完全由英格兰圣公会和非国教教派决定。教会把对穷人的教育作为慈善使命，并借此扩展其权威。为了满足传教和教会管理的需要，这种教育除了关注宗教教义，还包括阅读和拉丁文的学习。因此，如利奇（Leach）1911年所说"从一开始英格兰的教育是宗教的产物，学校是教会的附属机构，校长是高级神职人员"，这种国家与教会之间的相互配合源于诺曼人的征服并在16世纪得到强化，而且国家应该有强烈的宗教联系的观念根植于英国的民族意识中。[2] 在威尔士，从最早的基督教时期开始，其教育史和教会史紧密相连，教会在学校教育发展方面发挥领导作用。威尔士的第一所学校就由宗教团体所建，这些早期学校的宗教教育的目标就是树立儿童基督教信仰。1698年基督教知识促进会成立，其一项重要任务就是在英格兰和威尔士建立学校，向贫穷儿童提供教育，包括三Rs，"勤劳的习惯"和宗教教导。在18世纪的威尔士，该社向学校提供威尔士语圣经和教义问答。19世纪新工业社会伊始，在英格兰和威尔士有两个社团在扩大学校教育方面发挥重要作用。一个是1814年成立的"英国人和外国人学校社"，由非教派的自由联盟所支持，旨在促进劳工和制造业阶层的

---

[1] Yonah Hisbon Matemba: Problems, survival and transformation: religious education in Scotland-a historical review, 1962 – 1992. History of Education, 2014, 43 (4), pp. 554 – 555.

[2] Stephen Ward: Religious control of schooling in England: diversity and division. Intercultural Education. 2008, 19 (4), p. 315.

教育。另一个是1811年成立的"国家社",由圣公会教徒创立,按教会原则促进穷人的教育。除此之外,还有1847年成立的"天主教穷人学校委员会",旨在满足天主教孩童的教育和精神需要。这些团体开办学校不仅提供初等教育,也提供教派性的宗教教育,培养工业化和城市化所需要的顺从品质。[1] 这种因历史而形成的国家与教会的牢固联系在1870年的《福斯特教育法案》后得到延续,"国家和教会之间的相互配合决定20世纪国家学校教育的本质,而且在21世纪仍未改变"。[2] 英国教会与政府相互合作的传统关系保证了宗教教育在学校教育中的地位。在英格兰并没有因为设置公民课而取消宗教教育,甚至公民课的指导文件也明确涉及了宗教教育。

另一方至关重要的原因是宗教教育顺应多元民主政治发展的需要,变革了宗教教育的内容和方式,发挥公民教育作用。从20世纪60年代后,人们逐渐意识到英国社会是多文化、多宗教、多种族的且白人占主体的社会,这一多信仰的社会性质决定宗教教育不能等同基督教教育。尼尼安·斯玛特是变革英国宗教教育的重要人物,他明确区别神学和宗教研究,并主张宗教研究应该成为独立的学科。斯玛特看到了基督教宗派主义和教育中立之间的紧张关系,在1966年出版的《教师和基督教信仰》一书中就委婉地指出不应该将基督教强加于学生,并倡导像学习基督教一样学习其他宗教,以便学生摆脱狭隘的文化和宗教观。在1968年出版的《世俗教育和宗教的逻辑》一书中斯玛特公开表明赞同教育中立。他将英国现代宗教教育视为"分裂症","这一分裂症包括两个事实,即基督教教育在学校牢固确立(通过1944年《教育法案》),和典型的现代高等教育机构是世俗的,即对宗教和意识形态承诺保持中立……中立主义部分是我们生活的多元社会的反映……我们的社会是只有少数坚定地皈依正统的基督教信仰和实践的社会……奇怪的是一个不够虔诚的开放

---

[1] Geraint Davies, Leslie J Francis: Three approaches to religious education at Key Stages one and two in Wales: How different are Church schools? Journal of Beliefs & Values. 2007, 28 (2), p. 166.

[2] Stephen Ward: Religious control of schooling in England: diversity and division. Intercultural Education. 2008, 19 (4), p. 316.

社会在学校仍该提供某种信仰"。① 在他看来，医治这一"分裂症"必须拒绝宗派性的宗教教育而采取宗教上中立的开放教育方式，以便提供对宗教的理解。

这样宗教教育就成为探索英国不同宗教传统的课程，学校的宗教教育不在于确立宗教信仰，而在于对多样宗教传统的理解与尊重（当然，对基督教的探索占主导），不仅探索宗教传统，而且关注民主价值和技能，培养学生参与公共社会的必备能力，包括对问题的批判能力和对多样性的理解与尊重。我们从英国的宗教教育文献可以看出其宗教教育的意旨。在英格兰和威尔士，1994年英格兰学校课程和评估署的文件就明确表达了宗教教学的宗旨，即让学生理解信仰、价值和传统的影响；具备对宗教和道德问题做出合理的和有根据的判断的能力；通过思考自己的信仰、价值和经验增进其精神的、道德的、文化的和社会的发展；培养积极对待他人的态度，尊重他们持有与自己不同信仰的权利和为多元宗教社会的生活而努力。② 1998年的教育改革法规定，宗教教育必须注意到国家的宗教多元，不仅反映基督教的传统，而且要注意其他主要的宗教，希望公立学校的学生获得对世界主要宗教传统的理解。2001年的英国普通教育高级程度证书（Advanced Subsidiary (AS)）和2002年的A2等政府文件规定了宗教学习的标准。其目的是培养学生对宗教的兴趣和热情；通过传递知识和适当理解宗教的专业研究将该学科作为学术性学科对待；将调查的、批判性和同情的方式运用到宗教学习③。在苏格兰，2004年《卓越课程：宗教和道德教育》报告将道德与宗教教育作为儿童和青少年教育的基本部分。该报告认为，苏格兰人民有着广泛的宗教信仰，因而有必要让儿童和青少年探索世界主要的宗教，使之：承认宗教是一种重要的人类经验的表达形式；学习基督教和所选择的宗教以及其他传统和观点的信念、价值观、仪式和传统，并从中获得理解；探索和

---

① L. Philip Barnes: Ninian Smart and the phenomenological Approach to Religious Education. Religion, 2000 (30), p. 318.

② Lynne Broadbent, Alan Brown (ed): Issues in religious education. RoutledgeFalmer. 2002. p. 172.

③ Ibid., p. 153.

增进宗教知识和理解，认识到基督教在苏格兰的地位；调查和理解宗教和非宗教对生命本质和意义等问题的回答；认识到和理解宗教多样性和宗教在社会中的重要性；树立对他人的尊重和增进不同于自己的信仰和实践的理解；探索和树立诸如智慧、正义、同情和正直等价值观，培养和反省他们自己的道德价值；通过反思、发现和批判性评估确立其信仰、态度、价值观与行为习惯；培养面临道德抉择时的反思、辨别、批判性思考和决定怎样行动的能力；通过将信仰和价值观付诸行动而对世界做出积极贡献；为终身学习、进一步学习和成人生活奠定坚实的基础[1]。该报告要求教师在计划宗教和道德教育时：敏锐地考虑和重视他们自己地方和社区的宗教和文化多样性的价值，利用年轻人熟悉的相关背景；积极鼓励儿童和年轻人参与对他人的服务；通过重视与理解、讨论与积极的辩论，培养理解他人信仰的能力；采取包括积极学习、有计划和有目的的游戏等各种方式；促进调查和批判性思考技能的发展；提供问题解决技能发展的机会；给学生时间反思，鼓励深层讨论和辩论；提供合作和独立学习的机会；考虑信仰的背景和情境、儿童和青少年发展的阶段及其应对复杂思想的能力；认识到和确立宗教与道德教育的主题与学习和其他课程领域之间的恰当的联系；适当地和富有想象地利用技术；为学习确立评估原则。虽然该报告强调宗教教育，但其教育的重点在基督教。"通过宗教和道德教育，所有儿童和青少年增进对基督教的理解，基督教形成了苏格兰的历史和传统，而且继续在民族生活中发挥影响。"[2] 该报告指出，宗教教育的方法包括合作学习的积极学习方式，鼓励儿童和青少年讨论和分享思想观念、经验和道德挑战，以及培养生活和工作技能，如交流、合作和问题解决能力。2014年苏格兰教育当局发布的《3—18岁宗教与道德教育》报告也强调"苏格兰社会有着丰富的宗教和文化的遗产和多样性"，苏格兰宗教与道德教育要认可和赞赏苏格兰和整个世界宗教多样性。该报告指出，在苏格兰大多数学前学校，儿童通过

---

[1] The Scottish Government: Curriculum for Excellence: a framework for learning and teaching. p. 213.

[2] Ibid., pp. 213 – 214.

庆祝宗教节日，分享家庭故事和传统学习宗教与道德，通过讲故事和游戏活动探究文化多样性。该报告要求通过宗教与道德教育达到以下目标：深化苏格兰和整个世界的宗教和文化多样性的理解；认识到宗教是形成社会、政治和精神的传统的重要因素；调查宗教信仰、价值观、问题、传统和活动；通过接触信徒面对宗教多样性；能够描述和解释道德问题和道德决定的特征；体验敬畏和惊奇对人的意味；理解尊重信仰、价值观和传统的重要性，并能表达这种尊重；发展做良好的道德判断与伦理决定以及证明自己信仰和价值观的合理性的技能与态度；参与个人反思以深化对个人信仰和有关生活的意义、价值和目的的思想的理解。[①]

我们也可以看到，宗教教育者从公民教育的角度为宗教教育辩护。如罗伯特·杰克逊针对哈格里夫斯将世俗学校与宗教学校对立，世俗的学校应反映世俗环境的观点，指出，"社区学校可提供不同宗教和无宗教背景的师生之间真正对话的论坛，学会解释、反思和获得洞察不同世界观的技能。……在这个意义上，公共学校应该是民主社会的缩影，因而也是探索和实践公民资格思想的理想地方。这种由宗教教育所提供的知识、理解和技能对形成这一过程有至关重要的贡献"。他批评哈格里夫斯没有提供拒绝促进跨边界对话和交流的真正开放和多元宗教教育的可能性的可靠理由，而这种方式适合不同年龄、态度和家庭背景的学生，让他们理智地和情感地参与。他认为宗教教育有助于公民教育，如在第三、四关键期需要理解"在英国的民族、地区、宗教和种族认同的多样性及尊重和理解的需要"，在第一、二关键期要求孩子"赞赏在英国不同的民族、地区、宗教和种族认同"，而宗教教育讨论的方式和解释方式有助增进这些理解。[②] 杰克逊认为，因为宗教教育涉及宗教和文化多样性的对话，有助于培养负责的公民，所以宗教教育对公民教育发挥至关重要的独特作用。在增进全球公民方面，杰克逊也指出，"宗教与有关公民资格差异之间的关系的讨论有明显的相关。代表个别宗教的群体或跨宗教的

---

① Education Scotland：Religious and Moral Education 3 – 18. www. educationscotland. gov. uk. 2017 – 3 – 24.

② Robert Jackson (ed)：International Perspectives on Citizenship, Education and Religious Diversity. RoutledgeFalmer. 2003. pp. 76 – 78.

群体在促进全球公民思想方面发挥积极的作用"。① 如"宗教与保守联盟"作为国际宗教性的组织，将基督教、伊斯兰教、犹太教、印度教、佛教、道教等11种宗教联系起来。朱丽亚·伊普雷格也指出，公民课和采取对话方式（Dialogical appraches）的宗教教育之间有紧密的联系，两门课相似点在于二者都要培养参与、交流和协商的技能，以及面对多元背景的反应能力，"尽管宗教教育和公民课有明显的交叉，但我主张宗教教育太重要了，以致不能将其作为公民教育分支的次要位置"。伊普雷格在莱斯特一所穆斯林占85％的小学开展了不同宗教和无宗教背景的学生之间的对话和交流的研究。她指出，公民资格联系自我与更广更大的自我，而宗教教育将自我置于更加广大的关系之中。在这种对话中，参与者能够以新的眼光看自己，如讨论上帝来到地上创造和谐的可能性、神的活动与人的努力的关系，而且通过这种对话提高学生的道德意识和责任感。②

在英国学者看来，宗教教育不仅可以增进民主，而且有助于理解人类的冲突，如斯玛特强调宗教教育对增进自由与多元民主文化的作用。鲍克认为宗教可能摧毁人类生活，助长世界上不妥协的和无法解决的冲突，因而宗教研究必须理解仇恨的冲突的本质。③ 詹姆斯·亚瑟、利亚姆·吉伦和艾伦西尔斯赞同巴伯（Barber）的观点，即宗教信仰不一定与民主背道而驰。巴伯认为，西方试图将民主输出到发展中国家的失败的一个关键原因在于，他们基本上忽视了目的地地区的文化和环境因素，包括宗教信仰的影响。巴伯要求自由社会为宗教提供活动空间，"健康的自由社会由共同的信念维系在一起，即它为多种观点和冲突的意识形态提供了空间。它不会对宗教进行战争，而是为宗教让路"。亚瑟等人相信宗教信仰在民主生活和公民参与中的作用将对公民教育的形式和实践产生重大影响。他们认为，宗教信徒作为信仰者参与公民生活不是对民主

---

① Robert Jackson (ed): International Perspectives on Citizenship, Education and Religious Diversity. RoutledgeFalmer. 2003. p. 83.

② Ibid., pp. 166 – 167.

③ Clive Erricker and Jane Erricker: Reconstructing Religious, Spiritual and Moral Education. RouthledgeFalmer. 2000. p. 22.

的威胁,而是正义问题,因而民主国家在公民课程中不能忽视对宗教和宗教问题的考虑。"虽然宗教有时是镇压和暴力的力量,但历史记载表明,它并不一定如此,它经常而且确实是解放和民主的力量。"① 如新教改革导致转向民主,如每位信徒都可以接触《圣经》,每位信徒都有绝对权利自己解读《圣经》,其核心思想和结果既与新兴的民主思想相一致,又促进了民主方向的政治行动。② 面对对宗教的非理性和排斥性等非民主的因素的责难,如罗尔斯认为宗教基于非理性,坚持某一完备性传统的人本身是被灌输的,而且寻求灌输给他人,不能宽容差异性,因而是反理性的,对一个民主国家是不合理的,因而将宗教排斥在公民生活之外,他们坚持宗教信仰可以与理性结合,强调有限度的宽容与有序的社会是相容的观点。③

(二) 融入宗教教育的公民教育

宗教与政治有着复杂的历史关系,宗教本身不仅包含政治思想,也影响政治的发展。利亚姆·吉伦指出,奥古斯丁的《上帝之城》涉及有神学原则统治的政治程序的想象;基督教殉道者托马斯·莫尔的《乌托邦》也如此。虽然从欧洲启蒙运动以来,国家与宗教分离,宗教在公共和政治生活中的作用被淡化,但是在冷战后宗教在公共和政治生活中的作用被认可,往往将宗教作为政治的晴雨表发挥作用,如美国的 1998 年《国际宗教自由法案》规定国务卿出版世界宗教自由年度报告,美国国务院以宗教自由来衡量一个国家对其他基本权利的尊重。从 20 世纪 70 年代,尤其是 1981 年的《废除所有形式的因宗教或信仰的不宽容和歧视宣言》开始承认宗教在国际上对稳定世界秩序方面的重要性。④ "9·11 事件"恐怖袭击以及后反恐战争,极右势力的崛起及其对宗教和文化的少

---

① James Arthur, Liam Gearon and Alan Sears: Education, Politics and Religion: Reconciling the civil and the sacred in education. Routledge, 2010, pp. 98–99.

② Ibid., p. 107.

③ Ibid., pp. 99–101.

④ Liam Gearon (ed.): Learning to Teach Citizenship in the Secondary School: A companion to school experience. London and New York: Routledge, 2010, p. 187.

数群体的不宽容,都带有宗教和文化的色彩。因而政治不可能回避宗教,必须将宗教问题纳入政治范畴,而让宗教为政治发展做贡献。吉伦说,鉴于在广义上宗教与公民资格、政治之间的关系,宗教教育者别无选择,只有对公民课抱以专业兴趣。[1] 面对对民主和自由的威胁,他要求进行公民课和宗教教育的人必须拥有必要的技能来应对对自由和宽容的威胁,尤其是来自宗教传统本身的威胁。[2] 宗教教育必须别无选择地发挥公民教育的作用。"9·11"事件后英国再度燃起对宗教教育的兴趣与承诺,政治家、学界和职业界都认为宗教学习促进"社会团结",甚至防止恐怖主义。维维安·鲍姆菲尔德和许多宗教教育者一样,认为宗教教育有助于解决和防止因"9·11事件"引起的种族紧张和宗教误解,她说:"如果宗教信仰和对宗教的态度被视为问题的部分,那么宗教教育就是解决问题的部分。"[3] 2004年英国发布的《非法定的宗教教育的国家框架》强化学校宗教教育在促进公民意识方面的重要性,要求学生学会"相互尊重和理解",怎样公平地解决冲突;鼓励学生作为多元社会的公民在个人方面和在其社区有积极作为。2007年工党政府的《促进社区团结义务的指南》将信仰作为冲突的潜在因素,要求宗教教育在促进包容和团结的社会发挥重要作用。2010年,英国政府出版宗教教育指南,要求探索"现代世界中的争议性宗教问题"。

既然宗教教育与公民教育不可分割,就必须探索公民教育融入宗教教育的方式。公民是权利和责任主体,因而既要理解权利,又要对他人权利的侵犯采取负责的行动。吉伦提供了通过强化公民权利与责任将公民议题融入宗教教育的方式。他建议将种族灭绝、避难、奴隶制、自由表达权、宗教和信仰自由、环境权利与可持续发展、妇女权利和土著人权利等公民议题纳入宗教教育,从而达到公民教育的目标。这个教育过程包括准备、计划、参与、评价和评估等环节。"准备"就是要熟悉相关的课程文件,包括公民课和宗教教育课的教学指南以及相关权利的历史、

---

[1] Liam Gearon: Citizenship through secondary religious education. RoutledgeFalmer. 2004, p. 2.
[2] Ibid., pp. 29–30.
[3] Daniel Moulin: Religious education in England after 9/11, Religious Education, 2012, 107 (2), pp. 158–173.

法律和政治文献。"计划"包括规划公民课与宗教教育课的教学目标，如公民课的教学目标涉及做明智公民所需的知识与理解、调查与沟通的技能、参与和负责行动的技能等方面。"参与"可以利用奥斯勒提供的参与和经验学习五个阶段促进学生社区参与，这五个阶段包括：学生意识到；学生更为明智；学生发展其理解；学生有自己的观点和意见；学生采取行动。"评价和评估"包括书面的形成性评价、同学或自我评估、口头问答等非正式评价和诊断、总结、考试等正式的评价。[1] 在这些环节中，最重要的是计划。如将妇女权利纳入宗教教育。首先熟悉有关保护妇女权利的法律、政策以及相关的会议，如了解联合国大会决议《消除对妇女歧视宣言》（1967年）、《消除对妇女一切形式歧视公约》（1981年生效）、《消除对妇女一切形式歧视公约》（1989年）、《消除对妇女的暴力行为宣言》（1993年）、《〈消除对妇女〉歧视公约一切形成任择议定书》（2000年）。然后做好将妇女权利结合进具体的宗教教育的教学计划。吉伦指出，要根据 QCA 的宗教教育教学大纲，规划宗教教育的目标、宗教教育的技能和过程、宗教教育所培养的态度。将妇女权利融入宗教教育的目标包括两个方面：一是学习宗教知识，即认识到和探究神学和性别的重要问题；认识到和探究当今世界与宗教传统相关的妇女权利问题，尤其是针对少数群体的性别和宗教的暴力。二是从宗教中学习，能明智而又审慎地回应神学和性别相关的宗教与道德问题；认识到并回应性别暴力和其他侵犯妇女人权的行为所引发的有意义的问题。将妇女权利融入宗教教育中的技能和过程包括调查、解释、反思、移情、评估、分析、假设、运用和表达。如"调查"包括探究有关妇女权利的神学问题；知道怎样利用不同的资源收集有关妇女权利信息。"解释"即有能力收集反映女性在宗教和社会中的作用的手工艺品、艺术作品、诗歌和符号以及说明提供各种解释的宗教文本的意义。"反思"即面对遭受偏见和歧视的妇女和女童，有能力反思感情、关系、经验、终极问题、信仰与实践。"移情"即有能力以平衡而富有洞察力的方式思考妇女在社会与文化、政

---

[1] Liam Gearon: Citizenship through secondary religious education. RoutledgeFalmer. 2004, pp. 54–68.

治与经济以及宗教生活中作用的观点。"评估"即有能力根据与妇女在社会与文化、政治与经济以及宗教生活中的作用相关的论点与论据,讨论宗教意义的问题。"分析"即区别意见、信仰和事实,尤其在针对文化、种族和宗教的少数群体的宣传、偏见和歧视的评估中做这种分析。"假设"即以合乎逻辑的方式将宗教的重要特征联系起来,认识到世俗制度中妇女的权利与某些宗教传统中的妇女地位之间的潜在矛盾。"运用"即将宗教与个人、社群、国家和国际的生活相联系,认识到宗教的重要价值观及其与世俗价值观相互影响;"表达"即有能力解释与妇女角色相连的宗教概念、仪式和活动和妇女反应,以及通过艺术、音乐和小说等载体所表达的深度的信念和关心。将妇女权利融入宗教教育所培养的态度包括承诺、公平、尊重、自我理解和探究。"承诺"意味理解对自己借以生活的价值观承诺的重要性。"公平"即仔细考虑他人的观点;思考论点论据的意愿;准备克服对妇女的深层偏见。"尊重"即承认妇女面对偏见和歧视,有尊重有不同信仰和习俗的人的需要;承认他人持有自己观点的权利,但不滥用基本人权。"自我理解"即树立成熟的自我价值感和价值观,增强辨别个人与性别和宗教问题的相关性的能力。"探究"即寻求真理的好奇心和渴望;培养个人对与性别相关的宗教与神学问题及其在社会和文化、政治和经济生活中的影响的兴趣。[1]

　　吉伦认为,按世俗的标准,妇女权利观不仅未被传统充分地表达,而且面临传统的挑战,因而需要关注如下问题:(1)妇女受宗教压迫吗?(2)说出一位当今宗教领袖是妇女的名字。讨论在结构上防止妇女达到参与最高宗教事务,宗教传统能否真正维护妇女的权益;(3)宗教如何证明以"差异但平等"的路线界定妇女角色的理由;(4)访问联合国网址,了解消除歧视妇女的条款,讨论这些条款中宗教的作用有多大;(5)对宗教传统,妇女的权利并不具有优先性。宗教传统在未来会在妇女权利方面有哪些变化?(6)英格兰教会(The Church of England)从20世纪90年代就准许女性牧师,但没有女性主教,这是什么逻辑或神学?

---

[1] Liam Gearon: Citizenship through secondary religious education. RoutledgeFalmer. 2004, pp. 159 - 161.

不允许妇女在天主教等级中担任更重要角色的神学理由是什么？（7）男性或父权制神学（如将上帝界定为"他"）在多大程度上造成女性的不公正的待遇？研究的议题有：（1）针对性别的性暴力已经是当代冲突的令人不安的特征，给宗教少数群体带来最大的心理、身体和情感上的痛苦。访问审理前南斯拉夫战争罪特别法庭。（2）将性别融入是第三世界会议反对种族主义、种族歧视、仇外心理和相关的不容忍行为的议题。在这方面，妇女备受歧视，按2002年约翰内斯堡会议的讨论，宗教多大程度上是问题的部分或解决方案的部分？（3）访问联合国妇女发展基金会网址，该基金会提出了哪些特别的文化与宗教问题？[1]

总之，吉伦的设想是将宗教问题纳入理性、权利的政治框架，也就是理性调查和讨论宗教中的权利问题，确认宗教对权利的影响，同时沿着保护权利的路线既维护宗教信仰自由和发挥宗教增进权利的作用，又消除宗教对权利的侵害。也就是说，宗教教育的公民教育作用既要确认权利，又要增强维护和促进权利的责任。

二 作为促进精神发展的宗教教育

从上文，我们可以看到，英国的宗教教育为了适应世俗的多元民主社会，更多地采取了现象学的宗教教育方式，这种方式追求教育中立和开放，旨在实现文化或宗教之间的宽容的政治目的。这种方式也必然将宗教教育引向宗教知识的教育，即使它不排斥宗教经验，也正因为如此，就更容易将政治内容引入宗教教育，发挥公民教育的作用。但在传统上，英国宗教教育旨在把学生引向至上存在的观念或上帝观念。这往往被视为精神发展。这种路向显然与现象学宗教教育的实际方向不一致。而指向精神发展的宗教教育一定要追问人的存在的意义、目的，这种追求自然诉诸个人的经验。因而仅仅与追求知识相连的现象学的宗教教育方式就受到尖锐批评，指责现象学宗教教育是促进关于宗教的学习而非从宗

---

[1] Liam Gearon: Citizenship through secondary religious education. RoutledgeFalmer. 2004, pp. 162–163.

教中学习，因为忽视学生的经验及他们对宗教教理的寻求，亦即忽视个人与社会性的发展的教育维度。① 这种忽视意味宗教教育与精神发展分离。大卫·海伊认为这种分离在于对宗教的怀疑。他在 1985 年出版的《精神的怀疑：在世俗经验的世界中教导宗教》一书中就表达了这种观点。他指出，从马克思、尼采和弗洛伊德等主流思想家的宗教反思引发了对宗教经验的怀疑，他们将宗教等同于神经官能症和异化，而不是视为对信徒和整个社会生活的积极影响，受此影响，宗教教育已经远离了信仰的解释学，而缺乏信仰的解释，就不可能理解信徒对神圣的经历，而会导向怀疑的解释学。宗教教育与精神发展分离导致对宗教本质即真理把握的忽视，因而对宗教教育者来说，就偏离了方向。阿德里安·撒切尔要求像当代社会在道德上需要恢复美德意识一样，在神学上需要恢复对宗教真理的把握。② 到 1988 年，英国《教育改革法案》把精神发展作为国家课程的主要目标之一。虽然不能说这一变革与对现象学宗教教育的批判有直接联系，但为宗教教育强化个人经验提供了依据，因为精神发展与个人体验密切相关。

精神发展似乎与宗教教育更为相关，不过，英国研究宗教教育的学者并未将精神等同于宗教，而是对精神、精神发展和精神教育做了宽泛的理解。如杰克·普里斯特利指出，精神比宗教更为宽泛，两个概念既有重合，又有区别，而且对精神的理解与具体的信仰或宗教和非宗教无关。③ 艾伦·布朗和迪利普·卡多瓦拉［将"精神"（spirit）和"灵性"（spirituality）］做了区分，"精神"涉及一个赋予生命的原则，对所有人是共同的，人们借此成为独特的人；"灵性"是宗教术语，不同的宗教有不同的界定，它描述一个人对其起源、认同、目的和命运的理解，而且常常按照他们与上帝的关系理解。在这个意义上一个人的灵性包含其对生命的看法和他们自己行为的方式。而形容词"精神的"（spiritual）源

---

① L. Philip Barnes: Ninian Smart and the phenomenological Approach to Religious Education. Religion, 2000 (30), p. 323.

② Andrew Wright and Ann-Marie Brandom (ed): Learning to Teach Religious Education in the Secondary School, RoutledgeFalmer, 2000, p. 155.

③ Ibid., p. 154.

于这两个术语,一方面按广义的人文主义理解,体现在人类共同经验中;另一方面按特别的宗教解释而归于人的灵性。他们指出,教育意义上的精神发展的意味是广义的,足以运用到所有学生,不管其文化和宗教背景。这些精神发展包括:自我意识,即个人的认同感;不确定性,即对个人重要与否的意识;探询,即个人对意义的探索;评估,即寻求和鉴别借以生活的价值,如关心人权和正义;创造性,即通过各种媒介表达内心深处的思想和感情。他们认为,如果教育被当作为生活做准备,就不应该忽视年轻人的精神发展,因为这是判断能力和态度与行为发展的强大动力。即使把教育视作为工作做准备,对有些雇主,个人品质与工作技能同等重要。①

亚历克斯·罗杰(Alex Rodger)认为,"道德"、"灵性"和"宗教"不可等同,三种之间的关系类似"社会"、"人类"和"政治"之间的关系。② 他将精神作为道德和宗教的根源,如果宗教、道德与精神失去联系,就是非精神的。"我的观点是,道德和宗教,或者更确切地说,在某些条件下,是精神性的形式或表达。同样重要的是认识到精神有许多其他形式。"反过来,形式根源于内容,道德与宗教要追求精神发展。他引用康斯坦丁·雷加米和约翰·麦考利等人的话对精神做了说明。雷加米说,精神体现在"无私的道德情感,对秩序、责任、自由、正义的要求,对永生或与整体统一的渴望,对美或真理的直觉,心理能力,如关注、抽象、一致性推理,以及普遍的非功利价值观念"。③ 麦考利对精神做了更为完备的表达:"从根本上说,精神与做一个全面意义上的人有关……这种动态形式……可以被描述为一种走出自我和超越自我的能力;或作为超越自我的能力;正是这种开放性、自由性、创造性,这种超越他所发现的任何特定状态的能力,才使自我意识和自我批评、理解、责任、知识的追求、美感、善的追寻、共同体的形成、爱的延伸,以及其他丰

---

① Clive Erricker (ed): Teaching World Regions. The Shape Working Party on World Religions in Education. 1993. pp. 33 – 34.

② Mal Leicester, Celia Modgil, Sohan Modgil (ed): Spiritual and Religious Education, Falmer Press, 2000, p. 2.

③ Ibid. , p. 4.

富我们称之为'精神生活'的东西成为可能。"① 对于罗杰,"精神"意味着人相信自己在精神体验中意识到现实的真实。追求精神就意味追求超越,直到永恒的真实或本质,"精神超越自恋和自我中心的内在倾向,是精神本身的道德本质方面。人的圆满离不开自我超越的机会和义务"。② 精神是道德和宗教的根基,人的圆满在于达到道德和宗教的真理性,超越自我才是道德生活或宗教生活,"自我超越的倾向是真实的、活生生的宗教的标志"。③ 精神发展其实质就是内在自我的发展与超越。在1992年12月5日伯明翰宗教教育常设咨询委员会(SACREs)全国论坛上,时任国家课程委员会(NCC)主席戴维·帕斯科尔也表达了相同的观点:"对我来说,精神发展本质上就是内在自我的发展,涉及自我认识,自我关系,质疑我们在宇宙中的位置,我们生活的目的,以及我们终极命运。作为精神性存在,我们的特征是具有惊奇的能力,以及对无限的震撼的感受性。归根结底,精神成熟也许就是发现人生的方向和目标。"④

1994年英国教育标准署的《学校检查框架》(Framework for the Inspection of Schools)同样未将精神等同宗教,将"精神发展"视为对永恒真理的追求,"精神发展涉及内在生活,通过内在生活学生获得他们具有永恒价值的个人存在的洞察力。其特征是反思、体验意义的特性、珍视非物质维度的生活和对永恒真实的暗示。'精神'不等同于'宗教';课程的所有领域都有助于精神发展"。精神可以通过学校改善、课程、宗教教育、集体礼拜和其他学校集会、校风等来发展⑤。据此,德里克·巴斯蒂对精神发展、精神教育以及精神发展与宗教教育的关系做了阐释。他从文献中归结出四种对"精神教育"不同的理解:(1)"培养一种意识,即意识到生命中有比眼前所见更多的东西,有令人惊奇的东西,有需要

---

① Mal Leicester, Celia Modgil, Sohan Modgil (ed): Spiritual and Religious Education, Falmer Press, 2000, p. 11.

② Ibid., p. 8.

③ Ibid., p. 11.

④ Terence Copley: Religious Education 7 – 11, Routledge, 2002, p. 54.

⑤ Andrew Wright and Ann-Marie Brandom (ed): Learning to Teach Religious Education in the Secondary School, RoutledgeFalmer, 2000, p. 152.

回应的东西……"(2)"精神发展处理对每个人极具个性和独特的东西（而不是我们如何对待他人）。"(3)"精神发展是学生内心生活的一个方面，借此学生获得对自己的个人存在的感悟，并感悟到永恒价值。"(4) 精神发展关注赋予人存在的意义和目的的本质方面。[①] 由此，巴斯蒂认为精神意味生命的充实、扩大、提升，而精神教育就是旨在"拓展学生作为独特个体的经验，帮助他们逐步融入我们生活的神秘而复杂的世界"。他指出，在这些情境下人的精神性很容易发展。如当注意到令人窒息的美，体验爱与被爱，敬畏并惊奇自己与无限宇宙的联系，欢庆时刻体验到欢乐和归属感与团体感，感受悲伤、失落和无常而引发人生目的的思考。巴斯蒂还阐释了精神教育的三个特征，第一是反思，学生通过个人或集体的反思将意义归于自己的经验。如在一个安静的时间要求学生思考刚讲的故事对他们的影响，或在圆桌会议上，通过讨论和分享可以加深个人的感知。第二是强调非物质维度的生活：认识并尊重超越直接物质对象的经验世界，如音乐、艺术和诗歌的美丽和力量丰富个人对生活的享受与理解。第三是对永恒真实的暗示。如面对大峡谷或喜马拉雅山的壮美时感受到自己的渺小与短暂。[②] 精神发展指向自我超越，追求永恒的真实，就与宗教的本质相联系，因为宗教最终是寻求永恒的真实，树立至高无上的存在观念，为个人奠定安身立命的基础。有了这个观念，人可以与至上的存在相联系，其意志为人类生活提供了框架。因而巴斯蒂认为，虽然精神教育不等同于宗教教育，但在本质上，宗教教育必定是精神教育的关键的贡献者。其具体理由在于任何精神教育的认知内容包括这些内容：了解世界主要宗教和哲学的核心信仰、思想和实践；理解人们如何通过各种神话和故事来解释宇宙，包括宗教、历史和科学解释；个人持有的信仰和给予他们某种解释的能力；展示信仰与行动之间关系的行为和态度；个人对有关生活目的的问题和对美与爱或痛苦与遭难等体验的回应。[③] 而在他看来，宗教教育不仅帮助学生反思生活的意义

[①] Derek Bastide: Teaching Religious Education 4–11, Routledge, 2007, p.30.
[②] Ibid., p.31.
[③] Ibid., p.33.

和目的，探寻某种信仰或生活准则，而且促进学生探索信仰及其对信徒生活的影响，向儿童介绍主要宗教传统的核心信仰、价值观和实践。阿克拉姆·汗·奇玛似乎将宗教信仰作为通向精神世界的途径，他指出，如果宗教教育教授宗教的故事、节日、仪式、建筑物、礼拜、习俗、衣着方式甚至基本律令、价值和信仰，那么这种教育就成为个人和社会教育或"人文学科"，但这种宗教教育不是进入意义和生命的精神世界，而要进入精神世界，就需要通过个人的宗教信仰，"这种内在的世界的领悟的发展必须在安全和尊重环境中经过学生责任的确证和他们自己的信仰深入探索精神的自我意识而实现"。[1]

何以发挥宗教教育对精神发展的关键作用呢？在英国，存在两种主张，一种是坚持在特定宗教框架内促进精神；另一种相信精神存在于儿童的经验和反思中。实际上，两者不可分离。在特定的宗教传统研究精神也必须结合儿童的体验和反思。克莱夫·埃里克和简·埃里克设想了以宗教为中心的精神教育方式范例"佛教之旅与儿童之旅"，即利用车轮直观描述佛教教义，展示人的生命轮回，并从八正道走出轮回而走向极乐世界，然后让学生画出车轮，想象自己进入画面（如图1所示）。

图1

---

[1] Clive Erricker (ed): Teaching World Regions. The Shape Working Party on World Religions in Education. 1993. p. 41.

首先向学生展示描述佛教教义的车轮图形。轮分三层，中心圈是猪、公鸡与蛇相互依偎，分别代表三种力量：无知、欲望或贪婪、厌恶或仇恨，这些是苦谛的根源。中层分六个区域，分别代表不同的境界，如顶部是诸神的境界，它是一个极乐和幸福的地方，但容易受到骄傲和妄想的影响，这些力量产生它的报应。按顺时针方向，右下领域是阿修罗的王国，饱受嫉妒之苦。接着是动物领域，受无知和本能欲望支配。底部是地狱的境界，充满痛苦和恐惧。往上行则是饿鬼王国，受不可消灭的欲望统治。最后一个王国是人类，展现出生、工作、享受、冲突和死亡的场景，以及冥想中的人物。将这些王国与人们经历这些不同的心态联系起来，认识它们，适当地处理它们，而不是陷入它们所引发的情绪中，即训练"放下"的佛教态度。逐步展示佛教教义后就让学生把自己的经历、想象、想法和感受带到画面中，谈谈在不同领域正在发生的事情和可能的结果，如你感觉如何？你想在那里做什么？你最想去哪里？你最不喜欢的地方是什么？谁会和你在一起？你希望什么事发生？你不希望什么事发生？你会思考和做什么？也可以让学生将不同王国联系起来或将不同心态联系起来，如高兴和悲伤，思考为什么这样以及如何处理，将思考结果在课堂上或小组里分享。[①]

"从宗教中学习"也是寻求丰富儿童内在经验的方式。如在复活节，一位教师和小学二年级学生谈到耶稣在客西马尼园被捕的事，他的门徒都逃走了，彼得甚至否认认识他。教师与孩子们讨论对朋友失望的感觉，这使他们更加意识到（和同情）耶稣的感受，也更加珍惜自己以及与同学的关系。小学六年级的宗教教育涉及不同信仰的信徒敦促人们遵循的伦理规则和原则。老师让学生思考一些原则可能产生的影响，引发对善的意义的讨论，如什么是好的行动？怎样才是好生活？为什么善？老师引导学生集中讨论，并鼓励他们阐明观点。在小学四年级涉及"英雄"单元，让学生听希伯来人萨姆森的故事和他的力量，并让他们思考力量

---

① Andrew Wright and Ann-Marie Brandom (ed): Learning to Teach Religious Education in the Secondary School, RoutledgeFalmer, 2000, pp. 161 – 163.

的使用和滥用力量。①

三 包容性宗教教育的方式

英国各地的宗教教育旨在促进包容多样的民主社会，宗教教育的方式也因此而呈现出多样性。德里克·巴斯蒂将英国宗教教育方式分为三种：（1）"信奉"（confessional）方式；（2）"给他们事实"的方式；（3）"理解宗教"的方式。② 罗伯特·杰克逊也对英国宗教教育做了类似的区分，第一种是宗教信仰教育（Educating into religion），由"内部人"（信奉者）教授单一的宗教传统，其目标是让学生逐步确立其宗教信仰，强化其宗教承诺。第二种是关于宗教的教育（Educating about religion），即限于利用历史和描述的方法，目的既不培养也不削弱宗教信仰。第三种是从宗教中的教育（Educating from religion），即让学生参与探究对宗教和道德问题的不同反应，以便他们能以反思的方式确立自己的观点。在这里其主要的目的是让学生确立自己的与宗教和价值相关的事情的观点。他指出英格兰则是混合关于宗教和从宗教中的教育两种方式。③ 杰里特·戴维斯、莱斯利·J. 弗朗西斯指出，在威尔士所使用的宗教教育大纲中可以找到以上三种方式，天主教控制的学校一般采取信仰教育；政府控制的学校一般按照地方教育当局的宗教教育的商定大纲，采取第二、三种方式。④ 后面两种方式可以归为现象学的宗教教育方式，因为现象学的宗教教育往往以两种方式进行，即世界宗教和主题方式。前者就涉及宗教知识，后者体认宗教的意义。可以说，现象学宗教教育方式奠定了英国宗教教育的底色，但其他的宗教教育方式也被探索，包括杰克逊的理解的宗教教育、安德鲁·怀特的宗教素养的宗教教育、朱丽亚伊普雷格

---

① Derek Bastide: Teaching Religious Education 4–11, Routledge, 2007, pp. 19–20.
② Derek Bastide: Religious Education 5–12. the Falmer Press. 1987. p. 6.
③ Robert Jackson, Siebren Miedema, Wolfram Weisse, Jean-Paul Willaime (Eds): Religious Diversity and Education in Europe: Development, Contexts and Debates. Waxmann. 2007. p. 29.
④ Geraint Davies, Leslie J Francis: Three approaches to religious education at Key Stages one and two in Wales: How different are Church schools? Journal of Beliefs & Values. 2007, 28 (2), p. 165.

的对话的宗教教育、克莱夫·埃里克的后现代的宗教教育，杰克逊认为这些宗教教育方式都适合多元民主社会。这些方式的探索不仅反映政治的需要，而且是人的精神发展的需要。

（一）现象学的宗教教育

现象学的宗教教育方式由尼尼安·斯玛特所倡导。斯玛特于1965年在兰卡斯特大学创立英国第一个宗教研究系，1969年开展宗教教育的研究和课程开发。斯玛特指出，可以从两个不同视角看宗教，即从纯粹历史的和描述的观点看宗教和将宗教作为与真实的本质相关或将此神圣化的方式看宗教。这样就存在宗教的描述性研究，即研究宗教的事实、宗教信仰和践行的方式，和称之为宗教的旁史（parahistorial）研究，即思考所提出的宗教真理或价值观的理由。如耶稣是否在加利利生活过或因罪而死是个历史问题，而耶稣是否因罪而死的问题是旁史问题，对此有不同的答案，但依赖于是否相信基督教真理。由此，他认为宗教可以作为社会现象加以描述和解释。斯玛特从世界史的角度看待宗教，认为可以从仪式（Ritual）、神话（Mythological）、教义（Doctrinal）、伦理（Ethical）、社会（Social）、经验（Experiential）等六个维度对宗教加以描述和解释。按斯玛特的解释，"仪式"涉及"某种形式的外部行为（如祈祷时抬起眼睛）与内在意图相协调，以便接触或参与无形世界"；"神话"即故事，"不仅包括关于上帝的故事、关于神的故事……而且包括传统中具有宗教意义的历史事件"，由此揭示无形世界；"教义"是"赋予宗教信仰和仪式的神话和象征性语言所揭示的内容以系统性、明确性和知识的力量"；"伦理""在某种程度上，是控制社群的主导性宗教的道德规范"；"社会"维度涉及"宗教制度化的模式，通过它的制度和教导，影响它所在的社区"；"经验"维度涉及个人通过宗教仪式等而产生的对无形世界的希望、追求和体验。[①] 这种经验关涉畏惧、内疚、敬畏、神秘、虔诚、解放、喜乐、内在的宁静、极乐等体验。德里克·巴斯蒂对斯玛

[①] Rryan S. Rennie: The view of the invisible world: Ninian Smart's analysis of the Dimensions of religion and of religious experience. Bulletin, 1999, 28 (3), p. 63.

特的六个维度做了进一步阐释,教义方面,每一种宗教都有一套教义或信仰,如基督教的三位一体(圣父、圣子、圣灵)和化身(上帝儿子以耶稣基督的身份进入人类),犹太教强调上帝的唯一性和他的慈爱,印度教的婆罗门的核心信仰是生命力。神话即故事方面,通过故事、诗歌、传说、赞美诗等传达宗教的教导。这些"故事"包括摩西、佛陀、穆罕默德、十古鲁、耶稣等宗教人物的故事。伦理方面涉及宗教信徒的生活方式,如犹太教重视以"十诫"为核心的律法即圣经(Torah),《古兰经》对穆斯林的要求,其中重要的要求是热情好客,基督教以仁爱(或爱)的法则,爱上帝,爱你自己的邻居。仪式层面包括信徒在宗教实践中所做的所有行动和活动,内容涉及从闭上眼睛祈祷到参加一生一次的朝圣,包括服务、节日、仪式、习俗、传统、服装、符号,如穆斯林在清真寺外脱掉鞋子,锡克教徒和犹太教徒在敬拜前遮住头,锡克教徒戴着他们信仰的五种象征(five Ks),基督徒出席圣餐庆典,庆祝排灯节、圣诞节、逾越节、古鲁那那(Guru Nanak)的生日等。体验维度,涉及体验宗教情感,往往与仪式层面密切相关,节日、朝圣和仪式、丰富和增强信徒的体验。宗教的社会维度与宗教在社会中的表现有关,涉及宗教机构的团体性质,如犹太教堂的组织及其与家庭的关系,基督教中坚信男人和女人都是上帝的兄弟姐妹和孩子。[1] 在斯玛特看来,这六个维度是相互依赖的,虽然所强调的重点有差异,如有些宗教强调教义,有的强调体验。维度之间的相互关系赋予不同宗教特征和精神的感受性。对于斯玛特,按照这种描述性的现象学方式,教师和学生在撇开自己的信仰的前提下理解他人信仰的宗教,而不是树立任何一种宗教信仰,但也不是仅仅增进宗教知识。[2] 这样就将"宗教教导"(religious instruction)和"宗教教育"(religious education)区别开来。后来斯玛特将宗教研究工作扩大到传统的宗教之外,包括所谓世俗的世界观,如马克思主义,不过对课程影响甚微。即便如此,斯玛特世界宗教观及其现象学

---

[1] Derek Bastide: Teaching Religious Education 4 – 11, Routledge, 2007, pp. 24 – 28.
[2] Robert Jackson: Religious Education: An Interpretive Approach. Hodder & Stoughton. 1997. pp. 7 – 8.

的宗教教育方式对英国宗教教育产生巨大影响，甚至形成了英国宗教教育的基本方式。1985年官方的"英国少数群体儿童教育的调查"的结论是，非教导的、非宗派的现象学宗教教育方式提供"能够让所有儿童，不论其宗教背景如何，理解当代英国宗教信仰的本质、人类体验的维度和信仰的多元性的唯一的最好手段"。① 杰克逊也指出，1985年政府的报告《所有人的教育》把现象学的方式作为最适合民主和多元社会的宗教教育方式，让儿童理解信仰的本质和多种信仰体系，寻求"告知"学生而非"转化"学生。在官方的支持下现象学的宗教教育构成了英国宗教教育的底色，"许多采取世界宗教（World Religions）方式的课本、商讨的教学大纲和地方教育当局的手册，从大约20世纪70年代中期，经过20世纪80年代，直至现在，都直接或间接受到'现象学方式'的影响"。②

具体说，现象学方式对英国宗教教育的影响表现在宗教教育的知识取向和宗教传递方式的变化。一方面为知识取向。现象学的宗教教育不是寻求树立学生的宗教信仰，而是采取世界宗教方式促进学生对不同宗教的理解，其重点在于宗教知识。这种知识取向必然寻求建立知识标准。埃德温·考克斯认为宗教教育若被普遍接受，就必须有某些标准，也就是要有知识性，保证学生更好地理解其他人的信仰和澄清自己的信仰。他提出三个标准来证明宗教教育作为课程的可接受性。第一，必须在可接受的学术框架内可证明其正当性。第二，在当前的文化和社会背景中是有价值的。第三，在满足学生兴趣和增进他们发展方面是有效的，如借此拓展学生的视野，帮助他们理解他人的信仰和澄清自己的信仰。这样宗教教育就成为知识性的学科。考克斯将宗教作为八个知识形式之一，其他是数学、物理、人类科学、历史、文学、艺术和哲学。每种知识有

---

① L. Philip Barnes: Ninian Smart and the phenomenological Approach to Religious Education. Religion, 2000 (30), p. 321.

② Robert Jackson: Religious Education: An Interpretive Approach. Hodder & Stoughton. 1997. p. 9.

独有的特征，即有自己的核心概念、独特的逻辑结构、独特的表达或阐述、探索经验的特别技巧与技能。如对宗教，上帝和邪恶是核心概念。[①]知识化的宗教就是让学生获得知识。琳恩·布罗德本特进而认为第一，"我们应该澄清我们在宗教教育中的意图是否重在让学生能够了解宗教运作的独特方式。"第二，"任何宗教教育课程毫无疑问应基于知识主体，即一门可接受的学科。"应该有每种宗教独特的概念、故事的选择、仪式和庆祝等。第三，"宗教教育必须与学生的文化背景相关。"第四，"宗教教育必须有较强的技能基础。"这可以帮助学生讨论信仰和价值问题等。第五，宗教教育要考虑学生的心理发展和兴趣。[②]

另一方面采取中立的方式呈现和探索宗教知识。英国学校宗教教育普遍采取两种方式，一种是对不同宗教的系统教育，一般利用独立的单元介绍基督教、伊斯兰教、犹太教和印度教等，教材可以是一系列介绍不同宗教的小册子。另一种是主题式的，即按主题将不同宗教的材料组织在一起。前者强调差异，要求政治家和教育管理者相信社会和谐最好通过国家认同的树立来实现，而国家认同在历史上包含带有基督教色彩的英国特性的认同；后者强调宗教之间的相似性，要求这样的教育者相信只有个人和群体中的差异减少时社会和谐才能实现。[③] 不过，当代现象学方式的倡导者几乎一致支持主题方式。这可能跟主题教育给宗教教育者提供了广阔的创造空间有关。宗教教育者按自己对宗教教育本质和作用的理解组织主题材料。可以说，英国宗教教育者在主题式宗教教育方面展现出多方面的创造性。

主题式教学是宗教教育广为运用的方式。如1965年罗纳德·戈德曼的题为"生活"的主题和1973年迈克尔·格里米特的与"生活"相似的"深度"的主题。他们的主题源自儿童对宗教概念理解的普遍问题，其生活教育重在通过生活主题理解宗教概念，因而主题活动要适合儿童的宗

[①] Lynne Broadbent, Alan Brown (ed): Issues in religious education. RoutledgeFalmer. 2002. p. 17.

[②] Ibid., pp. 25-26.

[③] L. Philip Barnes: Ninian Smart and the phenomenological Approach to Religious Education. Religion, 2000 (30), p. 324.

教思维水平。戈德曼将儿童的宗教思维发展分为前宗教思维（出生到7/8岁）、半宗教思维1（7—9岁）、半宗教思维2（9—11岁）、个人宗教思维1（11—13岁）、个人宗教思维2（13岁以后）。[1] 戈德曼还强调"生活"主题，（1）必须从儿童的直接经验入手；（2）应该是儿童感兴趣的事情；（3）应该将宗教与生活相连；（4）不应该因其自身的缘故引入来自圣经或其他宗教的材料，除非能让孩子理解。[2] 在戈德曼看来，生活包括手、家庭、人们、喜乐、朋友、邻居、礼物、父母、季节、旅行、勇气、出生、看顾、宠物、颜色、我自己、食物和饥饿者、宽恕等。如家庭生活方面，其教育的目标在于帮助儿童思考他们生活的家庭；理解爱、安全、关心和分享等概念；认识到家庭归属更大的社群；获得其他文化的家庭图景等。在幼儿家庭生活教育方面，教师可以讨论和绘制家庭生活的图片，如家庭的组成、看护、照看宠物，讨论家庭的庆祝活动、生日、纪念日和婚礼等；对7—9岁的儿童，可以讨论鸟的家庭，如幼鸟抚养、筑鸟巢及保暖等，然后讨论人类的家庭；对10—12岁的孩子，可以关注家庭的类型、不同文化的家庭等。[3] 不过，戈德曼"生活"主题的宗教教育似乎重在基督教，他希望利用更为适当的教育方式增进孩子对基督教信条的深入理解，以及引导孩子理解和欣赏基督教的阐释和形象。

现象学的宗教教育是在多宗教的背景下运用主题。如纽卡斯尔大学的维维安·鲍姆菲尔德团队（该团队包括十所学校的11名教师）开发的教材《通过宗教教育思考》就是利用主题探索犹太教、天主教、基督教、佛教和伊斯兰教等宗教人物、思想和问题，让学生思考这些问题和思想对信徒意味什么，对学生意味什么。[4] 即让学生"通过利用思考的技能，关注怎样认识及认识什么——学会怎样学习"。这些思考的技能包括信息处理技能、推理能力、调查能力、创造性思考能力和评估技能。[5] 如九年

---

[1] Derek Bastide: Religious Education 5 – 12. the Falmer Press. 1987. p. 18.
[2] Ibid., pp. 35 – 36.
[3] Ibid., pp. 43 – 44.
[4] Vivienne Baumfield: Thinking Through Religious Education. Chris Kington Publishing. 2002. p. 1.
[5] Ibid., p. 3.

级的课程第五章"生命线"(fortune lines),主要讲宗教创始人的生平事迹,需要学生实践和发展的技能,包括解释信息、排序、联系、审查和提炼、解释、证明等技能。内容包括穆罕默德的命运、佛主的命运、耶稣的生命(神的一周)。教材的进程是先准备材料,如一段文字简述穆罕默德的生平:"诚实、可靠""有思想的人""常常整晚祈祷";利用表格简述佛主和耶稣的命运路线,如描述佛主,"住在宫殿的佛主","成了苦行僧的佛主","离开宫殿,看老人和病人的佛主"等语;对耶稣,"人们折断树枝,放在耶稣面前","耶稣说坐在桌边的一个门徒会背叛他","彼得说他不认识耶稣"等语。然后利用熟悉的情境或以前学习的内容,让学生开始思考。让学生注意到关键的信息,讨论异同,提出自己选择的事例。教师在教学过程中注重培养学生解释和推理的能力,强调学习过程和学科的特殊问题[①]。

维维尼·鲍姆菲尔德的《宗教教育的主题——从宗教中学习》则是典型的主题性宗教教育。该教材是供第三关键期使用的系列教材,分六个主题:关系、对错、权力、空间、时间和交流;从基督教、伊斯兰教、佛教、印度教和锡克教等宗教以及人文主义探讨这些主题。"关系"涉及与自我、人与人、人与上帝的关系,如友谊;"对错"探讨道德问题,涉及道德规范等;"权力"探讨权力的来源、作用和类型,如权力类型包括上帝的权力、人的权力、身体的权力和沉默的权力;"空间"包括个人空间、空间的侵犯与保护、神圣的空间、身体空间、内在空间及其关照;"时间"涉及从生命的开始到未来的历程,其中涉及对过去的反思;"交流"涉及无声、言语、舞蹈和形象等不同的交流形式以及与不同对象的交流,包括与神的交流。从不同的宗教探索这些主题。如对关系的理解,从佛教的观点看,世界由不同的、分离的对象构成,相互依赖,因而佛教徒要以同情的方式对待其他生命。从世俗的观点看,人文主义不相信上帝,相信人的权能,对生活的世界要有道德责任。从印度教的观点,重要的是要自知,要平静下来关注发生在我们内部的情况,寻求更多和

---

① Vivienne Baumfield: Thinking Through Religious Education. Chris Kington Publishing. 2002. p. 43.

平与幸福。锡克教相信上帝不能直接认识,但可以通过他在世界上的各种创造物间接认识。通过看世界,锡克教徒可以看到上帝"在工作",了解到他的权力和对生命的关心。锡克教徒相信通过服务社区而与上帝发生关系,如阅读经文给他人听、良好的行为等,帮助他人就近乎与上帝有直接关系,唱圣歌和祷告就是接近上帝,而且可以感受到上帝的爱和对他们的关心,通过记住上帝的名字认识上帝。"对错"涉及后果论和动机论。在动机方面,锡克教认为可以将人分为两类,一类将上帝放在中心,一类以自我为中心。前者由渴望认识上帝的动机推动,以爱、尊重和仁慈对待所有上帝创造物;后者由自私的欲望推动,以个人的所得和快乐为目标。锡克教认为淫欲、愤怒、贪婪、情感依恋(强烈欲望)和骄傲自大导致不道德的行为。佛教区别三种导致不良行为的动机,即三毒:愚昧、贪婪、憎恨。基督教中有七恶:骄傲、愤怒、妒忌、淫欲、暴食、贪婪和懒惰。课本也指出,宗教虽然在行为的对错方面完全一致,但都认为如果我们努力以正确的方式行为就能过更好的生活。在"权力"方面,关于人的权力,犹太教认为所有权力来自上帝,人按上帝的形象被创造,人是独特的,因为有自由意志:自由选择的权力和有理智与智慧区别善和恶的权力。对犹太人,权力和责任不可分割,否则会导向毁灭。关于身体的权力,印度教认为通过适当的指导神奇的权力和心理的权力,就能摆脱轮回转世。这种训练就是瑜伽。关于沉默的权力,基督教并不把沉默作为无力的状态,而是理解为他们自己和他们与神的关系的门路,沉默是赋权。"空间"主题包括内在空间的探索,佛教认为理解内在的空间是重要的,探索内在空间的工具是沉思,沉思的目的是使内心平静与和平。如果我们内心和平,就会免于担心和忧虑,外界也不会影响我们,因而就有了真正的快乐。"时间"主题介绍不同宗教关于时间的观点。印度教将时间视为必须逃避的事情,因为时间把我们带进存在,出生,经历生活的苦痛和困难,最后到死亡,然后又是一个循环。从这个循环中解放出来就是莫沙(mosha),即灵魂得以自由。伊斯兰教认为生命是为永生的来世做准备。一个穆斯林死后,将被天使带到称为巴尔扎克(barzakh)的地方,等待真主(Allah)的审判。佛教认为如果我们内省,我们不会发现稳定的东西,感觉是表面的,变化如河水。"交流"

主题涉及不同宗教对交流的看法,对声音,印度教认为最初的声音包括所有声音。对舞蹈,中亚的穆斯林的神圣的音乐和舞蹈是祷告形式,以记住真主,与真主交流。关于形象,如服装也是交流的内容和方式,通过名字和外表可以认出锡克教徒,如短剑(Kirpan),一把象征保卫信仰和穷人的勇敢的剑;发梳(Kangha),一把木梳,代表正派和内在纯洁。关于词语,佛教要求正确地说,"如果你不能控制你的嘴,你就无法控制你的心"。要避免说辱骂和伤害人的话。所说的话能帮助他人,而非伤害他人。[1]

主题式宗教教育的重要方面是借助宗教进行反思活动,也就是利用宗教的故事、诗歌、话语等反思爱、友谊等价值或通过宗教反思情境中的行为。如该教材第一册第一章之"建立关系"单元,利用《圣经》中的话反思爱与互爱。如《哥林多前书》:"爱是长久忍耐、和蔼仁慈的。爱不嫉妒,不吹嘘,不自大,不罔顾规矩,不求自己利益,不轻易动怒,不计较别人所加的伤害,不因不义而欢喜,只因真理而高兴。爱能凡事包容,凡事相信,凡事希望,凡事忍耐。爱是永恒的。"反思:"为什么这段话在婚礼上很普遍?"[2] 又如利用摩西十诫思考这些情境:(1)男孩偷了一包烟成为犯罪团伙的成员。(2)年轻的母亲偷了一听牛奶喂养她的婴儿。(3)没钱的老太偷了超市的一块面包。这些都是"罪"吗?当你做决定时,你考虑哪些不同点?[3] 到高年级,对情境的宗教反思更为复杂。如第三册安排的反思活动则是先反思情境中的行为,再借助宗教进行反思。如"黄金规则"单元"活动":(1)想象你在如下处境中,与同桌讨论,做出"是""否"选择:a. 作为一个15岁的女孩,你发现自己怀孕,而不想做母亲,你将堕胎吗? b. 一位警察希望囚犯告知被绑架的孩子的情况,囚犯拒绝,你将拷打这个囚犯以得到实情吗? c. 走过一个无家可归者,他向你讨要多余的钱。他是你看到的第六个无家可归者。

---

[1] Joe Jenkins and Will Ord: Themes in RE: Learning from Religions (3). Heinemann Educational Publishers. 2002. pp. 8 – 83.

[2] Sheryl Arthur and Gina Hewson: Themes in RE: Learning from Religions. (1). Heinemann Educational Publishers. 2002. p. 8.

[3] Ibid., p. 20.

你给他钱吗？d. 法官惩罚在爆炸中杀了 500 人的人。在你的国家的法律允许死刑。你将杀人犯处以死刑吗？e. 最好的朋友得绝症，没有任何希望。要求你停药，你做吗？（2）小组分享答案。看每个人的异同。（3）你觉得在哪个案例你做得对？这对你做道德决定意味什么？"进一步活动"：联系不同宗教的黄金规则进一步探索。黄金规则如马太福音："你们希望人怎样对待你们，你们也怎样待人。"佛教："不要以伤害自己的方式伤害他人。"印度教："如果待之自己痛苦，就不要施与他人。"伊斯兰教："直到爱兄弟如爱自己，你们才是信徒。"犹太教："你恨什么，就不要施于其他人。"锡克教："没有人是我的敌人，每个人都是我的朋友。"进一步探索：（1）回到前面的案例，测试黄金规则，问：a. 这里可以用黄金规则吗？b. 如果可以，黄金规则建议我怎样做？（2）黄金规则改变了你的答案吗？你认为是遵循的好规则吗？（3）小组是否可以创设不遵循黄金规则的情境，用此挑战其他小组。（4）如果可以创立一条为每个人所遵循的黄金规则，那将是什么？用短语准确表达。让学生明确黄金规则是对待他人的共同规则，可称之为互惠性伦理。[1]

虽然主题式宗教教育有助于学生探索生命的意义，促进学生对宗教真理的认识，但这种从宗教中学习不可避免地导致宗教知识的支离破碎。或许因为主题式宗教教育存在这种弊端，鲍姆菲尔德在其所著的教材第三册最后安排了五大宗教的基本知识部分，分别介绍基督教、伊斯兰教、犹太教、佛教、印度教和锡克教的节日、仪式、教义等。这种安排也暗示宗教知识的系统学习是主题式宗教教育的基础，同时也迎合现象学的宗教方式的知识性倾向。不过，主题式宗教教育有超越宗教知识的意味，寻求生命的意义和价值。如斯玛特所坚持的，宗教教育虽然拒绝沿着传递福音的路线，但应该超越知识，指向对宗教意义的理解，导向关于宗教的真理和价值等问题的探究；宗教研究在强调宗教的描述性的历史研究的同时，展开与宗教的和反宗教的观点的旁史的主张的对话。[2]

---

[1] Joe Jenkins and Will Ord: Themes in RE: Learning from Religions (3). Heinemann Educational Publishers. 2002. pp. 26 – 27.

[2] L. Philip Barnes: Ninian Smart and the phenomenological Approach to Religious Education. Religion, 2000 (30), p. 320.

应该说，通过不同宗教知识的系统传递和关注主题的现象学宗教教育构成了英国宗教教育的基本方式，即"关于宗教的学习"和"从宗教中学习"。但这种现象学的宗教教育也引来了不少批评。斯玛特要求将宗教理解置于多元的背景，强调宗教教育对增进自由与多元的民主文化的作用。他认为民主是消解暴力的手段，民主不仅可以消除政策选择中的暴力，而且可以减少宗教间和意识形态间的暴力。如克莱夫·埃里克指出，"斯玛特令人钦佩的乌托邦的想象不是建立在宗教真理要求和意识形态的可信性上，而是建立在宗教对作为人类华盖的民主的贡献上。实际上斯玛特基本上关心特殊的价值和某种政治秩序"。[1] 在罗伯特·杰克逊看来，现象学的方式并没有提供解释宗教生活方式的最好的方法，他将对现象学方式的批评归结为五个方面：第一，现象学的方式明显地只关注宗教信奉者的外在行为和可观察的宗教现象，结果缺乏对宗教信仰者的动机关注。第二，因其宗教教育范围的广泛而导致对宗教肤浅认识或对宗教信仰的轻视。第三，将按主题选取的不同宗教知识并列导致混乱。第四，其科目内容与学生的经验和关心相去甚远。第五，其缺乏关注真理性问题，其结果暗示相对主义。[2] 正是因为现象学宗教教育方式存在不同程度的问题，就为探索其他方式提供了空间。如斯玛特的现象学的宗教教育方式虽然没有排斥对宗教信仰的理解，但其知识性的内在倾向必然导致对理解和体验的忽视，而一旦忽视理解与体验，价值观的确立、精神的发展就是空中楼阁，就会培养有知识而无文化的人。所以如何通过宗教教育让学生理解宗教就是必然引出的问题。

（二）培养宗教素养的宗教教育

宗教素养教育源自安德鲁·怀特的研究。怀特捍卫与批判的现实主义相结合的新现代主义，倡导他所主张的宗教素质的发展。他的兴趣既在宗教教育也在精神的教育。他关注英国宗教教育的非批

---

[1] Clive Erricker and Jane Erricker: Reconstructing Religious, Spiritual and Moral Education. RouthledgeFalmer. 2000. p. 22.

[2] Robert Jackson: Religious Education: An Interpretive Approach. Hodder & Stoughton. 1997. p. 10.

判的自由主义共识，捍卫后自由主义的现代主义，反对浪漫主义和后现代主义。

按怀特的分析，英国宗教教育为了适应多元民主的社会而摆脱树立基督教信仰的宗教教育的狭隘性，而采取三种策略维护宗教知识的合法性。第一，沿着启蒙思想的理性主义，区分客观宗教事实和主观宗教信仰，以此区分作为基础传授关于宗教的知识，同时对宗教保持中立的态度。第二，通过培养儿童内在的精神敏感性而回答浪漫主义对宗教经验的核心重要性的认可，避免灌输特殊宗教传统。第三，在自由主义的道德框架内确立宗教教育，鼓励学生信奉自己的宗教信仰自由的同时认可他人的信仰。如埃德温·考克斯区别了理解宗教（understanding religion）和宗教理解（religious understanding），前者理解与信仰分离的和客观叙述的宗教知识，这些知识对学生的生活方式不会产生较大影响；宗教理解则是深入内心而激发内在承诺的情感过程，这种过程包含一种宗教信仰的教义和实践的经验。迈克尔·格里曼特区分"教派的"（dimensional）和"经验的"教育模式，前者关注参与宗教的现象，如神话、仪式、伦理、教义、宗教群体的生活及精神的经验；后者寻求任何真正的宗教理解所必须达到的关于存在经验的体悟。[①] 沿着理性主义即是关注客观的宗教知识，沿着浪漫主义就要触及内在的经验，沿着自由主义就追求宽容。这些策略都包含在现象学宗教教育之中，即英国宗教教育教学大纲所采取的"从宗教学习"和"关于宗教学习"。关于宗教的学习即客观地和中立地解释宗教现象，并不宣扬某种宗教优于其他宗教；从宗教中学习就是让学生能体验宗教的核心内容，这种方式要求学生有宗教上的经验参与，与浪漫主义的元叙述一致。[②] 怀特指出，前者的问题在于：第一，缺乏临界，没有寻求终极真理的问题；第二，拒绝宗教的真理性问题，其中立的方式导致错误地将现代宗教教育作为特别宗教传统的自我理解；第三，现代宗教教育试图在课堂提供中立的和客观的宗教描述。[③] 他要求

[①] Andrew Wright, Religion, Education and Post-modernity. RoutledgeFalmer. 2004. pp. 182 – 183.

[②] Ibid., pp. 183 – 187.

[③] Ibid., p. 185.

宗教教育不能仅仅传递关于宗教的知识,还应该注意宗教经验,诉诸宗教的真理性问题。对"从宗教中学习"的方式,怀特也进行了批判。第一,这种宗教教育策略无批判地相信现代浪漫主义的思维定式。正如浪漫主义拒绝早期启蒙阶段的理性主义而赞同道德、宗教和审美的即时性,经验性的宗教教育拒绝宗教的理性学习过程而赞同宗教感情的参与和培养而成为宗教教育的浪漫主义。第二,精神经验的培养难以增强儿童对宗教的批判性思考。专注宗教体悟而将宗教敏感性放到第二位,就会妨碍对宗教的批判性反思。第三,这种精神经验的培养方式回避了终极性的真理问题。[1] 怀特同样拒绝后现代的宗教教育。他认为自由主义的宗教教育的重要任务是消解宗教真理性主张之间的冲突。克莱夫·埃里克所采取的策略是唤起后现代的相对主义,将冲突的教义融入私人的精神海洋中,否决宗教传统的真理主张,让宗教特殊性的威胁不存在。这实际上是一种普遍主义。怀特指出,问题在于伊斯兰教不存在自由主义的公共领域与私人领域的区分。[2] 另外,他认为,自由主义过分强调对任何宗教主张的宽容和尊重,试图避免冲突问题,但这种方式没有认识到宗教的歧义的消极与积极的特征。他指出社会必须接受多元中未解决的紧张的现实。[3] 因而,怀特拒绝现象学和经验性的宗教教育方式,重构自由主义的宗教教育。

  怀特采取批判的现实主义立场,关注言语能力而非经验作为理解宗教的基础。他说:"经验不能形成私人意义的独立王国,但它总是通过并依赖公共交谈提供信息。"而理解语言"不须涉及私人社群的封闭世界,而是关于开放的和普遍的人的相互作用的本质"。"宗教的语言的真理和意义不是……放在其提高内在经验的能力,而在描绘现实本质的能力上。"宗教基本上就要涉及对真理的主张。对于他,现代的宗教有着各种不同的表达,"常常是关于现实真正本质的重叠的

---

[1] Andrew Wright: Religion, Education and Post-modernity. RoutledgeFalmer. 2004. pp. 189–190.
[2] Ibid., p. 192.
[3] Robert Jackson: Rethinking Religious Education and Plurality: Issues in Diversity and Pedagogy. RoutledgeFalmer. 2004. p. 78.

叙述"。① 因而,儿童需要作为理解宗教的工具不是经验,而是"宗教素质",即"对各种寻求现实的终极本质的公共语言传统"的"专注"。怀特的目的不是让学生建构终极的宗教或精神的结合,而是使他们学会怎样按照公共交谈区别和解释他们原始的经验。他们需要获得宗教交谈的语言能力以便达到一定的宗教素质。那么,这种宗教教育就要寻求:提升学生对其潜在的传统或世界观的意识;进而推进学生与宗教传统的叙述和语言以及否决宗教真理的重要的世俗传统进行对话;增强学生对他们现在的世界观及其所面临的挑战之间紧张的意识(形成对信仰与怀疑的解释),让他们直接接触宗教的歧义,培养学生参与其中的解释能力。亦即让学生具备对宗教真理性主张的多样性的洞察力,以及理智的思考、行动和交流的能力,成为有宗教素养的人。②

这种宗教教育的教学就是从儿童的看法开始,将他们置于宗教或世俗的精神叙述中,允许孩子们辨别和清晰表达他们已有的精神价值观、承诺和世界观。其教学程序为:第一步,教师需要创设叙述的空间和时间,教儿童表达的技能和方法,让儿童从一开始就能辨别出自己的世界观的叙述,并对此负责。第二步,让儿童和青少年批判地参与对他们的精神承诺的澄清和提炼。如他们的观点有内在一致吗?他们怎样与学校所增进的世界观和社会的世界观相联系?教师帮助学生将他们个人的观点与特殊的宗教、普遍的多元神学、世俗的无神论和后现代的相对主义相联系。第三,进行不同层次的叙述或观点的对话,教师通过提高对话的质量和培养学生参与对话的能力,提升学生的宗教素质。③ 怀特这种方式因为强调语言的核心地位和批判技能的运用,因而对学生有较高要求。

(三) 解释的宗教教育方式

罗伯特·杰克逊所提出的解释的宗教教育方式同样是寻求应对宗教、文化的多元性。杰克逊的解释的宗教教育方式是将宗教教育作为交流的

---

① Robert Jackson: Rethinking Religious Education and Plurality: Issues in Diversity and Pedagogy. RoutledgeFalmer. 2004. p. 76.
② Ibid., p. 77.
③ Ibid., pp. 79–80.

论坛，利用人种学的材料，将年轻人的宗教生活经验向学生呈现，从而让学生将自己的经验与所呈现的经验相联系，理解更为本质的人类经验和概念以及深化自我理解。

杰克逊指出，每个国家由不同文化和宗教的人组成，而国家的团结依赖这些人寻求共同的价值。归属于某种文化的内部人与其他文化的外部人之间的对话对维护国家的团结是重要的，解释的宗教教育模式意旨即在此。也就是通过不同文化、种族和宗教之间的交流，表达社会正义，实现国家的团结。在杰克逊看来，有共同边界的和同质的国家认同与文化认同在理论和经验上受到挑战。他要求宗教教育者质疑在学科中的对文化本质有限的理解，拒绝封闭的文化陈述。他指出，"'私人'包括更为广泛的文化互动，而非封闭的文化模式所设想的互动；私人生活不限于一种文化领域。在公共领域也需要机制拓展跨界的交流，不管是相互的解释或'对话'还是有坚固边界的对价值问题的协商，也需要制度使这种互动成为可能。群体可能解释和讨论他们社群的价值，寻求足够的共同性或部分相同以与国家公民的和法律的表达一致并对此做出贡献。不过，参与者所需要的是归属社会的意识，不管宗教、种族和文化背景"。[①] 所以，寻求"重叠"价值或共识也是宗教教育的任务。他提出把学校作为"对话"和"协商"的空间。"宗教教育促进不同宗教和文化立场的交流应该是公立学校的准则。"[②] 作为社会机构，学校必须反映这些价值，宗教教育要提供跨宗教和文化群体的交流。这种宗教教育的伦理基础不是某种特殊价值观，不管是自由主义的还是宗教的价值观，也不管是宗教—文化的价值观还是政治价值观，而是达成的共识，即重叠的价值观。他说，作为宗教教育的教师，需要对英国宗教—种族中的迅速变化具有敏感性。没有人在宗教传统和文化的建设外，应该通过人与社会的互动促进宗教再造。[③]

---

① Robert Jackson：Religious Education：An Interpretive Approach. Hodder & Stoughton. 1997. p. 90.
② Ibid., p. 92.
③ Robert Jackson：Religious Education：An Interpretive Approach. Hodder & Stoughton. 1997. p. 91.

如何通过宗教之间的对话或解释达成价值共识？杰克逊利用克利福德·格尔茨的解释人类学理论构建自己的宗教教育的解释方式。格尔茨关注文化背景中的"部分"和"整体"的关系，他认为通过部分解释其他部分，即将口语传统、信仰和仪式等文化场景的部分作为解释文化其他部分的参照点。不过，整体是解释部分的"语法"。与此对应，格尔茨区分"近距经验"（experience near）和"远距经验"（experience distant）。前者是一个人自然而然地界定他和同伴的所见所闻所思等，他人利用相似经验时，他有准备地理解；后者是专家用以达到科学、哲学和实践的目的。[①] 虽然杰克逊认为，这两种经验存在等级关系，后者会滥用其权威，将其主观经验运用到研究中，抑制内部人的声音，以个人经验建构人为的整体，但他认为这种解释人类学理论可以运用在宗教教育中，处理对成员资格要求的群体中的个人与更大的宗教传统的关系，同时与受访者和教材陈述的"内部人"的多种表达相结合。[②] 学生可以将宗教传统与自己的思想观念进行比较和对照，完成对宗教研究的反思。

按照杰克逊，解释的宗教教育要遵循三个原则：阐述，即阐述宗教传统，承认宗教的多样性和独特性；解释，即把学生自己的观点作为学习过程的基本方面，让学生把自己的观念与他人的经验相比较；反思，即通过宗教传统的学习，让学生再评估自己的生活方式，建设性地批判所学习的材料以及保持对解释进程的意识，反思其学习的本质。[③] 解释的宗教教育方式包括如下环节：首先，发挥"内部人"的作用，开发、审核课程内容。因为家庭是宗教社会化的场所，所以让家长参与课程开发，提供背景材料，审查、评价、批判课程资料。其次，撰写宗教教育教材。阐述要注意：（1）按照宗教研究、人类学、社会心理学及田野工作经验再思考"宗教"的特征；（2）将"宗教"和"文化"作为有活力的和正在变化的、有可协商的、有时有争议的内容和范围，及因不同的内部人

[①] Robert Jackson: Religious Education: An Interpretive Approach. Hodder & Stoughton. 1997. p. 34.

[②] Ibid., p. 46.

[③] Robert Jackson, Siebren Miedema, Wolfram Weisse, Jean-Paul Willaime (Eds): Religious Diversity and Education in Europe: Development, Contexts and Debates. Waxmann. 2007. p. 196.

和外部人而有不同的描述；（3）避免或小心将来自一种宗教的假设运用到另一宗教，如将西方宗教的主题，如节日、礼拜等用到其他宗教，应根据宗教内部的材料区分种类。① 再次，解释。要求教师和学生运用以上三种陈述方式；比较和对照在课本中描绘的儿童和课堂中儿童的语言和经验。内部人和外部人的概念和经验不是相互认同，而是用以寻求重叠领域的方法作为讨论异同的基础。在促进"对话"中，要利用格尔茨的近距经验和远距经验的概念。寻找远距经验的概念是为了解释，即比较和相互对照。课程开发者利用学生熟悉的思想和经验，帮助他们解释在材料中出现的相关思想，如将尊重、和平和给予等概念用于第一阶段的教师材料作为重叠领域。② 对于杰克逊，宗教材料的叙述和解释是宗教教育的核心，其基本的目的在于增进对他人的宗教世界观、宗教语言和象征、感情和态度等方面的理解，还要促进不同宗教和文化背景的良好关系。另外的目的是帮助学生反思对不同于自己的生活方式的方面的研究，从而再评估自己的生活方式，洞悉人类的条件。③ 也就是通过对他人世界观的研究深化自我理解。

杰克逊等人开发出了供第一至第三关键期的学生和教师使用的两套教材。如在第一关键期，学生用书重点放在家庭中非正式和半正式学习，课本基于对不同宗教儿童的人种学研究描绘了两个基督教女孩（一个是英国圣公会，一个是乌克兰天主教）、一个犹太教女孩、一个穆斯林女孩和一个佛教女孩。教师用书则介绍解释的过程，即如何帮助儿童将故事中的概念、感情和态度与他们的语言和经验相联系。通过教材中的故事，学生将自己的观念、情感和态度与故事人物的观念、情感和态度相联系，解释不熟悉的生活方式，寻求体现在故事中的概念与更大宗教传统的概念或与学生经验重叠的一般概念。这些探索和讨论并不意味质疑学生的家庭传统，而是旨在扩大他们的视野，刺激思考和反思。在杰克逊看来，当儿童探索自己的思想、感情和态度，认识到自己的经验和故事中人物

---

① Robert Jackson: Religious Education: An Interpretive Approach. Hodder & Stoughton. 1997. pp. 107 – 110.
② Ibid., pp. 110 – 111.
③ Ibid., p. 112.

的境遇之间的异同,这种反思可以促进孩子精神、道德和文化的发展。在第二关键期,有7—9岁和9—11岁两个年龄段的教材,重点转向描绘与家庭宗教活动如教堂、星期天学校、青年运动和自愿辅助学校相关的反思和研究。如《遇到基督徒:课本1》(7—9岁)介绍有联合改革(United Reformed)背景中的女孩和参加救世军(Salvation Army)的女童。教师用书提供背景、材料、计划和教学的建议。第三关键期的重点描述不同宗教的青少年的特征,包括基督教、伊斯兰教、印度教,其中基督教涉及英格兰教会、希腊东正教、教友社、复兴教会。课本介绍年轻人的一般信息和他们的兴趣,重点在宗教生活,内容包括与当今英国宗教活动相关的广泛主题。每个单元提供学生各种活动。如"阐明"意在保证学生在开始解释任务之前熟悉在单元中描绘的基本思想和事实。"解决"用以鼓励学生结合个人、要求成员资格的群体和传统等三个层次的材料进行解释。"建立联系"要求学生利用自己的经验或熟悉的思想解释单元中描绘的材料,让学生关注个人与宗教传统相类似的知识和经验。"彻底思考"旨在鼓励学生按照他们遇到的具体宗教的问题和经验审查和再审查他们的理解。[1]

(四)对话的宗教教育方式

在宗教和文化多元的背景下,不同群体的对话是促进社会和谐的重要方式。如何在课堂进行跨宗教或跨文化的对话,就成为教育者关注的重要方面。作为英格兰莱斯特的小学教师,朱丽亚·伊普雷格面对穆斯林占85%的学生,这让她对来自不同背景的学生之间的互动充满兴趣。她研究班上的孩子在宗教与文化以及神学方面的相互影响以及通过相互对抗而发生的新思想的形成。她分析儿童实际的宗教对话并在此基础上提出了自己的对话的宗教教育方式。这种方式表明在多元背景中,儿童能够运用各种宗教—文化资源创造新文化。

---

[1] Robert Jackson: Religious Education: An Interpretive Approach. Hodder & Stoughton. 1997. pp. 115 – 116.

伊普雷格将儿童对话区分出初、中、高三个等级，初级即有差异的意识，中级即对差异有积极态度，高级则参与差异性。初级对话（primary dialogue）是其他对话形式的背景。学生在日常生活中接触不同的世界观、理解和思想的人，意识到差异性，就构成其他对话的基础，而初级对话就是在教学上承认儿童社会背景中不同的经验、观点和影响并将之作为对话资本。中级对话（secondary dialogue）则是对初级对话的反应，其特征是向差异性开放。在教学上就要营造儿童积极处理差异和与他人分享并向他人学习的氛围，为儿童改变自己的理解和看法铺平道路。高级对话（tertiary dialogue）是对话的活动，即利用初级和中级对话的口头交流的结构和形式，促进口头交流的方法、策略和训练。她将这三个等级结合到自己教学中。初级对话的材料来源多样，可取自本校或其他学校的学生，也可以通过引用持各种信仰或观点的人的话语或孩子们讨论的道德问题的不同观点，将不同的意见引入讨论。讨论的材料也可取自宗教传统，包括引自原文。中级对话鼓励向其他人的思想开放，包括倾听他人和向他人学习以及鼓励应对差异性。在宗教教育中，学生讨论并制定宗教学习的基本规则，9—10岁的孩子确立尊重他人的宗教、严肃谈论和思考差异、准备学习新的东西等三个原则。另外，当学生面对其他宗教和观点时，鼓励他们设想自己的问题。高级对话通过讨论和辩论促进对话。为增进对问题的讨论，可运用故事、文本、案例研究、不同观点的引文、图片和影像资料等。也可进行分类练习，即将有句子、词语或图画的卡片分类和排序以深化儿童参与，让他们借此组织自己的思想或论证他们观点的正当性。也可将角色扮演用于帮助学生应对不同的观点，如9岁的孩子分别扮演环保人士、游客、政府官员和儿子丧身虎口的父亲，讨论老虎是否应该捕杀。在整个过程中，鼓励学生处理不同宗教传统的思想和概念，鼓励儿童反思自己在对话过程中的贡献和证明自己的观点，刺激他们思考怎样得出结论和认可其他观点的可能性。[1]

---

[1] Robert Jackson: Rethinking Religious Education and Plurality: Issues in Diversity and Pedagogy. RoutledgeFalmer. 2004. pp. 121-123.

总之，伊普雷格将向多样性开放作为核心，让儿童认可、积极接受和主动应对多样性。在她的教学中，学生是社会建构的积极参与者，讨论和协商在家庭、社区和学校所接触的各种思想，而教师作为促进者、主持人、访谈者、提问者和信息提供者发挥作用。

（五）后现代的宗教教育

关于宗教的教育和从宗教中学习都是为了整合社会多元的宗教和文化。当然，这种整合需要系统的宏大叙述，但这些叙述忽略了碎片化或个人经验的叙述。克莱夫·埃里克和简·埃里克批评世界宗教和"从宗教学习"的过度强调有组织的课程知识，忽视了个人经验，主张个人经验或碎片化取向的后现代的宗教教育。他们说："一位好教师寻求将内容与方法、他们的教育学与学习者的需要与经验相联系。处于学习过程中心的是学习者。"[1] 在他们看来，从广义上说，现象学方式可以分为描述的和解释的两种方式。描述的方式将宗教学研究作为社会科学，对宗教现象进行系统的分类，保证现象就是现象，即使有时涉及经验主义或形态学，其目的是将所学习的科目分类。解释的或对《圣经》等经书的解释的方式涉及哲学暗示，包括现象的认识和理解。[2] 这样杰克逊的解释方式也包含在现象学方式的范畴内。他们指出，现象学的方式既不可能准确阐述与内部人一致的理解，也不可能理解陈述背后的思想实质，也就是不可能通过经验调查理解他人的思想实质，即我对他人思想的描述不可能准确说明他人的思想内容，亦即我对他人宗教经验的描述可能与这个人的宗教经验完全不一致。克莱夫·埃里克和简·埃里克还说明了宗教教育脱离学生情境的事实。他们在英格兰南部访谈了大量在校学生，发现这些学生提出与他们生活环境相关的深层的情感、存在和社会复杂性问题，"这种问题很少在他们学校教育表达，在课程学习中也没有"，

---

[1] Clive Erricker and Jane Erricker: Reconstructing Religious, Spiritual and Moral Education. RouthledgeFalmer. 2000. p. 5.

[2] Ibid., pp. 19 – 20.

对学生主要的问题没有引起教育的关注。[1] 他们借用在小学担任宗教教育课程教师的毕业生例子说明宗教教育的问题。这位毕业生说班上 30 多人仅 5 名学生说喜欢宗教教育课,问其原因,有的说"枯燥乏味",有的说"与我无关",有的说"我不是基督徒"。于是她征得校长的同意,改变教学方式,采取儿童中心或个人中心理念。[2] 对于埃里克,如果宏大的叙述或传统权威不再具有绝对意义的时候,就必须用新的方式应对这一切。后现代就是应对这种"后现代性"。如吉登斯所谓的"危险的社会",传统权威(如宗教)衰落,人们必须处理与科学进步相关的新的不确定性。埃里克要求以后现代的宗教教育取代现代的抽象的宏大叙述或元叙述,强调宗教教育与年轻人问题相连的生活世界,要求学生积极参与新的解释和意义的建构,发展将不同观点整合进自己人格的能力。

后现代主义有时称为后结构主义,其系谱源于结构主义,常常采取反现实主义的认识论的立场,拒绝现代主义的思维方式,拒绝"完整"的解释。后现代主义批评知识的传统划分也是结构和类别,如道德、精神、文化、社会和情感的是结构的,并以此加于教育。后现代主义认为现代主义在理性和科学的支持下,将知识客观化,真理由语言规则决定,在很大程度上否定了个人的生活经验与认同。按照佛朗索瓦·利奥塔尔,在叙述中的"知识"不是客观上被合法化,而是被规则合法化,这是"语言规则"的中心。所谓知识与权力相连,是压迫和控制而非解放,利奥塔尔倾向于小的叙述,个人积极而有效地参与。而且所有导向个人生活经验的建构就必然否定现代性的宏大叙述。"恰如现实被视为碎片化,这样现代主义的个人认同观就受到挑战。认同是与他人的关系中被社会地建构。"[3] 埃里克沿着利奥塔尔的观点,将现代主义视为教育的咒语,对现代主义的理性主义、学科中心、知识的封闭思想和缺乏个人创造性

---

[1] Clive Erricker and Jane Erricker: Reconstructing Religious, Spiritual and Moral Education. RouthledgeFalmer. 2000. Introduction.

[2] Clive Erricker and Jane Erricker: Reconstructing Religious, Spiritual and Moral Education. RouthledgeFalmer. 2000. p. 3.

[3] Robert Jackson: Rethinking Religious Education and Plurality: Issues in Diversity and Pedagogy. RoutledgeFalmer. 2004. pp. 10–11.

和想象力而感到悲哀。① 他指出，西方知识传统"相信认识结构是人类进步的手段。……结果在教育中……缺乏关注想象和个性的培养"。② 在宗教教育方面，宗教的内部人以理性主义的方式控制内容，他们按照自己的语言规则建构知识，再将这种知识传递给年轻人，这就阻止年轻人利用自己的想象建构自己的知识。③ 虽然期望这种知识在公民资格和价值观方面发挥作用，但是以知识体系建构课程，以理性主义为信条，亦即是客观的而非主观的。"这种排除感情、情感和感受，就一定对宗教与道德教育造成威胁。"④ 而且元叙事或宏大叙述包含政治威权或所接受的传统，依然是具有操纵性的意识形态的载体。这种知识是囚禁人而非解放人。因而，需要解构这种元叙述或宏大叙述，显示其原貌。埃里克采取反现实主义的立场，认为不存在客观的现实，现实完全是由社会或语言建构的，因而所有知识是社会或语言建构，其本身内在地包含意识形态的假设。这样不存在绝对知识，只存在相互竞争的知识，所以除了相对主义别无选择。

既然真正的知识是构建的，儿童的知识也是他们自己建构的。按照埃里克，这个过程不可能通过预设好了的课程，只有通过倾听和应对其他人的"小叙述"。在他看来，儿童为自己建构知识，儿童通过感情和理性的反应叙述而建构个人知识，因而无需强加解释，解释的作用仅为了促进这一过程。情感、价值观和动机等是个人生活要素，这些要素在主体间被发现，并整合为"精神态度"（spiritual stance），而对这一发现和综合的精神过程的直觉就是信仰。借助信仰，个人叙述的"真理性"被直觉到，即建构完整的和有意义的社会观点。埃里克相信，这是直觉到的真理或灵性（spirituality）而对抗操纵性的结构性知识，而且一旦一个

---

① Robert Jackson: Rethinking Religious Education and Plurality: Issues in Diversity and Pedagogy. RoutledgeFalmer. 2004. p. 59.

② Clive Erricker and Jane Erricker: Reconstructing Religious, Spiritual and Moral Education. RouthledgeFalmer. 2000. p. 1.

③ Robert Jackson: Rethinking Religious Education and Plurality: Issues in Diversity and Pedagogy. RoutledgeFalmer. 2004. p. 60.

④ Clive Erricker and Jane Erricker: Reconstructing Religious, Spiritual and Moral Education. RouthledgeFalmer. 2000. p. 2.

人澄清和确立精神态度,其伦理和公民的健康态度也会随之自动树立。所以,对于埃里克,不存在课程和科目,课堂教学从听他人的叙述开始,并做出回应。叙述可以是就某个孩子所关心的主题所进行的访谈,也可以从某个故事和诗歌开始。教师的作用是促进者,教师参与讨论而不滥用其权力。所有孩子被平等地接受和尊重。[①] 教育就是要意识到学生,意识到他们的感情、渴望和感觉。

克莱夫·埃里克和简·埃里克根据后现代的观点构建自己的宗教教育方式。他们追求对宗教精神和道德以及知识和自我的新的理解,建构自我、儿童期和成人期及其教学法。他们接受利奥塔尔将知识区分为科学知识和传统文化中普遍叙述的知识的观点,认为文化方面的知识通过交流建构,"我们的文化、我们的认同,我们所'知道的',我们对什么是对什么是错的意识通过我们相互讲故事而被建构"。[②] 因为人们获得行为习惯与获得叙述语言的方式相同,道德理想和观念由语言表达,转化为行为,作为行为方式的习俗通过自己故事的讲述而得到交流,因而,叙述自己的故事就是建构自己的知识。知识"作为我们讲述自己经历故事的结果,由我们建构,因而是主观的而非客观的"。[③] 既然知识是叙述,那么教学的方式就是相互叙述。"如果知识是流动的和偶然的和为故事叙述所建构,那么儿童所做就比他们所知更重要。技能比知识就更重要,这就是我们关于精神的、道德的教育所采取的主张。"[④]

如果文化传统方面的知识是通过学习者相互叙述建构的,那么学习

[①] Robert Jackson: Rethinking Religious Education and Plurality: Issues in Diversity and Pedagogy. RoutledgeFalmer. 2004. pp. 63–64.

[②] Clive Erricker and Jane Erricker: Reconstructing Religious, Spiritual and Moral Education. RouthledgeFalmer. 2000. p. 108.

[③] 利奥塔尔将知识分为科学知识和传统文化中普遍的叙述的知识。后者从社会文化圈中获得,所做的价值判断基于习俗。人们养成行为习惯与获得叙述语言的方式相同。他说:"道德理想首先不是反思性思维的产物,而是言语表达转化为人的行为;它们是人的行为、人的实践的产物,而后的反思性的思考给予不完全的和抽象的表达。"习俗被认为是行为的方式,我们通过讲自己的故事,这些行为方式被交流。

[④] Clive Erricker and Jane Erricker: Reconstructing Religious, Spiritual and Moral Education. RouthledgeFalmer. 2000. p. 109.

者就是这种叙述关系中的人。在此克莱夫·埃里克和简·埃里克引进了女性主义关系中的人的概念。女性主义批评传统的道德观念将理性作为道德概念,从而排斥了关系中的自我。如苏珊·海克曼指出,康德式的自我立法的道德主体,"理性和道德相互依赖:这就解释为什么康德将没有理性的人,如妇女和白痴从道德领域排斥出去"。[①] 女性主义注意到关系的自我,婴儿和看护者之间的良好关系成就了独立的自我意识。这种关系中的自我是交谈的产物,自我认同通过主体间的交谈而建构。克莱夫·埃里克和简·埃里克指出:"谈话的认同的本质依赖谈话的本质。换句话说,你说及谁的依赖对你发生什么、与谁谈话和怎样谈论,通过这些你建构你的自我。我们主张,这种谈话(叙述)对这个过程是基本的,与他人大声说话和交流对建构过程也是基本的。语言的运用建构自我。对话过程建构自我,因此,自我是变动不居的、偶然的和反应性的。"按照他们,自我在对话中改变,对话改变你和我,在对话中,我在反应你的过程中改变我,你在反应我的过程中改变你。[②] 总之,"自我是在叙述中,在对话中,在关系中被建构,自我不是自主的、自我满足的和预设的,道德把关怀、背景和移情作为其基础而非以纯抽象的规则和客观的正义为基础"。[③] 在叙述过程中,精神、道德、社会、文化、情感和宗教是相互交织和相互依赖的因素。

宗教、道德、社会和文化的知识是通过主体间叙述而建构的,主体的自我认同也在叙述过程中确立起来,而主体是关系中的自我。那么这个建构过程如何发生发展?最终获得什么?对克莱夫·埃里克和简·埃里克,一节课从聆听某个孩子的个人叙述开始,也可以从一个故事和诗歌开始。个人叙述可以通过就其关心的某个主题的访谈进行,访谈者不用提问和提示,然后听者对其叙述做出反应。对叙述的反应往往通过概

[①] Clive Erricker and Jane Erricker: Reconstructing Religious, Spiritual and Moral Education. RouthledgeFalmer. 2000. p. 110.

[②] Ibid., pp. 112 – 113.

[③] Ibid., p. 116.

念图示展示概念之间的相互关系①。通过讨论和阐释，形成孩子自己叙述的基础，最终阐明和澄清实际用于生活中的价值观和信仰，而这就是建构知识。后现代的宗教教育就是这样一个过程。为了完成这一过程，克莱夫·埃里克和简·埃里克阐释了后现代的宗教教育的实践策略。首先，要确立建构的场所。他们认为，建构发生在学习、发展和成长的地方，涉及利用经验和兴趣，学习者利用自己的经验在自己的叙述中建构意义和重要性。这样"知识"将是"学习者共同体内所表达的建构过程。反过来，这种知识受这一共同体内的'知识'的影响"。也就是说，在叙述发生的地方不存在单一的叙述主体，只存在相互的叙述群体，每个学习者都是相互叙述的建构者，即知识的建构者，"我们自己在我们自己的叙述建构中经历这一过程"。因而，在叙述的场所不存在由理性和学术建构的权力等级，所有的孩子都会被平等地接受和尊重。教师也作为行为者和参与者参与辩论和讨论，谈个人经验和反思，从而树立积极参与者的榜样，增进自我叙述。②

其次，利用图示建构个人传记片段。克莱夫·埃里克和简·埃里克将概念图示（concept mapping）作为叙述的工具，用以反思和解释个人经验，"我们利用概念图表作为工具使学习者能够反思和解释他们自己的经验，建构他们自己的叙述并确定其意义"。学习者可以通过这种概念图示表达对感情的理解。如利用失败、友谊、快乐或美丽等概念可以洞悉某人的个人经验和他对其经验的解释。③ 他们建议利用概念图示的教学可以以两种方式开始，一种是通过图示提供一串概念，另一种是提供主题，

---

① 概念图示是由 Novak 和 Gowin 提出的技能，最初用于如科学教育这样的具体课程，将概念图示解释为呈现概念之间有意义的关系，是表达对特殊概念理解的方式，其依赖我们理解概念是按照与其他概念的关系这一事实。这种图示因为建立概念之间的联系，既可作为评估认知性学习的工具，也可作为产生新的联系，扩大学习者对特别概念的理解的创造性工具，还可以用以辨别错误概念。埃里克认为将概念图示运用到世界观或传统的陈述是可能的，可以用以确认与他人理解相关的自己的理解的差异、复杂性与简单性的方式。亦即可以提出涉及陈述、反思、与他人的认知与情感关系的问题。

② Clive Erricker and Jane Erricker: Reconstructing Religious, Spiritual and Moral Education. RoutledgeFalmer. 2000. pp. 136 – 137.

③ Ibid., pp. 141 – 142.

要求列出概念。在宗教教育中这种概念图示活动过程为：（1）写出一串与特殊传统（如基督教）相连的术语；（2）将这些术语联系起来，并用连线的图示表达出来；（3）讲一个与图示的概念相关的传统故事或教义（如与犹太教术语相关的故事）；（4）从这一故事或教义中提出问题或主题（如权威或服从），并在概念图示中展示与你自己经验的相关性；（5）联系自己的概念图示进行叙述，即讲故事；（6）将自己的故事与对传统中的故事的理解联系起来。两个叙述的关系怎样？有什么问题？[1] 通过这种活动，学习者可以认识到不同学习者有不同的故事以及体验到的、情感的和态度的问题。通过比较解释和陈述的差异，创造复杂性。

最后，增进个人传记片段反应的情感技能。因为叙述中有与个人经历的特定方面相关的因素，儿童很可能作出不同方式反应。如对成人、对主题以及情感作出反应。后现代的宗教教育重在情感技能。简·埃里克说："如果儿童表达他们自己，其情感对他们就越清晰，这种自我发现体现在他们所说的话语中。当孩子们讨论和相互帮助时，分享这种情感并发现这一情感过程，就向孩子们揭示出人同此情，从而促进同情和理解的发展。"克莱夫·埃里克和简·埃里克认为精神与道德教育必须包含情感能力的培养。他们调查6—11岁儿童的世界观发现，儿童所认同的重要主题包括关系、安全的地方、种族认同、宗教归属、死亡、分离和环境等。从60个孩子对一个7岁女孩所讲述的祖母去世的故事的反应中，他们分析出反思自己的情感、自我认识（理解一个人做某事的原因）、理解后果、自我批评（按照个人认可的原则）、自我克制、反思他人的情感、移情、对他人的批评（按照自己认可的原则）、理解他人做某事的原因、认可关系、承认差异、认识交谈的复杂性、行为原则的普遍化、预示性陈述等14种情感技能。[2] 精神和道德教育必须培养这些情感技能。为此，他们要求建立和维持教师和学生或儿童之间的良好的关系，这种关系包含同情、无条件的积极关心、真诚和直接性。[3] 为帮助学生表达情

---

[1] Clive Erricker and Jane Erricker: Reconstructing Religious, Spiritual and Moral Education. RoutledgeFalmer. 2000. p. 148.

[2] Ibid., pp. 150, 151.

[3] Ibid., p. 159.

感和交流，克莱夫·埃里克提出利用视觉艺术作为刺激叙述的方法，亦即通过利用图像和画像，让学生作出情感反应，旨在获得意义和价值，即所谓的"参与过程"。参与策略包括：观测、表达、进入、关联、翻译、重述和评论。"我们翻译、陈述、表达以便创造意义和确定我们自己的位置。"①

为帮助教师追踪和发展儿童的情感，克莱夫·埃里克和简·埃里克设计了"儿童和世界观项目记录表"，记录每个孩子的情感。项目包括：谈他的经验；描述他生活中重要的事情；谈他的感情；谈他人的经历；谈他人的感情；谈与玩具或宠物的关系；谈与他人的关系；判断他不合乎自己标准的行为；判断他人违反这些标准的行为；将这些标准普遍化；表达自己与外在事物联系的意识；谈上帝、耶稣、天使和魔鬼或其他传统的类似的东西；谈与上帝或耶稣或其他传统的神；谈未来。另外，儿童情感进步表现在：表达他的经验；表达他的情感；反思这些经验和情感；回应他人的经验；表示同情。② 简·埃里克指出，记录不是为了评估，而是要求教师确定在儿童的谈话中应该寻找什么。"只有与他人交谈，儿童的情感素质才会发展。"③ 克莱夫·埃里克和简·埃里克说，将儿童交谈的经验和故事录音、记录和分析，可以"帮助我们理解孩子们的经验，什么对他们的生活是重要的。我们就会逐渐认识到，对孩子们，谈论自己的经验的过程是弄清楚发生什么，他们希望告诉他们自己的故事，也希望被肯定和尊重"。这个过程发展儿童倾听、叙述和情感的技能。④ 同时，儿童为他们讲诉自己的故事所激励。儿童讲述的故事包括：关于上帝、耶稣、天堂和地狱的故事；关于敌友、上帝和家庭的故事；关于家庭破裂、父母的故事；关于玩具、学校和宗教的故事；关于家庭和志向的故事；关于家庭、死亡和天堂的故事；关于特殊地方、家庭和分离的故事（如有孩子讲述母亲再婚，与母亲和继父生活在一起，目睹

---

① Clive Erricker and Jane Erricker: Reconstructing Religious, Spiritual and Moral Education. RouthledgeFalmer. 2000. pp. 173, 180.
② Ibid., pp. 160 - 161.
③ Ibid., p. 161.
④ Ibid., p. 163.

父母打架，母亲被摔在地板上，而他的亲生父亲远在苏格兰）；还有学生的故事。①

　　以上五种宗教教育方式都是对英国作为多元民主社会所作出的反应。我们从这些反应可以看到，宗教教育由重在知识的"宏大叙述"发展到以"个人叙述"为中心的宗教教育方式。随着英国社会转向多元民主，传统的灌输基督教信仰的宗教教育陷入困境，学校宗教教育做出的反应是增进包括宗教宽容的社会正义、宗教知识，培养学生批判的技能与独立思考能力以及促进不同背景的年轻人之间的对话和互动。② 由于现象学宗教教育存在忽视个人经验的问题，后现代的"个人叙述"的宗教教育方式则是对多元社会的进一步反应。后现代的宗教教育将个人的叙述置于宗教教育中心，将个人之间的经验和故事的交流作为构建自我认同的方式。这些反应展现出"宏大叙述"与"个人叙述"或现代与后现代之间教育之间的紧张关系。前者趋向理性与知识，后者趋向情感与体验。对于后者，杰克逊指出，后现代的宗教教育方式以反现实主义作为方法论基础，寻求帮助儿童澄清、批判和系统表达、证明他们的主张，但剥夺教师讲述教材的机会。这种对传统和课程的批判，就否决了向儿童提供学术知识以让他们审查个人和更大的宗教群体的机会。③ 同时，他也为自己的解释方式辩护，解释的方式与宗教素质的方式一样，旨在帮助儿童在重要的宗教讨论中发现自己的主张。不过解释的方式认识到内在的多样性、宗教传统可渗透的边界、竞争性的本质以及文化表达和变化的复杂性。因为源于对不同宗教背景儿童的认知研究，解释的方式反映社会人种学的讨论，强调阐述的问题、解释和反思。利用学生的信仰和价值观作为资源，鼓励他们积极参与学习活动的设计和评估。如反思的过程包括学生反思其对自己生活方式的理解。案例研究描述这种方式怎样

---

① Clive Erricker and Jane Erricker: Reconstructing Religious, Spiritual and Moral Education. RouthledgeFalmer. 2000. pp. 164 – 172.
② Robert Jackson: Rethinking Religious Education and Plurality: Issues in Diversity and Pedagogy. RoutledgeFalmer. 2004. pp. 161 – 162.
③ Ibid., pp. 73 – 74.

用以满足不同情境中的儿童的需要。① 对于"宏大叙述"与"个人叙述"的处理，笔者认为，理性与情感、宏大叙述与个人叙述似乎都是包含在宗教教育等文化传统教育中不可或缺的主题。因为传统浸透在日常社会中，由历代个人经验的积累而汇集成民族或文化群体的集体记忆，所以撒开宏大叙述难以将个人的经验融入整个民族或文化群体的生命中。缺乏理性就无法客观对待传统与个人经验，因为包容不是认可所有的传统内容和个人经验，而是需要批判地对待。但缺乏感情，不仅个人经验与故事，而且传统的宏大叙述将失去生命力。如杰克逊认为宗教教育不仅仅为了促进宽容或社会团结，还要发展对宗教语言的理解，掌握宗教解释的技能，增强自我意识。②

从英国宗教教育的方式及其为之辩护的理由看，宗教教育的本质似乎不在宗教自身，而在宗教之外，即多元社会的包容问题。怀特认为宗教教育本身不是目的，而是促进文化多样性社会的宽容和相互理解的工具。杰克逊指出，解释、对话的和宗教素质的宗教教育方式不是中立的，在立场上是多元主义的，即要求在政治上都肯定个人的宗教自由的民主权利，积极促进在法律框架内宗教或意识形态差异的宽容；在种族上，都试图保证敏感、准确、智力上严密和公平地思考宗教的实践和主张。③

这种多元取向的宗教教育必然引起保守势力的强烈反应。如在苏格兰，虽然20世纪80年代中期完成了宗教教育变革的基础工作，但这场变革却被保守势力所延迟。这期间一位富有争议的保守党政治家迈克尔·福赛斯担任苏格兰教育大臣，接着又做了国务大臣（1995—1997），这位"忠心的撒切尔分子"，强烈支持玛格丽特·撒切尔保守党的政策，而撒切尔夫人秉承繁荣的"基督教"英国的"新"右意识形态。撒切尔政府的"基督教"政策让英格兰宗教教育重新走上信奉式道路，即使承认宗教多元，教育中的世俗化不可避免，而福赛斯希望走同样的道路。与英格兰相似，1988年，苏格兰教育部颁行新的国家课程体系，即"5—14

---

① Robert Jackson: Rethinking Religious Education and Plurality: Issues in Diversity and Pedagogy. RoutledgeFalmer. 2004. p. 162.
② Ibid., p. 169.
③ Ibid., p. 165.

岁"计划,并成立专门负责对宗教教育的审查规划小组,即 RGD 5,该小组提出了以伦理为基础的新的信奉式宗教教育框架。1991 年,政府发布一项在苏格兰学校设置宗教教育的决定,这一决定要求宗教教育应该以作为苏格兰传统的基督教为基础,不过也建议学校可以根据儿童宗教的情况增加其他宗教。同年 RDG 5 出版"宗教与道德教育"课程指南,重申宗教教育必须基于传统,建议宗教教育应该基于基督教以及其他世界宗教和道德价值观。1992 年 11 月,苏格兰政府向所有学校推行共同的宗教与道德教育课程,不过遭到更为保守的天主教教会抵制,其基本理由在于,这违背 1918 年的宗教协定。后来政府与天主教领导集团协商后,于 1994 年出版另外的天主教"5—14 岁"计划。这份计划坚持标准的宗教教育术语,道德价值观内在于宗教教育中,而非在外。虽然也包括其他宗教,但主要是教会真理的教理课程。[1] 即使一些人接受包容世界主要宗教的宗教教育,但他们强调基督教在宗教教育中的主体地位,如杰克逊。对此,克莱夫·埃里克批判基督教的支配地位,他指出,杰克逊认可基督教为西方文化的核心,按这种观点,西方文化要持续,其支配的价值观必须得到维持。这反过来就是拒绝任何对这种文化的价值观的"外在"或批判的影响,甚至也否定来自该社会内部的批判性影响。[2]

这种维护基督教的保守态度不仅与维护基督教社会本质的观念有关,而且与对宗教、认同和公民资格之间关系理解相连。保守基督教传统的态度往往将基督教传统作为政治的基础和共同价值的来源。詹姆斯·亚瑟等人就持这种观点。他们认为思考公民资格的来源就不能回避认同和宗教。"宗教是某一群体共享的思想、情感和行动的系统,提供个人理解世界及其所在位置的参照框架。……认同感可以为民主社会的公民提供充分的理由,通过把我们与其他人联系起来,从而赋予生命更大的意义和目的。而且通过给个人提供承诺的生活,认同可以使'我们'超越自我,这有助于满足人类成为比自己更大的事物的一部分的基本需要。"宗

---

[1] Yonah Hisbon Matemba: Problems, survival and transformation: religious education in Scotland-a historical review, 1962 – 1992. History of Education, 2014, 43 (4), pp. 558 – 559.

[2] Clive Erricker and Jane Erricker: Reconstructing Religious, Spiritual and Moral Education. RouthledgeFalmer. 2000. p. 26.

教及其认同就构成公民资格的基础,成为将公民结合起来的力量。他们指出,奥古斯丁提出了一个基督教公民,即通过为社会的美好而努力保证既能成为一个好罗马公民,也能成为一个好基督徒。[1] 他们要求充分考虑民主公民所必需的政治和文化前提。他们认为,忽视基督教是欧洲宪法流产的原因。因而他们指出,虽然人们生活在多元社会,但是"宗教是决定某人认同的关键因素,……它可能是塑造一个国家政治和宗教价值观的强有力的决定因素,并具有重大的公共意义"。尽管公民有互惠性义务,不管信仰如何,也必须参与公民社会。尽管世俗性成为主导政治讨论的范式,但"宗教可以维持社会的民主活力,通过和诉诸宗教信仰,可以合法地激励宗教信徒寻求社会的有效变革以实现所有人的共同利益"。[2]

将这种主导宗教置为政治制度和政治行动的前提,不可避免地给少数群体带来挑战。如"9·11"事件后,为了应对国内伊斯兰恐怖主义的挑战,从2007年开始的英国的预防计划,主要是针对穆斯林青年的监控,在宗教教育上采取名为"宗教沉默"2007—2011年计划,由教育部资助,旨在提升宗教教育教师的恐怖主义方面的知识和理解,增强他们在课堂处理和挑战极端主义言论的信心。对此,丹尼尔·摩林指出,重点预防穆斯林的计划以穆斯林学生的污名化为前提,可视为麦卡锡主义的翻版,而且许多宗教教育者把伊斯兰教作为"侵犯性的敌人",可视为伊斯兰恐怖症的特征。[3] 保罗·托马斯也指出,如果预防计划针对穆斯林,就明显与社群团结相矛盾。他希望公民教育将人权框架置于其核心,"让年轻人具备个人和群体的适应能力以审查和拒绝激发仇恨和暴力的意识形态"。[4]

所以,应对宗教或文化的多元社会的到来,包容性宗教教育是合理

---

[1] James Arthur, Liam Gearon and Alan Sears: Education, Politics and Religion: Reconciling the civil and the sacred in education. Routledge, 2010, pp. 11, 21.

[2] Ibid., p. 32.

[3] Daniel Moulin: Religious education in England after 9/11, Religious Education, 2012, 107 (2), pp. 158 – 173.

[4] Paul Thomas: Youth, terrorism and education: Britain's Prevent Programme. International Journal of Lifelong Education, 2016, 35 (2), p. 184.

的选择。杰克逊等指出，宗教传统本身是多元的，通过传统观念的表达，提供精神和道德资源，学生不仅要深化对自己传统的理解，而且要学会解释其他传统。这种对多元性的理解是克服成见的条件。[①] 在杰克逊看来，这种包容性宗教教育是开放的积极学习，鼓励通过交流和对话实现学生之间和学生与教师之间准确的信息传递。这种宗教教育要求承认尊重人的尊严的原则、尊重每个人宗教或信仰自由等民主价值观；承认通过共识限制参与者的表达和行为以及课堂讨论的"基本规则"；信守准确性、公平和责任等以体现学术诚信；对所有参与者充满敏感性，不管他们的宗教或非宗教的观点。作为宗教教育的教师，要遵循公平原则，无歧视地组织教学，允许在共识的框架内有表达的自由，不存在对无宗教、种族、阶级或政治意见的歧视。[②]

[①] Robert Jackson and Satoko Fujiwarn: Towards religious education for peace. British Journal of Religious Education, 2007, 29 (1), p. 7.

[②] Robert Jackson: Teaching inclusive religious education impartially: an English perspective. British Journal of Religious Education, 2017, 39 (1), pp. 8 - 9, 10.

第 五 章

英国学校的学生参与

积极公民很大程度上意味着是参与的公民。参与既是儿童的权利，也是公民教育的核心与有效途径。利亚姆·吉伦和玛格特·布朗就做了这样的表达："参与是任何公民资格教育的核心。"[1] 托尼—波特等研究了28个欧洲国家的公民资格与教育后认为，学校的民主实践是促进公民知识和参与的最有效方式，"民主被视为经历过程而后结果方可得到的'东西'"。[2] 国际教育成绩评估协会（IEA）公民教育项目组对24个国家支持建立让学生表达声音的民主制度和程序的研究发现，促进学校的民主风气和民主实践，能有效地促进公民知识的获得和参与的发展。[3] 儿童参与的权利为1989年联合国《儿童权利公约》所确立。该公约第十二条规定："缔约国应确保有主见能力的儿童有权影响其本人的一切事项自由发表自己的意见，对儿童的意见应按照其年龄和成熟程度给以适当的看待。"作为联合国《儿童权利公约》缔约国，英国在法律和政策上为学生的表达权和民主参与创造条件。早在1989年的"埃尔顿报告"就建议利用学生委员会作为改善学习动机的工具。不过，该动议为英格兰和威尔士的国家课程和苏格兰的5—14岁的指导所妨碍，课程指导认为这一动议

---

[1] Liam Gearon (ed.): Learning to Teach Citizenship in the Secondary School. London and New York: RoutledgeFalmer. 3003, p. 203.

[2] James Arthur, Ian Davies and Carole Hahn (ed): The SAGE Hand of Education for Citizenship and Democracy. SAGE Publications. 2008. p. 414.

[3] Dina Kiwan: Education for Inclusive Citizenship. London and New York: Routledge, 2008. p. 118.

加重了课程负担,使教师难以应对学生的思想。1991年在英国签署联合国《儿童权利公约》的同时实施《儿童法案》。该法案要求咨询青少年和让他们参与影响他们的决策。英国政府也强化青少年参与决策的机制,还规定建立儿童事务专员办公室,专员的主要任务是让青少年在公共生活中发出自己的声音。2001年英国大选后,在英国设立儿童与青少年事务部门,后并入教育部,作为让青少年参与政府决策的联络白厅的机制。该部门依据《每个儿童都重要》和《儿童法案》承担有关英格兰儿童权利的主要部分的立法。2004年发布对地方当局和学校的指导文件《共同工作:给儿童和青少年发言权》,该文件强调学生表达权对学校改善的潜在意义,为教职工与学生之间的广泛对话辩护。2005年英国学校白皮书《高标准,更好的学校》承诺鼓励学生发出自己的声音。该报告指出为发展学生的潜力,家长或看护人、学生应该就学校管理有更大的发言权。教育部希望学校委员会作为工具发挥让学生参与学校决策和改善学校的作用。

英国各地方当局积极推进学校民主化和学生的参与。在英格兰,1991年的"健康学校国家标准"法案要求学校必须给学生发言权,让他们参与政策规划。该标准的目的在于改善教育成绩、促进学生身心健康,营造学校安全、健康的环境。1998年的"科瑞克报告"指出,"学校尤其应做出一切努力让学生参与有关学校生活的各方面问题的讨论,咨询学生的意见,借此希望学生表达他们的观点,而且尽可能赋予学生管理学校的责任和经验。这种参与既可以通过诸如学校委员会和班委会等正式组织进行,也可以通过学校各方面生活而接触学生"。[①] 政治参与和非正式的群体及自愿组织的参与密切相关,"虽然参与自愿服务和社区不是积极公民的全部意义,但我们也认识到在政治领域的自由和完全公民资格依赖有着丰富的非政治的协会或自愿群体的社会,即公民社会"。因而要求学生"学会支持性地参与生活和关心他们的社区,包括通过社区参

---

① Advisory Group on Citizenship: Education for Citizenship and the Teaching of Democracy in Schools. London: Qualifications and Curriculum Authority. 1998. p. 25.

与和服务社区学习"。① 学生通过学校和社区的参与、案例研究和批判性讨论探索与他们的生活相关的问题和事件。学校要提供学生审查问题和积极参与的背景,帮助学生将地方的学习和行动与全球性的思考相结合。② 2005年9月,英格兰设立教育标准办公室,其责任是督导学校教育的工作,敦促学校在政策规划时咨询学生的意见。在威尔士,"科瑞克报告"发布后,威尔士立法局要求按照"个人与社会教育"的"参与议程",提供儿童和年轻人在学校和社区发表意见的机会。威尔士《学校委员会章程》强制要求,从2005年12月起每所中小学和特殊学校建立学校委员会。这项法案对委员的选举、会议的周期和与学校高层人员和管理层的联系等方面做出了具体规定。从2006年,在威尔士所有学校的学校委员会制度化,学生借此参与学校管理。其他参与机构如青年论坛、威尔士儿童与青年议会等纷纷建立。年轻人借助论坛和议会直接发表对主要问题的看法。③ 在苏格兰,1995年的《儿童法案》规定,每个有能力对影响他们的事务形成观点的儿童有权表达他们的观点。2000年《苏格兰学校标准法》,要求给在校学生提供表达他们观点的机会,并在法律上确立学生委员会参与学校事务的机制,让学生通过协商参与决策。该法案第6节规定,学校校长在发展计划中必须说明咨询在校学生和寻求学生参与的方式。④ 2002年,《苏格兰公民教育:讨论和发展报告》建议年轻人参与学校决策以及广泛的社区活动,如环保项目和社区服务。该报告提供了学生参与的框架:认可学校每个成员意见的价值;将参与范围由学校政策扩展到课程的内容与教学;积极询问和考虑所有学生的意见;将资源利用的决策过程移交给学生委员会;当学生的观点与学校的

---

① Advisory Group on Citizenship: Education for Citizenship and the Teaching of Democracy in Schools. London: Qualifications and Curriculum Authority. 1998. p. 12.

② Ibid., p. 37.

③ James Arthur, Ian Davies and Carole Hahn (ed): The SAGE Hand of Education for Citizenship and Democracy. SAGE Publications. 2008. p. 259.

④ the Standards in Scotland's Schools. http://www.legislation.gov.uk/asp/2000/6/contents. 2018 – 7 – 6.

管理者的观点冲突时允许反馈和进一步讨论。①

随着英国在法律和政策上推动学生参与，英国学校也积极推进学生参与，让学生作为公民在学校发挥作用。按照哈德斯顿与科尔的观点，学生作为整个学校的公民包括课程中的公民、学校生活中的公民、社区参与的公民。② 与此相应，英国学生参与包括三个层面，一是班级的课堂参与，二是学校参与，即学生对学校事务的参与，三是学生对学校外的社区参与，包括地方、国家和世界等层面。这三个层面参与的实现其实就是学校的民主化。本章从学校的民主文化出发分析英国学校的学生参与。

一 学校的民主文化

建立民主参与的学校是公民教育的内在要求，因为缺乏民主参与的渠道和民主条件，学生就不会有参与的机会，也难以发展作为民主的公民所必备的知识与能力。劳拉·伦迪指出，联合国《儿童权利公约》第十二条包含两个关键因素：（1）表达观点的权利；（2）所表达的观点得到应有重视的权利。在他看来，保证第十二条的成功执行，需要注意四个要素，即空间、声音、听众和影响。空间意味必须给儿童表达观点的机会；声音意味必须帮助儿童表达他们的观点；听众意味必须倾听这种观点；影响意味必须让这种观点发挥作用。③ 也就是说，学校让学生参与影响他们的事务，就必须提供学生参与的空间，让他们有表达自己观点的场所或机构，而且学生表达的意见得到倾听并发挥影响。否则，这四个因素没有体现在学生参与中，青少年的参与权就不可能完全实现。为了让学生参与，学校必须营造民主的文化。"科瑞克报告"指出，为促进积极公民，"学校考虑公民资格教育和包括学校的精神气质、组织

---

① Ducation for Citizenship in Scotland: A Paper for Discussion and Development. www. ltscotlan. org. uk/Imgaes/ecsp_ tcm4 - 122094. pdf. 2011 - 9 - 9.

② Shazia Akhtar: The implementation of education for citizenship in Scotland: recommendation of approaches for effective practice. Improving School. 2008, 11 (1), p. 39.

③ Laura Lundy: 'Voice' is not enough: conceptualising Article 12 of the United Nations Convention on the Rights of the Child. British Educational Research Journal, 2007, 33 (6), p. 933.

和结构的关系的整个学校方面"。① 即学校的所有工作就是培养积极公民，就是为养成积极公民营造民主的学校。如罗斯（Ross）指出，要培养公民和增进事业心，必须将民主参与扩大到学生委员会和课堂之外，促进整个学校的参与和民主的文化，包括给学生讨论争议性问题的机会。②

那么何谓民主的学校？弗莱彻（Fletcher）所描述的民主的学校的标志：（1）积极批判的学校委员会；（2）教职工完全参与，形成议程；（3）校长强调原则而非细节，信任教职工和其他人；（4）将家长视为伙伴，他们有权利进入学校并被选上关键岗位；（5）理事由选举产生，讨论在团体中进行，不存在单个群体控制多数。③ 伯纳德·特拉福德综合瓦茨、哈勃和霍兹沃思等人关于民主学校的观点，归纳出民主学校的特征。在瓦茨看来，学校的民主很少涉及权力，主要指向自由交换思想。而这就需要开放的、持续的讨论和权力分享。这也要求将参与置于民主的核心，所有的利益相关人都有权参与，发出自己的声音。所以民主学校的原则即学生也有权利表达自己的观点，并为人所知晓且加以考虑。学校不仅在原则上授予学生这种权利，而且在实践上鼓励学生参与。哈勃认为民主强调理性、开放的心理和公平，民主教育的环境就意味：对多样性的宽容、个体之间及群体之间的相互尊重、尊重支持意见的根据、因事实而改变自己观点的意愿、对各种信息持批判的立场、把所有人视为有平等的社会和政治权利的人。霍尔兹沃斯指出，在决策群体中的学生代表、学生管理的组织结构、对课程和课堂的参与方式是学校民主的三个支点。④ 哈德斯顿将民主学校的重要特征归结为：学生对其学校的参与和赋权的意识；学生代表的存在，如学校委员会或学生委员会；学生因

---

① Advisory Group on Citizenship: Education for Citizenship and the Teaching of Democracy in Schools. London: Qualifications and Curriculum Authority. 1998. p. 25.

② Ross Deuchar: Citizenship, enterprise and learning: harmonising competing educational agendas. Trenham Books. 2007. p. 87.

③ Ian Davies: 100 + Ideas for Teaching Citizenship. Continuum International Publishing Group. 2011. p. 109.

④ James Arthur, Ian Davies and Carole Hahn (ed): The SAGE Hand of Education for Citizenship and Democracy. SAGE Publications. 2008. pp. 411 – 412.

解决学校问题的贡献而受到尊重的机会；学校遵循民主原则或增进参与的程度；将参与和明确的民主实践教学相联系；开放性讨论的课堂环境；强化与校外的广大社区和参与性组织的联系。[1] 特拉福德认为除了以上特征外，民主的学校还有其他特征如：不断自我审查和改善；在课堂经常利用民主技能作为学习和社交的策略；有学生主办的学校报纸；有学生支持的同伴帮助或辅导或调解；高度的包容性；较少的疏离感、紧张和冲突；学生参与教师的聘任程序等[2]。

从以上我们可以看出，民主的学校意味存在学生参与的民主机构、学校的民主领导、学生参与的行动、民主的精神氛围。也就是说民主存在学校的各个层面。

1. 学校民主的风气

民主不仅体现在民主的组织结构中，而且体现在学校日常生活层面，在人与人之间的互动中感受到民主的真实存在。民主的感觉是民主风气的直接产物。民主的校风意味着师生感受到轻松、友好、非权威和学生的意见受到重视的气氛。民主的学校是为了学生的利益。民主的学校不仅对每个青少年友好，而且展示这种民主的精神特征。这种民主的精神风貌如特拉福德所指出，就会产生如下结果：师生关系更好；年轻人愿意负责；纪律得到改善；疏离感减少；逃学和排斥减少；包容增加；动机增强；自信和自尊提升；准备接受挑战；以高期望为原则；学校更为有效[3]。英曼和伯克认为，个体对风气怎样感觉，就会怎样行为和怎样成长。他们从十一年级学生的回答中感受到校风的影响。当教师和学生造就了开放和温暖的氛围、学校成员之间出现尊重和平等的气氛时，学生会说，"学校不像监狱"，"我认为他们给你独立"，"你们的意见被听到"，"他们给你自由"，"他们关心你"，"我认为学校非常好，因为学生如此相互友好"。英曼和伯克认为学校每个成员相互尊重是民主校风的核心，而且强调尊重学生是民主风气形成的至关重要的因素，"给予尊重和

---

[1] James Arthur, Ian Davies and Carole Hahn (ed): The SAGE Hand of Education for Citizenship and Democracy. SAGE Publications. 2008. p. 414.

[2] Ibid., p. 418.

[3] Ibid., p. 419.

接受尊重创造了道德循环"。①

2. 学生参与的行动

民主意味着将每个人视为一种力量，也给每个人的力量发挥创造条件。事实上，学生希望通过自己的声音和行动展示自己的力量。贝丝·克洛斯、莫伊拉·胡姆和斯蒂芬·艾金妮按照苏格兰"教育中的公民资格"将参与概括为"对负责地参与政治、经济、社会和文化的生活的承诺"。② 学生参与意味着表达对学校的意见以及学习和决策等活动中的互动式参与。他们指出，参与包括信息的分享、在相互尊重的基础上青少年与成人之间的对话，在参与中，青少年可以了解他们的观点和成人的观点怎样受到考虑以及达成结果的进程。学生参与意味学生发出自己的声音，按惠蒂和艾玛·维斯比的观点，"学生声音"泛指通过所有方式允许或鼓励学生表达观点和倾向性，狭义指学生以持续或常规的方式表达他们的学习和学校生活的经验，从而在其教育和学校教育方面发挥积极作用。③

学生参与反映学生在学校的民主成长，对其在公民方面的知识、态度和未来的参与有积极作用。特拉福德指出，研究发现民主的学习不仅增进民主的公民教育，而且使学校成为更快乐、更有创造性和更为有效的机构。④ 因而要求学校重视每个学生的意见，学校也就必须让学生参与，让学生利用其能量和热情，给他们对自己学习和生活负责的机会。"越给学生显示他们的参与怎样贡献给学校的福祉和发展的机会，民主的参与就将越增强学校的氛围，道德的循环也因此建立起来。"⑤

---

① James Arthur, Ian Davies and Carole Hahn (ed): The SAGE Hand of Education for Citizenship and Democracy. SAGE Publications. 2008. pp. 414, 416.

② Beth Cross, Moira Hulme and Stephen McKinney: The last place to look: the place of pupil councils within citizen participation in Scottish school. Oxford Review of Education, 2014, 40 (5), p. 632.

③ Geoff Whitty and Emma Wisby: Whose voice? An exploration of the current policy interest in pupil involvement in school decision-making. 2007, 17 (3), p. 306.

④ James Arthur, Ian Davies and Carole Hahn (ed): The SAGE Hand of Education for Citizenship and Democracy. SAGE Publications. 2008. pp. 418-419.

⑤ Ibid., p. 417.

3. 学校（或学生）委员会

学生民主参与需要实质性的条件和空间。民主学校通过学校委员会或学生委员会等学生参与的民主机构表达自己的声音和采取行动。没有正式的民主结构，民主的学校是难以想象的。特拉福德认为，学校委员会是民主学校的正式结构。他希望选举出来的代表机构，让学生发出声音。[1] 虽然20世纪90年代，英国对"学生的声音"消极待之，但随着英格兰公民课成为学校正式的课程，英国不仅把学校委员会的建立视为对学生参与的承诺和提供学生积极参与的手段，而且作为改善学校的重要因素。2006年，英国学校标准大臣洛德·安东尼斯要求在学校建立有效的民主与参与的机构，"我强烈支持保证我们的儿童和年轻人更有效地参与民主过程这一原则。公民课作为法定课程2002年9月引入中学，2002年教育法和随后的对地方当局和学校的指南已经开辟了学生参与的道路。结果许多学校委员会大量增加，对学校风貌和成绩的改善是明显的"。[2]

学校委员会或学生委员会之所以能够发挥教育的作用，如英曼和伯克所言，学校委员会本身创造和增强了民主结构和参与。当然，学校委员会要发挥其民主教育的作用，必须遵循民主原则，否则就会产生消极结果。学校委员会怎样发挥作用？他们认为有效的学校委员会有如下特征：把会议时间表变成课程表；学校委员会以整个学校的而非以班或年级为基础；有明确的代表和报告机制；用议程管理会议；学校委员会有正式的宪章；决策时咨询该委员会；议程的范围由学生或教职工确定；该委员会在校长的直接监督下。[3]

4. 学校民主的领导和管理

领导是决定学校成功的关键因素。当前英国教育界越来越强烈呼唤"转换的"领导方式而非"命令的"的方式，前者是分散的和赋权的，是学校民主化的方向；后者是维持传统的、官僚的、等级的和控制的。霍

---

[1] James Arthur, Ian Davies and Carole Hahn (ed): The SAGE Hand of Education for Citizenship and Democracy. SAGE Publications. 2008. p. 415.

[2] Ibid., p. 420.

[3] Ibid., p. 417.

普金斯等要求学校的领导权不仅要分散,而且要审慎地促进有关领导风格的讨论,帮助不同层次的教职工分享有关怎样领导的看法,希望探索将领导作用扩大到教师群体的机会。① 亦即学校领导的民主意味权力、意见的分享,意味着所有人有参与领导的机会。

学校民主既是目的,也是手段,作为目的,是学校民主化的方向,作为手段,是人追求真理、发挥自身力量的条件。也就是说,民主是为了人的创造性的发展,人的潜力的实现。真正的民主被称为"发展性民主"。菲利普·伍兹表达了对发展性民主的追求。发展性民主模式将重点放在人的潜力的实现,强调民主参与对个人发展的积极作用,注意社会的机会、限制和关系怎样调节和影响发展。伍兹认为,民主的领导在于创造人发展的条件和机会。他将民主领导概括为创造追求真理的环境,"民主的领导目的在于创造鼓励和支持人们追求关于世界的真理,包括最高价值(道德理性)的环境。因而作为其中的部分,保证追寻共同的人类利益";在于创造理性对话的环境,"民主的领导目的是创造人们发挥道德理性和寻找通过理性对话解决分歧的环境";在于创造让人发挥作用的环境,"民主的领导目的在于创造人们对生活其中的制度、文化和关系的创立做出积极贡献的环境";在于创造促进人的潜能发展的环境,"民主的领导目的在于利用组织的制度、文化和社会结构创造增进人的力量并使之有能力的环境";在于创造正义的环境,"民主的领导促进对多样性的尊重,尽力减少文化的、物质的不平等"。②

说到底,学校民主的领导就是创造民主的学校。英曼和伯克要求民主的学校应该彰显合作、相互尊重、自治、正义和对多样性和平等的承诺等民主的核心价值。他们区别出民主学校领导的特征:有冒险和应付不确定性的能力;促进其他人担任领导和掌握权力的能力;有愿景;对儿童的利益有承诺感;尊重教职工和儿童;向外看,放眼学校所在的更大的社区和欢迎外来的项目进入学校;允许犯错误,能自我反思和分析;

---

① David Hopkins: School Improvement for real. RoutledgeFalmer. 2001. p. 99.
② Philip A. Woods: Democratic Leadership in Education. Paul Chapman Publishing. 2005. Introduction. Xvi.

具有包容性①。伍兹提出与学生学习相关的民主领导的建议：第一，营造鼓励和重视学生参与和反馈并对之敏感和回应的学校环境；第二，谨慎地对待民主的领导方式与学习进步之间的关系；第三，民主的教育学是发展性民主的原则，要求理性和向知识开放；第四，民主的领导挑战有价值学习的因素。第五，学校民主的领导方式的内在结合是关键。如果学校是有意义学习的共同体，那么民主的教育学和实践包含学生和教职工。第六，为了提供学习机会，学校高层领导人的任务是塑造和鼓励促进对知识和学习开放的民主方式和内在结合的条件。② 为此，民主的领导必须具备以下技能和能力以及相关态度：技能和能力包括：地位的适应性、交流美德、独立性、对民主原则和实践的认识和理解、发展和维持社群的技能、尊重、深入参与的能力、对内在潜力和外在环境的批判性思考、共享权力的培养和冲突处理。相关的态度包括：集体责任、自信、对同事的信任、正义行动、对民主领导的合理信任。"地位的适应性"意味有能力采取民主的领导方式和在平等的关系中发挥影响；"交流美德"即能通过倾听、积极的反馈和使讨论和互动变得可行等方式建立开放的对话环境。交流美德包括：准备表达观点、尽可能清晰、诚实而明白、宽容、耐心、愿意接受批评、能自我约束、愿意再审查个人的预设和基本观点；"独立性"意味精神独立和对批判与挑战的自信。对高层领导人意味能采纳和尊重、严肃考虑异议；"对民主原则和实践的认识和理解"意味实现参与民主目标和实践的愿景并不断地对此进行批判性反思；"发展和维持社群的技能"意味在日常关系中表达明确的信任、相互的责任感、关怀、尊重，从而营造相互关心和认同的社群精神且鼓励个体性的环境；"尊重"是民主的社群和民主的领导实施的基础和文化正义的一个方面；"深入参与的能力"意味认可作为参与者的个人和形成个性的差异，并结合进对自我和他人的理解中；"对内在潜力和外在环境的批判的思考"要求追问我是谁？在我的发展中形成

---

① James Arthur, Ian Davies and Carole Hahn (ed): The SAGE Hand of Education for Citizenship and Democracy. SAGE Publications. 2008. p. 418.

② Philip A. Woods: Democratic Leadership in Education. Paul Chapman Publishing. 2005. pp. 71-72.

性因素是什么？哪些因素是个人的和制度的？当我被一个人或处境贬损时我的感觉是什么？我利用谁的标准作出有价值的判断？"共享权力的培养"意味着民主的领导追求合作和创造群体权力而非个人权力；"处理冲突"的能力与民主的领导不可分离，这就要求避免个人敌对，提供冲突管理的训练。①

从以上分析，我们可以看出，学生参与是学校民主的最基本最核心的特征。参与意味表达声音和采取行动。这与阿伦特对政治的理解一致。阿伦特认为政治意味人类共同体活动中的言说和行动。"只有两种被看做是政治的并构成亚里士多德所谓的'政治生活'，即行动和言说。"② 只有言说与行动，亦即参与才表明人是政治动物或公民。赋予学生参与的机会，构建学生参与的机制，通过参与形成民主的精神氛围，学校领导发挥民主的领导作用，学校就成为民主的学校。

二 学生的班级参与

如果学校是民主的场所，那么学生就是参与民主的主体，学生通过民主实践学会民主。哈特说："对民主参与的理解和参与的能力与自信唯有通过实践逐步获得，这不能通过抽象的教学。"③ 坎宁汉说："如果我希望年轻人学会控制他们的生活，学会集体提升他们自己和其他人的生活质量，那么我们必须让他们实践。"④ 作为公民，学生在学校应该能发出自己的声音，学校也就应该为学生发出声音提供渠道和机构。国际教育协会的公民教育研究表明，学生在课堂上公开发言、讨论预示他们支持民主价值和参与校内外的公民的和政治的生活。因而，公民教育应该渗

---

① Philip A. Woods: Democratic Leadership in Education. Paul Chapman Publishing. 2005. pp. 110–115.

② [美]汉娜·阿伦特：《人的境况》，王寅丽译，上海世纪出版集团、上海人民出版社2009年版，第16页。

③ Roger Hart: Children's participation: from tokenism to citizenship. Florence: Unicef. 1992. p. 5.

④ Ben Howard: Schools Councils. Citizenship & Teacher Education. Spring 2005. www. citized. info. 2005–6–6.

透在学校生活的各个方面,包括课堂生活。[1] 在英国,科尔等人指出,"为了塑造民主行为和价值观,学校通过鼓励学生在课堂讨论问题且在学校生活中发挥积极作用,是增进公民知识和参与的最有效的方式"。[2]

在英国,学校普遍安排班级圆桌会议(class circle time)作为班级讨论场所,借此发展学生的民主观念和决策能力。奥斯勒研究发现,学生参与学校决策,尤其参与有关规则和纪律的决策,可以增强学生行为管理的效果。[3] 海菲尔德小学就是通过班级圆桌会议等参与方式将学校由一所学生调皮捣蛋的问题学校改造成有名的追求高标准的积极行动的学校。学校从改善纪律开始,因为学生都希望有安全感。学校成人与孩子们开始一起工作,就有关规则和计划方面达成共识,由此改善学校。他们利用诸如班级圆桌会议等方式,让每个孩子有机会依次说话,同时其他人倾听。这样孩子们制定本班的主要规则,大的孩子逐渐认识到,"如果是你自己制定的,一条规则就是一条准则……"还运用圆桌会议解决诸如欺辱等问题。为保证防止欺侮的策略有效性,会议指定一些孩子扮演"霸王",另一些孩子作为"守护天使",飞来解救受害者,帮助他们改变行为。然后孩子们谈论感受和行为。通过这些活动增强儿童对自我、他人、社区和团结的清晰的意识。有时班上还邀请父母出席一次圆桌会议来讨论他们的孩子的问题和非处罚性的积极变革计划。因为许多行为问题出现在班级之间,圆桌会议不仅在班级进行,还推向全校。因而,教职工和儿童还成立学校委员会,召开全校性的圆桌会议。委员会讨论班级代表提交的事项,班级代表再向其班上的圆桌会议汇报,收集新的事项,提交委员会。在学校的每个人可以感到与委员会公平地联系,能提出问题,接受报告,如果他们不满意,再回馈审查。[4] 因为圆桌会议对课

---

[1] Thomas Benton. e al: Citizenship Education Longitudinal Study Sixth Annual Report: Young people's civic participation in and beyond school: attitudes intentions and influences. National Foundation for Educational Research. October 2008. p. 69.

[2] Kerr, D. et al.: Citizenship Education Longitudinal Study: First Cross Sectional Survey 2011 -2002, National Foundation for Educational Research. 2003. p. 9.

[3] Audrey Osler (ed): Citizenship and democracy in school: diversity, identity, equality. Cromwell Press, 2000, p. 29.

[4] Ibid., pp. 127-128.

堂规则的制定与遵循发挥积极作用，该校形成了会议的规则，如每次只讨论一项事务；友好，不说伤及他人的事情；聆听；说清楚以便大家都能听到。①

除了圆桌会议，英国也推进教师采取民主的教学方式强化学生参与。如英格兰教育当局推进咨询青少年的活动，借此增进学生参与。保罗·沃里克为公民课提供了有效的公民教育咨询活动的设计②。咨询活动分六个步骤：（1）导入——吸引青少年参与，目的是让年轻人有机会分享他们对地方和全球问题的观点；（2）营造参与和对话气氛。包括创造信任的氛围和设定参与的对话原则；（3）咨询活动之一：关心的事项，包括a.年轻人书面回应"你关心什么问题？"b.小组讨论以获得对所关注公共问题的观点的深度理解；（4）咨询活动之二：年轻人对公共生活参与的信息来源的鉴别和按主次排序：要求参与小组确定他们获得的公共生活信息的不同来源，并给信息来源排序；（5）咨询活动之三：针对所关心的公共问题，参与者分享他们的希望之源；（6）结束：邀请参与者分享最后的评论并感谢他们的参与。然后教师审查来自咨询的数据，确定可能的进一步探究的行动。咨询活动在英格兰东中部和西北部415名年龄12—18岁的学生中进行，共有27个独立的咨询活动。通过咨询活动以及根据参与的教师和学生的反馈，沃里克认为有效的青少年咨询活动应遵循五项关键原则：营造参与咨询活动的青少年之间信任的氛围；在咨询中让年轻人运用有效交流的技能，如积极倾听的技能；明确对话的同情和尊重的原则，以便促进年轻人勇于分享他们真正的观点；教育者需要表现出听取每个学生意见的真正的兴趣；树立参与的目标，让年轻人知道他们的观点将被考虑以及受他们观点影响后的行动。沃里克发现学生关注的地方问题和全球的问题，如关心的地方问题：犯罪与暴力、社区关系、便利设施缺乏、健康的危害、环境问题、交通问题、贫困、恐怖主义威胁、教育和其他。在所关心的全球问题中，战争与恐怖主义、环

---

① Audrey Osler（ed）：Citizenship and democracy in school：diversity, identity, equality. Cromwell Press, 2000, p. 28.

② Paul Warwick：The development of apt citizenship education through listening to young people's voices. Educational Action Research, 2008, 16（3）, pp. 324 – 332.

境问题、饥饿与贫困、社会的问题、犯罪与暴力、疾病、虐待动物、政府/民主、南北关系和其他；所关心的地方问题；最普遍的主题是犯罪和暴力，这种关心的背后的普遍观点是对所生活的地方的安全的恐惧感。社区关系问题如欺辱和对寻求避难者的对待也比较突出。

沃里克指出，许多参与咨询活动项目的教师将公民咨询的方法用于公民教育课程，作为保证听取他们的学生的观点与问题以及影响随后的公民教育课堂活动的方式。如兰卡斯特的两所中学让它们的学生参与"全球公民"的创新性研究"对话与探寻的开放空间"。该空间让年轻人提出对当代问题不同观点的辅助性材料，然后在以下原则的基础上展开对话和质疑：（1）全员参与：每个人带来的信息都值得倾听；（2）终身学习：每个人从不同观点看世界，而且观点会变化和发展，这意味不可能获得全部答案；（3）认可多样性：所有知识与你是谁、你从哪里来的知识相关；（4）批判性参与：质疑所有知识。另外，兰卡斯特的一所参与学校，邀请地方教育发展中心的工作人员帮助管理课程，让他们的学生更充分地探索寻求避难者的问题，学生有机会与一位寻求避难者见面，直接听到寻求英国庇护的原因。也有学校借助于公民咨询，将公民教育延伸到校外，进入社区。在兰卡斯特一所中学就管理十二年级学生的一项社区行动计划。这一行动过程包括：（1）学生认识到他们所关心的共同的公民问题；（2）学生进一步研究和调查这些问题，并提出变革的建议；（3）学生决定采取什么行动回应，并寻求学校代表（如学校委员会、高级管理团队和主管人员）的支持；（4）学生采取集体行动；（5）学生批判地反思和庆祝他们通过这次倡议所获得的学习。通过这种方式，公民教育发挥的让学生学校和社区做出积极贡献的作用。

苏格兰学校也积极探索民主的教学方式。如苏格兰一所工业小镇的小学就重视学生参与学习和表达意见。该校一位七年级的教师通过利用新闻讨论社会与政治问题，鼓励讨论争议性问题，塑造学生的公民参与意识，营造教师与学生的尊重与信任关系。这位教师举办每周国际新闻日会议，鼓励学生带来他们感兴趣的新闻故事，让学生在会议上谈论社会和政治问题，表达他们的观点和意见。教师保证学生完全的表达自由，并要求他们证明其意见的正当性。学生讨论也常常涉及政治人物，如布莱尔、布什。2003年布什发动伊拉克战争，一些学生表达了对战争的观点，认为布什一方面有事业心，另一些方面很愚蠢；有学生认为，他应该发动战争，也有学生认为他也是权力疯子。这位教师希望塑造学生自由表达其意见的精神，发展与学生的尊重和信任的关系，还鼓励学生在课堂讨论许多争议性问题，特别是学生感兴趣的问题，包括青少年怀孕、吸毒、动物权利和学校的宗教教学等。[1] 又如苏格兰一所中学三年级（S3）的宗教与教育课的"世界正义"单元也尝试民主的教学方式，内容涉及国际援助问题等，方式包括：学生自由组织学习小组，并选出作为苏格兰议会议员、援助机构和当地宗教组织的代表演讲；开展学校之间的国际联系，调查南非和巴基斯坦学校学生的担忧，分享各自的文化信息；进行拓展活动，学生参加学校环保委员会走访回收厂的活动及受苏格兰国际教育发展协会和格拉斯哥大学之邀出席全球公民开放日，并陈述他们的民主学习经验。通过这一尝试，教师认为达到了民主课堂的目标，学生增强了对公平贸易的热情、对政府的信任以及增进了尊重他人、自信和责任感等个性品质。[2]

当然，无论采取什么课堂参与方式，最终是实现学生的积极参与，否则不可能塑造积极公民。这需要教师营造积极的课堂氛围。英格兰2008年的公民教育纵向评估发现，积极参与课堂氛围体现在：学生讨论和辩论，提出讨论的问题，从教师那里获得无偏见的信息，表达自己的观点，即使不同意教师的意见，也鼓励学生做出自己的决定。积极参与教学则显示：学生通过利用角色扮演、研究和分析信息、记录自己的成绩等方式积极参与教学。[3] 贝丝·卡洛斯等研究苏格兰学校的公民参与发现，学生将课堂学习参与描述为：不仅仅坐着听讲；有更多的选择；相

---

[1] Ross Deuchar: Citizenship, enterprise and learning: harmonising competing educational agendas. Trenham Books. 2007. p. 94.

[2] Henry Maitles, Isabel Gilchrist: Never too young to learn democracy!: a case study of a democratic approach to learning in a Religious and Moral Education (RME) secondary class in the West of Scotland, Educational Review, 2006, 58 (1), pp. 73 – 85.

[3] Thomas Benton. e al: Citizenship Education Longitudinal Study Sixth Annual Report: Young people's civic participation in and beyond school: attitudes intentions and influences. National Foundation for Educational Research. October 2008. pp. 70 – 71.

互帮助；接纳你的思想；为同学所鼓励；增进学习乐趣；让上课更有趣，以便激发学习兴趣；运用所理解的词；鲜艳的颜色。学生将小组工作的特征和好处描述为：良好的精神；归属感；有助于结识有着相同兴趣的人；让你感到成为有价值和富有成效的事物的一部分；赋予你课后能运用的技能；自信；学会为自己的观点辩护；学会坚持自己的观点在黑板上展示他人的观点[①]。由此我们可以看到真正的课堂参与不仅意味学生参与讨论，表达自己的观点，而且意味获得归属感和自我价值感。不过，所有这些的实现需要教师对民主有真正的承诺感，尊重和信任学生。

三　学生的学校参与

学校参与是民主学校的重要特征，而参与的实现有赖于学校提供正式的途径。和许多欧洲国家一样，英国将学校委员会（School Council）或学生委员会（Pupil Council）作为尊重和实现儿童权利的重要途径。英国"拯救儿童"（Save the Children）组织和防止虐待儿童协会（NSPCC）等组织强调学校委员会在实现儿童权利方面的作用，"通过建立学校委员会，我们向所有儿童表明我们认可他们的咨询权利，为他们在学校确立积极的角色"。通过学校委员会或学生委员会，学生的意见得到表达与尊重。巴金斯基和汉纳姆认为，"学校或学生委员会是让学生共同讨论他们学校正在发生的事情，并不同程度上考虑他们对这些事务的看法的团体"[②]。

学生通过学校参与不仅作为负责的和积极的公民发挥作用，而且从参与中获得发展，学校也因此得到改善。杰夫·威蒂和艾玛·威斯比要求，学校应该赋予学生发表意见的自由，包括适当的情境和目标，学生也就从参与各种决策中获益。他们指出，"英国学校委员会"（the School Council UK）将学校委员会界定为"学生民主选举的团体，代表他们的同

---

① Beth Cross, Moira Hulme and Stephen McKinney: The last place to look: the place of pupil councils within citizen participation in Scottish school. Oxford Review of Education, 2014, 40 (5), pp. 637–638.

② Richard Cotmore: Organisational Competence: The Study of a School Council in Action. Children & Society, 2004 (18), pp. 53–55.

学，并让同学们成为他们自己教育中的伙伴，对学校环境和精神风貌做出积极贡献"。[1] 在英国，学校委员会或学生委员会的民主作用得到普遍认可。一方面，学校委员会是锤炼学生的民主的精神、能力和品德的场所。学校委员会不仅锻炼学生的民主治理能力和民主精神，而且增进学生重要的生活技能，如听说技能、团队工作、情感素质、解决问题能力、道德推理能力、自尊和自信等。伊恩·戴维斯认为学校委员会可以教学生有关民主程序的知识和增强他们参与的技能，如怎样管理选举、怎样安排议程、每学期举行多少次会议。他指出，学校委员会的公民教育目的在于提供政治训练或教育，教学生学会做计划、劝说他人、提出例证等民主参与所必需的技能；让年轻人学会自由和负责的方式，因为委员会让学生个人之间互动，既强调个人政治技能，也强调与他人合作；促进学校真正的改善。[2] 蒂娜·姬妧要求学校鼓励学生参与，提供他们表达观点的机制，由此建立包容的公民精神。"不仅鼓励学生参与，营造更为包容的公民资格的精神风貌，而且开发更为适当的和'量身定制的'课程提供给学生。"她指出，在成功进行公民教育的学校有支持性精神风气，学生通过学校和班级委员会和学校的其他制度和程序的参与，建立良好的师生关系[3]。多比（Dobie）也认为主张，这些委员会在培养学生学校生活的主人意识方面能发挥巨大作用。通过参与学生委员会学生会养成许多良好特性，如考虑他人的观点、团队合作、对决策负责等。巴金斯基和汉纳姆主张，学生委员会是尊重学生的重要方式，借此学生改善学校的能力被认可。他们引用"英国学校委员会"的观点，认为委员会给学生提供如下机会：参与制定和审查学校行为政策，以非暴力的方式解决冲突；认识到他们在相互关照和帮助处理诸如欺辱和根除歧视等方面发挥积极作用；参与学校关爱活动，增强自信、自尊、相互尊重、

---

[1] Geoff Whitty and Emma Wisby：Whose voice? An exploration of the current policy interest in pupil involvement in school decision-making. 2007, 17 (3), p. 307.

[2] Ian Davies：100 + Ideas for Teaching Citizenship. Continuum International Publishing Group. 2011. p. 118.

[3] Dina Kiwan：Education for Inclusive Citizenship. London and New York：Routledge, 2008. p. 123.

自律和社会责任感。泰勒和约翰逊主张，学生委员会有助于学生社会和道德责任、社区参与与政治素质的养成，因而表达了公民教育的三个主要方面。国际研究也建议，委员会应激发学生在日常生活中参与行使权利和责任，提高学生服务社区的责任和促进积极的行为。罗斯·杜切尔指出，"学生委员会被明确地视为人格和社会性发展的工具，具有培养多方面技能、价值观和品质的潜力。学生委员会可以鼓励学生珍视其他人的观点、给他们参与学校政策制定的机会，使学生积极参与地方社区"。[1]

另一方面，学校委员会是改善学校的民主力量。学生借助学校委员会参与学校事务，表达他们的意见，展开对话，从而发挥改善和转变学校的作用。杰西卡·戈尔德在中学时曾担任过学校委员会主席，毕业后在国家青年自愿组织工作。她认识到学校委员会经历的重要性，1993年与人共同创立"英国学校委员会"机构，向学校师生提供学校参与方面的训练。她发现受训后，这些人渴望回到学校，分享他们对民主、人权、儿童权利和儿童自我实现、教师自我实现与情商等方面看法的热情。她还指出，德国一所中学通过开展与学生对话，经过十年从被认为是所在城市最差的学校变成了最好的学校之一。这所学校校长认为成功转变的关键因素是学生参与确立规则和管理学校。他说："每年一个学生代表团与教师会面草拟所有学生遵循新的'十条训令'。目前这些训令包括'我尊重我的同学，不管他们的民族状况'和'我不带任何毒品、武器或右翼物品到学校'。"[2]

英国学校越来越重视学生通过学校委员会或学生委员会参与的作用，不断拓展学生的参与层面，强化学校委员会或学生委员会在决策中的作用。按英格兰2002—2008年度公民教育的研究报告，所有受访学校通过学校委员会和学生咨询参与学校决策。如在阿卡迪亚中学，学生代表参与课程评估、面试新职工和作为学生董事出席董事会的会议。在其他学校，让学生出席学校教学会议，向学生咨询色彩搭配、食堂食物和校服

---

[1] Ross Deuchar: Citizenship, enterprise and learning: harmonising competing educational agendas. Trenham Books. 2007. pp. 70–73.

[2] Jessica Gold: In school dialogue: the role of school councils. Education Review. 2006, 19 (2), p. 90.

等事项，允许学生选择有益于他们的慈善活动。该报告也指出，自 2002 年以来，许多学校进一步强化学生参与学校决策的组织结构和机会。如有的学校重建学校委员会，有的学校不仅变革组织结构，而且转变其文化。如女王路学校就如此。该校强调不仅强化公民生活的横向参与，特别重视通过慈善活动促进参与，而且通过学校委员会增进参与，强调学生在决策中的作用，学校上层和教学人员倾听学生的意见，学校委员会越来越重要，如学生参与教学群体，在教师许可下，学生开始观察课堂。除了学校委员会等正式的渠道，许多学校通过非正式的渠道让学生发表意见，如在多维考特路学校，校长每周一次坐在餐厅，以便学生有直接接触他的机会，还创立每周五与学生的指导教师见面的圆桌会议，以便提出更多的问题。[①] 当然，学校委员会或学生委员会教育作用的发挥有赖于民主的有效运作。英格兰和苏格兰一些学校的学校委员会或学生委员会的案例研究展现出良好的实践。

理查德·卡特莫尔对一所英格兰学校的学校委员会进行了质的研究，包括观察和访谈。这所案例学校是一所乡村小学（年龄 7—11 岁），学校委员会已经运作 15 个月。每个学期每个班投票选举代表。有 8 名学生委员和 1 名教师出席周会，时间在某天的早晨上课前，会议计划半小时，在学校图书馆举行。学校委员会的提议将有助于学校运作方面的决策。虽然指定的主席（女孩）和秘书（男孩）都是儿童，但每周教师拟定议程。议程部分由孩子们通过放在每个班的意见箱提出的事项构成。讨论每封信后，学校委员会安排一名学生委员回信。学校委员会本身没有预算，虽然可以建议募集资金和花费事项。卡特莫尔从参与能力和时空安排两方面分析学校委员会运作情况。在参与能力方面，儿童在会议上和履行委员的角色方面展示出多方面的能力。他们表现出多方面的组织和行政能力，包括意见箱的管理和综述每周超过 20 封信的报告。另外，他们表现出许多交流能力，包括读写、倾听、陈述和口头表达能力。他们

[①] Avril Keating. e al：Embedding Citizenship Education in Secondary Schools in England（2002 – 08）：Citizenship Education Longitudinal Study Seventh Annual Report. National Foundation for Educational Research. October 2009. pp. 53 – 55.

在会议上提出建议。一些建议被赞同，成为决策的基础。委员以不同的方式利用建议，有时用于"管理"教师，如有学生建议教师执行已达成的决定。在第七次会议上，一名孩子建议教师补充决策，这个建议被赞同。之后另一个孩子成功地挑战教师的建议，要求委员每周两次处理信件。学生委员也在两个方面表现出能力的熟练，首先，他们表现出对其他孩子经验的了解和同情。如他们讨论橄榄球赛的伤害问题和午餐提前的问题，就是以学生的实际情况为基础。其次，表现出在了解学校制度的限制的基础上决策的能力。如募集资金，委员意识到成本，涉及"钱"这个词，当出现成本问题时速记"钱"来回应学生的要求。这两种知识一方面来自他们在同学中的职位的知识，另一方面源自他们通过学校委员会获得的知识。在时空安排方面，学校委员会表现出就时间和空间安排问题的协商能力。会议议程完成的时间压力、与教师和校长见面协商的时间安排以及委员的位置等意识各方面都锻炼了儿童。如第七次会议安排五分钟的时间给委员会写信，解决对会议的时间限制问题。又如儿童所处的空间的意识，作为委员，他们融合两种理解：儿童的经验和学校作为系统将他们置于独特职位的理解。因为有着两种知识，他们一方面以适当的方式接触成人，另一方面能从学校角度可以发现其他孩子提出的毫无价值和不现实的要求，回应什么是可行的，同时不显得过于轻视，而且从教师那儿学会了这种表达方式，"我们乐于，但我们不能做"。[1] 卡特莫尔认为学校委员会委员的行动和能力显示，他们不仅是组织指定的代表，而且是在许多方面对组织发挥影响。他强调，"儿童的社交能力的发展是不断动态的协商过程。"[2]

　　罗斯·杜切尔、贝丝·克洛斯等人描述了苏格兰学校学生委员会民主实践的范例。如一所规模较大的城市学生委员会，每两周一次例行会议，从小学一至七年级的学生代表与校长商讨相关议程。议程主要来自各班级会议，也来自学校的生态委员会、清洁委员会和庭院委员会提出

---

[1] Richard Cotmore: Organisational Competence: The Study of a School Council in Action. Children & Society, 2004 (18). pp. 56–63.

[2] Ibid., p. 64.

的议案。如一次特别的会议讨论的事项包括新开的健康食品店水果的组织、每个班对新游戏的选择和花费,还讨论怎样防止七年级男生在娱乐性足球赛期间毁坏操场上的新植物。另外学校生态委员会的学生委员汇报他们设计幼小学生安全上学的路线的进展;庭院委员会成员也汇报在学校播种新种子的进展。委员会成员讨论他们与教师、家长和当地社区成员合作设计"共同价值"方面的进展情况。这个"共同价值观"是学校制定新的"行为准则"的基础。其中一项价值观支持学校继续推进每月的"个性与社会性发展"主题活动,这成为每月班级大会的关注点。在这次会上,来自每个班的学生向学生委员会汇报他们推进该项价值观讨论的情况。学生委员会认可的价值包括诚实、尊重和多样文化的意识等方面。因为学校有大量少数民族学生,又有25名斯洛伐克的新生注册,所以学生委员会尤其强调多样性的文化意识。学生在讨论中发挥领导作用,一名学生委员做主席,另一名学生为秘书,学生委员可以随时发言。在会议期间,校长作为促进者,邀请委员会分会的学生成员做报告,并要求提供反馈新的建议。会议结束时,学生们决定在下次会议发布涉及新健康食品店、新游戏进课堂的组织安排和足球赛的操场监督方面的公告。校长提醒委员在下周举行班级会议,班级会议所提出的事项将构成下次委员会会议的议程,同时要求其他委员会继续工作,将新的议案提交下次会议。对于学生委员会,教师、学生和校长基本抱以积极态度。一些教师积极组织班级会议,通过民主手段选举学生委员,让希望参选的学生准备宣言和海报,学生在选票点投票,然后计算票数。普通学生觉得委员会提供他们的声音被听到的机会,让他们能够对学校进行变革,并且从帮助每个人感到快乐以及为他们的成就而自豪。非委员会的学生即使因未能当选而感到沮丧,但也似乎乐于此过程。因为学生委员会带来许多变化,如引进新的冷饮机、操场的新植物和新的娱乐性游戏。校长把学生委员会视为听到学生声音的主要手段。她感到委员会是引导学校其他委员会前进的组织,而把自己完全视为顾问。罗斯·杜切尔指出,这个案例显示如下特征。(1)虽然学生委员会是小团体,但他们讨论与社会价值观相连的广泛的问题,如学生参与地方社区的工作,确立价值观宣言支持学校的行为准则等。(2)学生在商业经营和社会意识两方面表现出创造性和事业心。他们运用解决问题的方式处理地方社区和社会问题，参与解决学校的财政和订购新的学校资源。（3）学生委员会选举采取民主形式，代表所有年龄。（4）校长是促进者，扮演顾问角色。（5）教师承诺各异。有些教师组织定期的班会，另外一些教师较少关注委员的工作。（6）学生与其他学生委员会联络，从而增进民主精神，因为所有学生有机会在某些方面参与决策，学生委员会发挥引导作用。（7）委员和非委员似乎为学生委员会的工作所激发和鼓励。该校学生感到委员会一般给他们在学校决策中说话的机会，让他们能够帮助学校其他成员。[1]

　　杜切尔也描述了另一所苏格兰小学通过学校民主文化的塑造，创造了学校的未来。这所学校坐落在苏格兰西海岸的港口小镇，该镇面临严重的社会问题，如高犯罪、毒品滥用和高失业率。学校同样面临不良问题，如遭受来自学生和家长的暴力反应，存在持续的破坏公共财产的问题。2001 年新校长上任，她创立新的愿景：学校是社区的中心。她对学校民主化做出承诺，努力让学生参与有关他们学习的决策，让家长参与孩子的教育，增强学生及其家庭对他们自己社区的责任感。学生委员会非常积极地开展工作，委员们联络学校其他学生委员会，如操场干预群体。学生委员讨论许多学校政策，接触学校财政。学生和工作人员的关系更为开放，学生被视为决策过程的参与成员。在 2005 年一次学生委员会上，校长与委员会讨论学校开展跨文化的社区艺术项目活动。这个活动包括调查苏格兰西北部即学校所在地的人工制品，探索他们自己的遗产和自然环境，创作独特的苏格兰图腾。学生委员会对该项目充满热情。校长介绍学生委员会到苏格兰工匠组织和乡村工艺品管理组织，后者是来自加拿大的原住民雕刻师的群体组织，并向这些组织解释，学生将创作关于他们地方遗产的图画，然后在学校操场上树立图腾旗杆。在这个过程中，一名七年级学生成为领导者。该项目涉及走访地方历史学家、退休教师、艺术家、讲故事者、音乐家和农民，并加以记录，与学生分

----

[1] Ross Deuchar: Citizenship, enterprise and learning: harmonising competing educational agendas. Trenham Books. 2007. pp. 73 – 76.

享有关地方社区的古代传说和地方遗产。当学生了解到许多他们自己的文化和加拿大人的文化,他们感到自豪。这个项目是以学生为中心的学习,学生在有图腾旗杆的学校网站上更新工作进展,说明相关决定。而且整个项目过程学校全体参与。七年级教师对学生对地方和全球社区的新理解充满兴趣。该教师珍视学生研究自己地方社区历史和加拿大人原住民历史的机会,她感到学生获得了信心和发展了智力上的好奇心。不同年龄段的学生谈论他们对加拿大原住民的兴趣以及为所见所鼓励。校长也认为这个项目内含公民教育的因素,让学生理解了不同民族、语言和文化。[1]

贝丝·克洛斯等考察了三所苏格兰小学的学生委员会。如格林诺小学采取公共论坛的形式,将全校组织为委员会,所有学生参与商议,从课堂的小组工作开始,到全校集会和投票。建议出自课堂小组的头脑风暴,提交全校集会,在集会上辩论,并精练出目标项目表。通过小组和公共论坛进一步反思后,学校的每个成员,包括学生和教师,有机会给最喜欢的目标投票。他们已经利用这种论坛对学校的不同方面的事务做决定,这些方面包括行为准则、课程发展、学校设施、学习资源和娱乐设施。学生委员会有责任监督目标的完成,并向所有学生反馈进展情况。布雷赛德小学采取分散参与的模式,类似学生委员会。学校推进全校性的改善计划。每个班开展思维导图的小组活动,学生通过形成性评价确认对学校发展的赞同方面。学生委员会审查思维导图,区别每个班的目标,并将它们结合成为该年的学校改善计划。学生委员会在学校显著的地方公示学校的整体计划及其实现每个目标的策略。公园小学通过全校性的集会讨论面对的挑战并激发大家的思想。该校虽然没有向所有学生提供系统表达的机会,但为全校提供积极的共同想象和共同投入的空间。克洛斯等指出,学生委员会对学校的决策参与都是由学生发起,而非外部强加的,让学生理解决策在组织的不同层面怎样进行。学生通过在全校、班级和与学生委员会的互动中获得了参与决策的经验。他们指出,当质疑委员会中教师和学生的相对权力,学生认为获得了平等感;在规

---

[1] Ross Deuchar: Citizenship, enterprise and learning: harmonising competing educational agendas. Trenham Books. 2007. pp. 88 – 92.

划改善学校的计划而面对异议时,学会妥协和协商;学生委员借助代表的角色获得联系同学的机会,并积累为同学尊重与信任的经验。[1]

杜切尔在 2004—2005 年期间对中学学生委员会会议进行了观察。在一所规模较大的社会经济相当复杂的中学,该校一至三年级学生委员会成立了五年。委员会每年举行约六次会议,代表来自一至三年级,与校长一起讨论学校的改善,组织慈善活动,访问生源小学。委员会成员向全校征求意见和建议,由此形成委员会议程。如一次会议涉及一、二年级学生提出的学校食堂缺少盐或番茄酱、讨论校服规则和学校走廊上的不雅行为等事项以及三年级学生访问当地小学的反馈意见。作为会议主席,教师领导人(teacher-leader)邀请委员会分会的成员做报告和学生反馈新建议。他也对学校的新资源安排提出一些建议,并征求委员会的意见。学生可以随时发表意见,但讨论受教师领导人的指导。会议结束时,教师领导人邀请两位学生委员,接任他作为主席,共担责任,安排来自三年级的学生委员访问当地的小学,让他们向该小学七年级学生送邀请信,并要求他们继续关注学生有关学校餐厅的反馈意见。学生委员会做出的增进学校变革的最突出的工作是持续地向当地和国际慈善组织的募捐活动以及改善学校的卫生设施。对委员会工作,教师虽然在理性上赞同,但一些教师会利用在午餐或放学后的时间组织委员会选举。学生委员委任以自愿为基础,如果每班不止一个自愿者自告奋勇,那么就投票。学生委员觉得委员会提供他们表达怎样管理学校的机会,感到他们有权利改善学校。这些委员认为全校学生敬仰他们,而且为委员会的工作所鼓舞。不过,非委员的学生,尤其一年级学生普遍感到不清楚委员会工作或所做决定的性质,他们说,在小学有"意见箱",借此影响学生委员会的议程,但现在没有这个机会了。这些学生觉得委员会没有告诉他们任何事情,他们对学校影响甚微[2]。

---

[1] Beth Cross, Moira Hulme and Stephen McKinney: The last place to look: the place of pupil councils within citizen participation in Scottish school. Oxford Review of Education, 2014, 40 (5), p. 640.

[2] Ross Deuchar: Citizenship, enterprise and learning: harmonising competing educational agendas. Trenham Books. 2007. pp. 78 – 80.

从英国学校的学校委员会或学生委员会的案例研究中，我们可以看到运用民主的过程和手段基本达到了公民教育的目标。学生普遍参与，学生委员会与学生、教师和学校领导联系紧密，学生的意见受到尊重和重视，学生的行动给学校带来积极的变化，所有这些增进了学生的民主治理能力。如亨利·麦尔斯和杜切尔研究五所苏格兰小学的学生委员会发现，所有委员会似乎代表所有年龄，有些会议所有年龄（5—11岁）代表参加，如果一些会议代表是8—11岁的孩子，则让一些大孩子与一年级班级联系，帮助陈述他们的观点，如通过年龄大的学生定期访问所安排的幼儿班，收集他们对学校的观点和意见，并反馈会议的结果。[①] 杜切尔对小学学生委员会运作的观察发现，学生不仅将学生委员会作为改善学校和帮助同学的手段，而且是实现他们参与权利、个人需要和愿望的手段，通过学生委员会的参与，学生的讨论、团队合作和反思等能力获得发展，他们的责任感得到增强，并学会代表他人的意见。[②] 大多数校长肯定学校委员会对增进学生理解民主的作用。如迈克尔·本尼特、海伦·冈特调查英格兰西北部50名小学校长发现，26%的校长认为增进学生对民主的理解非常重要，37%的认为重要，26%的认为基本重要，11%的认为有些重要。与此相应，92%的学校利用无记名投票进行学校委员会委员的选举，89%的校长认为这种自由投票有助于儿童理解民主进程。他们将投票权的运用作为重要的公民课。[③] 应该肯定英国学校委员会或学生委员会的民主运作发挥民主教育的作用，但依然存在问题，英国学校的学校委员会或学生委员会的运作离真正的民主仍然有距离，如梅特尔斯和杜切尔指出，虽然学校在增进青少年民主的兴趣、知识、技能和性情方面正在开展出色的工作，但基于儿童人权的真正民主实践的例子依然罕见。[④]

[①] Henry Maitles, Ross Deuchar: "We don't learn democracy, we live it": consulting the pupil voice in Scottish schools. Education, Citizenship and Social Justice, 2006, 1 (3), p. 253.

[②] Ross Deuchar: Reconciling self-interest and ethics: the role of primary school pupil councils, Scottish Educational Review, 2004, 36 (2), pp. 165 – 166.

[③] Michael Burnitt, Helen Gunter: Primary school councils: Organization, composition and head teacher perceptions and values, Management in Education, 2013, 27 (2), pp. 60 – 61.

[④] Henry Maitles, Ross Deuchar: "We don't learn democracy, we live it": consulting the pupil voice in Scottish schools. Education, Citizenship and Social Justice, 2006, 1 (3), p. 263.

按照阿米·古特曼"民主教育最可靠的概念是在其目的和手段上是民主的"。① 学生委员会作为民主机构，要发挥民主的公民教育作用，其运作本身必须是民主的。如果学校委员会或学生委员会的产生和运作过程与手段不民主就可能让学生经历不民主，从而难以达到公民教育的目的。因而有必要审查英国学校学生委员会或学校委员会的运作的问题。古特曼要求从反民主的手段与目的来理解民主教育。对于古特曼，"民主教育的目的是创造民主的公民，即愿意并有能力治理他们自己生活，且共同治理他们社会的人"。② 这就意味通过教育治理主体之间的意见的平衡培养自治和共治的公民。如果共同治理存在反民主的因素，就不可能达到民主教育的目的。古特曼给出了民主教育的两个标准，即非压制性和非歧视性。"民主的教育理论认可增强公民做出教育决策的能力，也限制对政策的选择，其选择与——非压制性和非歧视性一致。"③ 在她看来，只有与这两个原则相一致的教育形式才是民主的，也才可能达成民主教育的目的，反之就不可能达到民主教育的目的。也就是说，如果教育过程存在压制和歧视，民主教育的目的就会落空。按古特曼的理解，如果学校教师和学校领导凭借优势否决、限制和忽视学生的需要、愿望和意见，就是压制；如果借年龄、成熟度等因素限制某些学生参与，就是歧视。我们从这两个方面进一步分析英国学校委员会或学生委员会的运作。

我们先审查压制性因素。压制与对权威的强调紧密相连。在历史上英国学校是教会的附庸，这就导致其学校威权主义传统形成。今天英国学校的权威依然在校长、学校高层和教师，学生顺从学校的成人。我们可以看到，这种威权主义压制了学校委员会的作用。在英格兰，学校文化民主化方面的案例研究表明，一些学校仅仅将学生参与学校治理作为形式，学生（有时甚至教师）没有机会影响实际的变革，或与积极参与的观念无关。哈考特街学校一位教师说，学生在学校的发言权是个笑话，咨询学生也是一种没有实质内容的形式。春田学校的公民教育课程协调

---

① Amy Gutmann: Democracy &Democratic Education. Studies in Philosophy and Education. 1993, 12, p. 1.
② Ibid., p. 1.
③ Amy Gutman: Democratic Education. Princeton University Press. 1987. p. 14.

人说，虽然"向学生几乎咨询一切事情，但校长和高层做他们首先想做的事情"。这是一个更为普遍的观点。① 丹尼尔·法斯指出，虽然学生委员会是"民主生活"的一种方式，也被认为是增进学生有思想的表达能力和培养积极公民的有效工具，学生可以借此发展讨论能力、团队工作技能和负责的能力，但与不民主的威权主义学校一样，教职工往往对学生的建议口头敷衍。② 在苏格兰，学生的参与仍处于威权主义管理之下。2004年苏格兰政府（Scotland Executive）的报告指出，虽然有91%小学生和73%的中学生认为他们参与了学校的决策过程，但仍不为学校鼓励，甚至只是走形式，因而即使学生感到参与了某些决策，但仍处于专制的教学和学校管理的模式中。③ 北爱尔兰学校的威权主义也备受批评。乌尔里克·尼恩斯和洛林·麦克拉斯调查了北爱尔兰政党、警察、工会、非政府组织等公私部门的重要负责人，这些受访者批评在北爱尔兰学校缺乏民主，学校氛围充满威权主义。如有人说："学校不民主，最好说其独裁，因而将民主观念引入这种情境是困难的。"还有人说："你必须记住，学校的……一个人必须为这些问题的讨论的空间而奋斗。"他们希望学校委员会成为将学校转变为民主机构的实际力量，如有人说，"我认为，学校委员会的活动……我乐意看到更多地怎样影响学校的管理和变革等……你不能象征性地给他们权力而不给他们赢的机会。"④

英国学校的威权主义做法似乎得到教育评估当局的支持。虽然英国各地政府在政策上鼓励学生积极参与，如苏格兰强调将积极参与与积极公民的学习相结合，但英国教育标准办公室在教育评估上却持消极观念。

---

① Avril Keating. e al：Embedding Citizenship Education in Secondary Schools in England (2002 – 08)：Citizenship Education Longitudinal Study Seventh Annual Report. National Foundation for Educational Research. October 2009. p. 58.

② Daniel Faas：A civic rebalancing of British multiculturalism An analysis of geography, history and citizenship education curricula. Educational Review. 2011, 63（2），p. 151.

③ Ross Deuchar：Citizenship, enterprise and learning：harmonising competing educational agendas. Trenham Books. 2007. p. 104.

④ Ulrike Niens：Understandings of citizenship education in Northern Ireland and the Republic of Ireland：Public discourses in the public and private sectors. Education, Citizenship and Social Justice. 20105，（1），p. 80.

其评估似乎支持学校对学生参与学校及其生活所抱的消极态度。尼克·米德指出,虽然英国教育标准办公室对要求学生顺从的传统教育模式持批评态度,鼓励树立"批判性的民主"的观念,要求"在探究与交流部分,学生应该表达他们自己的观点,讨论和辩论,思考和解释不同于他们的观点;在参与与负责行动方面,他们应该积极参与学校和社区的事务"。但在实际的评估中采取了顺从的模式。米德挑选英国教育标准办公室2007—2008年度学校公民教育被评估为杰出、满意和不适当等不同等级的审查报告进行研究。他发现,被评为对学校生活与学习参与积极的表现,并不提及公民教育所要求的知识与理解,如一份报告说,学生成绩以及学生的精神、道德、社会和文化方面的发展是杰出的,学生有高度的自信和成熟度,对学习有真正的热情,在学校生活所有方面表现出良好态度;在学习、行为和上学率等方面评为满意,就会对学生参与学校生活做出积极评价;对学校生活和学习的参与存在消极态度被评为不满意,而与公民教育的质量与内容相关联。而这些被评为不适当的学校中90%的学校面临挑战性的环境,如学生参与解决本地问题。米德还发现,报告经常提到学生的精神、社会、道德和文化等方面的发展,而不是涉及政治方面的发展,他指出,政治参与与道德发展的基本联系是"科瑞克报告"的核心。因此,米德认为,英国教育标准办公室的公民教育评估实际上采取了顺从的社群主义立场,将政治参与减少到学习参与,但如果是非批判的参与,就会培养非政治化的恭敬顺从的公民。①

要求学生顺从的威权主义将学生参与仅仅视为形式,实际上就是否决学生的参与权,这种否决往往源于成人对儿童参与所抱的消极观念。富兰克林认为,长期存在拒绝儿童参与的观点,这一观点包括相互联系的两部分,第一,儿童不能做理性而明智的决定;第二,儿童因其经验不足而缺乏智慧,容易犯错误。他谴责英格兰教育制度,因为将参与决定的权利限于父母而非孩子。② 劳拉·伦迪指出,拒绝儿童参与权利存在

---

① Nick Mead: Conflicting concepts of participation in secondary school Citizenship. Pastoral Care in Education. 2010, 28 (1), pp. 46 – 55.

② Mominic Wyse: Felt Tip Pens and School Council: Children's Participation Rights in Four English Schools. Children & Society. 2001 (15), p. 209.

三种理由：怀疑儿童的做决策的能力；担心给儿童过多的控制会削弱权威和扰乱学校的环境；担心需要在教育上投入更多的努力。[1] 莫米尼克·维斯考察了英格兰的四所学校，将儿童参与困难的部分原因归之于校长的看法，如一位校长强调儿童和成人的区别，"孩子是孩子，成人是成人。……我们在某种程度上'爱'孩子，但处于我们掌控下。随着他们长大，他们要担负更多的责任。他们有权利，也有责任"。另一名中学校长则认为，让他们独立行使权利就会引起对抗，权利是必须受到平衡，不能过度，他拒绝使用"权利"，因为权利不会带来公民责任。[2] 从英格兰公民教育纵向研究的报告中，也可以分析出妨碍学生参与的观念因素。其一，认为学生没有参与的能力。学生参与权利的享有和实现有赖于成人对他们参与能力的肯定和欣赏。如果成人对学生参与持否定态度或者不感兴趣，学生的意见就不会得到重视和尊重。如一位多维考特路学校的教师总结道："（学生）并不总是做出明智的选择。可以采纳他们的意见，但仅仅是明智的意见。我相信不能将民主完全赋予孩子。但让他们学习民主是重要的，不是吗？"其二，对权威和纪律的威胁。学生参与会挑战学校教师和校长的权威，也会威胁学校的秩序。矿山路学校的公民课的负责人说，一些教师出于对纪律的关心，他们担心如果给孩子们任何自治或责任，他们将会因工作失败，也会受到责备。[3]

从以上所述可以看出，对儿童参与能力和权利的否定性观念是压制儿童参与的内在因素。这种观念将儿童视为不完整的人，理智不健全的人，需要控制的人，对学生行使其权利和责任充满怀疑。这一观念导致对儿童民主参与缺乏承诺感。伦迪认为要消除成人妨碍儿童参与的观念，需要学校的成人全面理解联合国《儿童公约》第十二条，增强他们对民

---

[1] Laura Lundy：" Voice" is not enough：conceptualising Article 12 of the United Nations Convention on the Rights of the Child. British Educational Research Journal, 2007, 33 (6), pp. 929 – 930.

[2] Mominic Wyse：Felt Tip Pens and School Council：Children's Participation Rights in Four English Schools. Children & Society. 2001 (15), p. 212.

[3] Avril Keating. e al：Embedding Citizenship Education in Secondary Schools in England (2002 – 08)：Citizenship Education Longitudinal Study Seventh Annual Report. National Foundation for Educational Research. October 2009. p. 59.

主的承诺感。第十二条不仅认可儿童作为完整的人，有正直的品格和自由参与社会的能力，而且赋予儿童表达权、被倾听的权利，参与权、被咨询的权利。所以成人需要意识到尊重儿童的观点不仅是正当的教育要求，而且是有法律约束力的义务。他说，如果英国学校完全执行第十二条，那么需要采取的行动保证让每个阶段的儿童在课堂参与影响他们的决策。①

我们再审查排斥性因素。民主意味包容所有人，将所有人纳入民主进程，如果存在歧视，就会将一些人排斥在民主程序之外。这种排斥往往是结构性的，如性别、种族和阶级的歧视，就会将女性、某些种族和贫困阶层排斥在民主之外。而经历歧视，就是经历被排斥的经验，这种经验显然是不民主的。让所有人平等参与，就是让所有人经历民主，积累民主的经验。只有这样民主参与才发挥民主教育的作用。在英国中小学的学校委员会或学生委员会也在不同程度上存在歧视性或排斥性问题，结果导致参与不充分，甚至出现学校委员会或学生委员会成为小集团的问题。如杜切尔研究的案例中学，非委员学生认为无以了解委员会的事务，也无法表达自己的意见，因而觉得难以在学校发挥作用。

出现歧视或排斥往往与参与资格相连。如果某些因素成为参与的条件，那么只有具备这些条件的人才能参与，否则拒之于参与之外。我们可以看到英国学校的学校委员会或学生委员会的选举或挑选会倾向于某些特性。迈克尔·本尼特和海伦·冈特研究发现，校长所青睐的学校委员重要特征依次为：能与同学沟通；能倾听所有看法；值得信赖；能按高标准要求他们自己；能自信地为他们的观点辩护；能顾全大局；能与学校的成人沟通；良好的组织能力；踏实而能干，有应变能力；被作为学校的角色模范；自由思想者；创造性；受教职工欢迎；为其他家长尊重；引领潮流；所有科目成绩优秀；有支持的家长。② 如果校长所倾向的特征与当选者的个人特质一致，就很可能将这些特性作为当选条件加以

---

① Laura Lundy: "Voice" is not enough: conceptualising Article 12 of the United Nations Convention on the Rights of the Child. British Educational Research Journal, 2007, 33 (6), p. 930.

② Michael Burnitt, Helen Gunter: Primary school councils: Organization, composition and head teacher perceptions and values, Management in Education, 2013, 27 (2), p. 60.

强化，而缺乏这些特征的学生就难以进入学校委员会。苏·考克斯和安娜·罗宾逊—潘特对苏格兰三所小学的学校委员会的运作进行了人类学的观察，发现存在将某些特性归于学生委员的情况。竞选学生会将这些特性体现在竞选宣言中，如一名学生竞选委员会主席的宣言表示，"我乐意成为主席，因为我是一名优秀的听众；我不害羞，我擅长与人交谈，而且我知道怎么做，因为我曾经是学校委员会委员。我有丰富的经验。我书写快。我具备担任主席所应有的一切条件"。这些特性制造了新的认同，将缺乏这些特性的孩子排斥在学校委员会之外。一些孩子认为他们无缘学校委员会的原因在于不擅长读写，不善于与人交谈，即使他们对学校委员会的工作感兴趣，对学校委员会针对的问题有自己的看法，愿意贡献自己的思想。幼小儿童往往被认为他们害羞，没有想法而被歧视。如大孩子斥责幼小儿童"害羞"，对会议无所作为，一名四年级的学生说，"一年级学生没有太多想法，因为他们太小。"教师也说，年幼的儿童几乎不说话。[①] 因为学校委员会的运作依赖书面的交流形式，读写能力就成为儿童参与委员会议程的核心要件。如一名阅读困难的男童说"那是我进不了委员会的唯一原因。我不是一个优秀的朗读者"。[②] 他们也看到，学校委员会依靠传统会议的口头和读写形式强化了教师与儿童和儿童之间的等级关系。因为会议重在促进读写能力，教师就会控制整个会议进程，即使有一名儿童处于主席的位置上。虽然孩子们可以通过讨论贡献自己的思想，但在主持会议方面没有发言权。因而，会议的过程将在读写方面缺乏自信的儿童边缘化，他们在正式会议上羞于表达，他们在高年级学生做主席的会议上感到被忽视。

为了避免排斥性，爱姆树学校通过增强学校委员会的代表性和为所有学生创设更多的参与的机会努力应对学生参与的挑战。他们在第三关键期和第四关键期创立独立的委员会，而且代表来自不同年级，实现代表"充分的"学校委员会。这样改变了高年级学生支配讨论的局面，也

[①] Sue Cox, Anna Robinson-pant: Challenging perceptions of school councils in the primary school, Education 3–13, 2005, 33 (2), p. 14–17.

[②] Sue Cox and Anna Robinson-Pant: Enhancing participation in primary school and class councils through visual Communication. Cambridge Journal of Education. 2006, 36 (4), p. 518.

增加了表达真实声音的机会。同时因为高年级学生引导低年级学生，就培养学生真正的共同体意识，树立学生参与的信心。[1] 考克斯等人为了改变学校委员会进程依赖书面交流的局面，而采纳视觉的交流方式，借以促进更多孩子平等的参与，如利用矩阵排序（matrix ranking）帮助儿童组织学校委员会的讨论，利用时间线（绘制一天常规活动的示意图）促进讨论，让儿童通过绘画表达他们关心的问题。他们认为这种方式可以增进儿童参与，包括产生新的议程；区分不同事项的缓急；决策更透明和民主[2]。考克斯等人考察三所合作小学的学校委员会实施情况发现，视觉交流方式扩大了议题的范围，将情感方面的问题包括进来。因为可以利用绘画表达自己的看法和情感，如上学与母亲分别时的悲伤，对餐厅吵闹的忧虑，对集会的低落情绪。视觉交流方式让儿童分清讨论事项的缓急，因为即使读写能力差的孩子，特别是幼儿可以通过矩阵图形和图画以及给议程打记号，了解事项的进展情况，也可以进行会议记录。如为了促进讨论，利用时间线呈现快乐和悲伤的表情表示一天的好坏时间段。视觉交流方式改变了教师和儿童之间的权力关系，因为这种方式导致由儿童而非教师领导的开放式讨论，结果所有孩子都能独立思考，发出自己的声音，并对结果有更多的控制。视觉交流方式还可以拓展班级会议的空间，因制作讨论的矩阵而与数学课合作，也可以作为个人、健康、社会的教育课的部分。总之，学校委员会采取视觉交流方式不仅包容幼小或读写能力差的儿童，让更多的儿童参与，而且提升了参与水平，儿童通过绘画表达个人观点，解释自己难以表达的观点，从而有助于其他人对他们所表达的意思的理解。可以说，采取更适合儿童表达的方式，让他们易于表达自己的意见和经验，从而可以增强儿童参与的包容性，保证儿童平等参与和交流，使决策本身更具有参与性和民主性，防止儿童的意见被忽视，某些儿童被边缘化。不过，考克斯等人也提醒，视觉

---

[1] Avril Keating. et al.: Embedding Citizenship Education in Secondary Schools in England (2002–08): Citizenship Education Longitudinal Study Seventh Annual Report. National Foundation for Educational Research. October 2009. p. 58.

[2] Sue Cox and Anna Robinson-Pant: Enhancing participation in primary school and class councils through visual Communication. Cambridge Journal of Education. 2006, 36 (4), p. 521.

交流方式的运用也有某些限制，如存在运用的强制性和机械性，从而达不到增强参与的目的，也会出现输赢问题和儿童声音是否真实的问题。①

四 学生的社区参与

社区参与是公民的自愿服务行为，在西方社会有着悠久的传统，如林赛·帕特森指出，自愿行动的讨论直接源于阿尔蒙德和维巴的《公民文化》一书。该书汲取了托克维尔、约翰·密尔和涂尔干的悠久的传统，认为自愿组织是调节个人与国家关系的基本手段。在《公民文化》一书中，阿尔蒙德和维巴指出，世界政治文化朝着参与的政治文化变化，而形成"公民文化"，即"传统文化和现代文化的结合；它是一种建立在沟通和说服基础上的多元文化，它是一致性和多样性共存的文化，它允许变革，但必须有节制地进行的文化"。② 这种文化体现公民的参与性与积极性，从而支持民主制的顺利而健康地运行。这种文化也塑造参与的和积极的公民。他们的研究肯定了志愿团体参与在政治社会化方面的积极作用。"我们至此所表明的就是，志愿社团在民主的政治文化中扮演了主要角色，与非团体成员相比，团体成员可能认为他自己更有资格做一个公民，更为积极地参与政治活动，更了解和关心政治。"③ 而这合乎民主制的要求，因为"根据这种'理性—主动性'观点，一种成功的民主制度要求公民投身于政治并积极行动，获得有关政治的信息，以及发挥影响"。④

阿尔蒙德和维巴的公民文化展示了志愿团体的参与性和积极性与民主政治运作的关系。帕特森进而区别出公民社区和行动主义。"公民社区"的界定来自普特南在意大利关于民主的效果和公民社区之间关系的

---

① Sue Cox and Anna Robinson-Pant: Enhancing participation in primary school and class councils through visual Communication. Cambridge Journal of Education. 2006, 36 (4), pp. 523 – 528.

② ［美］加布里埃尔·A. 阿尔蒙德、西德尼·维巴：《公民文化——五个国家的政治态度和民主制》，徐湘林等译，东方出版社2008年版，第7页。

③ 同上书，第289页。

④ 同上书，第422页。

研究，公民社区的特征包括公民对公共事务的参与、尊重所有人的平等权利和义务、普遍的团结意识、信任和宽容、充满活力的自愿组织的生活。"行动主义"定义纷繁，反映出行动主义类型的多样性。如帕里将政治参与界定为参与公共政策的制定、通过和执行。林恩和戴维斯·斯密斯则从一般意义上界定自愿活动，将其界定为任何花时间参与旨在有益于某人而非亲人的不计报酬的活动。帕特森指出，公民文化意味着公民为了民主而进行的负责而积极的参与，公民文化促进理性的共识，公民文化产生好政府，公民文化是政治议程安排的生活基础，有助于社会团结的政治共同体意识，而"自愿活动为多元主义民主提供基础"。[1]实际上，民主意味每个人都是一种力量，需要每个人能够且应该作为力量在社会中发挥积极作用。如果一个人不能作为一种力量发挥作用，他本身就不是积极公民。自愿服务或社区参与为每个人贡献自己力量提供了途径，借助这一途径个人实现政治社会化，为参与正式的政治进程奠定了基础。

在英国，公民的社区参与同样被视为民主政治的基础，并将参与性作为公民资格的重要因素。帕特森指出，从20世纪80年代以来，英国将发展公民文化作为深化民主的方式，影响了1997年的新工党。此外，自由论的左派，尤其是妇女运动的思想也支持公民行动主义。也就是说公民资格意味积极参与的行动。这种公民资格的概念是公民共和主义的，英国逐渐将其视为自己的政治思想传统。这一思想可以提供转变更为主导的自由主义的政治传统的个人主义基础。在英国，新工党支持社区参与的公民复兴计划，其中包括传统信仰、伦理社会主义、社群主义和最近的公民共和主义的价值和信念。如时任英国教育大臣戴维·布朗奇指出，"民主思想中的'公民共和主义'深深地影响了我……这一传统让我们真正重视社群，在社群中义务和公民美德发挥强烈和形成性的作用。就其本身而言，一种拒绝不受约束的个人主义和批评将个人权利置于共同的价值观之上的思想传统是必需的，以维持有价值的和有目的的生活。

---

[1] Lindsay Paterson: The civic activism of Scottish teachers: explanations and consequences. Oxform Review of Education, 1998, 24 (3), p.279.

我们不可能过没有任何社群责任的生活，而且我们不可能脱离他人生活"。① 戴维·布朗克1994年倡导21岁以下的社区义务服务。戈登·布朗成立全国青年志愿服务机构，其目标是创造一百万新的青年志愿者，且在工党2010年大选口号中提出一项政策，要求19岁之前完成50小时的社区义务工作。这一要求从事志愿服务和"社会行动"项目的非军事的"国家服务"的思想得到了广泛的支持。按照一项调查，有77%的公众支持。而且得到各党派的支持，82%的保守党选民将此描述为"好主意"，77%的工党选民和76%的自由民主党选民支持这次这项计划。保守党也对公民服务持积极态度。在2010年大选前一个月，戴维·卡梅伦宣布一项新的全国公民服务（NCS）计划，该计划包括三周的活动，第一周：个人挑战和团队工作，参与团队建设训练，包括户外活动；第二周：技能和服务，在社区慈善活动中安排参与者开展以社区为基础的居民服务工作，帮助特定的群体。第三周：社会行动，参与者回到家乡在自己的社区提出和执行一项社会行动计划。项目到第三周结束，但希望参与者进行持续五周的社会行动。② 这些公民服务强化了公民的义务感，补充了自由主义的公民资格内容。

公民教育之所以强调社区参与，与英国政府复兴社区的社会政策相连。如英国工党的"第三条道路"的社群主义路线，就关心重建社区的邻里复兴和强化城区公民作用的城市复兴。复兴社区自然指向某种理想的社区，因而需要澄清"社区"的概念。约翰·安内特认为社区是个灵活的概念，有四种不同的解释。第一，将社区描绘为一个地方或邻里。第二，将社区作为规范性的理想，与尊重、团结和包容相连。第三，在文化认同建构的基础上理解社区，这一概念以认同的政治和差异的认可为基础。第四，将社区作为政治理想，与参与、公民资格相连。③ 英国一

---

① John Annette: "Active learning for active citizenship": Democratic citizenship and lifelong learning. Education, Citizenship and Social Justice 2009. 4 (2). p. 150.

② Jonathan Birdwell, Ralph Scott, and Edward Horley: Active citizenship, education and service leaning. Education, Citizenship and Social Justice, 2013, 8 (2), pp. 191-192.

③ John Annette: "Active learning for active citizenship": Democratic citizenship and lifelong learning. Education, Citizenship and Social Justice 2009, 4 (2). pp. 151-153.

些社区参与的机构也从参与的角度界定公民资格,要求将社区参与作为公民教育的形式。英国公民教育基金会(the UK Citizenship Foundation)将公民资格界定为保证每个人具备理解、参与和挑战民主社会的政治、经济和法律等主要方面的知识和技能的条件①。该基金会鼓励年轻人作为社会的平等成员对社会有所贡献。在苏格兰,帕特森指出,在英国宪政改革讨论中,尤其在苏格兰议会是否建立的讨论中也强调公民文化和民主之间的联系。苏格兰在英国的半自治总是依赖其公民社会,在其中,公民组织发挥了巨大作用。但是苏格兰志愿组织的参与率低于英国其他地区,因而需要复兴传统组织机构的自治②。

既然参与性与积极性是公民文化的基本特征,也是公民资格的基本要素,通过社区参与培养积极公民就成为教育的要求。在英格兰,"科瑞克报告"将社区参与作为与社会和道德责任和政治素质相互关联、相互依赖的公民教育的部分之一,该报告认为完整的公民资格意味公民对国家的政治和地方社区的全面参与,并强调后者对前者的基础性作用。"我们相信志愿服务和社区参与是公民社会和民主的必要条件。为这些做准备,至少应该是教育的明确部分。这对政府将重点由福利国家的供给与责任转向社区和个人责任时尤为重要。我们只是说志愿服务是民主社会完全公民资格的必要条件,但不是充分条件。地方社区的确不能与国家和公共政策分离。"③ 也就是说,国家以地方为基础,国家的政治以公民社会为基础,对公民社会的参与就构成正式的政治参与的基础。公民的政治参与有赖于志愿服务和社区参与。"科瑞克报告"强调非正式的群体和自愿组织的参与和政治参与相关性,"虽然参与志愿服务和社区不是积极公民的全部意义,但我们也认识到在政治领域的自由和完全公民资格依赖有着丰富的非政治的协会或自愿群体的社会,即公民社会"。因而,

---

① Jonathan Birdwell, Ralph Scott, and Edward Horley: Active citizenship, education and service leaning. Education, Citizenship and Social Justice, 2013, 8 (2), p. 186.

② Lindsay Paterson: The civic activism of Scottish teachers: explanations and consequences. Oxform Review of Education, 1998, 24 (3), pp. 280 – 281.

③ Advisory Group on Citizenship: Education for Citizenship and the Teaching of Democracy in Schools. London: Qualifications and Curriculum Authourity. 1998. p. 10.

社区参与为公民的政治参与提供了必要条件。因为社区参与与政治参与一样，都是将个人力量贡献给公共社会。该报告要求通过社区参与帮助学生发展负责的行为方式，将知识、技能贡献给公共社会，通过社区参与和服务社区学习增进社区的福祉。"科瑞克报告"要求通过学校和社区参与、案例研究和批判的讨论探索与他们的生活相关的问题和事件，"通过行动学习"，学校提供学生审查问题和积极参与的背景，帮助学生将地方的学习与行动和全球性的思考相结合。虽然报告未要求将服务学习或社区参与作为法定的公民资格课的部分，但强调学校和附近社区的积极关系，"我们的目标是播一颗种子，让它成长"。该报告建议公共群体与个人，如地方政务委员、议员、志愿群体和社区机构等参与公民学习和活动。报告建议创建社区论坛，社区领导、当选的代表、宗教群体、警察、教师、家长以及年轻人通过论坛分享经验和专长；向学生提供社区参与和服务学习的机会。报告还要求学生记录社区活动和服务学习，用以作为审查其学习和生涯指导的依据。①

参与意味着积极行动，社区参与最终是引导学生开展独立的社区行动。英国许多学者赞同罗杰·哈特的话："一个国家是民主的，在一定程度上，其公民是参与的，尤其在社区层面上参与。参与的信心和能力必须通过实践逐步获得。因此应该不断提供儿童参与雄心勃勃的民主社会的机会。"② 其描述的参与的阶梯理论为许多英国学者接受。哈特把参与水平分为八个阶梯，学生由不理解意义的不完全参与到在成人的指导下参与，再到依靠自己的知识和能力独立发起、执行参与社区的计划，实现真正的参与。具体阶梯如下：

1. 操作：学生按成人所建议的做或说，他们对问题没有真正的理解，成人要求孩子思考什么，但不告诉他们什么影响最终的决定。
2. 扮演：学生只是参加某项活动如唱歌、跳舞和穿T恤衫，但

---

① Advisory Group on Citizenship: Education for Citizenship and the Teaching of Democracy in Schools. London: Qualifications and Curriculum Authourity. 1998. p. 26.
② Roger Hart: Children's participation: from tokenism to citizenship. Florence: Unicef. 1992. p. 4.

不真正理解活动的意义。

3. 象征：要求学生表达他们对问题的思考，但无须选择表达这些观点的方式和范围。

4. 指导且告知：成人决定某项计划，让学生自愿去做。学生理解该项计划，知道谁决定他们参与和为什么参与。成人尊重他们的观点。

5. 咨询且告知。成人设计和管理某一项目，但向学生咨询。学生完全理解过程，严肃对待他们的意见。

6. 成人提议的，但与学生共同决定。成人提出最初的想法，但学生参与每一步计划和执行，成人不仅考虑他们的观点，还让他们参与决策。

7. 孩子提议但受指导。学生提出最初的想法，决定项目如何执行。成人可指导但对该项目不负责。

8. 孩子提议的，但与成人共同决定。学生有自己的思想，设计服务项目，邀请成人加入，与他们共同决策。[1]

英国学校普遍将社区参与作为公民教育的基本方面，积极提供学生广泛的参与社区的机会。英格兰2002—2008年中学公民教育纵向研究发现，绝大多数学校与当地社区有良好的关系，83%的学校领导赞同学校与当地社区有良好的关系。研究也发现，所有学校提供了广泛的机会，包括体育活动、慈善和募捐活动、辩论会、辅导和自愿服务项目和年轻人的事业规划。一些案例学校让学生参与地方社区和更为广大的世界。这些活动包括：走访地方和国家的政治机构，如议会、地方法院和地方政务会；参观与公民相关的历史遗迹，如伦敦路学校组织学生参观当地的犹太博物馆，增进学生对犹太教的知识与理解；邀请校外嘉宾，如地方政务委员、议员（MPs）、医护人员、警察、监狱官员以及来自慈善和地方遗产组织的代表等；社区服务计划，让学生在社区开展服务活动，

---

[1] Liam Gearon (ed.): Learning to Teach Citizenship in the Secondary School (A). Routledge-Falmer. 2003, pp. 208 – 209.

如在地方图书馆服务,帮助老年人,或者学校安排学生去其他学校提供辅导以了解其他信仰,或者帮助残疾学生;国际联系:如海外旅行(常常到欧洲国家)、开展帮助发展中国家的慈善活动或与欧洲学校和发展中国家学校建立虚拟连接。如女王路学校就有大量的校内外社区活动。其社区服务计划包括让大学预科学生志愿者在其他学校做辅导,在图书馆服务,管理初中部的听力在线。该校还与肯尼亚学校建立联系,当 2007 年肯尼亚选举时发生暴力事件,这些事件引发了大量有关选举与民主的课堂讨论。阿卡迪亚中学既强化与地方社区的联系,也发展国际联系。学校基于所在城市的争取"公平贸易城"地位的运动,在反对与发展中国家的不公平贸易的斗争中做出贡献。该校和学生积极参与公平贸易的联合活动。如学生成立青年公平贸易团体,利用在校时间经营一间公平贸易商店,开展筹集资金活动,并把自己的力量贡献给该城的公平贸易网站。西北社区学校通过为当地小学的七年级和六年级学生组织国际日活动,将地方和国际联系起来。除此之外,学校还组织一系列活动和课程,增进语言学习、文化意识和宽容。[①]

从英国对"参与"和"社区"的理解来看,参与应该逐步走向学生独立发起组织的行动,社区不仅仅限于当地,而是扩展到全球。即学生的社区参与意味不断突破范围的狭隘性。因为民主意味开放,意味通过参与突破原有的狭隘性,让学生体会到世界上不同群体、不同地区的人民的生活经验。然而,在英格兰公民教育的纵向研究中,艾薇儿·基廷等发现,不仅乡村学校,而且城市学校都面临狭隘主义的挑战,如学生生活范围的狭小、缺乏外部世界的经验等。一所乡村中学的公民教育负责人指出,"我们所教的最困难的内容之一是种族等之类的东西,因为孩子们根本没有这方面经验"。教师也指出,在乡村学校加强公民与当地社区外的联系尤其具有挑战性,即使学校制定了加强国际的和地方社区的联系的良好计划。另一所学校的教师强调,"我们的目标是将(本市)置

[①] Avril Keating. e al: Embedding Citizenship Education in Secondary Schools in England (2002 - 08): Citizenship Education Longitudinal Study Seventh Annual Report. National Foundation for Educational Research. October 2009. pp. 52, 54, 55.

于全球世界中。但我对这种态度绝对感到震惊……诸如我从没有去过其他地方或也从未在别的地方生活过这样孤立的世界观。……我们最近到斯特拉特福德,再到埃文,其中一个孩子从未坐过火车!他们没有跨出本郡的边界。你从未走出过本郡,你怎么谈论做一个全球公民?"① 学生龟缩在狭隘的世界,这个世界会遮蔽他们的视野,也会助长其偏见。这不是民主所需要的。民主需要人们学会处理差异性,在多样性中学会协调。杜威指出,民主意味"不仅表示各社会群体之间更加自由的相互影响(这些社会群体由于要保持隔离状态,曾经是各自孤立的),而且改变社会习惯,通过应付由于多方面的交往所产生的新的情况,社会习惯得以不断地重新调整"。② 孤立的状态不是民主的特征。民主意味联系的广泛性。针对学生生活的狭隘性,就需要发挥公民教育的转变作用。这所乡村中学的领导说:"本校在偏僻的乡村,因而必须提供学生走出去的机会,看到世界其他地区怎样生活,如他们的消费怎样影响全球经济。"③ 这就是需要打造与当地社区和更广大世界的牢固联系。

然而,扩大与外部世界的联系依然困难重重。纵向研究者发现,这些挑战包括:学校的规模(规模大的学校发现更为困难)、难以让家长参与、校外访问的费用问题、学生外访的健康和安全的约束、课程安排的限制,还有考试和标准的压力,尤其对第四个关键期的学生。如春田学校就叫停了校外嘉宾的访问,因为课程安排的紧张。学校规模也是影响学生参与社区活动的因素,因为规模过大让学校无法管理。如矿山路学校的公民教育课程协调人所说:"我们不可能让 300 名学生都做社区服务——那将难以管理。我们不能有效地做到这一点;我们每周上一节课。……还要开展研究活动,比如全班筹款或模拟法庭。"即使是公民

---

① Avril Keating. et al.: Embedding Citizenship Education in Secondary Schools in England (2002 – 08): Citizenship Education Longitudinal Study Seventh Annual Report. National Foundation for Educational Research. October 2009. p. 61.

② [美]约翰·杜威:《民主主义与教育》,王承绪译,人民教育出版社 2001 年版,第 97 页。

③ Avril Keating. et al.: Embedding Citizenship Education in Secondary Schools in England (2002 – 08): Citizenship Education Longitudinal Study Seventh Annual Report. National Foundation for Educational Research. October 2009. p. 61.

课，也存在将课内外的公民学习结合的困难。一方面，大量学校依然是课程驱动的和以课堂为基础的，因而难以安排学生在课外的活动。另一方面，将学生作为积极公民加以评估，对于教师是一种折磨，因为这会让他们给不及格的学生贴标签。除此之外，还存在学校内部各种力量不协调的问题。案例研究发现，对教师和学生，课外的积极公民资格的实践和课内的公民课的学习的联系并不明确。一位春田学校的公民教育课教师指出了这种差距，"我加强与家居组织（the house system）的紧密联系，也认为儿童做了许多被认为与公民课不相干的事情（如募集善款）。我这里做了许多慈善工作……这在本质上是公民课的，但仅仅被视为一项家庭事务。而且公民课只是一门他们并不特别喜欢的每周一次的课程。二者存在分离"。即使是公民教育课程的负责人也未意识到课内外公民学习的重合。如矿山路学校的公民教育课程负责人说："个人、社会与健康教育（PSHE）课程负责人可能告诉你有关事务的总体安排，但我对此并不了解……虽然 PSHE 或生活辅导计划中将许多时间安排给了公民教育，但与我、积极的公民教育和学校的论坛无关，我跟它们一点关系也没有。"而且，课外参与往往与学生的发言权和"每个孩子都重要"等政策相连而与公民课无关，如春田学校公民教育课程的负责人指出，虽然近年来参与活动显著增加，但"这些事情不完全由公民教育课负责……学校作为整体并不把它们视为公民教育"。学校内部也缺乏课程与参与的联系机制。在矿山路学校，课外活动和参与常常被作为 PSHE 而非公民课的部分，学校缺乏监管和"联系"这些活动的协调机制。在该校，学生参与是"特设的"，"这些活动不是有组织、有计划的。它们来自 PSHE，而与公民教育无关……慈善活动常常由年级负责人以特设的方式开展，宗教教育课对此投入很多，而负责宗教教育的教师仅仅负责宗教教育。我无数次表示，需要齐心合力"。[①]

应该说，参与是积极公民的核心内容，也是学校民主化的实质方面。

---

① Avril Keating. et al.: Embedding Citizenship Education in Secondary Schools in England (2002 – 08): Citizenship Education Longitudinal Study Seventh Annual Report. National Foundation for Educational Research. October 2009. pp. 56 – 57.

英国学校促进学生不同层次的参与，不仅加强了学校的民主特性，而且改善了学校的师生关系以及学校与地方社区的关系。从以上分析，我们可以看到，促进学生参与学校和社区需要对民主做出切实的承诺，尊重儿童的民主能力，相信儿童的自治能力，为儿童创造民主的条件，包括适合他们能力和经验的参与方式、建立规范的联系。最重要的是营造学校民主的校风，让积极公民的精神渗透在学校的每个方面。英格兰公民教育的纵向研究揭示，校风的特征和学校所在社区的特征是支持学生参与的关键因素。如黑石学校，该校被英国教育标准署认定为充分给予学生发言权的杰出学校，公民精神则引领该校的校风。该校校长说："公民资格教育和做好公民是支撑学校的立柱。它影响我所做的一切，从我们的教学的政策到精神引导政策。"相反，学校缺乏民主风气，也缺少参与机会。如矿山路学校的公民教育负责人解释："校风，……没有人有自治权；一切自上而下……因为在学校缺乏自治，人们少有负责的习惯。这影响学校的所有层面。"同样，社区的风气也影响学校。如教会非常强调公民参与和志愿服务，从而塑造了教会学校民主参与的校风，鸽棚路学校的一位教师总结了其中的关系，"我在不同学校工作过，教会学校的主要特色是家长、教师和学生，大家团结起来，齐心协力，无时无刻不鼓励学生考虑他人；那是实际的校风"。[1] 也正是因为民主因素在影响学生参与方面的重要性，一些学者呼吁通过立法保证学校的民主结构，如本·霍华德（Ben Howard）认为学校的民主机构如学校委员会在树立学生参与公共事务方面发挥关键作用，希望英国如其他欧洲国家一样，为学校委员会立法。他指出，"立法仍然是所有学生享有有效的和受尊重的集体发言权的必要前提。通过立法将学生对事务的表达权编撰成为法典，将排除一个明确的信号，即儿童的投入是有价值的，并很可能导致更有效结构的建立"。[2] 他要求破除妨碍学校民主的障碍。如学校的等级制、

---

[1] Avril Keating. et al.: Embedding Citizenship Education in Secondary Schools in England (2002 - 08): Citizenship Education Longitudinal Study Seventh Annual Report. National Foundation for Educational Research. October 2009. p. 60.

[2] Ben Howard: Schools Councils. Citizenship & Teacher Education Spring 2005. www. citized. info. 2015 - 6 - 6.

因权力不平等关系所造成的英国反应迟钝的民主制度等。

我们也要看到,民主参与是不断完善的过程,不可避免地出现民主的不满意和面对参与的障碍,需要学校增强对民主的承诺感,不断探索民主生活的方式,包括参与的包容性和适宜性。包容性意味将所有学生纳入民主过程;适宜性意味民主生活的方式适合学生参与的能力以及学生的学习状况。这可能涉及要处理好学生参与的边界。如卡特莫尔观察了一所小学的学校委员会发现,学校委员会认为做得有效的事情依次是:学习,包括向孩子们提供信息和提供设施促进有组织的学习;与其他孩子交流、快乐的地方,制止欺辱。而教师认为学校委员会做得有效的方面依次为:儿童安全,了解儿童的需求,儿童快乐,负责任,与教师、校长联系。学校委员会列出所做的事项:告诉孩子们他们的事项和所发生的事情;交流;最好的学校、改善学校、制止欺辱、让学校充满乐趣、安全学校、对游客友好,如清洁整齐、倾听其他孩子、让孩子们舒适地学习、建设学校,如添置新设备、让学校成为快乐的地方。但教师认为学校委员会做的事情为:了解孩子们的需求、募集资金、与教师和校长联系、负责任(其他孩子接触他们)。二者之间存在差异。卡特莫尔指出,虽然学校委员会有很大的能量,但必须了解其发挥作用的方面和边界。[1]

另外,也要处理好学生的学业与参与的关系。随着学生年龄的增长,学生的学业压力逐步增大。无论在英格兰还是在苏格兰都出现从小学到中学学生参与下降的问题。科尔对英格兰公民教育的纵向研究发现,认为选举学校或班级委员会成员是学生最经常参与的活动,低年级与高年级学生相比,更为普遍地参与所有类型的活动。但在中学,极少数学生说他们参与学校委员会,而十年级学生参与率最低,为9%,八年级11%,十二年级12%。[2] 如赫尔科特街学校虽然建有学校委员会,但发现

---

[1] Richard Cotmore: Organisational Competence: The Study of a School Council in Action. Children & Society, 2004 (18), pp. 58, 59, 64.

[2] David Kerr: Citizenship education in England—listening to young people: new insights from the citizenship education longitudinal study. International Journal of Citizenship and Teacher Education. 2005, 1 (1), pp. 84-85.

学生并不愿意参加委员会的活动。一位公民教育课的教师解释："我们面对希望被当作好公民的孩子感到困难，因为学生不想让他们的同学知道他们参与这种活动。"① 学生之所以不关心学生委员会的工作，其真正原因如一位校长指出，学生关注考试与学业。② 不仅学生备受考试的压力，教师也如此。莫伊拉·胡姆和斯蒂芬·麦金妮发现，在中学，课程教学由学科组承担，受访教师说，考试结果对学科组有巨大压力，胜过跨学科组的活动③。艾薇儿·基廷等的研究也发现，鼓励成绩和促进参与之间存在紧张，在以考试为中心的学校，往往为争取积极公民教育的地位和价值而斗争。这些学校的学生参与课外活动为个人主义的而非公民的目标所驱动（如志愿服务被视为大学的敲门砖）。因而需要平衡课程学习与公民参与，对二者保持同样的热情。如女王路学校是所学习成绩优异的学校，也努力将学习优异与社区关注结合起来。如一位公民课教师所说："务必促进（学生）学术的发展和作为人的发展……增进（学生）力量并使之能独立行事和思考。"④

---

① Avril Keating. et al.: Embedding Citizenship Education in Secondary Schools in England (2002 - 08): Citizenship Education Longitudinal Study Seventh Annual Report. National Foundation for Educational Research. October 2009. p. 57.

② Ross Deuchar: Citizenship, enterprise and learning: harmonising competing educational agendas. Trenham Books. 2007. p. 81.

③ Beth Cross, Moira Hulme and Stephen McKinney: The last place to look: the place of pupil councils within citizen participation in Scottish school. Oxford Review of Education, 2014, 40 (5), p. 645.

④ Avril Keating. et al.: Embedding Citizenship Education in Secondary Schools in England (2002 - 08): Citizenship Education Longitudinal Study Seventh Annual Report. National Foundation for Educational Research. October 2009. p. 60.

第 六 章

英国学校的全球公民与可持续发展教育

虽然民族国家是公民资格的基础,但随着全球化,世界联系的日益紧密,世界的和平与发展成为所有国家关注的焦点之一。英国四地的公民教育也指向超越国家的共同体,涉及欧盟和国际性组织,关注全球的相互依赖、差异、全球正义与可持续发展。这就将公民资格置于全球层面,但公民资格往往与国家紧密相连,如希特指出,18世纪以前,世界主义、公民资格、爱国主义和国家(nation)四种思想在欧洲政治思想中共存,但到1800年,公民资格和民族性实际上是同义的术语。[1]如果公民资格以国家为基础,那么全球公民教育依然是为国家服务。我们可以看到,英国的全球公民教育依然凸显积极公民的行动特征,强调追求全球正义的积极行动。可持续发展教育是全球公民教育的重要层面,但英国各地可持续发展教育着眼于本国的环保主义,而非立足于全球的生态主义。不过,英国由四个部分组成,这种政治情势往往激发英国学者对世界主义的理论想象,这些想象也体现在公民教育领域。世界主义公民教育旨在塑造全球共同体的道德成员和参与全球事务的公民。这种意旨虽然与国家主义相冲突,但也给英国全球公民教育增添了世界主义色彩。

---

[1] Ian Davies: Globalising Citizenship Education? A Critique of "Global Education" and "Citizenship Education", British Journal of Educational Studies, 2005, 53 (1), p. 67.

一 世界主义公民与世界主义公民教育

在全球层面上，虽然存在赫尔德所说的"世界"（world）、"全球"（global）和"世界主义"的公民资格并未一贯地或完全合乎逻辑地使用的状况，[①] 但全球公民教育受到世界主义的强烈影响，全球公民教育往往从世界主义汲取思想资源。英国是由四个部分组成的联合王国，这一构成决定英国必须尊重民族差异性，而弱小的民族如苏格兰、威尔士和北爱尔兰的天主教徒对民族性的维护和对强大民族即英格兰压迫的警惕保持高度敏感性。这种情势为世界主义提供了滋生的土壤。英国人必须思考如何让这四个部分和平相处，必须思考超越地区的道德和政治安排。其思考的资源离不开自古希腊斯多葛派和以康德为代表的启蒙哲学家的思想。"世界主义是启蒙时期，尤其是伊曼努尔·康德发展起来的哲学。它是奠定自由民主基础的自由主义、道德哲学的扩展，关注'维护个人的尊严和内在权利，被理解为普遍人权的实例化'。"[②]

世界主义思想可以追溯到古希腊的犬儒学派和斯多葛学派，其直接来源是启蒙哲学家，尤其是康德的思想。犬儒学派表达了世界主义的概念，即"宇宙公民"的意思。如犬儒学派的代表人物拉尔修·第欧根尼以"我是一个世界公民"为辞拒绝参加城邦事务的讨论，因为在他看来，个人的政治忠诚不再是城邦首要条件。不过，他是将世界公民思想用于批评城邦而非用以创立人类的普遍的共同体。因为犬儒学派正当古希腊城邦及与之相连的公民美德衰落，因而此时的世界主义以顺应自然为乐，带有消极遁世的色彩。斯多葛学派延续了犬儒学派崇尚自然的思想，给世界主义以哲学基础。该派认为，世界以理性为基础，世界万事万物在理性的作用下尽善尽美，至善的存在是上帝，人生而有理性，应该追求完美的存在。这是人类的共同追求。也正因为如此，不管生于世界何地，

[①] Ian Davies: Globalising Citizenship Education? A Critique of "Global Education" and "Citizenship Education", British Journal of Educational Studies, 2005, 53 (1), p. 70.

[②] Audrey Osler and Hugh Starkey: Changing citizenship: democracy and inclusion in education. Open University Press, 2005, p. 20.

每个人作为人有义务相互善待，人应该将自己视为世界的公民，"人不应把自己看作某一离群索居的、孤立的人，而应该把自己看作世界中的一个公民，看作自然界巨大的国民总体的一个成员。……应当用这个世界上任何其他公民都会用来看待我们的那种眼光，来看待自己。我们应该把落到自己头上的事看作落在邻人头上的事，或者，换一种说法，像邻人看待落到我们头上的事那样"。① 人虽然有自爱之心，但我们要把自己视为世界公民，关心世界上的每个人和事，因为所有发生的事情相互影响，最终关系到整个人类的幸福。斯多葛学派基于对人类整体的合宜性的关注，教人安于处境，于平静中求幸福，"要求我们绝对保持冷淡态度，要我们努力戒之乃至根除我们个人的、局部的和自私的一切感情，不许我们同情任何可能落在我们、我们朋友和我们国家身上的不幸，甚至不许我们同情那个公正的旁观者的富有同情心而又减弱的激情，试图以此使我们对于神指定给我们作为一生中合宜的事业和工作的一切事情的成功或失败满不在乎和漠不关心"。② 不过，斯密似乎不接受这样的主张。他说，我们最关心的事是"直接影响到我们自己、我们的朋友或我们国家的事件"，"是极大地激起我们欲望和厌恶、希望和恐惧、高兴和悲伤的事件"。③ 总的来说，虽然斯多葛学派有对一切安排、变故漠然置之的态度，但也有平衡自爱，指向外部世界的他人的意趣，从而关心世界所有人的福祉。这为世界主义开辟了道路。

康德的世界主义思想继承了斯多葛派强调理性和人性的观点，并构筑了以理性自由为基础的世界主义蓝图，即创立以权利为基础的共和国之间的联盟，运用世界公民的概念促进独立的主权国家的成员之间的强烈的道德义务感。按照康德，被创造物的禀赋朝着充分且合目的的发展，对人则是理性的充分发展，并通过理性获得幸福或美满，然而在人类禀赋发展所采取的手段是人类在社会中的对抗性，因而要建立普遍法治的公民社会。如果人是动物需要主人，但主人也是动物，同样需要主

---

① ［英］亚当·斯密：《道德情操论》，蒋自强等译，商务印书馆2012年版，第169—170页。

② 同上书，第384页。

③ 同上书，第383页。

人,这就需要建立完美的公民宪法。所以人类的历史就是实现这种宪法,从而保证人类充分发展其禀赋。世界历史就是为了完成保证公民发展的宪法,即让人类处于完美的公民结合状态,而这在康德看来就是天意。在考虑命运"在世界进程之中的合目的性,则作为一种更高级的、以人类客观的终极目的为方向并且预先就决定了这一世界进程的原因的深沉智慧而言,我们就称之为天意"。① 对于康德,天意是先定的,我们只有服从,即服从终极的目标,服从合目的性的法则即服从天意。

如果要接受目的性法则的强制,就是说要接受道德的强制,即政治在道德的范围内。道德的守护神,即目的性法则通过结果告知权力的守护神如何才能智慧,保持道德才能走向终极目的,即实现永久和平这是理性认识的结果。"道德的守护神并不向朱庇神(权力的守护神)让步,因为后者也要服从命运。……我们为了(按照智慧的规律)保持在义务的轨道上所必须做的事,理性却已经为此处处都充分清楚地给我们照亮了通向终极目的的道路。"② 对康德,共和体制的本性倾向于永久和平。公民之间的永久和平依靠共和体制,国家之间的永久和平自然是共和国之间的联盟。康德永久和平的条款是"各个国家的公民体制都应该是共和制";"国际权利应该以自由国家的联盟制度为基础";"世界公民权利将限于以普遍的友好为其条件"。③ 共和国之所以能保证永久和平,是因为共和体制的原则是自由、公共利益和平等。康德说:"由一个民族全部合法的立法所必须依据的原始契约的观念而得出的唯一体制就是共和制。这首先是根据一个社会的成员(作为人)的自由原则,其次是根据所有的人(作为臣民)对于唯一共同的立法的依赖原理,第三是根据他们(作为国家公民)的平等法则而制定的。因此,它本身就权利而论便是构成各种公民宪法的原始基础的体制。"④

世界公民权利对于康德就是走向世界和平的道德要求,否则就不可

---

① [德]康德:《历史理性批判文集》,何兆武译,商务印书馆2009年版,第122页。
② 同上书,第134页。
③ 同上书,第108、113、118页。
④ 同上书,第108—110页。

能成就世界公民体制的目的。康德把"世界公民权利将限于以普遍的友好为其条件"理解为权利问题而非仁爱问题。这体现了康德坚持理性主义。"友好（好客）就是指一个陌生人并不会由于自己来到另一个土地上而受到敌视的那种权利。"① 友好是一种权利要求，不是"作客权利"而是"访问权利"，访问权利属于所有人。作为权利，友好保证陌生来访者与当地居民的交往条件，对陌生来访者不好客就违反了自然权利，如果有了友好这一条件，就可以将人类引向一种世界公民意志，"这种友好权利，以及陌生的外来者的权限，所伸展的程度，也不外是尝试一下与老居民相交往的可能性的条件而已。相距遥远的世界各部分就可以以这种方式彼此进入和平的关系，最后这将成为公开合法的，于是就终于可能把人类引向不断地接近于一种世界公民体制"。②

应该说，康德对他所设想的世界是乐观的。这种乐观源于他对人类向善能力的信念。康德坚信人类未来的历史是向善的进步，进步的原因在于"人类的道德禀赋"向善，"因为我们要探讨的乃是行为自由的生命，他们应该做什么确实是可以事先加以命令的，但是他们将要做什么却是无法事先加于预言的"。③ 或许正是因为对人类理性的乐观，所以人们不断想象世界的美好未来。第二次世界大战后，全球社会运动利用世界公民概念捍卫集体和个人的世界责任感，支持建立有效的全球机构解决全球贫困和不平等、环境的退化和人权的侵犯。"世界公民被作为不断寻求把所有人团结在正义世界的普遍权利和义务的至关重要的主题。"④ 如玛莎·努斯鲍姆发出人性平等的呼唤，呼吁将公民教育扩展到国家边界之外以便认识到共享的共同人性。随着全球时代的到来，20世纪90年代，世界主义讨论再度兴起。如威廉·史密斯所总结：

在全球化的时代，世界主义普遍被解读为一项变革政治的事

---

① ［德］康德：《历史理性批判文集》，何兆武译，商务印书馆2009年版，第118页。
② 同上书，第119页。
③ 同上书，第154页。
④ Engin F. Isin, Bryan S. Turner: Handbook of Citizenship Studies. London, Thousand Oaks, New Delhi: SAGE Publications, 2002, p.317.

业,旨在夯实人权、民主和文化差异性。与此同时,世界主义也与"存在于世的方式"和"为自我建构认同的方式"相联系。这两种世界主义的解释在当代"世界主义公民"的讨论不可置疑地走到了一起。世界主义公民可以解释为假想的或真实的世界主义政治共同体的成员资格,和解释为接受世界主义意向和信念的身份认同。[1]

我们可以看到,在全球化的今天,世界主义公民作为超越国家的共同体的成员资格,指向人权、民主和文化差异性。这些指向只有具体化为个人的认同或存在方式才有真实的意义。当然,世界主义的共同体不管是假想的还是真实的,不仅包括政治共同体,也包括道德共同体,世界主义公民认同这两种共同体。下面主要分析英国学者对世界主义公民及其教育的理论阐释。

(一) 世界主义公民

虽然如希特指出,"世界公民身份在理论上无法界定,在实际中并不存在,而且无论如何也是不可欲的",[2] 但并未妨碍人们对世界公民的理论想象与实际追求。诚然,公民资格是有组织的共同体,尤其是国家的成员资格,如古罗马皇帝马克·奥勒留所言,如果我们都是公民,那么我们都同属于同一个有组织的共同体的成员。这就暗示,如果我们是世界公民,我们就同属于世界共同体,反之,如果全球是有组织的共同体,那么在其中的每个人就是世界公民。希特从道德、法律和政治三个方面说明世界公民。即作为世界公民具有作为人类成员的感情和对地球及其居民的责任、在法律上承认自然法、国际法和可能的世界法、在政治上相信并参与跨国家的政治活动或机构。[3]他将世界公民从模糊到精确做了

---

[1] William Smith: Cosmopolitan Citizenship: Virtue, Irony and Worldliness. European Journal of Social Theory, 2007, 10 (1), p.37.

[2] [英] 德里克·希特:《何谓公民身份》,郭忠华译,吉林出版集团有限责任公司2007年版,第138页。

[3] 同上书,第140页。

区分：人类成员→对地球状况的责任→服从道德法的个人→世界政府的促进。"人类成员"即感受到与他人的联系，并将这种联系置于他们自己之上，按世界共同体的利益行为的人；"对地球的责任"意味，参与"绿色和平组织"等组织以保护地球，强调作为适当的集体安排对影响公民思考和辩论的重要性，而否定全球公民存在之前建立全球政体的必要性；"服从道德法的个人"意味，遵循自然法、国际法（如欧洲人权公约）、国际刑法；"世界政府的促进"意味寻求建立世界政府，包括向大众参与开放的互补的地区、国家和国际的议会。①

1. 人类道德共同体的成员资格

世界主义寻求一个人无论到世界哪里都有宾至如归的感觉，因而要求所有将友善扩大到国家的边界之外的陌生人。那么，世界公民的道德共同体不再是民族国家，而是整个人类世界。而这正是康德世界公民的本质。安德鲁·林克莱特指出，世界公民的倡导者将道德共同体扩大到整个人类，他们认为更为重要的是强调对普遍人类社会的义务，独立的国家的公民对其他地方的人类有更强的道德关心。在全球化的今天，世界主义的道德要求不限于对外国人的友善，而是上升到正义的层面。林克莱特说，世界主义公民表达了这种道德信念，外人不应受经济、政治和军事力量的支配。世界公民的道德可能包含同情弱势的承诺，信守让其他人平等参与更大的讨论共同体的原则，创建更大的交流共同体和采取措施减少其他人的无力感和脆弱性，以便他们能行使"拒绝和再协商提议"的道德权利。② 世界主义公民的道德不仅包含对世界范围内其他公民的友善或友谊，而且包括对世界范围国家之间和公民之间存在的不平等、剥削和压迫的义愤或正义感。

作为人类道德共同体的成员，世界公民应该具备对陌生人的友爱之情。对友爱的讨论可以追溯到亚里士多德。亚里士多德认为立法者之所以较正义更关心友爱，是因为友爱将国家团结在一起，"友爱还是把城邦

---

① Ian Davies：Globalising Citizenship Education? A Critique of "Global Education" and "Citizenship Education"，British Journal of Educational Studies，2005，53（1），pp. 71－72.

② Andrew Linklater：Cosmopolitan citizenship. Citizenship Studies，1998，2（1），pp. 27，34.

联系起来的纽带"。① 克里·伍兹指出,在亚里士多德个人友爱的思考中有三个要素:(1)互惠性关系和对他人作为道德上的平等的意识;(2)相互期望对方好,且出于她自己的目的;(3)有实际的互惠性行为。② 对亚里士多德,友爱是共同的生活中的活动或实践,没有实现友爱的活动,友爱就无意义,荣辱与共,同舟共济才有友爱。实际上,做朋友就是提供快乐和服务,"那些相互客客气气,但是不共同生活的人,所具有的是善意而不是友爱"。③ 施瓦辛巴赫将这种友爱的实践称为"道德再生产劳动"(ethically reproductive labour),这种公民友谊的实践,在结果上,是将西方自由民主国家团结在一起的黏合剂,格雷厄姆·朗将此称之为"情感性世界主义"。这种友爱包括一系列道德实践活动,诸如孩子生育与养育,对病人和老人的照料以及所有层次的教育,向朋友、同事、陌生人伸出援助之手,给予忠告,为迷途的人指路等。伍兹指出,我们之所以珍视这种道德再生产,是因为所有公民所经历的共有的脆弱性;在一定程度上,我们需要得到朋友、家庭、同胞公民的帮助④。正是因为存在这种关怀之情,人们才可能对遥远的他人表达关心。

作为全球道德共同体的成员应该有全球正义感。公民友爱或友谊预设了公民之间的平等互惠,而且内含希望对方好的意愿,因而表达了正义的要求。克里·伍兹指出,践行公民友谊在两个意义上对正义是至关重要的:"首先,它增强共同体意识,这种意识既使正义感成为可能,也给我们致力于正义提供理由,因而它在基本上是激励动机。其次,它有助于通过保障平等而促进与维持正义社会。"⑤ 在全球层面的关怀之情就使全球正义感和行为成为可能。在全球化的时代,出现了全球化的富和地方化的穷,也就是富国在全球化,而穷国在地方化,不仅在民族国家

---

① [古希腊] 亚里士多德:《尼各马可伦理学》,廖申白译注,商务印书馆2009年版,第228—229页。
② Kerri Woods: Civic and Cosmopolitan Friendship. Res Publica, 2013 (19), p.84.
③ [古希腊] 亚里士多德:《尼各马可伦理学》,廖申白译注,商务印书馆2009年版,第237页。
④ Kerri Woods: Civic and Cosmopolitan Friendship. Res Publica, 2013 (19), p.83.
⑤ Ibid., p.87.

内,而且民族国家之间存在公民的权利和资源的不平等。因而需要年青一代意识到全球不正义。戴维斯等指出,在最道德意义上,全球公民教育应该鼓励未来的全球公民学会"义愤",他们引用了乐施会的全球公民的定义,即"理解世界怎样运作,为不正义激起义愤,既愿意也有能力采取行动面对全球挑战"。① 玛德琳·艾诺从性别视角创造全球集体良知。所提出的有关妇女经验的全球问题正是考量对得以形成新的全球道德团结的社会正义承诺的水平的试金石。她区别出几个主要的重要全球性别平等的主题:性别不平等和差异性、性别与全球贫困减少、性别与再生产性的公民资格、性别暴力、冲突与和平教育。她希望将性别关系嵌入"全球公民"的建构中,正如他们嵌入自由民主的"好公民"的概念中。教育家的任务是利用"全球性别关注"来解释在当代公民社会中的性别不平等。②

2. 全球民主共同体的成员资格

很显然,道德的履行在于个人的道德自觉。认同全球作为道德共同体固然可以强化道德自觉,但依然不能根本改变全球的道德面貌。所以全球的民主治理就提上日程。世界主义设想全球对话的概念。在今天,国家不是唯一的国际行为者,各种非政府组织和超国家的全球治理机构建立,为全球民主对话提供了条件,也为丰富超国家的公民概念提供了桥梁,因为参与全球公民社会是公民资格概念内涵的应有之义。

世界公民意味是全球共治的成员,通过民主对话发挥作为公民的作用。这样世界公民就成为全球民主对话共同体的成员。林克莱特沿着康德的对话概念引申出世界交流共同体以及世界公民作为交流共同体成员的义务。他指出,虽然康德并未捍卫世界主义的民主,但是其著述涉及全球公民的对话概念。关于"永久和平",康德认为,国家首脑归属于尊重对话和同意原则的国际社会,因而国家的代表有必要无条件地公开他们的意图和指导他们外交政策行为的原则。国家之间是平等的道德主体,

---

① Madeleine Aenot: A global conscience collective? Incorporating gender injustices into global citizenship education. Education, Citizenship and Social Justice, 2009, 4 (2), p. 122.

② Ibid., p. 130.

一个国家的权利主张必须尊重其他国家的权利主张并受到这种主张的限制，否则不可能得到他国的同意。林克莱特指出，康德的意思是为保证公民有对其自由所必需的权利，世界公民需要国家首脑参与普遍的交流共同体（国家的国际社会），这种参与不仅涉及不利用他国的劣势的道德上的承诺，而是都用关心和同情对待所有人类的道德方案。因而，世界主义公民有了真正的意义。① 也就是说，世界公民必须存在于世界交流共同体中，有权为自己的权利辩护，也有权拒绝不合理的要求和对不正义的社会结构进行抗辩。在林克莱特看来，《马斯特里斯特条约》规定的欧洲公民权为这种世界公民提供了例证。该条约要求每个欧盟成员国接受，签约国的公民在其地方选举中作为候选人和投票，每个国家认可涉及欧洲议会选举的相同的权利，但未要求不同国家的公民超越其在跨国公民群体中的差异。这一条约实际上在承认国家公民的基础上赋予超国家的公民权，公民就进入超越国家的政治领域。因而世界主义民主就意味超越国家的公民权的发展，这种世界主义民主的公民不仅对陌生的外人同情和对生活方式的选择负更大责任，而且应该作为世界主义者以及国家的公民界定自己，这对生活方式的决定有强有力的影响，促进全球政治共同体的发展，并在这个共同体中，不同国家的公民聚在一起，成为这一公共领域的共同立法者。② 这样不同国家的公民就可以针对某些议程展开对话。

　　全球对话有赖于一定的场所或机构，否则难以发挥作用。这就开启了对世界主义民主的思考，以求得"在国家、地区和全球网络内深化和扩大民主"。③ 赫尔德以自治原则为基础思考世界主义民主。他指出，"在地区和全球关系不断深化的世界里，共同体的命运明显交织在一起，无论在地区和全球网络中还是在国家与地方政治中，都有必要确定自治原则"。④ 赫尔德说，自治或独立"意味着人类自决思考、自我反省和自我

---

① Andrew Linklater：Cosmopolitan citizenship. Citizenship Studies，1998，2（1），p. 27.
② Ibid.，pp. 29–30.
③ ［英］戴维·赫尔德：《民主的模式》，燕继荣等译，中央编译出版社 2004 年版，第 441 页。
④ 同上书，第 445 页。

决定的能力。它包括在私人和公共生活中思考、判断、选择和根据不同可能的行动路线行动的能力"。① 人因为自治或独立的能力才有人与人之间的平等和自由的关系。世界主义民主的深化就意味着在全球治理上实现自治原则。在赫尔德看来，这种深化从两个方面展开，一方面在政治层面深化地区性议会和全球议会，包括联合国的机构改革；另一方面是全球公民社会的发展，如多种多样的自治组织的发展。赫尔德的这种构想是相当粗略的和不确定的，如他所说，是为了明确改革的方向，只是提出议题，而非日程表，因为"当民主本身还是一个有争议的问题时，民主自治模式如何能跨越国界而得以确定的问题从根本上来讲尚没有答案"。② 吉登斯也认为今天的"日常生活和全球化体系都在发生根本性改变"③，民主的思路也要发生变化。在吉登斯看来，对话民主是将自治与团结相联系的社会交流形式，"对话民主制主要不是关心增加权利或代表利益，它关心的是推进文化世界主义，是把我从前讲的自治与团结连接起来的一块最好的积木"。④

3. 地方认同和全球认同的统一体

康拉德·贡斯奇指出，根据文献，世界主义缺乏严格的精准的定义，是一种独具一格的认同形式。这种世界主义的成员资格的认同包含地方和国家的成员资格认同，不过，世界主义要求我们还有跨越这些认同的认同。斯多葛学派强调，一个世界公民并不需要放弃地方性认同，因为地方性认同是生活丰富性的来源。他们认为，我们不把自己视为与地方依恋的分离者，而是作为被一连串同心圆围绕的人。第一圈围绕自我，然后是家庭、邻居或地方群体、城市居民和国人。我们也可以基于种族。语言、历史和职业、性别或性向列出群体。外圈是最大的，人性是整体。做世界公民就是画圈。不放弃特殊的情感和认同，但给界定人性的圈以特别的关注和尊重。布伦南的《宾至如归：世界主义》一书将世界主义

---

① [英] 戴维·赫尔德：《民主的模式》，燕继荣等译，中央编译出版社 2004 年版，第 380 页。
② 同上书，第 447 页。
③ [英] 吉登斯：《超越左与右》，社会科学文献出版社 2000 年版，第 119 页。
④ 同上书，第 117 页。

预设为"宾至如归",按个人认同,"宾至如归"特指对跨立于全球和地方的文化差异性的兴趣或参与。这种"跨立"意味一脚各踏一边,找到一种平衡,在其中全球具有决定性,但不必总具主导性。世界主义意味跨立于全球和地方,既有地方性认同,也有全球性认同,并具有将二者联系起来的能力。汉内斯通过"世界文化"表达了世界主义的全球性和地方性。他认为世界和地方都对文化认同的生存充满兴趣,二者并无偏颇,世界对多样的文化认同的生存充满兴趣,地方创造并维护自己的文化,同时将多样性视为价值,因而相互补充,最终作为生态系统相互依赖。地方性指向内在价值,全球性指向外在价值,没有地方性,就无多样性,无全球的多样性,地方就难有接触多样性的机会,汉内斯的结论是,没有地方就不会有世界。因而对一个世界主义公民来说,既要有民族的内在兴趣与知识,也要有全球性的外在兴趣与知识,即具备指向其他地方知识的兴趣。这就需要世界主义公民具备进入其他文化的能力。汉内斯指出,"世界主义往往也是一种普遍化和特殊化的能力。……通过倾听、观看、直觉和反思个人进入其他文化,这个术语在更为严格意义上,是一种文化能力,一种或多或少熟练运用特殊意义系统的组合能力。因为涉及其他人,世界主义因而成为多样与多层的事物。世界主义可以是浅薄的涉猎者和鉴赏家,而且常常二者都是。对世界主义,对待陌生文化的能力需要精通意识"。[1] 汉内斯认为真正的世界主义需要某种元文化的立场,首先有参与他者的意愿,具备对相异文化经验的开放的智慧和品德。

汉内斯说明的是如何进入作为他者的地方性或世界性,这种进入是为了扩大自己的认同范围。当然,这种认同的扩大面临两个限制,一是自我地方性的限制,二是作为他者的地方性的限制。因为这种认同的扩大意味认同空间的扩大,如果不存在愿意与人共享的地方性空间,不论这种空间是自己的还是他者的,这种空间就不可能构成世界空间。如同一个家庭,虽然每个家庭成员有自己独享的空间,每个成员都可以在自

---

[1] Konrad Gunesch: Education for cosmopolitanism? Journal of Research in International Education, 2004, 3 (3), pp. 255–257.

己的空间营造独特性，但每个独享的空间都为所有家庭成员共享，每个家庭成员才有家的感觉。如果一个国家自我封闭，国人不可出，外国人不可入，这个国家就自绝于世界，这个国家的公民也难以有世界公民的感觉。所以超越国家忠诚之外的情感依恋的形成有赖于地方或民族的开放性。这一方面需要人们对自己的地方性保持一定的距离。特纳要求世界主义公民有义务通过反讽调节人们与世界的关系。特纳将反讽与拉开同自己的祖国和生活方式距离、对民族的"宏大叙述"持批判态度相连，并将反讽作为最重要的美德，"世界主义最重要的美德是反讽，因为通过与自己的民族或地方文化保持理智距离才能理解异文化……怀疑以及与自己的传统保持距离是对异文化关心与维护的义务的基础"。[1]这种反讽否定了人们对自己文化的自恋，强化了对自己文化的反省，这就避免了文化自大，为接受他者的文化铺平道路。另一方面是对他者的包容。作为他者的公民进入异域时有要求友善对待的权利。康德将这种世界主义权利作为全球合法秩序的一个基本条件，即永久和平的要素。[2]但公民资格往往囿于领土、文化、民族和语言等同一性的限制，如果将爱国主义倾注于这些限制上，对作为他者的公民，如移民、难民等的友善请求权可能漠然置之。所以，穆纳·格尔默哈德要求重新理解爱国主义。他认为爱国主义的概念和公民资格的概念一样是变化的。祖国是对国家的忠诚和热爱，但随着国家概念的变化，爱国主义观随之变化，因为国家的边界是人为的，如维罗里所说，祖国不是自然的现实，而是一个机构，可称之为联邦或国家。如同在舵手引航的共用的船只，国家在国王或法律之下前行，因而爱国源于我们相信自己的安全和财产的安全依赖国家的安全，所以为其兴而喜，为其难而苦。人们固然因为建构某一共享共同体的概念而爱国，并将公民资格限于领土、文化、民族、语言、制度和道德的边界。但这种限制爱国主义和公民资格概念的边界正在被打开，全球化所导致的国家之间的相互依存与影响日益强

---

[1] William Smith: Cosmopolitan Citizenship: Virtue, Irony and Worldliness. European Journal of Social Theory, 2007, 10 (1). p. 37.

[2] Pauline Kleingeld: Kant and Cosmopolitanism: the Philosophical Ideal of World Citizenship. Cambridge University Press, 2012, p. 73.

烈，国家作为国际社会的成员需要重新界定自己。格尔默哈德赞同吉登斯"模糊主权"的主张，并将此视为包容性的新民主的"机会之窗"。吉登斯认为，"国家虽然不会消失或失去权力，但被重塑，尤其在西方，尤其在欧洲"。吉登斯提出的这一概念意味"国家寻求再定义自己的过去，为其未来重新获得新的认同"。在吉登斯看来，这种国家身份的重塑在欧洲正在发生，如北爱尔兰因为重塑公民资格而让其和平进程得以继续，这种重塑让北爱尔兰的公民不仅与爱尔兰相连，与英国相连，而更为重要的是与欧盟相连。在全球时代重塑国家意味接纳他者的认同，承认公民资格认同的多重性。吉登斯说，世界主义国家让每个公民以多种认同舒适地生活，惬意于做一个英格兰人、英国人或世界社会的公民。格尔默哈德认为吉登斯描述了一种"新政治"，即世界主义的一体化国家，这种新政治坚持多样性的统一性，尊重他人的权利和需要同时维护对自己有意义的东西，因而可以促进所有层面的团结。为寻求建立以正义和多样性的统一性为原则的和谐社会，世界公民教育要努力树立世界主义的民主公民观念，并通过日常生活的民主化促进学生情感的民主化和批判性精神。批判精神在吉登斯看来是"批判地涉及自己的立场，并意识到我们大家作为个人都回应的众多力量"。[1]

（二）世界主义公民教育

虽然世界主义开启了通向人类道德与政治共同体的路径，似乎显露出某些曙光，但道路依然艰难。因为挡在它前进道路上的障碍是民族主义或国家主义。民族为其成员提供了强烈的情感依恋。如希特所言："如果世界主义的愿景没有深深打动人们的心理，原因最有可能在民族传统的强固力量和相比之下脆弱的全球情感纽带中找到。公民们需要共享某种共同体的感觉，而这种情感最可能得到有效培育的方式是，生长和生活在一个社会之中，这个社会存在着明确的共同语言、文化、强烈的历

---

[1] Muna Golmohamad: Education for World Citizenship: Beyond national allegiance, 2009, 41 (4), pp. 466–484.

史叙述和引人注目的神话故事。"[1] 同时世界主义公民与国家主义的公民相对立。按国家主义观点，现代公民由有边界的民族国家界定，做一个公民就是有因主权国家而获得的具体权利以及对这个国家的义务，而不是对其他人的自愿义务；公民归属于有边界的政治共同体，享有集体自决权，能决定谁可以进入，谁不能进入；它是与其他人一起决定是否接受对外人的繁重的道德义务的纽带。因而作为主权国家的成员，公民有外国人没有的特权。[2] 国家主义公民观认为，在民族国家是政治共同体的主导形式时，寻求世界主义公民只不过是道德劝告而已。不过，世界主义走的是寻求道德的和政治的共同体的边界分离，关注超国家的共同体的认同，强调共同的人性和人类团结。奥德丽·奥斯勒和休·斯塔克认为现代公民属于赫尔德所称的地方、地区、国家、国际"交叉的命运共同体"，虽然他们有非常不同的文化和信仰，但他们的利益与其他人的利益捆绑在一起，不因为他们是国家的公民，而因为他们可能是流散群体的成员，有共同的信仰或政治议程，或者比邻而居。[3] 奥黛丽·奥斯勒也指出，虽然世界主义容易与认同超国家的共同性的人联系在一起，但世界主义公民教育的理论工作者并未将"世界主义公民"等同于"全球公民"（global citizenship）。她本人和斯塔克追随杜威、赫尔德和哈贝马斯等人，更愿意将世界主义公民概念作为联系地方、国家和全球的概念，将公民资格设想为从地方到全球的所有层面的一种地位、一种感情（feeling）和一种实践。他们甚至认为，世界主义并不暗示否决与种族、信仰或性向相连的认同，而是寻求在它们基础上树立认同，并扩展它们。[4] 作为地位的公民资格，意味作为国家法律上的公民，拥有权利与义务；作为感情的公民资格，意味"归属于公民的共同体的感情"；作为实践的公

---

[1] ［英］德里克·希特：《何谓公民身份》，郭忠华译，吉林出版集团有限责任公司2007年版，第154页。

[2] Andrew Linklater: Cosmopolitan citizenship. Citizenship Studies, 1998, 2 (1), p. 23.

[3] Audrey Osler and Hugh Starkey: Learning for Cosmopolitan Citizenship: theoretical debates and young people's experiences. Educational Review, 2003, 55 (3), p. 246.

[4] Audrey Osler: Teacher interpretations of citizenship education: national identity, cosmopolitan ideals, and political realities. Curriculum Studies, 2011, 43 (1), p. 2.

民资格,意味作为有人权意识的公民实践公民资格,参与变革世界的现存方式。他们将公民资格作为斗争的舞台,因为公民资格意味地位,就要争取公民地位的完全实现,"在任何国家,民主和公民资格的实现就是持续的斗争,在这个意义上,所有人的公民的、政治的和社会的权利的完全实现、自由与平等的平衡,很可能一直是追求而非是事实"。虽然公民资格意味归属公民的共同体,但是因为完全公民权的实现存在诸如性别和种族的障碍,某些个人和群体难以感受到公平对待,因而存在归属感的差异。"权利提供实践公民资格和感受到归属感的可能性。"[1] 权利意识激发公民行动,并通过行动践行权利,捍卫他人的权利,增强公民资格的包容性。

奥斯勒和斯塔克将公民资格的重点放在实践方面,并作为影响世界变化的能力。这样,"公民资格不仅仅限于与民族国家相连的正式的地位"。[2] 这就将追求权利的完全实现拓展到民主国家之外的世界。在他们看来,世界主义公民是将自己视为以人的价值为基础的世界共同体的公民。而人权包含在人的共同价值内,人权成为共同的基础。人权意味在权利的享有和对人的尊严尊重方面人类是平等的。"作为普遍权利的人权意识必然是由所有人类组成的世界共同体意识。"因而,"正式教育在帮助年轻公民想象国家共同体方面发挥关键作用,也可以帮助他们想象全球共同体"。他们指出,世界主义公民并不否决国家的重要性和合法性,而是强调将人类团结起来的普遍价值。"世界主义理想将人道主义的原则与规范、人道尊严的维护与对差异的承认和对多样性的颂扬相结合。"对于奥斯勒和斯塔克,"世界主义公民是作为公民思考、感受和行动的方式。世界主义公民在地方、国家和全球层面行动。他们在文化多样背景中批判和评估。他们与没有享有完全人权的人有团结感,不管这些人是在地方还是在远方。他们对人性的共同未来承担共享的责任。他们对自己多重的认同充满信心,随着他们遇到其他文化群体或与其他文化群体

---

[1] Audrey Osler and Hugh Starkey: Changing citizenship: democracy and inclusion in education. Open University Press, 2005, pp. 11, 15.

[2] Ibid., p. 15.

相联系而发展新的认同"。① 奥斯勒和斯塔克认为受过良好教育的世界主义公民自信其认同,将努力在地方和全球达成和平、人权和民主。

- 发展应对变化和不确定性的技能;
- 接受个人责任,认可公民责任的重要性;
- 共同解决问题,建成正义、和平与民主的共同体;
- 尊重人之间的差异性,包括性别、种族和文化的差异性;
- 认识到自己的世界观由个人的和社会的历史以及文化传统所形成;
- 认识到不存在持有唯一答案的个人和组织;
- 理解存在解决问题的多种方案;
- 在平等基础上尊重他人并与之协商;
- 与他人团结和对他人表示同情;
- 以非暴力的方式解决冲突;
- 做出明智的选择和判断;
- 拥有向往的未来;
- 尊重文化传统;
- 保护环境;
- 采取可持续发展的生产与消费的方式;
- 努力协调近期的基本需要和长远利益;
- 在国内与国际促进团结和平等。②

也就是说,世界主义公民教育就必须让学生将自己的直接背景与全球背景联系起来,增进对国家认同的更广泛的理解、对认同差异的尊重、对共同人性的承认和与他人团结的意识。奥斯勒本人也指出,世界主义公民教育就是让年轻人学会面对地方、国家、国际等层面的相互依赖和

---

① Audrey Osler and Hugh Starkey: Changing citizenship: democracy and inclusion in education. Open University Press, 2005, pp. 19 – 24.
② Ibid., p. 89.

差异性。

我们需要面对学校、社区、邻居、城镇或城市、国家和全球等所有层面的相互依赖和差异性而培育年轻人。这就是我所涉及的世界主义公民教育。这种公民学习利用戴维·赫尔德的"世界主义民主"概念，这一概念确认我们的复杂和相互依赖的世界。这一概念展示从20世纪60年代以来的挑战权力本质和民主的社会与政治运动——不仅在民族国家内，而且在工作中、社区里和我们个人的社会中。[1]

奥斯勒认为在全球环境政治、人权、国际法和安全、社会媒体等方面的联系日益紧密的背景下，学生需要理解形成他们生活的经济因素、文化过程和社会运动多种类型。教师必须设计帮助学生获得参与不断变化的新的政治形式的学习计划。她以伦敦一所中学的公民课教师维罗妮卡（Veronica）的教育教学为例说明了她所倡导的世界公民教育[2]。维罗妮卡20世纪60年代初出生在伦敦，父母是加纳人，她还是孩子时随父母回到刚独立的加纳，后于80年代作为研究生回到伦敦。她自己的移民经验影响了她的公民课、宗教教育和个人、社会和健康教育课的教学方式。维罗妮卡采取三种方式开展她的教学。其一，与学生分享个人的经验和认同。随着学校移民学生的增加，学校的差异性也明显表现出来。这些学生的家庭或为寻求更好的生活或逃离冲突或政体的避难来到伦敦。维罗妮卡同情这样的学生，与他们分享她的个人故事，包括离开她的国家、家庭和朋友的情感挑战。她告诉学生她是英国公民，虽然放弃了加纳国籍，但仍然说我是加纳人。她认为家庭经历影响学生的行为。她介绍自己的家庭背景，告诉学生她的父母乐意向不同的人和文化学习。其二，坚持人权取向的教育，塑造道德的公民。她意识到贫困对学生成绩的影

---

[1] Audrey Osler: Teaching for cosmopolitan citizenship. Educational Leadership, Vol. 74, Issue 4, December 2016/January 2017, p. 42.

[2] Ibid., pp. 42–45.

响，关心经历困苦的学生，鼓励班上的学生通过分享食物促进团结。有一次维罗妮卡看到一名学生衣服不干净，有一天头抵着桌子，她问他是否不舒服。这名学生告诉她，他没有吃东西。她给他东西吃，鼓励孩子们与他分享自己的东西。其三，采取多重视角。维罗妮卡选择了两个与她的学生特别相关的主题：儿童权利和避难。她相信，学习联合国《儿童公约》对她的学生有益，尤其对许多来自撒哈拉以南非洲的学生。她也相信，了解避难对英国白人学生尤其重要。她的白人学生常常以批判的方式谈及避难。她利用避难周（在英国6月的一周），向学生介绍避难和避难寻求者的主题。她的学生发展媒体技能，审查不同的主导新闻和网络空间的观点，学生尤其表达不同的故事改变其他学生的看法。一名英国白人学生听了他同学的移民经历后，承认自己对同学的敌意表达的错误。维罗妮卡在教学中还将多样性的世界与伦敦、欧洲以及更大世界的政治与社会发展联系起来，以便展示全球化背后的人的故事。对于维罗妮卡的教学，奥斯勒评论道："维罗妮卡是弹性公民资格和多重归属的角色榜样。她认可公民课学习的政治方面，教她的学生识别多重观点和偏见的技能。维罗妮卡教育她的学生成为世界主义公民，能认识到他们怎样和远与近的他人相联系。"[①]

奥斯勒等倡导的世界主义公民教育遭到安德鲁·彼得森的批判。在彼得森看来，奥斯勒等的世界主义是道德世界主义（ethical cosmopolitanism）。这种世界主义在理论上理解为对共同人性观念的确认，即借助共同的人性在伦理上转化为对他人的共担的或个体的道德义务，如赫尔德将人类归于"道德王国"，在其中每个人有平等价值而被尊重。这种道德世界主义要求赋予学生维护和促进世界正义的道德义务，而在彼得森看来，这会忽视和破坏民族国家内公民参与的民主形式的道德意义。在享有主权的民主国家内，公民通过民主参与获得参与的动力。而且民主参与的程序、制度、机制在民主国家已经确立，公民通过这种参与可以影响全球事务。彼得森还指出，这种道德世界主义试图用对世界的依恋取

---

① Audrey Osler: Teaching for cosmopolitan citizenship. Educational Leadership, December 2016/January 2017, 74 (4), pp. 42–45.

代对祖国的依恋,而让公民轻视或忽视共享的纽带(communal bonds)和义务的首要地位,从而损害地方和民族共同体的道德纽带。这在心理上难以实现。按彼得森,人们无法绕开直接的生活圈而投向道德世界主义的怀抱。如果教育上这样做,就很可能导致学生从他们特殊的历史和情感联系中抽象出来,而与家庭、朋友和同胞相联系的公民分离开来。而这种与家庭、朋友和同胞的联系正是信任感、团结感和互惠性的基础。彼得森要求教育者记住在公民的内心的地方和民族的依恋既关涉认知也涉及情感。这种情感只能从特殊的情感纽带延伸出去,从家庭到全球层面。正因为彼得森将共享的纽带作为道德义务的来源,所以质疑奥斯勒和斯塔克所主张的源于共同的人性,即使他不否认奥斯勒和斯塔克所强调的全球和地方相联系的世界主义经验。因而,彼得森认为美德伦理学可以挑战规范伦理学,进而质疑后者的教育效果。彼得森认为,面对文化世界主义在民族国家内外带来的丰富性与挑战,在教育上应该从德行伦理的观点思考公民在其世界政治共同体中所承担的义务,"世界主义教育的道德要求最好基于美德而不是基于规范的伦理加以概念化。"这种教育关注学生有效参与世界主义政治共同体所需的性格特征和美德,让他们为世界主义政治共同体做好准备。[①] 彼得森的这种主张不过是将其所主张的共和主义公民美德世界主义化。

二　英国学校的全球公民教育

全球公民教育与许多冠之以"全球教育"、"世界研究"和"国际理解教育"有内在联系,是应对世界日益相互依赖和迅速变化以及追求世界和平与正义的产物。全球教育植根于欧洲,可追溯到20世纪20年代,寻求利用正式教育作为促进更为持久和平的手段。1945年后,在"国际理解教育"的旗号下,扩展欧洲中心的课程,融入其他世界的内容,增

[①] Andrew Peterson: The educational limits of ethical cosmopolitanism: towards the importance of virtue in cosmopolitan education and communities? British Journal of Educational Studies, 2012, 60 (3), pp. 227–242.

进对全球的理解。从20世纪60年代，全球教育已经发展成为课程改革运动，始于发达国家，如英国和美国，英国称之为"世界研究"，然后扩展到全球。加拿大的格雷厄姆·派克认为全球教育并未形成共识，但发展教育、人权教育、环境教育与和平教育一直是其相关的领域。他指出，全球教育会探索如下方面：全球联系和相互依赖、全球制度、全球事务和问题、跨文化理解、人的信仰和价值观、未来选择的意识，而在美国、加拿大和英国，教师共同探索的思想包括：全球人民的相互依赖、联系，全球观和多种观点[1]。全球教育旨在培养全球公民，或者本身就是全球公民教育，林恩·戴维斯指出，全球公民不仅仅意味培养"国际意识"，因为公民资格意味权利和责任，也意味积极作用，而推动积极作用发挥的重要动力是社会正义、权利和对文化与文化冲突的参与。这些行动包括寻求应对不平等或权利滥用的方式和质疑文化传统。[2] 这种全球公民教育的指向似乎与世界主义的关注点汇合，因为世界主义强调普遍的权利、文化的差异性和全球的民主参与。世界主义指向人类的和平与团结以及每个人的自由，如康德的世界主义指向和平，努斯鲍姆强调共同的人性和全人类的团结。但和平与团结都有赖于正义的安排，而正义本身就意味权利的实现和人的发展的条件。世界主义的蓝图是，在全球道德与民主共同体中各种差异性得到自由发展。但实际上人类并非团结的共同体，每个人和群体并非平等自由。"全球公民"如果意味着将想象转变为现实的行动能力，那么全球公民教育就是行动路线，积极促进全球正义，为全球团结创造条件。这样全球公民就具备了积极特征。在英国，全球公民教育的理论与实践明显带有世界主义的色彩。一方面，强调以共同人性为基础的人权教育，追求全球正义；另一方面，向全球政治扩展，要求参与各种形式的全球治理。在这两方面都强调全球与地方结合，要求包容差异性。

---

[1] James Arthur, Ian Davies and Carole Hahn (ed): The SAGE Hand of Education for Citizenship and Democracy. SAGE Publications, 2008. p. 469.

[2] Lynn Davis: Global citizenship: abstraction or framework for action? Educational Review, 2006, 58 (1), p. 6.

(一) 英国全球公民教育的理论意味

全球公民教育旨在公民资格在全球层面的实现,即公民的权利与责任在全球范围的行使。世界主义影响了英国对全球公民教育的理论思考。世界主义公民资格的三个方面体现在英国全球公民教育的理论想象中。

全球公民教育必然涉及人权与人权教育。随着《世界人权宣言》(1948)、《欧洲人权公约》(1950)以及《儿童权利公约》(1989)等国际人权公约的颁布,英国政府对相关人权条款做出承诺,并纳入英国1998年通过的《人权法案》中。联合王国的各部分也大力致力于人权事业。苏格兰历届政府努力创造包容性的现代苏格兰,承诺保护、尊重和实现所有苏格兰人的权利①。1998年的苏格兰法案规定苏格兰的人权保护,并确保苏格兰议会的行为符合欧洲人权公约。2006年,苏格兰成立"苏格兰人权委员会",其职责在于提升人权方面的意识、理解和尊重。在人权教育方面,响应"联合国人权教育十年(1995—2004)"、2005年的"人权教育世界项目"的发起,苏格兰也积极推进儿童与青少年的人权保护和教育。2003年,苏格兰设立"苏格兰儿童与青少年专员",其职责在于促进和保护儿童与青少年的权利。2011年苏格兰种族和文化的少数群体促进社举行人权教育的全国性会议。会议报告寻求将人权本位的教育方式运用到苏格兰教育;通过与终身教育相关的政策强化苏格兰人权教育和积极公民教育;通过规划"苏格兰政府的人权教育的世界行动计划"帮助苏格兰政府推进人权教育计划;履行就"联合国人权教育世界项目"向联合国报告的义务来支持苏格兰政府。② 人权是普遍权利,人

---

① Stephen J. Daniels: Global citizenship education and human rights in Scottish education: an analysis of education policy? Citizenship, Social and Economics Education, 2018, 17 (2), p.86. 在该文中,Stephen J. Daniels指出,虽然苏格兰的教育政策在逻辑上意味苏格兰教育要完全实施支持人权的原则和价值观,但是苏格兰教育政策缺乏关于人权的原则以及保护和促进人权机制的内容,没有要求学生对人权的规范、原则和价值观以及保护和促进人权的机制的理解。他要求教育政策明确表达人权内容。

② BEMIS: A Review of Human Rights Education in School in School. March 2013. p.3.

权教育追求的是人权的普遍实现和全球正义。这在奥斯勒看来,其本身就是世界主义的概念。她指出,支撑1945年签署的《联合国宪章》的基础是世界主义的愿景。其序言表示:"坚信基本人权,人的尊严和价值、男女的平等权利,民族无论大小的权利。"而追求和平的世界主义的愿景以正义与平等为基础。[1] 她说:"在人权中,一个关键的概念是普遍性。权利属于所有人,源自我们共享的人性和人类的斗争。"[2] 格里菲斯也指出,全球公民超出了国家的边界的人为性,将"地球"作为共同的人类家园。对于他,将人类团结在一起的共同认同基本上不是文化的、国家的、政治的、公民的、社会的和经济的,而是道德的。与此相应,人权教育应该培养对这些权利意识和尊重与保护这些权利的责任。奥黛丽·奥斯勒指出,"人权教育事业是世界主义事业,要求我们认识到我们在全球的同类的尊严和权利在哪里需要保护,谁被赋予相同的'人类家庭'的成员资格"。[3] 她和斯塔克倡导以人权为基础的世界主义公民教育,坚信"人权强调我们共同人性,基本上是世界主义的,促进与我们人类同胞的团结,而不管其种族、民族或宗教"。她呼吁公立学校的重点要从国家视角转变为我们共同的人性。[4]

应该说,以人权为基础的世界主义的全球公民教育本质上基于共同的人性,其所表达的是对共同人性、普遍权利的认同,即使这种教育要求审查特殊情境的权力关系,表达不对称的权力关系,从而达到尊严平等的承认。这种理论指向是道德的,而非政治的。安德鲁·彼得森从共和主义的世界主义立场表达自己对公民资格的全球维度的思考。他指出,世界主义认为全球化的进程削弱了民族国家在保护人权和维持主权方面的有效性,而拒绝民族国家的基础性,追求珍视并捍卫每个人的平等的

---

[1] Audrey Osler and Hugh Starkey: Changing citizenship: democracy and inclusion in education. Open University Press, 2005, p. 20.

[2] Audrey Osler: Human rights education, postcolonial scholarship, and action for social justice? Theory and Research in Social Education, 2015, 43 (2), p. 30.

[3] James Arthur, Ian Davies and Carole Hahn (ed): The SAGE Hand of Education for Citizenship and Democracy. SAGE Publications, 2008, p. 456.

[4] Audrey Osler: Human rights education, postcolonial scholarship, and action for social justice? Theory and Research in Social Education, 2015, 43 (2).

价值和尊严的多层面的民主、多重的权威系统和多层次的公民资格。共和主义将民族国家作为赋予和履行公民资格的中心，旨在实现积极的实践性公民，也就是践行公民义务，对公共善做出承诺，具备公民美德和参与商议民主。二者结合的共和主义的世界主义致力于共和主义的自治公民资格超越民族国家的限制而在全球实现，亦即成为全球政治共同体的公民。"共和主义的世界主义者是世界主义的，因为基于对全球日益相互联系的经验判断，他们致力于让公民资格的践行超出民族国家的空间限制；然而，他们也是共和主义的，因为他们有这一'规范性主张，即有义务在民族国家之外创立政治共同体'。"[1] 这样将共和主义的公民要素推向全球层面。按照共和主义的世界主义，彼得森设想了公民教育的全球维度。按共和主义的世界主义，政治的和民主的理解和行动居于公民资格全球维度核心，因而公民教育仅仅致力于社会正义和人权是不够的，还必须让学生学会参与全球政治的各种民主形式，既包括在民事的，也包括公民的领域，而且培育他们这样做的规范性义务。也就是说，公民教育向全球政治延伸，按彼得森，这种公民教育既要让学生投身于全球民主进程，也要对全球化导致的反民主后果提出挑战。全球公民教育不应该仅仅涉及"关于"全球公民资格的学习，而应当是"为了"全球公民而学习，亦即学生必须学习如何批判地质疑全球化的"政治"特征和挑战。彼得森批评全球公民教育仅仅寻求激发学习者对社会正义和人权的承诺的去政治的做法，如第三、四关键期的公民教育"要求学生运用他们的想象力来思考其他人的经验"。在彼得森看来，为了成为全球公民，就要学生参与抗辩的民主商议过程，不仅树立力量感与责任意识，而且在实际背景中面对真正的问题，采取行动并产生影响。为此，要让学生必须选择和研究全球问题，让学生关注全球组织内部民主进程的探索，以及这些组织与国家和超国家民主机构互动的方式。总之，增进学生作为全球公民参与所需的能力、技能和知识。

我们可以看到，无论是人权教育还是全球的民主参与，都会指向行

---

[1] Andrew Peterson：Republican cosmopolitanism：democratizing the global dimensions of citizenship education. Oxford Review of Education，2011，37（3），p. 423.

动。如奥斯勒指出，人权教育的目的不仅仅是维护自己的权利，更为重要的是尊重、维护和促进他人的权利实现。这就对权利安排发出正义的呼声。如果我们将对不平等的权利安排视为当然，我们不可能采取正义的行动。为了实现全球正义，就需要每个人作为全球公民采取行动。这种行动不仅包括地方行动，也包括全球行动。弗格林谈到公民资格时指出，社会正义的原则意味"保证集体的安排……一些人的好生活不是以其他人的恶劣生活为代价"。林恩·戴维斯解释说，这不意味，他将全球公民资格减少到"国际改良主义"，而是意味，理解和影响全球层面的决策过程，以及它们对人民生活的影响。[1] 这种行动既是全球性的，也是地方性的。

全球性意味外向性，意味接触、面对和处理文化的差异性。克莱因（Klein）主张向其他文化学习，不仅仅学习印度山谷文明，而且要激发对世界文化的兴趣和发现的好奇心；学习尊重不同于自己的文化；将文化视为受外部环境如入侵、殖民和全球化影响的生活和变化。如英格兰中部地区全球公民委员会所称："全球问题对在中西部的我们是重要的，因为作为参与全球贸易的不断变化的地区认同，也因为其公民的忠诚和多重文化认同。……这意味着我们向外看，发展与更大世界联系的倾向，以及对在我们地区影响其他地区的经济、社会、环境和政治的决定作出贡献。"该委员会的工作小组希望所培养的"新公民"做到：理解与其他地方人民的共同性；相互依赖的理解；反省自己的批判能力；包容的归属感和自尊感；多重认同的意识，包括我们自己的和作为共同体的；对差异性的重视；回应变化的自信和能力。戴维斯认为，中部全球公民委员会的工作小组希望所培养的"新公民"更多地与态度而非与行动相连，存在紧张。因而不仅需要态度，而且要化为行动，共同努力，需要认可差异，重视和处理差异。[2]

当然，强调全球性并不意味否定地方性，世界主义并不拒绝多样认

---

[1] Lynn Davis: Global citizenship: abstraction or framework for action? Educational Review, 2006, 58 (1), pp. 6 – 7.

[2] Ibid., pp. 9 – 10.

同的存在，尤其强调地方性的认同。努斯鲍姆强调地方性认同对世界主义的重要性。因为践行公民资格从地方开始，只有在地方支持正义和捍卫其他人的权利，才能在全球与他人团结在一起。奥斯勒说："如果我们在自己的社区不能与他人，尤其是与被我们视为不同于自己的人建立团结意识，（全球团结）是不充分的。这种挑战就是为我们共同的未来和解决共同的问题而接受分担的责任。"[①] 奥斯勒强调，不要因为权利的普遍性而掩盖文化的差异性，人权教育必须包含对不同文化的承认。奥斯勒认为人权概念不仅涉及"普遍性"，也涉及"承认"，强调将权利置于文化背景中，因为权利发生在特殊背景中。她指出，当儿童走进教室，他们依照全球中的特殊位置行为，并带着给他们声音以特权或抑制他们的声音的特殊的历史地位。虽然他们的认同与他们的生活经历相连，但他们的归属为强者规定，在学校由教师和教育决策者决定学生的归属，如学生被标记为"黑人"。[②]

（二）英国全球公民教育的行动路线

在英国学者看来，全球公民意味积极行动，而人权、全球社会正义和接纳文化差异性是其行动的动力。如格里菲斯认为全球公民资格基于权利、责任和行动。他将全球公民描述为"不仅仅意识到权利，而且有能力和愿意按此行动；有独立的和彻底的批判倾向；其决定和行动受到对社会正义和人类尊严的道德关心所影响；因而有能力通过她的行动控制和提升整个生命的'自我轨迹'，同时以完善社会的公民义务感对公益和公共利益做贡献"。[③] 行动始于地方，然后影响全球，英国的口号是"地方行动，全球思维"。全球公民行动意味将地方与全球关联。我们沿着这一路线分析英国的全球公民教育。

---

① Audrey Osler: Teacher interpretations of citizenship education: national identity, cosmopolitan ideals, and political realities. Journal of Curriculum Studies, 2011, 43 (1), p. 2.

② Audrey Osler: Human rights education, postcolonial scholarship, and action for social justice? Theory and Research in Social Education, 2015, 43 (2).

③ Lynn Davis: Global citizenship: abstraction or framework for action? Educational Review, 2006, Vol. 58, No. 1. p. 8.

全球公民一定是追求全球社会正义的人。英国乐施会（Oxfam）的《全球公民课程》就秉承和光大"为变革世界社会而学习"的思想。乐施会表示："我们相信全球公民不仅仅是部分之和。这不是简单知道我们之间的相互性及对地球的责任。全球公民是关于对解决不正义和不平等的需要的理解，而且有为之付出积极努力的意愿和能力。它是关于将地球作为珍贵的和独一的事物加以珍视，而且保护我们后代的未来。全球公民是一种思考和行为方式。它是关于生命的世界观，我们发挥作用的信仰。"乐施会认为把全球公民视为意识到更为广大的世界，有作为世界公民的角色意识；尊重和珍视差异性；理解世界经济、政治、社会、文化、技术和环境等方面的运行；对社会不正义充满义愤；参与从地方到全球的不同层面的共同体，并对此做出贡献；愿意为创造更为公平和可持续发展的世界而采取行动；对他们的行为负责。[1] 也就是说，全球公民是了解世界怎样运作，对不正义充满义愤，面对这种全球挑战愿意并有能力采取行动的人。作为全球公民，不仅要有同情心，而且必须有义愤和强大的变革能力。同情、对不正义的义愤、对创造公平世界的渴望推动人们采取行动。因而，玛丽·杨和艾利什·康明斯把全球公民教育置于教育的核心，"全球公民必须是处于教育的核心"。其理由在于：

（1）我们所处的世界是不公平和不平等的，全球公民教育促进对这种世界的改造。

（2）我们生活在多样性的世界，而全球公民教育让孩子面对无知和不宽容。对多样性的尊重和同情、合作和协商的技能，对与偏见和歧视作斗争是基本的。

（3）全球公民教育使挑战关于世界大多数国家的错误信息和刻板观点成为可能。因为全球公民教育赋予学生批判的思考。

（4）全球公民教育可以激发孩子们的兴趣令孩子们兴奋，而且与他们相关。

---

[1] Mary Young, Eilish Commins: Global Citizenship: The Handbook for Primary Teaching. Chris Kington Publishing, 2002, p. 1.

（5）我们生活在相互依赖的世界，全球公民教育鼓励我们认识到相互的责任。

（6）我们生活在迅速变化的世界，全球公民教育涉及未来的灵活性、适应性和积极形象。

（7）全球公民教育认可我们作为个人有权利：我们每个人可以变革事物，我们每个人选择怎样行为。如大声说反对不正义和歧视；不浪费；买公平贸易的产品。

（8）全球公民教育的核心强调从他人的经验学习的重要性。

（9）所用以促进全球公民精神的培养教育的教学方式对学生有积极作用，可以提高标准。①

这种致力于行动的全球公民应该渗透在教育的各个方面，成为一种精神。他们认为，"创造全球公民的世界，教育必须先行。全球公民不是另外的课程——它是一种精神风貌。可以通过整个学校的方式进行"。学校的每个人要负责，而且学校的课程中突出社会正义、多样性的赞赏和可持续发展的重要性。也就是说，全球公民教育通过学校行动和课程行动两个层面展开。

1. 学校行动

全校性的行动旨在营造学校全球公民教育的氛围，如乐施会的全球公民教育的原则就要求整个学校的全球公民教育。其教育原则包括：重申和培养认同感和自尊的重要性；尊重所有学生和表达校内外的不平等；认可相关价值、态度和个人与社会教育的重要性；学习他人的经验的意愿；贴合年轻人的兴趣和需要；支持和增强年轻人影响变革的动机；全球公民的整体方式，即渗透在学校生活的各方面的精神风貌。②

玛丽·杨和艾利什·康明斯阐释了整个学校的全球公民教育设想。③

---

① Mary Young, Eilish Commins: Global Citizenship: The Handbook for Primary Teaching. Chris Kington Publishing, 2002, pp. 5–7.

② Ibid., p. 2.

③ Ibid., pp. 11–39.

第一,通过提供在职活动,促进整个学校对全球公民教育的理解。学校所有人所有方面涉及全球公民教育。如教师的在职训练、学校的政策、学校的精神风貌(如学校的展示、课堂内外的活动)、会议及与地方社区的互动。在这些活动中促进讨论和创造性思考,允许权衡各种理性意见,而且参与者能够相互学习。为发展整个学校对全球公民教育的理解,她们认为需要探讨"争议的"问题(如贫困、全球化的影响、人权)、可持续发展等方面的问题,加强与社区联系。第二,审查整个学校。这种审查做到,将全球公民作为学校的使命宣言部分,并包含在课程计划中;友好的、安全的和丰富的学校环境,每个学生和成人的自尊得到肯定;有效的平等机会的政策;有效的行为管理政策,包括政策的清晰展示;对民主和包容程序的承诺,包括有效的学校委员会;各种支持让学生参与的方法,增强和支持学生影响变革的动机;促进全球公民的整个学校的创议和活动;开放、有效和包容的学校管理团体、有反映学校和社区多样性的代表的董事会;准备促进全球公民教育的活动;对向周围不同背景的人学习做出承诺;对可持续发展承诺;庆祝多样性的展示和资源,包括不同文化、性别、残疾人、家庭类型的积极榜样;学校、家长和更大社区的积极联系;支持教职工增加全球公民知识和理解的希望。她们也提供了整个学校全球公民教育的榜样学校的做法,如在学校使命宣言包括培养全球公民;学校提供支持性的环境和增强自尊,让学生相互倾听和关心;提供有效的平等机会,营造反种族主义的精神氛围;采取反欺辱和同伴调解,加强行为管理;安排民主和包容的程序,让学生有效参与学校事务;运用各种教学方法,支持和确立全球公民的主题;发起整个学校全球公民活动的倡议和活动,如全球公民周,向家长和当地社区举办全球公民晚会或开放日,讲故事、戏剧或舞蹈团表演关注全球公民教育问题;开展增进道德实践,如支持地方产品以强化社区,减少对遥远地方商品的需要;举办分享食物晚会等活动,倡导向不同种族和不同社会阶层的人学习,坚持语言公平;促进学校的生物多样性,表达对可持续发展的承诺;丰富全球性的资源和展示,体现学校的精神面貌;拓展社区联系,建立与更大社群的人和群体的互惠性关系;建立与全球公民教育组织和人员的联系，支持教职工职业发展。①

玛丽·杨和艾利什·康明斯建议将社会正义和平等、全球化和相互依赖、对多样性的欣赏、可持续发展、和平与冲突解决五个主题融入学校活动。学校利用集会探索全球公民方面的问题，通过学校的主题活动，如社会正义和平等表演活动，让学生意识到他们对待他人和他人对待他们的权利和责任。这种活动可以采取短剧表演，第一剧：新生报到注册，向两名学生求助，一名不友好，没有帮助，另一名提供帮助。第二剧：操场游戏时间，几个朋友一起玩。有一个学生来了，想加入，有的学生说不玩了，有的同意。第三剧：午餐时 A 同学拿了 B 同学的苹果，B 同学要求还回，而得到 C 同学的支持，但有的学生支持拿苹果的学生。② 这一短剧体现了友善、悦纳他人和公平等道德要求。

2. 课程行动

全球公民教育不是独立的课程，而是渗透在所有学科的教学中。玛丽·杨和艾利什·康明斯建议将全球公民教育结合进识字课中，选择引发兴趣和讨论材料。如学习目标，在理解和组成方面理解故事中的时间和因果关系；认识和讨论故事中事件的原因；利用故事结构书写自己在相同情境中的经历；利用语言组织事件的过程。另外有语法和标点、词语方面的目标。如阅读"艾瑟琳的哈拉"（Harrah for Ethelyn）的故事，全班活动：找出故事中的主要事件，如主要人物、怎样对待故事中人物？公平吗？这是伤害行为吗？讨论伤害行为；弄清相处词语的意思，如"欺辱""下流""妒忌"等。小组活动：将印有关于故事事件的话语的作业纸给每个学生，要求学生将话语按正确的方式串起来。全体会议：学生指出艾瑟琳被公平或不公平对待的方面。③ 地理课与全球公民教育有更为紧密的关系。在她们看来地理课有助于学生解释环境和理解他们周围的世界，对全球公民教育地理有如下作用：可以树立学生全面的地方观；提供质疑信息的方式；挑战刻板的观点和偏见；尽可能将全球各方

---

① Mary Young, Eilish Commins：Global Citizenship：The Handbook for Primary Teaching. Chris Kington Publishing，2002，pp. 37 - 39.

② Ibid.，p. 44.

③ Ibid.，pp. 106 - 107.

面融入地理课；可以联系课程的不同方面，如将地理、环境教育和公民责任结合起来。① "大屠杀"也是全球公民教育的重要主题，这方面的教育可以将历史与公民教育结合，增进学生对正义、宽容、人权和种族主义的理解。保拉·考恩和亨利·梅特尔斯研究苏格兰学校开展大屠杀教学发现，通过大屠杀教育，虽然学生中依然存在反英格兰情结，但大大提升学生对人权和种族主义的感知，对吉普赛人和难民的态度大为改善，大多数学生不同意对犹太人做种族主义评论。②

乔安·普拉斯提供了供第三、四关键期使用的以能力为基础的积极的全球公民教育手册，描述了这两个阶段全球公民教育的行动路线。他强调"积极的全球公民意味学生能充分参与全球社会"。其宗旨是：(1) 提供通过行动发挥作用的经历；(2) 发展调查、参与和反思的技能；(3) 增进对全球共同体的理解，讨论其政治、经济、环境和社会的意味。他指出，作为课程，提供学生发表意见和采取负责行动的机会，以交流、调查和批判性思考为基础；鼓励共同探索问题，利用参与的学习风格，结合弗莱雷的理论，利用反思的方法。③ 他将这种全球公民教育分为六个步骤：

第一步：问问题；包括学生探索对全球公民资格的理解、价值观和态度。通过测量，记录学生的反应，活动可以不断重复。

第二步：得到问题；包括学生提出影响他们生活的重要问题，帮助他们在地方和全球背景下思考问题，然后选择采取某一行动方案并加以改善。

第三步：获得更多信息；包括学生发现更多的其他选择。要求

---

① Mary Young, Eilish Commins: Global Citizenship: The Handbook for Primary Teaching. Chris Kington Publishing, 2002, p. 157.

② Paula Cowan, Henry Maitles: Values and attitudes—positive and negative: a study of the impact of teaching the Holocaust on citizenship among Scottish 11–12 year olds? Scottish Educational Review, 2005, 37 (2), pp. 109–111.

③ Joanne Price: Get Global!: A Skill-Based Approach to Active Global Citizenship. ActionAid, CAFOD, Christian Aid, Oxfam, Save the Children and the Department for International Development? 2003, p. 3.

学生深入研究问题，调查这些问题怎样影响地方和全球的人与环境。

第四步：制定计划；包括学生采取的行动方案及其执行。教师在审查行动方案的可行性和管理实践的影响方面支持学生。

第五步：表现积极：涉及学生采取行动，帮助他们记录和监督进步。

第六步：进行思考：涉及学生反思"走向全球"的过程。鼓励学生思考他们已学习的和达到的东西以及如何再创新。[1]

乔安·普拉斯对这六步做了阐释。[2] 如第一步有五个活动：（1）理想的未来：思考好公民的特征；最重要和最现实的事情以及如何达到，探索世界观；（2）用图描绘世界：思考描述学校的方式，并画所描述的象征。每个学生绘制所居住的地方以及周围环境，并放到与学校的关系中；（3）影响的人：讨论影响的方式，探索和分析影响，如人的关系网；（4）从地方到全球的权力：探索地方和全球的影响和权力，讨论二者的差异。思考影响你的人以及在地方、国家和国际权力高于你的人；（5）积极的全球公民调查：探索积极的全球公民的特征。利用不同的技能等级的表格调查，技能包括作为团队的成员工作、自己做一切、读报、参与讨论、坚持自己的看法、看电视、挑战他人的看法。第二步的活动包括让学生采取头脑风暴、分类和提问，发展学生问问题和认识问题的能力；选择、组织信息、组织论据的能力和交流能力，包括11个活动。（1）"引发性照片"：收集和选择图片，提出影响生活的问题。（2）"什么让你激动"：画个人的轮廓，把认为重要的问题写在"人"身上，思考学校、地方、国家和全球的问题。（3）"用脚投票"：倾听并对问题做出反应。（4）"你的选择"：讨论问题。（5）"问题轮"：把问题写在"轮"上，分析问题。（6）"为什么—为什么—为什么"问题串分析问题。（7）"地方—全球问题"，就问题展开讨论。（8）"扩展视野"把重要问

---

[1] Joanne Price: Get Global!: A Skill-Based Approach to Active Global Citizenship. ActionAid, CAFOD, Christian Aid, Oxfam, Save the Children and the Department for International Development? 2003, p. 15.

[2] Ibid., pp. 18–58.

题置于全球背景。(9)"排列问题":按标准排列问题。(10)"配对排序":如将问题列为将青年活动中心的缺乏、种族主义、欺辱、恐怖主义威胁配对排序。(11)"问题的理由":提出选择某问题的理由。第三步是调查所选择的问题,学生需要掌握该问题地方和全球的背景知识,以便做出理性决定。通过调查培养学生客观、敏锐地思考和研究问题的能力、分析评估不同来源的信息、得出和证明结论的能力以及交流能力。活动有7个:(1)"问题树":画一棵树的轮廓,将问题写在树干上,原因在树根,影响在树枝等;(2)"路线寻找":探索问题的政治、经济、社会和环境等方面,讨论并对问题做出反应,与他人比较不同的反应;(3)"研究的思想图":用图将思想呈现,明确知道什么和需要知道什么;(4)"网络搜寻":收集问题的相关信息。要思考谁的网址、每个网址相同的信息是什么等;(5)"停止思考戏剧":就所选问题开展情境性角色扮演活动,理解人怎样与问题相关;(6)"问题辩论":研究支持和反对该问题的论据,将不同论据列表;(7)"研究构架":提出研究的发现和信息资源。第四步计划,探索采取行动的可能办法,调查对地方和全球的影响,计划怎样执行最佳。让学生思考行动和决定的可行性;支持学生做详细的计划;培养学生调查、交流的能力。活动有12个连续的过程:(1)"我们做什么":探索行动的地方和全球的情境,看行动是否符合SMART,即具体(specific)、可测量(measurable)、可达到(achievable)、现实性(realistic)、时限(time-bound);(2)"砖和锤":画一堵墙,每块砖表示要实现的世界愿景,需要改善的则标上锤,如不公平的贸易;(3)"行动树":画棵树,利用"树"作为基础讨论问题:如对行动的影响是什么?谁有权帮助我们等;(4)"支柱腿":讨论哪一种行动,将不同行动写在腿下,评估可行性;(5)"行动卡游戏":做九张卡,写上认为是最好的行动,如游说议员,思考每项行动对学校的最大影响;(6)"哪种行动":利用表列出可能的行动,选择最有可行性的行动;(7)"影响矩阵":列出对某问题采取的可能行动,运用影响源评估其不同方面的不同程度影响;(8)问意见:调查他人对行动的意见;(9)"我们的行动":利用表格说明选择的结论,思考行动对地方和全球的影响。以此作为口头和书面陈述的基础;(10)"交流":利用交流的表格交流，思考哪种交流最适合行动，如交流接触什么人、需要什么设施等；（11）"流程"：显示行动的进程；（12）"计划树"：画一棵树作为讨论计划的基础，如哪种行动最重要？谁去做？等问题。第五步是思考行动：目的在于反思所学到的和达到的以及如何采取下一步行动；支持学生思考怎样持续行动和利用已获得的技能；培养交流和参与的技能，如口头与书面表达、反思参与的过程。（1）反思：利用问题表反思，讨论如何更好地合作，行动是否发挥作用，怎样影响个人等。（2）记录：记录每步行动，写下所做的思考、所乐意的事和获得的新思想。（3）继续：庆祝成绩的获得。如写信给支持行动的人，计划庆祝成绩的方式。

指向行动的全球公民教育也可以在幼儿期展开，将全球方面结合进教育游戏，达到挑战陈见和树立对不同的人、文化和信仰的积极态度的目的。海伦·加福思（Helen Garforth）等开发的供3—5岁的保育学校使用的早期全球教育手册，要求渗透在早期教育的一切活动中，在课程方面将全球教育渗透在每个主题中，旨在让儿童"以尊重和无偏见地对待世界和人民"，"为儿童能本着自信其认同的立场体验世界奠定基础，并相信他们能并且将会影响他们周围的世界"。这本手册设计了六个主题活动和六个国家活动。其全球教育活动目的在于：利用形象、人工制品和故事等挑战消极的陈规；探索我们与世界人民的共同性；赞赏世界各地人民的独特性和特殊性；给家长和监护人提供与孩子一起发现和学习的机会。其全球教育具体活动的学习目标：让孩子了解生产食物的过程和人；让孩子意识到食物来自哪里，怎样得到；让孩子了解国家之间的贸易；让孩子逐步意识到当今世界贸易中的不平等和不正义；帮助孩子理解他们自己的生活和他人的生活之间的联系；帮助孩子理解人的行为对环境的影响；让孩子树立对他们发挥作用的理解和信念；培养孩子环境责任感和可持续利用资源的意识；确立我们从他们学习、他们也从我们学习的观念；挑战对人和地方的成见，提供孩子更加平衡的观点；庆祝过去和现在世界各地的社会对人类成就的贡献；鼓励孩子开展合作的活动；让孩子培养解决冲突的技能；增进孩子对民主的理解和承诺；鼓励孩子关注人之间的共同点；增进孩子对人因为其种族、性别、残疾、性征和阶级而受到不公平的对待的理解；让孩子能尊重多样性；帮助孩子发展对他们自己以及相互的权利和责任的理解；鼓励孩子表达自己的意见和尊重他人的意见；增强幼儿的世界意识；树立幼儿的认同感和尊重他人的认同感。① 如活动主题"全球花园"包括"绿色手指"、"生命循环"、"树上的生活"、"利用植物制作"、"混合"和"选择未来"等活动。如"利用植物制作"的学习目的是让孩子了解制作食物的过程和人；让孩子意识到食物来自哪里、怎样运来；让孩子知道国家之间的贸易；帮助孩子理解自己的生活和他人的生活之间的联系；培养孩子的世界意识。活动从故事开始，然后进行分类与配对活动，卡片按植物制作的和非植物制作分类等。② 在国家方面，如中国部分，活动包括"中国的'造房子'游戏""做七巧板""阴阳运动""月饼""丝绸之舞与太极拳"等活动，要求强调中国的多样性、人口众多的积极潜力等方面；禁止用"远东"一语；不能仅仅注意中国的新年等。③

三　英国学校的可持续发展教育

可持续发展教育是全球公民教育至关重要的部分，因为环境问题或可持续发展是全球公民教育不可回避的主题。1992年里约联合国环境与发展会议后，可持续与发展相联系，环境教育要关注可持续性和发展的概念以及它们之间的关系，而可持续发展的概念涉及"改善人的生活质量同时生活在生态系统承载的能力范围内"。可持续发展教育逐步取代环境教育而成为广泛接受的术语。环境教育虽然不排斥对可持续性的追求，但往往囿于自然环境而未考虑整个人类社会与自然的关系，因而有必要从整个地球思考所有人和生物的发展，不仅思考人与自然的关系，还要思考不同国家和地方的人对自然造成的结果，对其他国家和地区的人的影响，思考现在一代人对后代的影响。这要求教育不仅培养人对自然的责任，而且培养对其他国家和地区的人的责任，也就是要树立环境意识

---

① Helen Garforth ... [et al]: Growing up Global: Early Years Global Education Handbook. Reading International Soliarity Centre, 2008, pp. 1-2.
② Ibid., p. 22.
③ Ibid., p. 97.

和全球正义感。因而，可持续发展教育本质上属于全球公民教育的范畴。如联合国《地球宪章》的序言陈述："我们必须具备普遍的责任感，将我们自己等同于地球共同体以及地方共同体。我们不仅是不同国家的公民，也是一个地方与全球联系在一起的世界的公民。每个人共担对人类家庭和更大的生命世界现在和未来一代的责任。"安德鲁·多布森也指出，"环境公民资格和世界主义公民资格一样是国际主义者，且有许多相同之处"。[1] 可持续发展教育强调全球正义，如杰夫·法根所说："可持续发展教育包括特别的、全球的和道德的目的，亦即要求对正义、平等和民主作出承诺。"[2]

英国也经历了从"环境教育"到"可持续发展教育"的转变。早在20世纪70年代，英国就希望正式的学校课程中设置环境学科。80年代，环境教育在英格兰和威尔士成为国家课程的非法定的、跨课程的主题，到90年代，环境教育作为课程的要素渗透在所有课程中，其目标是：提供保护和改善环境所必需的知识、价值观、态度、责任和技能的机会；鼓励学生从各种观点审查和解释环境；唤起学生对环境的意识和好奇心，鼓励积极参与解决环境问题。[3] 在20世纪90年代以后，可持续发展教育成为英国教育政策和实践的通行用语，在很大程度上已经成为英国学校课程的部分。2005年，英国政府签署"联合国可持续发展教育十年"，英国各地政府制定可持续发展教育政策，如苏格兰政府强烈建议将可持续作为指导原则和学校整体改善联系起来。学校也积极推进可持续发展教育，而且越来越多的学校将"可持续"作为指导其活动的核心原则。可持续发展教育旨在促进可持续未来所需要的价值观、行为和生活方式。可持续发展教育也就成为英国各种课程审查的对象。

---

[1] Quentin Skiner, Bo Strath: State and Citizens: History Theory Prospects. Cambridge University Press, 2003, p. 220.

[2] John Huckle & Stephen Sterling (ed): Education for Sustainability. Earthscan Publication Ltd. 1997. p. 139.

[3] William Scott, Chris Oulton: Environmental values education: an exploration of its role in the school curriculum. Journal of Maral Education, 1998, 27 (2), p. 211.

(一) 生态公民

全球可持续发展需要新的公民和新的全球治理形式。约翰·赫克尔指出，21世纪文明不是通向可持续的道路，因为"主导的政治经济形式难以保护经济资源与服务以及保证经济的稳定性，减少社会不平等；不能维护文化的多样性，不能维护人的心理和精神健康"。面对生态、经济、社会、文化和个人可持续的危机，需要采取更可持续的政治经济形式，包括为公民资格的新形式所指导的全球治理的新形式的建立。[①] 这种促进可持续发展的新公民需要教育。按2001年联合国教科文组织文件，"可持续发展教育的最终目标是让人们具备有助于他们生活在和平的可持续社会中的观点、知识和技能"。虽然联合国教科文组织对可持续发展教育目标做了表述，但对实现全球治理的新公民的设想存在争议。在英国，环境公民和生态公民的概念讨论出现，这些讨论往往围绕安德鲁·多布森的观点展开。

环境公民概念与绿色政治发展相连，绿色政治希望通过利用国际论坛和条约、公约建立跨边界的新的环境权利和责任。这就导致新的公民资格重建。不同的政治意识形态对这种新公民有不同的规定。马克思主义认识到环境危机，提醒绿色政治阶级斗争的持续的重要性、帝国主义和国家的干预与计划，表达公平、团结、社会发展的有意识的控制等社会主义思想。约翰·赫克尔区分出不同的环境公民，自由主义的环境公民、后世界主义的生态公民、后工业的社会主义公民。自由主义环境公民，按照多布森，则涉及建立环境—公民资格的关系的方式，包括环境权利。其主要美德是合理性、接受更好论点的意愿、程序合法性，其范围限于仿效民族国家的政治结构，试图将权利主张的实践和讨论扩大到环境的背景。贝尔（Bell）要求自由主义在界定环境公民时应该抛弃将环境作为财产权的概念，而将环境作为人的基本需要的提供者和存在合理异议的主题的概念。后工业社会主义公民资格概念建立在安德烈·高兹

[①] James Arthur, Ian Davies and Carole Hahn (ed): The SAGE Hand of Education for Citizenship and Democracy. SAGE Publications, 2008, p. 342.

和哈贝马斯的思想上,关注新技术让公民摆脱工作以便投入时间发展自我和共同体的潜力。如哈贝马斯谴责生活世界的殖民化或经济和国家的工具理性侵入日常生活的方式,要求通过交流理性或商议民主主导的充满生机的公民社会或公共领域扩大公民自治。①

后世界主义的生态公民是多布森提出的公民资格的概念。安杰尔·瓦伦西亚·赛兹认为多布森的"后世界主义公民"包括三个要素:"作为主张权利和履行责任的公民;作为公民活动的传统场所的公共领域;作为公民政治'容器'的民族国家。"② 这一概念与自由主义和公民共和主义的概念相区别。在多布森看来,自由主义重权利、美德中立,公民共和主义重义务或责任、"男性"美德,二者都是契约性的,公民的场所是公共领域,公民资格受疆域限制,并且都是歧视性的。多布森将"环境公民"更多地视为"共和主义的"而非"自由主义的"公民。在他看来,一方面,环境公民承认自利的行为并不总是保护或维持公共利益,因而采取刺激自利行为的策略不可能解决环境问题;另一方面,环境公民坚持环境的责任源自作为自然正义的环境权利的观点。公民资格意味平衡权利与责任,但自由主义的公民资格更多地意味公民的权利,而共和主义公民资格重在公民对集体的责任。③

后世界主义的生态公民的特征包括强调责任而非权利,其责任是非互惠性的和非契约性的;生态公民美德取自私人和公共领域,包含"女性主义的"美德;生态公民活动的领域包括私人和公共领域,因为私人领域也留下"生态脚印"。多布森肯定,这种公民活动的场所是世界范围的对话领域。在这方面,多布森接受了汉娜·阿伦特的观点,"如果世界包含一个公共领域;它不能为一代人建立,为其生活做规划;它必须跨越道德人的寿命。它与我们同代,前人和后人是共有的"。在公共领域,

---

① James Arthur, Ian Davies and Carole Hahn (ed): The SAGE Hand of Education for Citizenship and Democracy. SAGE Publications, 2008, pp. 345 – 348.

② Angel Valencia Saiz: "Globalisation, Cosmopolitanism and Ecological Citizenship". Environmental Politics, 2005, 14 (2), p. 174.

③ Andrew Dobson: Environmental Citizenship: Towards Sustainable Development. Sustainable Development, 2007, 15 (5), p. 280.

环境公民通过表达、捍卫和实践可持续性。多布森认为这一概念或多或少地与积极参与公共领域的公民概念一致。① 也就是环境公民有参与环境相关问题讨论的权利。这是公民资格的一个方面。与此相对还有义务或责任方面，对生态公民，这方面更为基本。义务涉及义务的来源（为什么履行义务）、本质（做什么的义务）和对象（对谁尽义务）。多布森拒绝将互惠性（reciprocity）作为环境公民的义务来源，因为代际关系会让互惠性陷入困境，他指出因为互惠性包含相同和平等之义，因而不适合环境状况，如全球变暖。他接受朱迪思·利希腾贝里的主张。利希腾贝里区分了"历史的"和"道德的"观点。道德的观点是 A 帮助 B 是因为有利于 B 或让 B 摆脱困境，而非因果关系或先前的承诺或关系；历史的观点是 A 帮助 B 是因为先前的行为、承诺、同意或关系等。多布森指出，前者不是公民义务，后者对全球世界有重要意义，因为在全球世界，"关系"不断地被打造而创造出"历史的"义务。在全球化的时代，我们的行为会影响遥远他人的生活，也影响后代，如发达国家造成全球变暖，从而影响不发达国家的人的生活，而且发达国家不断限制不发达国家的选择，从而扩大自己的机会，将自己的环境观点强加于不发达国家。这种不对等的全球化制造不正义。如欧洲超市廉价的食品常常是剥削非洲的劳动力和土地的结果，英国的消费者没有对非洲农民的互惠性义务。这种状况将环境问题转变为正义问题。因而多布森认为环境公民的义务来自环境正义，因为自己的"生态脚印"（ecological footprint）造成生态空间占据的不平等，因而有义务补偿潜在的和实际的侵吞公共空间的不正义，因为每个人都有平等拥有生态空间的环境权利。② 按照义务所涉及的三个方面，多布森义务的来源主要是正义，其次是同情和关怀等，后者往往被视为私人领域的美德。义务的本质就是维护权利和履行生态责任；义务的对象主要是陌生人，包括遥远他人和后代。如约翰·赫克尔指出，生态公民尤其是后世界主义生态公民，用"生态脚印"概念表达

---

① Quentin Skiner, Bo Strath: State and Citizens: History Theory Prospects. Cambridge University Press, 2003, p. 216.
② Ibid., pp. 220–222.

作为全球公民社会的成员对遥远他人的义务，富人和穷人生态脚印的差异巨大，因而富人在生态空间利用上有公平分配的义务。"我们消费得越多，生态脚印也越多，我们就对跨越时空的陌生人有更多的义务（包括对遥远的人和未出生的人）。生态公民共同体由我们的物质活动所创立，并且为了现在和未来一代的福祉，我们有义务保护健康的、复杂的和自主调节的生态系统。"①

对于多布森的生态公民观，蒂姆·海沃德进行了批判。② 在生态公民归属地方面，多布森没有将公民资格理解为一种地位，甚至不是任何特殊政体的成员资格，因而拒绝公民资格与民族国家的内在联系。也因为强调公民资格及其特征的历史性，多布森认为，在民族国家存在之前就存在公民资格，当民族国家消解后公民资格也将存在。没有发生变化的一个前提是公民是其成员的实际政体的存在。对于多布森，国家政体的存在对公民资格是不必要的，他将"全球公民社会"作为公民归属的稳定的政治共同体，这个共同体是由不平等的生态空间利用义务捆绑所形成的政治共同体。他指出，民族国家并不享有绝对的主权权力：在主权的处理上有自上而下和自下而上，应该看到政治团体的多层面。因而多布森甚至将反全球化视为全球公民活动的部分。对此，蒂姆·海沃德指出，全球公民社会是一个选项，如国际性的非政府组织，他们的成员和同情者有具体的运动关系和共同的目标，但并未掌握政权，也不会建立政体。他们的目标各异，相互矛盾，因而难以将他们中的某些人视为公民，如戴维·米勒拒绝将绿色和平运动积极分子视为公民。海沃德还指出，公民团体与政体之间存在重要的原则性差别：前者追求他们选择的承诺，政体必须有能力调适和调解不同的承诺。在公民之间的关系方面，多布森坚持，生态公民资格必须通过人们之间的横向关系的确立将他们组成群体，政治契约将人们联合成政体（或共和国）。多布森拒绝像林克莱特的世界公民资格产生于对全球公民社会即商谈的公共空间的参与的

---

① James Arthur, Ian Davies and Carole Hahn (ed): The SAGE Hand of Education for Citizenship and Democracy. SAGE Publications, 2008, p. 347.

② Tim Hayward: Ecological citizenship: Justice, rights and the virtues of resourcefulness. Environmental Politics, 2006, 15 (3), pp. 436–446.

观点,而是认为生态公民基于共同体以"共同人性"为基础,政治共同体由"生态脚印"所创立,而脚印创造的义务不是互惠的,而是对所有公民的要求。对此,海沃德指出,按照不同生态空间利用界定的关系严格地说不是政治的关系。在海沃德看来,多布森的建议,生态空间是"政治空间的生态公民观"犯了范畴错误:前者是生物物质的空间,后者是政治关系的空间,因而他不接受多布森的政治共同体形成的答案,要求区别公民的政治义务与产生于"共同人性"的道德义务。海沃德还指出,多布森主张世界主义公民的共同体是由历史的或全球化的义务所创立,一方面政治共同体创造公民义务,另一方面这种义务反过来创立共同体,这一主张存在内在矛盾。在生态公民的认定方面,多布森将生态公民等同于受留下过多的生态脚印的义务约束的人。生态公民的义务是不对称的和非互惠的,本身并不妨碍他们的公民关系。海沃德指出,这就导致一个难题:不是每个人都是生态公民,对伤害者是,对受害者不是。公民资格与受益人相连,其他则被塑造成"道德病人"。这种思考并未说明是否存在包括"受害者"的政治共同体。而且即使受害者也是生态公民。海沃德指出,如果受害者和受益人都包含在共同体中,那么就会终止落在生态公民身上的义务而非权利,因为受害者有权利而非义务。如果多布森接受这点,就回到接受公民资格的传统建构。在生态公民美德方面,多布森主张,生态公民的第一美德是正义,其他美德包括关怀、同情、对弱势群体负责。海沃德认为,这些美德不是生态公民所特有的。他质疑将正义作为第一美德的理由。海沃德指出,即使正义可以断定为个人美德而不仅仅是社会制度的美德,但在正义对人的行为的要求范围上是不确定的,需要具体化为人的品质。因而,海沃德没有将正义视为生态公民的第一美德,而是作为生态公民的主要美德。他把机智(resourcefulness)作为最重要的生态美德,机智是内在的品质,可外显于生态背景中,可以赋予正义以实质意义。他说:"机智涉及人的能力的发展和运用,因而是履行好生活的实质部分;这也舒缓了对有限自然现象的压力。发展机智美德——在个人、群体和国家层次——赋予(生态)正义即制度德性以实质意义。"在他看来,负责的公民应该被视为有益于生态的美德如自立、自我约律束的实践。而自立和自制肯定有助于机智。

海沃德认为机智美德有助于减少使用或消耗资源。但这一义务的履行只有在正义原则支配的情况下被唤起。

(二) 可持续发展教育的理论设想

生态公民的培养旨在可持续性，可持续发展教育就是为了培养生态公民。对于旨在可持续性的生态公民的培养，多布森也表达了自己的意见。多布森指出，行为受态度和结构的影响。按结构主义，改变行为，就需要先改变结构。如果经济结构是鼓励竞争行为的，而我们希望合作，简单要求人合作是没有意义的，因为竞争性的结构会损害合作。按唯意志论者，我们生活在背景中，这个背景部分由我们怎样生活决定，我们的态度和行为相对独立于影响它们的结构。多布森审慎地采纳唯意志论者的观点，强调改变环境态度，从而长期改变人的环境行为。如路德维·贝克曼说："进行垃圾分类或更乐意提升生态的利益的公民常常这样做，是因为她觉得信守对生态价值观和目的的承诺。公民不按可持续发展的方式行为仅仅出于经济或实际的动机：人们有时选择做好事因为其他原因而不是恐惧（惩罚或丧失）或渴望（经济奖励或社会地位）。人们有时做好事因为他们希望成为有道德的人。"[1] 多布森相信，环境公民的义务是过可持续的生活以便他人生活幸福。他认为，态度比行为在更深层发挥作用，这种作用的发挥要求人们反思影响他们行为的态度，特别是要求人们在正义与不正义的背景下思考他们的行为。[2] 多布森认为需要通过正式的教育培养生态公民。这种环境教育的公民课包括权利的重要性；正义是生态公民的关键部分，其中包含国际的义务或责任取向；可持续发展涉及技术和价值观。他希望采取的教学方式似乎与伯纳德·科瑞克一样，强调以活泼的、吸引人的和有意义的方式进行，即以做的方式进行环保公民教育，如学生参与环境项目。根据英格兰和威尔士的公民课程的框架，多布森构想环保公民教育，即通过环境或生态公民资格

---

[1] Andrew Dobson: Environmental citizenship: towards sustainable development. Sustainable Development, 2007, 15 (5), p. 279.

[2] Ibid., p. 282.

教授公民课。其做法是通过考察环境公民资格帮助学生批判地理解权利与义务等；利用环境公民来组织公民课的"道德发展"其他两个方面即正义与公平，这也是环境公民的核心；通过"我们希望把怎样的世界交给未来一代"这一可持续发展的关键问题的讨论，增进学生对生活意义与目的和人类社会不同价值观的意识与理解；学校通过应对环境问题，提供学生分享思想、规划政策和采取负责行动的机会；将"环境"作为运用公民课所要求培养的关键技能，包括交流、数字运用、IT 技术和解决问题等方面的技能的手段；通过环境的案例研究提升"政治素质"；将生态公民的重要国际主题延伸到其他课程问题，如"作为全球共同体的世界""全球相互依赖和责任"。在他看来，只有这样才能培养促进可持续性的生态公民。[1]

多布森要求将怎样的世界交给后代作为可持续发展的关键问题加以讨论，在很大程度明确了可持续发展教育的重点。的确，教育要面向未来，面向民主、正义和可持续性的未来。如斯蒂芬·马丁等指出，可持续发展教育被认为是学习怎样对顾及所有社群的经济、生态和公平的长远未来的决策的过程。[2] 联合国教科文组织认为"培养这种未来取向的思维的能力是教育的重要任务"。让学生思考未来就成为可持续教育乃至全球公民教育的重要方面。对这方面的思考，戴维·希克斯的工作为国际所认可。希克斯意识到，中小学生关心未来。他们关心获得好工作、健康、卓越成就、良好的关心和家庭问题等个人方面；也关心犯罪和暴力、工作和就业、便利设施和环境的威胁等地方问题；同样关心战争与和平、环境的破坏、贫困与饥饿、国家之间的关系、自然和人的灾难等全球方面。他认为应该鼓励年轻人探索未来社会以及对这个星球的希望和恐惧，并强调在国家和全球迅速变化的时代培养思考未来的技能是至关重要的。希克斯开发出适合中小学生的课堂指南。其目的在于培养面向未来的公民，让学生做到对自己生活和更广大的世界活动采取未来取向；认识到

---

[1] Andrew Dobson：Environmental citizenship：towards sustainable development. Sustainable Development，2007，15（5），p. 284.

[2] Rolf Jucker Reiner Mathar（ed）：Schooling for sustainable development in Europe. Springer International Publishing，2015，pp. 335 – 336.

和想象更为正义和可持续的未来景象；更有效地运用其批判性技能和创造性想象；参与考虑周全和明智的决策；为了当代和后代，作为积极和负责的公民参与地方和全球共同体。① 希克斯根据在乐施会的教育团队的倡议，开发了全球公民教育的课程框架：知识和理解方面包括：社会正义和平等、和平和冲突、全球化和相互依赖、文化多样性、可持续发展；技能方面涉及：合作和冲突解决、批判性思考、有效的辩论能力、挑战不正义和不平等的能力；价值观和态度包括：认同感和自尊、同情、重视和尊重多样性、对社会正义和平等承诺、关心环境和可持续发展、相信人能发挥作用。② 希克斯希望将未来主题融入学校课程，让学生采取未来取向而进行思考，培养学生未来的技能。未来的技能包括预测未来、接受后果、设想选择方案、明智选择和负责行动。③ 希克斯指出未来观包括十个因素：世界的状况、管理变化、未来的看法、选择未来、希望和恐惧、过去/现在/未来、未来的愿景、未来后代、可持续的未来、竞争性的世界观（如科学世界观、环境的范式）。他希望通过英语、数学、科学、地理、历史、艺术与设计、外语、现代研究、宗教教育等课程开展未来公民的教育。如在戏剧中探索未来的状况和难题及现在的选择对未来造成的后果。④ 其教育原理包括：（1）刺激动机。用适当的、清晰的未来目标的描绘刺激学生的动机。（2）预测变革。运用预测技能让学生更有效地处理不确定性。（3）批判性思维。学生需要反思的批判性思维权衡选择、思考未来和分析信息。（4）澄清价值观。澄清支持对未来的设想的价值观。（5）决策。根据调查可能的后果和对他人的影响作出理性决策。（6）创造性的想象。通过创造性想象设想未来。（7）美好的世界。规划更为正义和可持续发展的未来的美好愿景。（8）负责的公民。通过批判的参与民主生活发展政治技能，让学生成为更为积极和负责的公民。（9）引领。理解短期和长期的当前地方和全球趋势以及变革这些趋势的

---

① David Hicks: Citizenship for the Future: A Practical Classroom Guide. WWF-UK, 2001, p.1.
② Ibid., pp.11–12.
③ Ibid., p.17.
④ Ibid., pp.18–19.

行为，树立引领意识。① 未来教学通过四种课堂活动展开，这些活动包括：思考未来、想象未来、选择未来和可持续发展的未来。每个活动设计包括目标、准备、程序和拓展或行动（即进一步活动或可能的选择）。如"思考未来"之"关于未来的问题"，目标是鼓励学生提出有关未来的问题，认识到班级特别的兴趣。准备：包括收集关于未来的图书。程序：每个孩子写出五个问题；就问题展开小组工作；全班选出十个最重要的问题，这些问题反映全班同学的关心和兴趣。拓展：就某个问题进一步提问，如性别问题；也可以就与提出的问题相关的特殊主题展开活动，如学校的未来、环境问题等。② 所有这些教育活动都是为了培养学生可持续发展所需要的理性态度。希克斯指出，这些核心的理性态度包括：负责的公民；可持续发展和相互依赖，社会平等和多样性，在社会、物质和自然环境中的利益的冲突，因科学、社会和技术变化引起的道德和伦理思考。③

（三）可持续发展教育政策与实践

英国四地虽然在可持续发展教育方面存在差异，但总的来说，其可持续发展教育一方面通过课程，即将可持续发展教育融入正式课程中；另一方面通过学校整体进行，即塑造学校可持续发展的方式，如生态学校的建设。两方面的教育都体现出地方与全球结合的精神。

在威尔士，1992年威尔士课程委员会的"环境教育，威尔士跨课程主题发展框架"确定了环境教育的目标，这些目标包括：增进对经济、社会、政治和生态相互依赖的意识和关心；提供每个年轻人发展保护和改善环境及实现人的可持续发展所必需的知识、价值观、态度、承诺和技能；强化对环境的行为责任。④ 1999年权力下放后，威尔士立法局将可持续发展作为核心的组织原则，2009年，《一个威尔士：一个星球》

---

① David Hicks: Citizenship for the Future: A Practical Classroom Guide. WWF-UK, 2001, p. 14.
② Ibid., pp. 26 – 27.
③ Ibid., p. 11.
④ John Huckle & Stephen Sterling (ed): Education for Sustainability. Earthscan Publication Ltd. 1997. p. 68.

等文件中重申对可持续发展的承诺。2013 年，在"下一代法案"（Future Generations Bill）又强化对可持续发展的承诺。在教育政策方面，2002 年，威尔士认证、课程和评估局列举了支持可持续发展和全球公民教育的九个关键概念：相互依赖、公民资格与引导、需要与权利、多样性、可持续变化、生活质量、不确定性和预防、价值观和观念、解决冲突。2004 年，威尔士将可持续发展教育小组与全球教育小组联合为可持续发展与全球公民教育小组，由威尔士立法局的代表组成，代表来自教育部门和非政府组织。这一合并让教师明确可持续发展教育与全球公民教育完全是一个整体。2006 年，可持续发展与全球公民教育小组出版了《可持续发展和全球公民教育：行动策略》，内容涉及学校、青年、继续教育与在职学习、高等教育、成人与社区教育等五个方面的教育部门，并要求正式教育机构在领导责任、教与学、组织管理、伙伴关系、研究与监控等五个"公共领域"采取措施。为了增进威尔士学校可持续发展与全球公民教育，2006 年 9 月，威尔士的教育督导机构出版一份可持续发展与全球公民教育审查报告，要求所有学校报告其可持续发展和全球公民教育。2007 年，威尔士立法局任命可持续和全球公民教育小组"第一责任人"，三年合约，促进可持续发展和全球公民教育在所有教育部门的执行。可持续发展和全球公民教育小组 2008 年 6 月发布《可持续发展和全球公民教育：学校的共同理解》文件，促进学校对可持续发展与全球公民教育的理解。威尔士立法局继续出版指南和辅导材料以促进学校的可持续发展和全球公民教育，包括《走出课堂学习》《可持续发展和全球公民教育：威尔士实习教师和新教师资料》。按《可持续发展和全球公民教育：学校的共同理解》和威尔士议会文件，可持续发展与全球公民教育涉及财富与贫穷、自然环境、认同与文化、卫生保健、气候变化、选择与决定、消费与浪费等方面的内容、技能与价值观。2008 年，威尔士新课程将可持续发展和全球公民教育结合进科学与地理课，在个人与社会教育中突出可持续发展和全球公民教育。除此之外，威尔士还发起生态学校、森林学校、国际学校联结等倡议。如威尔士"有效支持"项目管理威尔士的十个地区教育者的论坛。所有这些努力，明显增进了威尔士学校可持续发展与全球公民教育。威尔士的教育督导机构按可持续发展和全球公民教育标准审查2006—2010年学校可持续发展和全球公民教育发现，76%的小学和中学是优秀和良好的，其他为合格和不满意。如有所学校尽一切努力将可持续发展和全球公民教育融入学校工作和生活中，学生经常监管能源和水的使用，包括循环使用、施肥和废物的最小化方案。学校对公平贸易的承诺也蔚然成风，学生也明确意识到一个国家人民的行为会对其他国家人民的生活产生直接、有益的影响。如通过与孟加拉国联系的计划促进了全球公民教育，而且获得了国际学校奖励基金。该校是生态学校奖励计划的对象，因其对保护环境的承诺而获得欧洲绿旗。学生通过积极公民和关心环境真正感到他们能在地方和全球发挥作用。[①]

与威尔士相比，苏格兰对可持续发展教育关注得较早，但却进展迟缓，不过近年来有加快步伐的趋势。早在20世纪六七十年代教育实际工作者就对可持续发展教育产生兴趣，1974年，苏格兰学督发布环境教育的报告。1987年，国家环境教育顾问委员会出版《环境教育课程指南》。1993年作为对1992年里约热内卢联合国环境和发展会议地球峰会的反应，苏格兰国务大臣环境教育工作小组出版《生活教育》。该文件表达对苏格兰环境教育发展做出的承诺，如承诺制定鼓励可持续生活方式的政策，要求进行让每个人意识到日常生活中的环境的重要性及其脆弱性的教学，提升学习者的环境意识、素养、责任和能力。《生活教育》包括六个要素，即系统的、整体的、积极的和参与的、在环境中并以环境为基础、注重价值观，以及应该让学习者有能力采取环保行动，实施环境和可持续发展教育。"系统性"，即加强政府机构、商业和自愿部门、教育团体与学校合作；"整体性"即将环境和可持续发展教育渗透在整个课程中；"积极性和参与性"即教学策略重在通过学生积极的地方参与建构自己的知识和理解；"在环境中并以环境为基础"即以学校操场、当地和户外的计划为基础发展观察技能，了解、关心环境以及丰富与环境互动的资源；"注重价值观"，即涉及怎样过可持续的生活，如关心和尊重生命

[①] Rolf Jucker, Reiner Mathar (ed): Schooling for sustainable development in Europe. Springer International Publishing, 2015, pp. 338–341.

共同体;"采取行动的能力"即学校制定环保行动计划,让学生成为积极的参与者,关心他们所生活的地方和全球,并对此充满责任。① 虽然有如此实践性的《生活教育》,但 1993 年后的几年,苏格兰学校似乎对可持续发展教育少有热情。《生活教育》如此完美地设计了可持续发展教育,但却静静地躺在那里,玛丽·珍妮·麦克诺顿将苏格兰这种可持续发展教育状况描绘为"睡美人综合征"。这种状况一直持续到 2007 年,即使苏格兰教育界努力提出纲要促成政策承诺,如 1998 年苏格兰成为联合国教科文组织"针对可持续发展教师教育再定向"项目组的成员国。这种境况与苏格兰僵化的教育结构,如排满的课程表、评估的压力导致自上而下强加的结构相关,也与苏格兰议会建立前在教育政策制定方面缺乏自治导致政策规划缓慢相连。1999 年,苏格兰议会的建立增强了这种教育自治的自信。从 2000 年以来,特别是应对"联合国教科文组织可持续发展教育十年(2005—2014)",苏格兰教学局组建"可持续发展教育联络小组"就可持续发展教育向学校和政府提供建议,包括"为我们的未来而学习""适应变化而学习"两份文件。这些文件概要说明了所有教育部门和社区的计划和目标。苏格兰政府要求,可持续发展教育应该提供机会让年轻人实践和发展:对社会和自然环境的感受性和欣赏;对环境和社会问题与事务有一定的真实的理解;社会环境的知识和理解;发现和探索环境问题的技能;影响决策的公民能力;研究与交流有关自己的环境方面的信息;改善自己的环境;负责行动;批判性反思环境发展的质量。② 2009 年苏格兰启动《卓越课程》,将可持续发展教育和全球公民教育融入"社会科""科学与技术"等课程。2011 年苏格兰议会选举后,苏格兰加快推进可持续发展教育的步伐。新一届政府宣言承诺探索"星球学校"的概念,为此建立"部长咨询小组",随后发布的"可持续性学习"报告,关注可持续发展教育、全球公民和户外学习。2013 年,苏格兰政府将此报告付诸实践。与此相应,苏格兰普通教学委员会出版修订

---

① Marie Jeanne McNaughton:Sustainable development education in Scottish schools:the Sleeping Beauty syndrome. 2007, 13 (5), pp. 624 – 626.

② Marie Jeanne McNaughton:Educational drama in education for sustainable development:ecopedagogy in action. Pedagogy, Culture & Society, 2010, 18 (3), p. 290.

的教师专业标准,将"可持续性学习"纳入该标准的专业价值和个人承诺部分,可持续性学习也就成为教师职前和在职训练的关注点。①

总的来说,苏格兰可持续发展教育起步早,中间缓慢,近年来加快。虽然如此,但户外教育经验在苏格兰一直受重视。这种教育在增进可持续性价值取向上强化对地球生态与地理的知识理解和情感与感性体验。另外,苏格兰参与生态学校计划也相当成功。该计划旨在帮助学校从单个的班级和学校活动拓展到全校的可持续发展生活的精神风貌。不过批评者认为,这是自上而下的计划,将外在标准运用到学校,可能希望学生表现"良好的环保行为"而未鼓励质疑潜在的问题和价值观,因而这种教育是非常狭隘的可持续发展教育。② 近年来,苏格兰教育研究者积极探索可持续发展教育的方式。麦克诺顿就利用"社会教育"的六个要素探索行动的生态教学法,唤醒苏格兰可持续发展教育的"睡美人"。她在苏格兰西部的一所城市小学六年级(10—11 岁)的两个班实施由她设计的两个以可持续发展教育为基础的戏剧课教学方案。两部戏剧从受环境问题影响的社区的视角设计,探究具体的可持续发展问题对人民生活的影响。一出戏剧是"倾弃垃圾",审视非法倾倒垃圾和废物这一地方性问题,即无控制的倾弃及其对社区的影响。教师和学生扮演居民,居住在垃圾场对面,垃圾越来越难以忍受,最终他们计划和采取行动。③ 该课的教学目标是:增强儿童不适当的废物处置的社会和环境影响的意识;发展儿童环境教育所必需的技能,尤其是计划、合作、交流思想和批判性反思等技能;提供儿童(作为居民)在虚构的戏剧环境中计划和采取行动以改善环境的机会;其学习结果是:儿童有能力认识到导致人们不适当处置废物的因素;创建并提出一项分析他们(作为居民)怎样采取行动改善环境的计划;对废物和循环利用问题表达个人观点和表明立场。

---

① Rolf Jucker Reiner Mathar (ed): Schooling for sustainable development in Europe. Springer International Publishing, 2015, p. 345.

② Marie Jeanne, McNaughton: Sustainable development education in Scottish schools: the Sleeping Beauty syndrome, 2007, 13 (5), p. 628.

③ Marie Jeanne, McNaughton: Educational drama in education for sustainable development: ecopedagogy in action. Pedagogy, Culture & Society, 2010, 18 (3), p. 294.

另一节课是表演戏剧"雨林",探索雨林的破坏及其对环境以及赖以生活的社区的后果。戏剧展示过去 20 年里,社区受到砍伐森林的威胁,教师和学生扮演居民。这节课探索生活方式受到威胁的人民的感受和反应,思考全球扩张和发展的代价。其教学目标:提升儿童对受雨林破坏影响的人民所面临的境况的意识;创作一部喜剧或记叙文,让儿童从森林居民的角度应对砍伐森林问题;鼓励儿童采取积极对待环境的态度,并表达对毁林和被迫迁徙的个人观点。其学习成果:儿童有能力认识到怎样采取行动保护雨林;表达对戏剧中毁林的个人观点和立场;认识到和描述村民面临被驱逐的思想和情感。两次戏剧课结束后,麦克诺顿发现,通过戏剧儿童能根据人权和社会正义认识和理解废物的不适当处置(倾倒垃圾戏剧)和权利剥夺(雨林戏剧);通过参与戏剧活动儿童练习和发展对环境采取所必需的技能,包括合作、交流思想、表达自己意见、倾听他人意见等方面的基本技能,他们能权衡选择后作出困难和重要的决定;孩子们也表现出对受废物不适当处置和毁林影响的人们的同情;在戏剧内外,他们能表达所希望生活的环境的个人观点。另外,"倾倒垃圾"戏剧还影响孩子们的实际行为,有个班在暑假期间独立工作,计划并执行了他们童子军小屋周围的地面的"清扫"。因而麦克诺顿强调教育戏剧在可持续发展和全球公民教育方面的作用。[1]

在北爱尔兰,近年来政府积极推进可持续发展教育。从 2007 年可持续发展是学校课程的法定要求,而且得到北爱尔兰教育部的支持。可持续发展教育在小学(4—10 岁)包含在"我们周围的世界"课中,11—14 岁阶段则包含在"生活、工作、环境和社会的学习"领域内。可持续发展教育与"相互理解""地方与全球公民"课最为相关,学校可以通过"相互理解"和"地方与全球公民"等主题进行可持续发展教育的教学。如有所小学通过"个人发展""相互理解"和"我们周围的世界"等课程进行可持续发展教育,还在宗教教育课上,让学生思考基督教和印度教的价值观和道德,然后他们讨论怎样对待他人以及喜

---

[1] Marie Jeanne, McNaughton: Educational drama in education for sustainable development: eco-pedagogy in action. Pedagogy, Culture & Society, 2010, 18 (3), pp. 294 - 304.

欢怎样被他人对待。① 此外，北爱尔兰政府也促进学校的可持续发展。2009年，北爱尔兰教育部出版《未来学校：可持续学校政策》，内容涉及可持续发展原则和北爱尔兰可持续发展策略，不过未直接涉及和促进可持续发展教育，但2008—2011年北爱尔兰政府计划包含强调和促进可持续发展教育的承诺。2010年，北爱尔兰《教育与训练督导》报告强调将可持续发展教育作为学校精神的部分，将可持续发展教育纳入学校发展计划，赋予学校环境负责人的职责，让所有教职工在促进可持续发展教育发挥带头作用。该报告指出，"环境教育现在已深深融入学校文化和学校精神中，学生的誓言、课堂章程、学校集会、活动和竞赛都关注促进环境意识和行动。可以明显看到，通过课程探索可持续发展问题"。报告要求学生组织发挥可持续发展教育的作用，"学校的生态委员会由每个班选举的代表组成，每周举行会议协调学校可持续发展教育工作"。②

与威尔士、苏格兰和北爱尔兰对可持续发展教育的日益重视相反，在英格兰，政府与学校对可持续发展教育出现冷热差异。斯蒂芬·马丁等人指出，以2010年英国大选为节点，政府对可持续学校的支持下降，但学校可持续发展教育却依然故我。③ 英格兰对环境教育的关注早在1969年就出现。1988年《教育改革法案》启动英格兰的国家课程，将环境教育作为五个跨课程主题之一，旨在提供学生增进其环境意识的知识、技能和价值观。1995年修订国家课程，将环境教育作为一门学科融入核心课程，主要融入科学和地理中。其环境教育的目标包括提供获得保护和改善环境所必需的知识、价值观、态度、责任和能力的机会；鼓励学生从物理的、地理的、社会学的、经济的、政治的、技术的、历史的、审美的、伦理的和精神的视角审查和解释环境；唤起学生对环境的意识和好奇心，鼓励积极参与解决环境问题。每门课的指南都涉及环境，如在第一关键期的英语课中，阅读部分通过环境概念丰富词语，在第一、二关键期的历史课程中，鼓励了解有关地方、国家和国际的重要事件，考

---

① Rolf Jucker, Reiner Mathar (ed): Schooling for sustainable development in Europe. Springer International Publishing, 2015, p.353.

② Ibid., p.352.

③ Ibid., p.347.

察改变人们生活的事物。据此,安东尼西亚·查兹弗夏认为英格兰的环境教育不再是跨课程的主题,似乎已经有课程特征,即作为课程要素渗透在所有学科中。[1] 1997 年,新工党政府教育与环境部成立可持续发展教育咨询小组(the Sustainable Development Education Panel),其第一份报告将教育结果与七个可持续发展的原则相联系,强调可持续发展教育与可持续发展的一致性。同时公民教育的报告也涉及环境教育和可持续发展"作为支持学校公民教育目的和目标的重要背景和内容"。1998 年,英国环境教育委员会发布"学校的可持续发展教育"的报告,将可持续发展教育界定为:"让人们能够发展参与涉及我们个人和集体做事的方式,包括地方和全球的知识、价值观和技能,以便改善现在生活的质量,而未损害这个星球的未来。"其概念框架包括七个领域:相互依赖;公民职责;后代的需要和权利;多样性(文化、社会、经济、生物的多样性);生活质量、公平和正义;执行能力;行动的不确定性与保护措施。[2] 1999 年,可持续发展教育的名称首次出现在《国家课程:英格兰第一和第二关键期小学教师手册》中,但未清晰界定"环境"和"可持续发展"。2002 年,为回应在南非约翰内斯堡可持续发展世界峰会,英国中西部地区教师开展可持续发展教育课程设计项目,用以扩大教师和学生的参与。因为此次峰会的动议涉及水和公共卫生、能源、健康、农业、生物多样性和生态管理等,所以学校也针对这些方面开展活动。如许多学校以"水和公共卫生"为主题开展活动,通过头脑风暴思考他们用水的方式,思考清洁水的重要性和谁得到清洁水,并继续测试不同地方的水。[3] 2003 年,英国教育部出版《可持续发展行动计划》,将可持续发展教育作为第一目标。即便如此,如赫克尔和斯特林指出,英格兰可持续发展教育只

---

[1] Athanasia Chatzifotiou: Environment education, national curriculum and primary school teachers. Findings of a research study in England and possible implications upon education for sustainable development. The Curriculum Journal, 2006, 17 (4), p. 369.

[2] Mike Summers, Graham Corney & Ann Childs: Teaching Sustainable Development in Primary Schools: an empirical study of issues for teachers. Environmental Education Research, 2003, 9 (3), pp. 329 – 330.

[3] Paul Archer, Ben Ballin (…et al.): Lessons in Sustainability. Development Education Centre. 2003. p. 20.

不过是环境教育的发展和延伸。英格兰学校教师就是按照环境教育委员会的概念框架进行可持续发展教育，而且特别强调讨论责任、人的行动和发挥作用（如框架的公民责任），按迈克·萨默斯等的经验研究，小学教师所选择的主题包括印度虎、能源利用、热带雨林、垃圾、废物与循环利用、自然保护、水与足迹、变化的环境等。教师在选择地方和全球的主题方面，前者更为优先，因为与儿童的日常生活相关。对大孩子（对五、六年级学生），会选择更为全球性的主题。[1] 达格拉斯·鲍尔恩审查英格兰可持续发展教育的相关政策后也认为，因为缺乏对可持续发展教育的明确理解，国家的许多政策只不过是环境教育的延伸。如英国政府的可持续发展教育小组就存在对可持续发展教育意味什么以及怎样传递重要信息和原则缺乏明确性，过分强调可持续发展教育针对环境和绿色问题的教育以及将可持续发展教育融入环境管理中，如交通运输的方式、消费类型以及能源利用等问题。在鲍尔恩看来，正是因为存在这些问题，英格兰的可持续发展教育偏离了联合国教科文组织的方向。联合国教科文组织的执行策略是，"可持续发展基本上是涉及尊重的核心价值观：尊重他人，包括当代和后代，尊重差异性和多样性，尊重环境，尊重我们栖居的星球的资源"。而英国政府 2005 年 3 月发起可持续发展的策略则是，"正式教育旨在让学生在幼年养成良好习惯发挥作用"，要求学校成为环境友好和可持续性的学校。因而鲍尔恩要求理解可持续发展教育意味什么。他指出，如果可持续发展涉及环境、经济、社会的相互关系，那么就意味包括公民资格，社会包容，在地方、国家和全球等层面的反贫困，表达普通民众对生活质量的关心，可持续发展教育也就是学习如何走向更为可持续性的社会。[2] 奇怪的是，英国政府并没有澄清可持续发展教育的概念，相反对 2005—2014 年 "联合国可持续发展教育十年"反应冷淡，如教育大臣查尔斯·克拉克对此也缺乏热情。到 2010 年

---

[1] Mike Summers, Graham Corney & Ann Childs: Teaching Sustainable Development in Primary Schools: an empirical study of issues for teachers. Environmental Education Research, 2003, 9 (3), pp. 334 – 335.

[2] Douglas Bourn: Education for sustainable development and Global citizenship—the UK perspective. Applied Environmental Education and Communication? 2005, 4 (3), pp. 233 – 236.

英国联合政府对可持续发展教育表现冷漠，抛弃了到 2020 年所有学校成为可持续学校的前政府目标。2013 年修订国家课程的建议也未涉及可持续性，甚至省略了气候变化。虽然英国政府对英格兰学校可持续发展教育支持有限，但英格兰的非政府组织继续提供各种有关特殊主题的计划。如"可持续和环境教育"组织向学校提供可持续发展教育的服务，包括组织会议，在线研讨会和政策论坛。生态学校计划有超过 70% 的英格兰学校参与。[1]

英国各地的可持续发展教育呈现出两种教育方式，一是将可持续发展作为课程内容渗透在各门课程中；二是通过学校可持续的环境整体建设。后者限于学校本身，其作用也非常明显。最近英国教育审查发现，17000 所有生态学校计划的学校，其学校的整体改善对学生健康、行为、学习动机和认知能力有积极影响。[2] 但对于将可持续发展要素融入各门课程的方式也存在争议，尤其是融入历史和地理课程中。因为可持续发展涉及全球的政治、经济、社会和文化因素，这就必然面临全球正义与平等问题。对于地理课，可持续发展涉及空间问题，而生态空间的利用在不同的国家存在差异；对历史课，可持续发展涉及历史发展的后果，而许多发展中国家承受殖民化的后果。如阿兰·雷德指出，以什么名义进行可持续发展教育？这个问题不可避免遇到意识形态的问题，因为可持续发展涉及时间与空间。对英格兰，地理课会涉及"大英帝国"与殖民地，这些会影响今天的地理课本的案例研究、主题和地点；历史意味过去、现在和未来，发达国家大都有过殖民的历史，而现在的状况是过去的遗产，对不发达国家是殖民历史的产物。而今天这种全球不正义表现在，发达国家享受不发达国家产出的物美价廉的物质产品，而不发达国家忍受廉价而辛苦的劳动。发达国家是否应承担过去后果的责任以及发展中国家如何走上可持续发展的道路等问题会给可持续发展教育实践带来困难。何以开展可持续发展教育？雷德接受劳赫的主张，即"一种宽

---

[1] Rolf Jucker, Reiner Mathar (ed): Schooling for sustainable development in Europe. Springer International Publishing, 2015, p. 349.

[2] Ibid., p. 337.

容复杂性和矛盾的能力同时保持行动能力,(以反思态度)接受现存的成绩和成就,同时具备进行批判的能力,参与合作同时保持行动的独立性"。①

雷德提出的可持续发展教育的问题似乎可以诠释英国可持续发展教育的状况。在英国可持续发展教育问题的讨论中存在两种主要路线,一种可以称为环保主义,另一种可以称为生态中心主义。迈克尔·伯内特指出,环保主义将可持续发展视为政策,要求在学校课程中灌输"绿色"价值观,其方式是"知道的"人规定环保的行动政策,并强加于"不知道的"人,培养可持续发展所要求的积极态度和行为方式。后者不是灌输预设的环境政策或规则,而是通过鼓励学生探索和参与环境问题,发展他们的批判能力和对问题的解释能力以及解决问题的能力。这种方式因为参与和影响决定而具有民主特性。而且环保主义出于保护而改善生活标准的愿望,其基本价值观大都是经济的,其相关知识由学科专家创建的,其对道德、社会、政治结构的意味基本与现状一致,"可持续发展"与"共同意识"汇合。② 如戴维·斯蒂文森认为政治自由主义和环保主义在很大程度上是相容的,可以将环保主义的善视为基本的社会善而非正义加以促进,培养更为绿色的公民。③ 因而,采取环保主义路线的可持续发展教育突出的是可持续发展的工具性价值,在教学上便于实施,且对教师是安全的,因为只是培养学生的环保意识。

很显然,环保主义路线的工具性价值是人类中心主义的,甚至很少触及全球正义。而生态主义将每个人视为生命共同体中的平等成员,作为生态公民要把自己认同为生命共同体的部分,并以此建立积极的、创造性的关系。如美国学者菲亚·马修斯所言:"当我们认识到我们的认同

---

① Alan Reid: Discussing the possibility of education for sustainable development. Environmental Education Research, 2002, 8 (1), p. 78.

② Michael Bonnett: Education for sustainability as a frame of mind. Environmental Education Research, 2006, 12 (3-4), p. 266.

③ David Stevens: Creating Greener Citizens: Political Liberalism and a Robust Environmental Education. Studies in Philosophy and Education, 2014 (33), p. 561.

涉及更大的整体，我们认同范围的扩展，然后我们自爱的范围也拓展。"①这种范围不仅包括遥远的陌生人，也包括与后代与其他生命。因而，这种路线是非人类中心主义的，也涉及全球正义。由此观点出发，可持续发展教育更为重要的任务是发展学生面对可持续发展问题的判断与行动能力。当然，行动是为了可持续性，为了生态正义，亦即追求价值。米尔·布拉斯认为更为可持续的社会需要在价值观方面从自我正义、侵略性、竞争转向对所有人的正义、移情和同情。威廉·斯科特和克里斯·奥尔顿指出，如果发生这样的变化，就应该树立学生民主社会所必需的与人性相关的价值观：民主、人权、法律面前平等、正义、机会平等、表达自由和信息自由，反对种族主义、歧视、压迫、剥削、贫困和战争；树立可持续性价值观如生物多样性、再生和替代的利用、保护环境、管理职责、土著人的权利和资源的公平分享，反对污染、资源耗竭、物种灭绝、放任主义经济和贫困。② 很显然，斯科特和奥尔顿所列的价值既包括环保主义的价值，也包括生态中心主义的价值。因而不能仅仅出于工具性价值实施环境教育，同时要从生态主义的角度批判地反思传统的人类中心主义，将可持续发展指向全球，指向共同的人性与生态正义。而这要求所有国家与个人对自己的"生态脚印"负责，包括对过去留下的"生态脚印"负责。殖民者对殖民地的掠夺、侵略战争造成的生态隐患，这些"生态脚印"必须由今天的发达国家承担责任。从作为英国主体的英格兰可持续发展教育由环保主义转向生态主义的艰难，我们似乎看到了英国对这种责任的推卸。

---

① Michael Bonnett: Education for sustainability as a frame of mind. Environmental Education Research, 2006, 12 (3-4), p. 272.

② Willam Scott, Chris Oulton: Environmental values education: an exploration of its role in the school curriculum. Journal of Maral Education, 1998, 27 (2), p. 220.

结　　语

英国学校公民教育表现出对积极公民培养的探索。虽然这种探索还在争论中前行，但也展现出其独特的轮廓。这一轮廓既让我们看到英国学校公民教育的特色，也给我们对公民教育的理论反思提供了基础，同时为思考我国思想政治教育的发展提供了参照。

一　英国学校公民教育的特色

从以上六章的分析，我们可以清楚地看到，英国学校公民教育以培养积极公民为目标，强调民主参与让学生经历民主，最终树立学生的政治观念，具备应有的民主素养。这种教育体现在学校的各个层面，并且每个教育阶段一以贯之。

（一）追求积极公民

英国公民教育旨在培养积极公民，如苏格兰2000年5—14岁国家课程指南要求，"学校、家长和社会关心年轻人在获得知识与技能，最终具备让学生过有益个人的生活、高效的工作和积极公民所必需的能力。同样，要关心年轻人发展成为健康、公正的、审慎的和负责的人。学校应该对此发挥主要作用"。[①] 积极公民即参与地方、国家和全球不同层面的政治、经济、社会与文化生活的公民。参与构成积极公民教育的核心，

---

① David Hicks: Citizenship for the Future: A Practical Classroom Guide. WWF-UK. 2001. p.10.

利亚姆·吉伦和玛格特·布朗指出:"参与是任何公民资格方面教育的核心。"①公民教育实际上就是让学生行使公民资格,履行权责,运用公民技能,实现公民价值。我们可以看到,这种参与的积极公民有明显的行动特征。也就是说,面对问题和冲突要采取行动,亦即要表达自己的思想,规划行动的路线和方案,并付诸实际的行动。这种行动的动力源自社会与道德的责任,这种行动的方向是民主与正义。也可以说,因为对民主与正义有承诺感,所以采取行动追求民主与正义。因而积极公民具有社会与道德责任和行动能力。我们还可以看到,英国学校公民教育之所以强调培养积极公民,很大程度上源自对政治的信念。这种信念认为政治参与导致道德的进步,政治参与的广度和深度带来道德发展的广度和深度,在政治参与上退却,就会在道德上退却,最终导致人之所以为人的资格丧失。

(二) 重在民主经验

积极公民的教育意旨强化了公民的民主的行动,亦即要求通过参与让学生经历民主。英国许多学者,包括本纳德·科瑞克、安德鲁·彼得森、罗斯·杜切尔等人在内,都强调民主学习最有效的方式就是让学生经历民主,公民课的教学最好采取民主参与的方式。科瑞克将政治理解为行动,希望通过政治行动促进公民发展。在他看来,公民课既是学科,也是实践。公民教育就是将二者联系起来。这种联系的方式似乎是政治讨论。也就是对政治和社会等方面的议题进行批判的、独立的思考,展开讨论与辩论。这种观点的交锋被科瑞克视为有趣的教育方式。这种方式说到底就是公民共和主义所倡导的商议民主。这种民主给所有利益和观点以"声音",通过不同声音的对话,理解并分享他人的利益和意见,从而达成相互理解或共识,因而共和国就是提供表达不同声音和运动的"论坛"。安德鲁·彼得森强调,商议民主可以增强对政治共同体的意识,锻炼公民有效参与商议所需的能力和技能。由此,彼得森认为公民教育

---

① Liam Gearon (ed.): Learning to Teach Citizenship in the Secondary School. London and New York: RoutledgeFalmer. 2003, p. 203.

可以采取讨论的方式进行，即就特定的议题展开民主交流，学生作为公民表达他们自己的利益，同时理解其他人的利益，获得商议的能力。[1] 伊恩·戴维斯也指出，公民教育不仅需要学生了解关于公民资格方面的知识，而且需要让他们明确公民意味什么，并学会做公民。也就是除了获得公民方面的知识和理解外，还应该树立基于批判理解社会和政治现实的理性，尊重在多元民主社会的多样性，理解参与源于人对社会与政治责任的接受和理解个人的权利。这就要求学生解释有关公民资格的观点、理解和主张；尊重他人，接纳和反思不同于自己的意见和观点；参与课堂思考和讨论，并将获得的这些经验和理解运用于校外生活。[2] 说到底，就是通过课堂参与讨论，学会批判地思考各种问题和他人的观点，获得讨论的技能等，然后将这些运用于校外的参与。思考、质疑、讨论和辩论等就是公民行动，借此学生学会理性、尊重、批判性思考以及发展表达能力。亨利·麦尔斯罗斯·杜切尔通过采取参与方式进行教学的教师看到了经历民主的教育价值。他们指出，民主方法恰当有效地传达了可靠的价值观，证实了布兰德斯和金尼斯的断言："价值观可以通过方法而不是内容来传达。……它们必须从方法中浮现出来。"当然通过经历民主生活学习民主，需要校长、教师和学生都真诚地进入民主的角色，相互尊重和信任，不能仅仅模仿成人的民主程序而不产生任何变革影响，否则就可能让学生对民主参与产生怀疑，最终损害公民教育。他们说："如果教师半心半意地进行民主教育，而没有给予学生权利，这将损害学生的民主观念。"[3] 他们希望英国学校探索以儿童人权为基础的真正的民主教育。

（三）强化价值引领和融入

价值观的树立是英国学校公民教育的最终目的。英格兰公民教育将

---

[1] Andrew Peterson: Civic Republicanism and Civic Education: the Education of Citizen. Palgrave Macmilla, p. 139.

[2] Liam Gearon (ed.): A Practical Guide to Teaching Citizenship in the Secondary School. Routledge. 2007. p. 6.

[3] Henry Maitles, Ross Deuchar: "We don't learn democracy, we live it": consulting the pupil voice in Scottish schools. Education, Citizenship and Social Justice, 2006, 1 (3), pp. 261–262.

民主与正义、权利与责任、认同与多样性以及团结作为观念目标，威尔士强调传统与平等，苏格兰追求平等，北爱尔兰探求和平、民主、人权、多样性等。这种对民主、平等、正义、权利与责任、多样性与团结等价值观的追寻，将学生引领到价值观的确立。价值引领其实就是目标指向，而融入是目标、内容与要素的结合。英国学校将所有这些价值观都作为公民教育的目标、要素和内容融入其他课堂教学中，也贯穿学校生活的各个方面。如英国四地的学校将平等融入学校生活的所有方面，要求所有阶段的学校促进平等，又如在课程方面，苏格兰的"现代研究"将平等作为课程的主题。

（四）推进全面主义

公民教育本质上是民主教育，因而现代学校的任何方面都要体现民主的本质要求，包括课堂参与性的加强、学校民主风气的营造，学校和社区关系的密切，学生、家长、社区、教师和校长成为民主参与的平等成员。如此，学生才能生活在民主中，才能让学生民主地成长，成为自治并能与人共治的积极公民。"科瑞克报告"要求"学校需要考虑其校风、组织和日常活动怎样与公民教育的目标和任务一致，促进学生发展成为积极公民"。我们已经看到，英国学校通过强化有关公民问题的课堂讨论与辩论提升学生的政治素质，通过将公民教育的要素融入其他科目进行跨课程的公民教育，通过学校委员会或学生委员会让学生参与学校事务的治理以及通过志愿服务等参与社区的变革提升学生的民主素养。当然，推进学生的全面参与，不仅仅考虑需求侧，还要考虑供给侧。按本·基斯比和杰姆斯·斯洛姆，这种供给侧的本质由政治体制决定，也就是需要通过政治体制改革为民主参与提供机会。他们批评英格兰集中化的政治体制妨碍了公民参与，最终会因为缺乏发挥政治影响的途径和因此而得到的奖励（参与的积极作用）而损害公民教育的效果，相反作为权力下放结果的苏格兰议会、威尔士和北爱尔兰的立法局则贴近人民，在原则上提供公民影响政治过程的途径。[1] 苏·考克斯和安娜·罗宾逊—潘特也批评英格兰中央控制的教学文化限制了教师,教师必须按照英格兰国家课程的要求进行教学。学校委员会的创立也不过是对公民课设置的回应,而其成功运作很可能按照儿童关于参与而非通过参与的学习的有效性来评估,导致儿童不可能按自己所做出的决定行动,其参与是象征性的,是角色游戏,而非挑战制度性的权力结构。[2]

(五) 构筑公民教育的连贯性

公民教育最终是价值观的确立和民主参与能力的养成,这一过程是长期的,需要不断地强化。我们看到,英格兰学校公民教育将政治价值观和批判的思考与负责行动的能力等方面的培养贯穿在教育的所有阶段。苏格兰《卓越课程》也将负责公民的培养贯彻于3—18岁,而且将平等的追求贯穿教育过程的始终。苏格兰中学阶段开设"现代研究"课以平等为主题,小学也有平等与公平的教育。如苏格兰阿兰桥梁小学就有"平等与公平"教育。该校将促进文化多样性纳入学习计划,并有意识地在课程进行开发,让学生理解种族主义、移民、奴隶制等特定主题,借此让儿童认识偏见和不公正,让学生意识到"我们都可能是种族主义的牺牲品",也告知学生种族主义行为。这些行为包括:人身攻击,贬损的称呼,种族主义涂鸦,佩戴种族主义标记或徽章,携带或展示种族主义的传单、漫画或杂志,口头和非口头伤害和威胁,煽动他人以种族主义的方式行事,发表种族主义评论,试图招募种族主义组织和团体,嘲笑一个人的文化差异,因肤色、种族或语言而拒绝与他人合作,书写贬损性评论。[3]

---

[1] Ben Kisby, James Sloam: Citizenship, democracy and education in the UK: towards a common framework for citizenship lessons in the four home nations. Parliamentary Affairs, 2012, 65 (1).

[2] Sue Cox and Anna Robinson-Pant: Enhancing participation in primary school and class councils through visual Communication. Cambridge Journal of Education. 2006, 36 (4), p.528.

[3] Equality and Fairness, http://www.bofaps.co.uk/Equality%20and%20Fairness.htm, 2011-11-29.

(六) 寻求基于统一性的包容性

公民教育的基本任务是塑造国家认同，而国家认同需要有统一的基础。这种基础在共和主义和社群主义看来，就是"公共善"。国家认同的塑造往往诉诸共同价值观，而且这种共同价值观带有传统色彩。随着英国社会日益多元，种族、文化、宗教的多样性挑战了英国传统价值的统一性。"科瑞克报告"指出，随着英国更多样的文化出现，价值观的一致性丧失，与之相伴，传统的指导机制失去效力，如大家庭崩溃。因而文化多样性给公民教育提出国家认同的问题。为了应对这一问题，就需要公民教育培养包括国家认同在内的共同的公民意识，为英国民族、文化、种族认同和宗教的多样性提供安全空间，即"在不同种族和宗教认同之间创造共同的基础"。[①] 英格兰 1999 年课程指南表达学校课程的宗旨："学校课程应该通过对英国多样社会以及所生活的地方、民族……和全球领域的精神、道德、社会和文化传统，促进学生的认同感的发展，……课程〔也〕应该使学生能够创造性与批判性思考，解决问题和为美好的前景发挥作用。"近年来，英国强化"英国基本价值"教育，由此塑造学生的"英国特性"。按休·斯塔克，"英国基本价值观"一语最早出现在内务部有关反恐怖策略的文件中。在其序言中，时任内务大臣的特蕾莎·梅说，政府不会拒绝与"我们的普遍的人权价值观、法律面前平等、民主、充分参与社会的极端组织合作"。而后教育部采纳"英国基本价值观"，要求所有学校加以促进。这些价值观包括民主、法治、个人自由、相互尊重和不同信仰之间的宽容。[②] 虽然特蕾莎·梅冠之以"我们的"，但是在斯塔克看来，人权、宽容是普遍的概念，普遍概念不依赖特殊地方。当然，斯塔克的目的是指向包容多样性的世界主义公民教育。应该说，英国强调共同价值观教育，并未否定包容多样性。如英格兰公民课就包括"认同与多样性：在英国共处"部分，而且要求批判地思考民族、

---

① Advisory Group on Citizenship: Education for Citizenship and the Teaching of Democracy in Schools. London: Qualifications and Curriculum Authourity. 1998. p. 17.

② Hugh Starkey: Fundamental British Values and citizenship education: tensions between national and global perspectives, Geografiska Annaler: Series B, Human Geography, 2018, 100 (2), p. 151.

宗教和种族。在此我们也要认识到，特蕾莎·梅冠之"我们的"，实际上是一种保守主义的表达，肯定传统的基础性。实际上，虽然英国学校宗教教育采纳世界宗教的方式，但都强化基督教的主体性。

二 对英国公民教育问题的反思

公民意味积极行动，参与性构成公民的本质特征，参与性也就成为促进公民教育的重要因素。英国将参与作为公民教育的理念努力在学校、地方、国家和全球不同层面构筑学生的公民参与，希望学生通过参与获得作为积极公民所必需的知识、民主的价值观与技能。但对于公民课教学本身来说，实则具有挑战性。是通过参与增进公民知识、技能和价值还是在具备一定知识基础上参与？培养积极公民不仅是公民课的任务，也是其他课程的任务，如何将积极公民的培养融入其他课程？学校和社区参与也必然面对结构性障碍和观念的妨碍，公民教育也自然要求消除阻碍民主参与的因素，如何采取民主行动消除参与的障碍？英国是由四个部分组成的联合王国，苏格兰对英格兰这一强邻的警惕似乎一直存在，北爱尔兰的分裂状况也未完全消除，加之移民增添了英国社会的多元性，积极的公民教育何以在这种分裂的社会发挥统一性的作用？公民教育不仅要促进公民对本地、本国事务的参与，还要增强公民对全球事务的参与。英国在历史上是殖民国家，在今天依然是英联邦的最具有主导性的国家之一，如果要培养积极参与全球事务的公民，英国的公民教育如何协调国家认同与全球认同？这些问题自然让我们思考如何处理关于价值观的知识与价值观、公民教育的专门性与协调性、传统的差异性与民主包容、公民教育课程的统一性与多样性、国家认同与全球认同等关系的问题。

（一）知识与价值观

英格兰公民教育的评价暴露出公民教育面临知识与价值观的内在矛盾。按科瑞克的设想，公民教育重在程序性价值，因而依赖形成性评价。而在公民教育的实际教育教学中，教师倾向于总结性评价，希望对调查与交流、参与和负责的行动、知识和理解等方面公民教育予以同等的重视，这就必然要求知识性教学。科瑞克要求的政治素质重在行动的倾向，但这种倾向是理性的。理性自然诉诸知识，利用自己的知识论证观点和说明问题。当然，知识不是价值观，但知识也必然包括关于价值观的知识。关于价值观的知识不是价值观，如杜威已经指出，关于道德的知识不是道德观念。从英格兰公民课的教学想象与实际情况可以看出，仅仅重在价值观而缺乏系统政治的知识的公民教育难以为继。科瑞克包括追随者强调课堂讨论以及对讨论表现的评估。这似乎告诉我们，课堂讨论就是践行价值观。但仅仅进行课堂讨论而无知识的学习，降低了公民课的地位，以至于学生认为公民课是一门无意义的课程。因而，有必要将公民方面的知识与价值观紧密结合，并予以同等重视。其教育既要传递系统的政治知识，又要树立相应的价值观。也就是说，让学生在明了系统的政治知识的基础上讨论公共问题和日常生活中的政治问题，从而树立价值观。其教育评估也应该将政治知识的评估和政治的程序性价值评估结合起来。这样做的理由在于公民方面的知识与价值观是不可分离的，而且公民方面的知识有助于公民价值观的确立。按照科瑞克及其追随者的设想，通过政治讨论促进诸如宽容、尊重真理等程序性价值。其实，无论是政治讨论的主题还是要树立的价值观都不可能脱离相应的政治知识。在讨论中有意识地宽容和尊重不同的意见，也需要深刻理解有关"宽容""尊重"等观念的知识。

（二）公民教育的专门性和协调性

公民教育不仅是公民课的责任，也要求整个学校教育的基本方面。这就存在专门的公民教育与跨课程及其课外活动安排的协调问题。这种协调的有效性一方面需要学校的统筹安排，另一方面需要公民课与其他课程的协调。英国公民教育存在诸多不协调的地方，如募捐活动是社区参与的重要活动，也应该属于公民课教学的一个方面，但这种活动在学校往往与宗教教育相关而与公民课教学无关。"英国价值观"教育本该属于公民课教学的范围，但如斯塔克指出的，"英国价值观"教育不是通过可以讨论和辩论的公民课，而是通过整个学校风气的营造。[1] 出现这些问题，需要学校做好统筹安排。协调也涉及课程之间的配合与整合。由于课程的性质、基本任务不同，其教育要求也会有差异。如在历史课与公民课虽然相互联系，但二者教学目标存在差异。安德鲁·彼得森指出，历史课和公民课都要求培养学生批判的调查能力，但这两门课要求的调查分析的性质有所不同。公民课要求学生分析资料来源、评估来源、质疑不同来源的价值观、观点，并认识到偏见及其内涵，由此学生可能会确认不同的观点以便证明或质疑某一特定观点。历史课要求学生从根本上思考历史材料以建构过去的情景，发展他们对当时决定的理解能力。两门课也要求发展学生的移情能力，公民课要求学生对不同于自己的观点或不同于自己生活方式的人的观点和经验进行设身处地的思考。历史课则不鼓励利用想象思考他人的经验，而是要求学生在具备历史背景和意义的相关知识和理解基础上想象个人叙述和生活故事。前者的移情是为了理解他人的观点和利益以便参与民主的和讨论的过程；后者是为了增进对特殊的过去情景的理解、分析在这一背景下的事件和决定的能力。彼得森也提醒教师，意识到这些差异"有助于激发进一步思考如何让这两门学科相得益彰"。[2] 也即，课程之间的协调不仅要教师明确课程之间的相通之处，还要理解相互间的差异，并利用好这种差异，提升学生的政治素质和道德责任。如历史课让学生理解特定历史时期的决定，就可以激发学生公民行动的力量。为此，有必要建设不同学科的教师团队。如英格兰兰开夏郡圣公会中学将公民、地理、历史和宗教教育等学科的教师组成专业团队以跨课程的方式探索公民主题，为每门专业学科都提供一个独立的学习空间，与其他人文学科相互联系，以确保学生理解关键概念，激励他们采取负责任的行动。[3]

---

[1] Hugh Starkey: Fundamental British Values and citizenship education: tensions between national and global perspectives, Geografiska Annaler: Series B, Human Geography, 2018, 100 (2), p. 152.
[2] Liam Gearon (ed.): Learning to teach citizenship in the secondary school: a companion to school experience, Routledge, 2015, p. 206.
[3] Ibid., pp. 204-205.

(三) 传统的差异性与民主的包容性

一般来说，文化传统是制度之母，任何政治制度，包括民主制度都是在文化传统中孕育的，忽视文化传统的政治可能对社会造成不可估量的伤害。也正因为如此，任何一个国家不可能脱离自己的时空发展自己的教育事业。实际上，国家的教育是在自己的时空中进行"文化生产"，亦即通过传递传统塑造公民。学校的课程就是完成"文化生产"。如约翰·摩根谈到地理教学指出，地理课可以作为"文化生产"形式发挥作用。他说，如社会需要物质生产一样，也需要文化生产。社会需要知识维持这种生产，而地理是这种知识的一部分。地理提供人们在世界上位置的理解，从而解释在集体上和个人方面我们是谁，他们是谁，世界怎样运作。不过他也指出，实际上，文化生产是一个"杂乱的"过程，有许多相互矛盾的"故事"。不同的教师，处于不同的生活地位，代表不同的"故事"，学生必须努力弄清楚他们面对的不同的"故事"。[1] 因为任何空间都不存在单一的空间意识，而是混杂的空间意识，尤其在当今世界，所以，地理虽然增强空间的认同感，但也展现出这种认同的重叠性、矛盾性与变动性。历史教学也往往通过共享传统的连续性塑造认同的一致性，但历史也展示认同的变动性和流动性，而且这种变动性和流动性在当代无疑与全球化和移民相连。我们要看到，这种变动性与流动性要求民主的包容性，要求尊重普遍的人权。因为移民的涌入，英国由单一的基督教国家转变为多文化和多宗教的社会，接纳与包容不同文化与宗教就成为必然的选择。公民教育要促进包容多元文化的民主，就必然要促进对其他文化与宗教的尊重与接纳。这种民主包容性正面对如英国国家党之类的极右势力的威胁。英国国家党将黑人、犹太人、穆斯林和同性恋者作为邪恶加以排斥。英国"脱欧"公投期间，民粹的、仇外的声音甚嚣尘上，指责移民耗尽国家福利、犯罪等，导致一位库尔德—伊朗15岁少年在伦敦受到残酷袭击。奥斯勒和斯塔克认为这种民粹主义将全

---

[1] David Lambert and Paul Machon (ed): Citizenship through secondary Geography. Routledge-Falmer. 2001. p. 90.

球化和移民视为威胁，将导致不宽容，从而威胁人权和民主，因而人权、人类团结、和平与安全方面的教育显得尤为急切。[①] 他们倡导以人权为基础的世界主义公民教育。不过，我们虽然不否认人权的基础性，但也要看到，无论文化如何多元，民族国家有自己的主体传统，这一主体传统依然是包容多样文化的基础，并且在主体传统的基础上学习其他文化传统。这种学习不仅壮大主体文化，而且增进文化传统之间的良好关系。

（四）课程的统一性与多样性

英国学校公民教育呈现多样性，英格兰旨在民主参与，苏格兰追求平等，威尔士强调传统，北爱尔兰致力于和平。英国四地公民教育的差异性很可能妨碍针对诸如政治参与下降等共同问题所采取的努力。为了应对民主发展的共同问题，有必要思考共同的公民教育框架。本·基斯比和杰姆斯·斯洛姆提出了四个公民教育所遵循的重要原则：第一，公民课的基础是对政治素质的承诺，提供公民参与民主政治生活的知识、技能和价值观；第二，公民教育必须以经验学习为基础，并为经验学习所推进；第三，公民教育必须为创造开放与民主的环境的制度结构所支持。必须将公民课深深地融入学校环境中；第四，如果积极公民通过公民教育来促进，与传统政治的传递相连的供给侧因素也是极为重要的。对照这个标准，他们指出，按照政治素质，在英格兰、北爱尔兰最为接近。在这两个地方，公民课是法定的，既独立教授，也通过跨课程教学，旨在提供学生知识的理解、参与政治活动的技能。相比，在苏格兰和威尔士，对政治素质的承诺是不充分的。在这两个地方，将更多地关注民族认同（如确立文化、历史和语言的认同与独特性）。在经验学习方面，在四个地方有细微差别。虽然英格兰和北爱尔兰的课程都强调多样性和多元文化主义以及多重认同的重要性，但是因制度的性质不同而造成不同的结果。在英格兰，过度集权的教育制度关注考试和目的，削弱通过经验学习的努力。学生和学校常常围绕学生考试成绩被测试和评估，学

---

① Audrey Osler, Hugh Starkey: Extending the theory and practice of education for cosmopolitan citizenship, Educational Review, 2018, 70 (1), p. 31.

校和教师的自治被国家课程的僵化所限制。在北爱尔兰,学生分离进入天主教和新教学校,不是改变宗教和政治的分化而是将其永恒化,亦即强化了学生宗教和政治认同,导致促进学生之间的相互理解和宽容的努力付诸东流。在苏格兰和威尔士有较少的考试取向,学校和教师有更大的自治,但更强调争议性的"威尔士特性"和"苏格兰特性",将英国政府主张的"英国的"价值观和"英国"认同视为专横和同质化的问题。在学校的民主氛围与精神方面,英格兰存在由国家教育研究基金会(NFER)进行的纵向评估,但威尔士、苏格兰和北爱尔兰缺乏这种研究。他们希望,学校采取创立学校委员会等措施,包容所有学生参与,而非少数学生参与而助长排斥。在公民教育供给侧方面,他们指出,英格兰集中化的体制是参与的障碍,苏格兰议会、威尔士和北爱尔兰的立法局更贴近人民,在原则上是让公民影响政治过程的更有前途的途径。他们指出,所有层次的政治家有责任密切联系学校和学生,寻求学生和教师参与。[①]

本·基斯比和杰姆斯·斯洛姆希望在英国建立公民教育的共同框架。这似乎有寻求统一性的意味。实际上,英国四地公民教育之间存在相同的地方,如四地的学校公民教育都将培养积极公民作为宗旨,将公民教育指向价值观;都执行全面主义的公民教育,即学校所有活动都是公民教育的途径;四地学者都关注公民教育的相同议题,如积极公民、民主、学生参与等。而且英格兰似乎有更大的影响作用,一方面英格兰在公民课教育政策、公民教育议题的讨论等方面影响其他三个地方,如英格兰学校设置公民课,威尔士紧随其后。另一方面英格兰在公民教育方面的政策变化也引起其他国家的警惕,如英格兰对"英国特性"的强调引起苏格兰对自己认同的重视。或许因为有共同关注,在公民教育的核心方面趋于统一。如戴维·希克斯指出,虽然英格兰和苏格兰的"国家课程"中每个年龄段公民教育重点不同,但核心是一致的,都指向人权和责任,

---

① Ben Kisby, James Sloam: Citizenship, democracy and education in the UK: towards a common framework for citizenship lessons in the four home nations. Parliamentary Affairs, 2012, 65 (1), pp. 68 – 89.

民族、宗教与种族认同的多样性，议会、中央和地方政府的运作，自愿组织、社群和压力集团的作用，社会中媒体的重要性和作用，地方—全球社群的相互依赖。学校教育所培养的核心技能也是相同的，即能够论证个人对问题观点的正当性、贡献讨论和争论、分析信息及其来源、对他人经历的同情、通过探索替代办法解决冲突、负责参与学校或地方社区的事务。[①] 这种趋同是公民教育本质决定的，因为民主政治的发展需要有政治素质的积极公民。当然，英国四地公民教育即便存在趋同性，也不可能出现统一的公民教育大纲。这是英国政治本质决定的。

（五）国家认同与全球认同

公民资格是国家赋予的，因而国家课程或国家的公民教育目的在于塑造国家的公民，培育适合本国宪法法律、文化传统、国家发展所需要的知识、技能与价值观。但国家是全球领域重要的行为者，国家及其公民同属于全球，因而国家的公民除了具备国家认同，还应该树立全球认同。出现重国家认同而拒绝全球认同的国家主义公民教育和重世界和国家相结合的世界主义公民教育的对立。如在可持续发展教育上，环保主义路线说到底是国家主义路线，旨在创建本国的可持续发展或本国的生态文明。而生态主义的路线在于全球，更多的意趣在责任，旨在实现全球正义和全球的可持续发展，其本质是国际主义的，甚至是世界主义的。

国家主义的公民教育和世界主义的公民教育在意旨上存在冲突，国家主义旨在培养忠于国家的公民，而世界主义公民教育旨在促进普遍的人性的承诺，世界主义强调共同的人性高于国家的普遍性。即便如此，但二者有重叠的地方。国家主义的公民教育强化公民之间的平等，这种平等内含国家平等对待自己的公民，包括保护外来的移民的权利和安全，也包括这些移民有表达自己认同的权利。世界主义致力于全球正义，当然包括国家对外国人的同等对待，保护外国人的权利和安全。国家作为全球最重要的行为者有公平对待外国人的义务。世界主义希望超越国家

---

① David Hicks: Citizenship for the Future: A Practical Classroom Guide. WWF-UK. 2001. pp. 9 – 10.

的全球存在，世界主义公民遵从的是普遍的人类规则，包括要求友好对待的权利，也包括基本人权；国家主义在全球层面考虑的是国际关系和原则，国家也会将普遍的国际准则作为国家及其公民的行为规则。因而在公民规范上重合。当然，前提是国家将国际普遍准则，包括国际法在内的国际法则纳入国内法。

世界主义过于强调对国家超越的需要，忽视国家依然是国际上最重要的行为这一现实。国家主义的公民教育通过强化国家认同和同胞之间的感情而强化国家的团结和公民的归属感。但这种强化可挑战世界主义所要求的对共同人性的承诺感。因而需要将二者相结合，寻求国家认同与全球认同的统一。戴维·希克斯对公民资格的设想有启发意义。他指出，公民教育吸取了两个长期存在的教育传统。第一个是人道主义的学习者中心的传统，关注每个人的发展和完善。第二个是通过突出和挑战现存的不平等，如种族、阶级、性别、年龄和残疾等不平等，建立更为平等的社会。希克斯增加第三个传统，即根源于环境教育和发展教育的可持续发展。可持续发展旨在人类和地球的福利实现，可持续发展教育培养学生与可持续发展相一致的并有效进行公共参与和决策的环境与道德意识、价值观、态度、技能和行为方式。据此，希克斯将公民资格区分为四个方面：在个人方面，为寻求圆满而树立自尊，学会合作，认识到个人的立场，发展人际能力，即树立个人层面公民的品格。在社会方面，认识到自己的认同和自我意识，也包括尊重种族、宗教和民族的多样性，积极参与改善社会的运动。在空间方面，即公民归属于地方、地区、国家和全球不同的领域，具备全球视野。在时间方面，在过去、现在和未来的背景中理解问题。[1] 希克斯似乎在寻求将公民的个人与社会方面置于时空中。

（六）公民教育的阶段性与连贯性

英国四地的公民教育都考虑到阶段性和连贯性。如英格兰不仅统筹

---

[1] David Hicks: Citizenship for the Future: A Practical Classroom Guide. WWF-UK. 2001. pp. 12-14.

安排了第一至第四关键期的公民教育,而且对每个关键期都规定了不同的要求,第一、二关键期公民教育是指导性的,第三、四关键期是指令性的。不仅如此,还延伸到16岁后的公民教育。也正因为对每个阶段的要求差异,就给教育实践带来了问题。在英格兰,第一、二关键期属于小学阶段。如果公民教育是指导性,就可能在实践上难以获得足够的重视,从而造成公民教育的脱节。对此,有人呼吁将公民教育作为小学的义务。如玛格丽特·赫尔斯等人指出,"公民教育通过帮助年轻人理解他们的社会和作为理智、有用的和负责的公民对社会的贡献提供社会化的基本因素"。要求小学有义务进行公民教育的教学,否则会延迟青少年在这一重要方面的发展。她要求小学响应培养情感素养、支持社区团结的责任、"每个孩子都重要"的行动框架、英国的治理等政府动议,结合自己的实际推进公民教育,"我们相信高质量的公民教育可以帮助小学更为有效和系统地针对这些多方面的议程"。如情感素养是公民教育课程的明确部分,这方面的培养不仅涉及行为管理,而且是儿童道德发展的重要部分。在社区团结方面,如果学校课程直接针对认同、多样性和共同性,就更可能促进社区团结。[1]

三 对我国的启示

英国学校公民教育所体现出的特色以及暴露出来的问题是我们思考如何培养负责的公民的资源,我们可以由此获得有益的启示。

(一) 通过民主参与培养民主素养

英国的经验告诉我们,提升学生民主素养的最有效的方式是行动。行动意味着表达自己的心声和采取变革行动。一句话就是民主参与。民主参与之所以发挥有效的民主教育作用,在于学生必须运用和理解并不断扩展自己的相关知识,必须面对问题提出解决问题的方案,并与人就

---

[1] Marguerite Health, Don Rowe and Tony Breslin: Citizenship Education in the Primary Curriculum. Http://www.justice.gov.uk/reviews/does/citizenship-education.pdf. 2011-10-12.

此交谈，必须反思来自他人的挑战和体验与行动的过程。因而经历民主参与可以提升学生民主参与的知识、态度和能力。学校思想政治课应该创设学生参与的机会，包括准备讨论的议题，尤其提供涉及争议性问题的议题、让学生提出解决学校、社区、国家和全球所面临的相关问题的方案，并就此展开讨论。学校应该创设学生参与的机构和途径，如创立讨论学校事务的学生委员会、设立学校领导和教师咨询学生的制度。当然，所有民主参与的制度与活动，必须是全面的、充分的和真实的，让学生真正感受到他们参与的作用，作为一个有价值的人受到尊重。形式主义的民主只会损害民主教育的效果。如果有学生被边缘化，就说明参与是不全面的；如果学生可以表达意见，但不受到学校重视，说明参与是不充分的；如果只存在参与的机构，但很少发挥参与作用，说明这种参与是不真实的。同时，我们要注意到，追求民主与平等本身会出现新的不民主和不平等问题，但我们不能因此而否定对民主和平等的追求，而是创造新的民主和平等的方式应对新的不民主与不平等。因为民主如杜威所说，就是不断地创造。民主的追求没有终点。

（二）强化社会主义核心价值观的引领与融入

社会主义核心价值观是凝聚人心、增进团结的信念基础。思想政治教育要以此为目标和宗旨引领学生树立社会主义核心价值观。社会主义核心价值观涉及国家、社会和公民个人三个层面，其作为目标落在学生个体身上，就是树立其国家、社会和公民个人三个层面的自我认同。作为教育目标，社会主义核心价值观应该贯穿于教育的所有阶段和层面，融入学校所有课程。这种融入可以采取目标贯彻、观念融入、主题构建等方式。当然，这需要展开跨课程的研究与实践，也需要语文、数学、科学等学科教师的理解与支持。

（三）在中华文化传统的基础上包容其他文化

无论国家的种族、宗教和文化如何多样，每个国家都不约而同以主体民族的文化作为基本支撑。如英国就强调基督教文化和古希腊与罗马的思想传统。中华文化传统是我们民族的血脉，也是国家的文化根基。

习近平总书记指出："抛弃传统、丢掉根本，就等于割断了自己的精神命脉。"① 传承文化传统是教育的使命。"要讲清楚中华优秀文化传统的历史渊源、发展脉络、基本走向，讲清楚中华文化的独特创造、价值理念、鲜明特色，增强文化自信和价值观自信。要认真汲取中华优秀传统文化的思想精华和道德精髓，大力弘扬以爱国主义为核心的民族精神和以改革创新为核心的时代精神，深入挖掘和阐发中华优秀传统文化讲仁爱、重民本、守诚信、崇正义、尚和合、求大同的时代价值，使中华优秀传统文化成为弘扬社会主义核心价值观的主要源泉。"② 传承是为了创造未来，因而"要处理好继承和创造性发展的关系，重点做好创造性转化和创新性发展"。③ 国家的方向是民主，传统的创造就是实现传统的民主转化，对合乎民主的传统价值观、方式赋予新的意义。传承和创造不仅是为了夯实文化基础，增强传统的生命力，而且是为了包容文化多样性奠定基础。随着我国对外开放的步伐加大，其他异质文化的到来不可避免。思想政治教育应该积极面对文化多样性的挑战，培养学生包容文化差异性的态度，以及在与异质文化冲突和交融中创新民族文化的能力。

（四）强化知识与价值观的统一性

价值观念与关于价值观的知识不可分离。社会主义核心价值观的树立与关于社会主义核心价值观的知识是统一不可分割的整体。没有知识内容的价值观是空洞的口号，没有将价值观的知识转化为观念就不可能有相应的行动。2019年3月，习近平在学校思想政治理论课教师座谈会上指出，"要坚持价值性与知识性相统一，寓价值观于知识传授之中"。也就是说，必须通过知识确立价值观。而这需要知识本身的彻底性和明确性。知之深切，才有行之至诚。如朱熹所言："德既明，自然是能新民。"④ 知之深切，快意行之，才是"自慊"。朱熹说："人之为善，须是

---

① 《习近平谈治国理政》第1卷，外文出版社2014年版，第164页。
② 同上。
③ 同上。
④ 黎靖德编：《朱子语类》（一），岳麓书社1997年版，第339页。

十分真实为善，方是自慊。若有六七分为善，又有为恶底意思在里面相牵，便不是自慊。须是'如恶恶臭，如好好色'方是。"① 因而思想政治教育的一个重要任务就是让学生对价值观所包含的道理有明确和透彻的理解。

（五）强化价值观教育的协调性与连贯性

价值观教育是连续的过程，这个过程因为对象的年龄特征的差异性而有阶段性，但也是连贯的过程，即价值观始终贯穿全过程。同时教育是多方面的，这种多方面体现在课程的不同和教育活动的多样性。虽然不同的课程和教育活动有自己独特的目标，但必须在基本目的上保持一致和协调。另外，也要强化价值观教育的连续性。今天树立社会主义核心价值观成为思想政治教育的基本目标。

"人类社会发展的历史表明，对一个民族、一个国家来说，最持久、最深层的力量是全社会共同认可的核心价值观。核心价值观，承载着一个民族、一个国家的精神追求，体现着一个社会评判是非曲直的价值标准。"② 如何将社会主义核心价值观的认同体现在每个阶段的教育中？我们看到，英格兰是将价值观作为单元教育学生的，不同阶段有不同的要求。苏格兰则将平等贯穿所有阶段。我们也应该思考不同年龄段的有关价值观的知识形态、态度和行为要求，实现思想政治教育的一体化。

（六）基于理论研究推进思想政治教育

我们可以看到，英国公民教育是在深厚的政治学、社会学和教育学理论基础上推进的。英格兰公民教育的设计师科瑞克本人就是英国著名政治学家，他基于公民共和主义理论思考英格兰的公民教育。安德鲁·彼得森也是根据共和主义政治理论展开对公民教育的理论想象。奥黛丽·奥斯勒基于世界主义理论设想公民资格及其公民教育。思想政治教

---

① 黎靖德编：《朱子语类》（一），岳麓书社1997年版，第293—294页。
② 《习近平谈治国理政》第1卷，外文出版社2014年版，第168页。

育学虽然被视为政治学与教育学的交叉学科,但很少见有基于政治理论或教育理论表达出对思想政治教育的独特理解。因而,要推进思想政治教育作为学科的发展,思想政治教育的研究者必须夯实自己的相关理论基础。

参考文献

中文文献：

安东尼·吉登斯：《失控的世界》，周红云译，江西人民出版社2001年版。

本尼迪克特·安德森：《想象的共同体》，吴叡人译，上海人民出版社2016年版。

布莱恩·特纳编：《公民身份与社会理论》，郭忠华、蒋红军译，吉林出版集团2007年版。

戴维·赫尔德：《民主的模式》，燕继荣等译，中央编译出版社2004年版。

戴维·米勒：《社会正义原则》，应奇译，江苏人民出版社2001年版。

德里克·希特：《何谓公民身份》，郭忠华译，吉林出版集团有限责任公司2007年版。

郭忠华、刘训练编：《公民身份与社会阶级》，江苏人民出版社2007年版。

华东师范大学教育系、杭州大学教育系编译：《现代西方资产阶级教育思想流派论著选》，人民教育出版社1980年版。

霍布斯：《利维坦》，黎思复、黎廷弼译，商务印书馆1985年版。

吉登斯：《超越左与右》，社会科学文献出版社2000年版。

加布里埃尔·A. 阿尔蒙德、西德尼·维巴：《公民文化——五个国家的政治态度和民主制》，徐湘林等译，东方出版社2008年版。

康德：《历史理性批判文集》，何兆武译，商务印书馆 2009 年版。

露丝·里斯特：《公民身份：女性主义的视角》，夏宏译，吉林出版集团有限责任公司 2010 年版。

罗伯特·D. 帕特南：《使民主运转起来》，王列、赖海榕译，江西人民出版社 2001 年版。

洛克：《政府论》（下篇），叶启芳、瞿菊农译，商务印书馆 1964 年版。

J. 马克·霍尔斯特德、马克·A. 派克：《公民身份与道德教育：行动中的价值观》，杨威译，社会科学文献出版社 2017 年版。

迈克尔·桑德尔：《公正》，朱慧玲译，中信出版社 2012 年版。

密尔：《论自由》，顾肃译，译林出版社 2010 年版。

《欧文选集》第 1 卷，何象峰、何光来、秦果显译，商务印书馆 2009 年版。

Joan Wink：《批判教育学——来自真实世界的记录》，黄柏叡、廖贞智译，台湾巨流图书公司 2005 年版。

威尔·金利卡：《多元文化的公民身份——一种自由主义的少数群体权利理论》，马莉、张昌耀译，中央民族大学出版社 2009 年版。

西塞罗：《论老年 论友谊 论责任》，徐奕春译，商务印书馆 1998 年版。

亚当·斯密：《道德情操论》，蒋自强等译，商务印书馆 1997 年版。

亚当·斯密：《道德情操论》，蒋自强等译，商务印书馆 2012 年版。

亚里士多德：《尼各马可伦理学》，廖申白译注，商务印书馆 2009 年版。

约翰·威尔逊：《道德教育新论》，蒋一之译，浙江教育出版社 2003 年版。

英文文献：

Advisory Group on Citizenship：Education for Citizenship and the Teaching of Democracy in Schools. London：Qualifications and Curriculum Authourity. 1998.

Alan Barclay, George Clarke, Alison Drew, Irene Morrison：Higher Modern Studies. Leckie & Leckie Ltd. 2007.

Alan Barclay, Kerr Miller：Modern Studies：Equality in Society：Health and Wealth. Scottish Consultative Council on the Curriculum. 1999.

Alan Reid: Discussing the possibility of education for sustainable development. Environmental Education Research, 2002, 8 (1).

Alan Reid & William Scott: Cross-Curricularity in the National Curriculum: reflections on metaphor and pedagogy in citizenship education through school geography. Pedagogy, Culture and Society, 2005, 13 (2).

Alan Smith: Citizenship Education in Northern Ireland: beyond national identity? Cambridge Journal of Education, 2003, 33 (1).

Alison Jeffers: Half-hearted promises or wrapping ourselves in the flag: two approaches to the pedagogy of citizenship. Research in Drama Education. 2007, 12 (3).

Amanda Keddie: The politics of Britishness: multiculturalism, schooling and social cohesion. British Education Research Journal. 2014, 40 (3).

Amy Gutmann: Democracy &Democratic Education. Studies in Philosophy and Education. 1993 (12).

Andrew Dobson: Environmental Citizenship: Towards Sustainable Development. Sustainable Development. 2007, 15 (5).

Andrew Dunn, Diana Burton: New Labour, communitarianism and citizenship education in England and Wales. Education, Citizenship and Social Justice. 2011, 6 (2).

Andrew Linklater: Cosmopolitan citizenship. Citizenship Studies. 1998, 2 (1).

Andrew Lockyer, Bernard Crick, John Annette (ed): Education for Democratic Citizenship. Ashgate Publishing Limited, 2003.

Andrew Mason: Integration, Cohesion and National Identity: Theoretical Reflections on Recent British Policy. British Journal of Political Science. 2010 (40).

Andrew Morris, Maggie McDaid and Hugh Potter: Promoting Community cohesion in England. School Leader and Management. 2011, 31 (3).

Andrew Peterson: Civic Republicanism and Civic Education: the Education of Citizen. Palgrave Macmilla, 2011.

Andrew Peterson: Republican cosmopolitanism: democratizing the global dimensions of citizenship education. Oxford Review of Education. 2011, 37 (3).

Andrew Peterson: The common good and citizenship education in England: a moral enterprise? Journal of Moral Education. 2011, 40 (1).

Andrew Peterson: The educational limits of ethical cosmopolitanism: towards the importance of virtue in cosmopolitan education and communities, British Journal of Educational Studies, 2012, 60 (3).

Andrew Wright and Ann-Marie Brandom (ed): Learning to Teach Religious Education in the Secondary School, RoutledgeFalmer, 2000.

Andrew Wright: Religion, Education and Post-modernity. RoutledgeFalmer. 2004.

Angel Valencia Saiz: "globalisation, Cosmopolitanism and Ecological Citizenship". Environmental Politics. 2005, 14 (2).

Ann Jordan and Paul Tayor: Delivering citizenship through the history National Curriculum in England: a practical approach in a primary school context. Citizenship, Social and Economics Education. 2002, 5 (2).

Any Williams: UK Government & Politics (Second Edition). Heinemann Educational Publishers. 1998.

Any Williams: US Government & Politics (Second Edition). Heinemann Educational Publishers. 1998.

Athanasia Chatzifotiou: Environment education, national curriculum and primary school teachers. Findings of a research study in England and possible implications upon education for sustainable development. The Curriculum Journal. 2006, 17 (4).

Audrey Olser: The Crick Report: difference, equality and racial justice. The Curriculum Journal, 2000, 11 (1).

Audrey Osler and Hugh Starkey: Changing citizenship: democracy and inclusion in education. Open University Press, 2005.

Audrey Osler and Starkey: Education for democratic citizenship: a review of research, policy and practice 1995 - 2005. Research Papers in Education. 2006, 21 (4).

Audrey Osler (ed): Citizenship and democracy in school: diversity, identity, equality. London: Cromwell Press, 2000.

Audrey Osler, Hugh Starkey: Extending the theory and practice of education for cosmopolitan citizenship, Educational Review, 2018, 70 (1).

Audrey Osler: & Hugh Starkey: Learning for Cosmopolitan Citizenship: theoretical debates and young people's experiences. Educational Review, 2003, 55 (3).

Audrey Osler: Human rights education, postcolonial scholarship, and action for social justice, Theory and Research in Social Education, 2015, 43 (2).

Audrey Osler: Patriotism, multiculturalism and belonging: political discourse and the teaching of history. Educational Review. 2009, 61 (1).

Audrey Osler: Teacher interpretations of citizenship education: national identity, cosmopolitan ideals, and political realities. Curriculum Studies, 2011, 43 (1).

Audrey Osler: Teaching for cosmopolitan citizenship. Educational Leadership. , December 2016/January 2017, 74 (4).

Avril Keating. e al: Embedding Citizenship Education in Secondary Schools in England (2002 - 08): Citizenship Education Longitudinal Study Seventh Annual Report. National Foundation for Educational Research. October 2009.

Barry Percy-Smith and Nigel Thomas (ed): A Handbook of Children and Young People's Participation: Perspectives from theory and practice. Routledge, 2010.

BEMIS: A Review of Human Rights Education in School in School. March 2013.

Ben Kisby, James Sloam: Citizenship, democracy and education in the UK: towards a common framework for citizenship lessons in the four home nations. Parliamentary Affairs, 2012, 65 (1).

Ben Kisby: Social capital and citizenship lessons in England: analysing the presuppositions of citizenship education. Education, Citizenship and Social Justice. 2009, Vol 4 (1).

Bernard Crick and Alex Porter (eds.), *Political Education and Political Literacy*, Longman. 1978.

Bernard Crick: Citizenship, diversity and national identity. London Review of Education. 2008, 6 (1).

Bernard Crick (ed.), *Citizens: Towards a Citizenship Culture*, Blackwell Publishers. 2001.

Bernard Crick (ed.): National Identities: The Constitution of the United Kingdom. Blackwell Publishers. 1991.

Bernard Crick, *Essays on Political Education*, The Falmer Press. 1977.

Bernard Crick: In Defence of Politics. Harmondsworth: Penguin Bokks Ltd. 1964.

Bernard Crick: Socialism. Milton Keynes: Open University Press. 1987.

Beth Cross, Moira Hulme and Stephen McKinney: The last place to look: the place of pupil councils within citizen participation in Scottish school. Oxford Review of Education, 2014, 40 (5).

Bhiku Parekh: Defining British National Identity. The Political Quarterly. 2000, 71 (1).

Byan S. Turner: Bernard Crick: Citizenship and democracy in the United Kingdom. Citizenship Studies. 2009, 13 (3).

Carina Fourie, Fabian Schuppert, and Ivo Wallimann-Helmer (ed): Social Equality: On What It Means to Be Equals, Oxford University Press, 2015.

Citizenship Education: A Dialogical Perspective. Valies Education Council of the United Kingdom. 2001.

Clive Erricker and Jane Erricker: Reconstructing Religious, Spiritual and Moral Education. RouthledgeFalmer. 2000.

Clive Erricker (ed): Teaching World Regions. The Shape Working Party on World Religions in Education. 1993.

Colin Brock (ed): Education in the United Kingdom. An Imprint of Bloomsbury Publishing PIc. 2015.

Curriculum for Excellence (building the curriculum 3): a framework for learning and teaching. the Scottish Government, June 2008.

Daniel Faas: A civic rebalancing of British multiculturalism An analysis of geography, history and citizenship education curricula. Educational Review, 2011, 63 (2).

Daniel Moulin: Religious education in England after 9/11, Religious Education, 2012, 107 (2).

Dava Hill and Leena Helavaara Robertson (ed): Equality in the primary school: Promoting good practice across the curriculum. Continuum International Publishing Group, 2009.

David Carr: The moral roots of citizenship: reconciling principle and character in citizenship education. Journal of Moral Education. 2006, 35 (4).

David Hicks: Citizenship for the Future: A Practical Classroom Guide. WWF-UK. 2001.

David Hopkins: School Improvement for real. RoutledgeFalmer. 2001.

David J Mclaren: "Education for citizenship" and the new moral world of Robert Owen. Scottish Educational Review. 2000 (2).

David Kerr: Citizenship education in England—listening to young people: new insights from the citizenship education longitudinal study. International Journal of Citizenship and Teacher Education. 2005, 1 (1).

David Kerr, Stephen McCarthy & Alan Smith: Citizenship Education in England, Ireland and Northern Ireland. European Journal of Education, 2002, 37 (2).

David Lambert and Paul Machon (ed): Citizenship through secondary Geography. RoutledgeFalmer. 2001.

David L. Grossman: Democracy, citizenship education and inclusion: a multidimensional approach. Prospects. 2008 (38).

David Stevens: Creating Greener Citizens: Political Liberalism and a Robust

Environmental Education. Studies in Philosophy and Education. 2014（33）.

D. B. Heater （ed.）, *The Teaching of Politics*, Methuen Educational Ltd. 1969.

Denis Hayes: The seductive charms of a cross-curricular approach. Education 3 – 13. 2010, 38（4）.

Department for Education: Promoting fundamental British values as part of SMSC in schools: Departmental advice for maintained schools. November 2014.［EB/OL］. http://www.nationalarchives.gov.uk/doc/open-government-licence/version/2, 2017 – 3 – 6.

Derek Bastide: Religious Education 5 – 12. the Falmer Press. 1987.

Derek Bastide: Teaching Religious Education 4 – 11, Routledge, 2007.

Derek Edyvane: Britishness, Belonging and the Ideology of Conflict: Lessons from the *Polis*. Journal of Philosophy of Education, 2011, 45（1）.

Derek Edyvane: Community and Conflict: The Source of Liberal Solidarity. Palgrave Macmillan. 2007.

Derek Heater: The history of citizenship education in England. The Curriculum Journal. 2001, 12（1）.

Dina Kiwan: Education for Inclusive Citizenship. London and New York: Routledge, 2008.

Douglas Bourn: Education for sustainable development and Global citizenship—the UK perspective. Applied Environmental Education and Communication. 2005, 4（3）.

Eamonn Gallagher: Racism and citizenship education in Northern Ireland. Irish Educational Studies. 2007, 26（3）.

Edmund Burke: Reflections on the Revolution in France. Oxford, New York: Oxford University Press. 1993.

Education for Citizenship: A Portrait of Current Practice in Scottish School and Pre-School Centres. HM Inspectorate of Education. 2006.

Education for Citizenship. National Curriculum Council. 1990.

Education Scotland: Promoting Diversity and Equality: Developing responsible citizens for 21 Century Scotland. 2013. http://sur. ly/o/hmie. gov. uk/AA001303.

Elizabeth Frazer: Citizenship education: anti-political culture and political education in Britain. Political Studies, 2000 (48).

EnginF. Isin, Bryan S. Turner: Handbook of Citizenship Studies. London, Thousand Oaks, New Delhi: SAGE Publications. 2002.

Felix Mathieu: The failure of state multiculturalism in the UK? An analysis of the UK' multicultural policy for 2000 – 2015. Ethnicities. 2017, 0 (0).

Geoff Whitty and Emma Wisby: Whose voice? An exploration of the current policy interest in pupil involvement in school decision-making. 2007, 17 (3).

Geraint Davies, Leslie J Francis: Three approaches to religious education at Key Stages one and two in Wales: How different are Church schools? Journal of Beliefs & Values. 2007, 28 (2).

Gerard McCann: Educating for peace in Northern Ireland: from EMU to Citizenship. The Development Education Journal. 2006, 13 (1).

Gert Biesta and Robert Lawy: From teaching citizenship to learning democracy: overcoming individualism in research, policy and practice. Cambridge Journal of Education. 2006, 36 (1).

Gert. J. J. Biesta: Learning Democracy in School and Society: Education, lifelong Learning, and the Politics of Citizneship. Sense Publishers. 2011.

Ghazal Kazim Syed: How Appropriate is it to Teach Citizenship through Mian Curriculum Subjects?, Citizenship, Social and Economics Education. 2013, 12 (2).

Gill Scott, Sharon Wright: Devolution, social democratic vision and policy reality in Scotland. Critical Social policy. 2012, 32 (3).

Gregory J. Williams and Leon Reisberg: Successful inclusion: Teaching social skills through curriculum integration. Intervention in School and Clinic. 2002. 38 (4).

Harry Brighouse: On Education. Routledge. 2006.

Helen Garforth… [et al]: Growing up Global: Early Years Global Education Handbook. Reading International Solidarity Centre. 2008.

Henry Maitles, Isabel Gilchrist: Never too young to learn democracy!: a case study of a democratic approach to learning in a Religious and 1125. Moral Education (RME) secondary class in the West of Scotland, Educational Review, 2006, 58 (1).

Henry Maitles, Ross Deuchar: "We don't learn democracy, we live it": consulting the pupil voice in Scottish schools. Education, Citizenship and Social Justice, 2006, Vol1 (3).

Henry Maitles: "They're out to line their own pockets!": can the teaching of political literacy counter the democratic deficit?; the experience of Modern Studies in Scotland, Scottish Educational Review, 2009, 41 (2).

HilaryClaire and Cathie Holden (ed.): The Challenge of Teaching Controversial Issue, Trentham Books, 2007.

HMIE: Promoting racial equality. 2005. http://sur.ly/o/hmie.gov.uk/AA001303.

Hugh Starkey: Fundamental British Values and citizenship education: tensions between national and global perspectives, Geografiska Annaler: Series B, Human Geography, 2018, 100 (2).

Ian Davies: 100 + Ideas for Teaching Citizenship. Continuum International Publishing Group. 2011.

Ian Davies: Globalising Citizenship Education? A Critique of "Global Education" and "Citizenship Education", British Journal of Educational Studies, 2005, 53 (1).

Ian Davies: Science and citizenship education. International Journal of Science Education. 2004, 26 (14).

Ian Kirby: The use of drama in Citizenship Education. Citizenship & Teacher Education. Spring 2006.

Jacqualine Watson: Educating for citizenship—the emerging relationship between religious education and citizenship education. British Journal of Religious education, 2004, 26 (3).

Jakob Kapeller, Fabio Wolkenstein: The grounds of solidarity: From liberty to loyalty. European Journal of Social Theory. 2013, 16 (4).

James Arthur and Daniel Wright: Teaching citizenship in the secondary school, David Fulton Publishers, 2001.

James Arthur, Ian Davies and Carole Hahn (ed): The SAGE Hand of Education for Citizenship and Democracy. SAGE Publications. 2008.

James Arthur, Ian Davies, Andrew Wrenn, Terry Haydn and David Kerr: Citizenship through secondary history. RoutledgeFalmer. 2001.

James Arthur, Liam Gearon and Alan Sears: Education, Politics and Religion: Reconciling the civil and the sacred in education. Routledge, 2010.

James Arthur, Robert Phillips (ed): Issues in History Teaching, Routledge, 2000.

James Weinberg, Matthew Flinders: Learning for democracy: The politics and Practice of citizenship education, British Educational Research Journal, 2018, 44 (4).

James Wood: Defining active citizenship in England secondary schools, Reflecting Education, 2006, 2 (2).

Jane Franklin (ed): Equality, London: The Institute for Public Policy Research, 1997.

Janet Edwards and Ken Fogelman (ed): Developing Citizenship in the Curriculum. David Fulton Publishers. 1993.

Janet Edwards and Ken Fogelman (ed): Developing Citizenship in the Curriculum. David Fulton Publishers. 1993.

Jenny Keating: Approaches to citizenship teaching in the first half of the twentieth century-thee experience of the London County Council. History of Education. 2011, iFirst Article.

Jessica Gold: In school dialogue: the role of school councils. Education Review. 2006, 19 (2).

Jim Bryden, Kenny Elder, Brian McGovern, Duncan Murray: Britain. Hodder Gibson. 1997.

Jim Bryden, Kenny Elder, Brian McGovern, Duncan Murray: the World. Hodder Gibson. 1997.

J. Mark Halstead and Mark A. Pike: Citizenship and Moral Education: Values in Action. Routledge, 2006.

Joanne Price: Get Global!: A Skill-Based Approach to Active Global Citizenship. ActionAid, CAFOD, Christian Aid, Oxfam, Save the Children and the Department for International Development. 2003.

Joe Jenkins and Will Ord: Themes in RE: Learning from Religions (3). Heinemann Educational Publishers. 2002.

John Annette: "Active learning for active citizenship": Democratic citizenship and lifelong learning. Education, Citizenship and Social Justice 2009. Vol 4 (2).

John Huckle & Stephen Sterling (ed): Education for Sustainability. Earthscan Publication Ltd, 1997.

John Mctaggart and Allan Grieve: Social Issues in the UK. Hpdder &Stoughton. 2000.

John Potter: The challenge of education for active citizenship. Education + Training. 2002, 44 (2).

Jonathan Birdwell, Ralph Scott, and Edward Horley: Active citizenship, education and service leaning. Education, Citizenship and Social Justice, 20138 (2).

Jonothan Neelands: Acting together: ensemble as a democratic process in art and life. The Journal of Applied Theatre and Performance, 2009, 14 (2).

Joyce Miller and Ursula Mckenna: Religion and religious education: comparing and contrasting pupils' and teachers' views in an English school. British Journal of Religious Education. 2011, 33 (2).

Kathleen Nolan: Mathematics in and through social justice: another misunderstood marriage? Journal of Mathematics Teacher Education. 2009 (12).

Keith Faulk: Rethinking citizenship education in England. Education, citizenship and social justice. 2006, 1 (2).

Kerr, D. et al: Citizenship Education Longitudinal Study: First Cross Sectional Survey 2011 – 2002, National Foundation for Educational Research. 2003.

Kerri Woods: Civic and Cosmopolitan Friendship. Res Publica. 2013.

Kevin Smith: Curriculum, Culture and Citizenship Education in Wales. Palgrave Macmillan. 2016.

Konrad Gunesch: Education for cosmopolitanism? Journal of Research in International Education. 2004, 3 (3).

Kymlica: Multicultural citizenship within multination states. Ethnicities. 2011, 11 (3).

Laura Lundy: "Voice" is not enough: conceptualising Article 12 of the United Nations Convention on the Rights of the Child. British Educational Research Journal, 2007, 33 (6).

Lesley McEvoy: Beneath the rhetoric: policy approximation and citizenship education in Northern Ireland, Education, Citizenship and Social Justice, 2007, 2 (2).

Liam Gearon: Citizenship through secondary religious education. RoutledgeFalmer. 2004.

Liam Gearon (ed.): A Practical Guide to Teaching Citizenship in the Secondary School. Routledge. 2007.

Liam Gearon (ed.): Learning to Teach Citizenship in the Secondary School: A companion to school experience. London and New York: Routledge, 2010.

Liam Gearon (ed.): Learning to teach citizenship in the secondary school: a companion to school experience, Routledge, 2015.

Liam Gearon (ed.): Learning to Teach Citizenship in the Secondary School. London and New York: RoutledgeFalmer. , 2003.

Lindsay Paterson: Does Scottish education need traditions? Discourse: Studies in the Cultural Politics of Education. 2009, 30 (3).

Lindsay Paterson: The civic activism of Scottish teachers: explanations and consequences. Oxform Review of Education, 1998, 24 (3).

L. Philip Barnes: Ninian Smart and the phenomenological Approach to Religious Education. Religion, 2000 (30).

Lynn A. Staeheli (et al): Dreaming the ordinary: Daily life and the complex geographies of citizenship. Progress in Human Geography. 2012 36 (5).

Lynn Davis: Global citizenship: abstraction or framework for action? Educational Review. 2006, 58 (1).

Lynne Broadbent, Alan Brown (ed): Issues in religious education. RoutledgeFalmer. 2002.

Madeleine Aenot: A global conscience collective? Incorporating gender injustices into global citizenship education. Education, Citizenship and Social Justice. 2009, 14 (2).

Madeleine Leonard: Children's citizenship education in politically sensitive societies. Children, 2007, 14 (4).

Maggie Webster: Creative Approaches to Teaching Primary RE. Pearson Education Limited. 2010.

Mal Leicester, Celia Modgil, Sohan Modgil (ed): Spiritual and Religious Education, Falmer Press, 2000.

Marie Jeanne, McNaughton: Educational drama in education for sustainable development: ecopedagogy in action. Pedagogy, Culture & Society. 2010, 18 (3).

Marie Jeanne McNaughton: Sustainable development education in Scottish schools: the Sleeping Beauty syndrome. 2007, 13 (5).

Mark A. Pike: The state and citizenship education in England: a curriculum for subjects or citizen? Curriculum Studies, 2007, 39 (4).

Mary Healy: "Civic Friendship". Studies in Philosophy and Education. 2011, 30 (3).

Mary J. Hickman, Nicola Mai, and Helen Crowley: Migration and Social Cohesion in the UK. Plagrave Macmillan. 2012.

Mary Richardson: Assessing the assessment of citizenship. Research Papers in

Education. 2010, 25 (4).

Mary Young, Eilish Commins: Global Citizenship: The Handbook for Primary Teaching. Chris Kington Publishing. 2002.

Melissa K. Berke: Curriculum Integration: A two-way street. General Music Today. 2000, 14 (1).

Michael Bonnett: Education for sustainability as a frame of mind. Environmental Education Research. 2006, 12 (3-4).

Michael Burnitt, Helen Gunter: Primary school councils: Organization, composition and head teacher perceptions and values, Management in Education, 2013, 27 (2).

Michael Hand and Joanne Pearce: Patriotism in British schools: teachers' and students' perspectives. Educational Studies. 2011, 37 (4).

Mike Cole (ed): Equality in the Secondary school: promoting good practice across the curriculum. Continuum International Publishing Group, 2009.

Mike Summers, Graham Corney & Ann Childs: Teaching Sustainable Development in Primary Schools: an empirical study of issues for teachers. Environmental Education Research. 2003, 9 (3).

Mominic Wyse: Felt Tip Pens and School Council: Children's Participation Rights in Four English Schools. Children & Society. 2001 (15).

Muna Golmohamad: Education for World Citizenship: Beyond national allegiance. 2009, 41 (4).

Nadine Holdsworth: Spaces to play/playing with spaces: young people, citizenship and Joan Littlewood. Research in Drama Education. 2007, 12 (3).

National Assembly for Wales Circular: Personal and Social Education (PSE) and Work-Related Education (WRE) in the Basic Curriculum.

National Curriculum in England: Citizenship programmes of study for key stages 3 and 4.

National Curriculum in England: Citizenship Programmes of study for Key stages 3 or 4.

Nick Mead: Conflicting concepts of participation in secondary school Citizenship. Pastoral Care in Education. 2010, 28 (1).

Pamela Munn and Margaret Arnott: Citizenship in Scottish Schools: the evolution of education for citizenship from the late twentieth century to the present. History of Education. 2009, 38 (3).

Paola Mattei Miriam Broeks: From multiculturalism to civic integration: Citizenship education and the Netherlands and England since the 2000s. Ethnicities. 2016m, 0 (0).

Patricia White: Gratitude, Citizenship and Education. Studies in Philosophy and Education. 1999 (18).

Patricia White: Making political anger possible: a task for civic education. Journal of Philosophy of Education. 2012, 46 (1).

Paula Bradley-Smith: The Challenges of teaching global citizenship through secondary geography. Citizenship & Teacher Education. Autumn 2005.

Paula Cowan, Henry Maitles: Values and attitudes—positive and negative: a study of the impact of teaching the Holocaust on citizenship among Scottish 11 – 12 year olds, Scottish Educational Review, 2005, 37 (2).

Paul Archer, Ben Ballin (…et al.): Lessons in Sustainability. Development Education Centre. 2003.

Pauline Kleingeld: Kant and Cosmopolitanism: the Philosophical Ideal of World Citizenship. Cambridge University Press, 2012.

Paul Thomas: Youth, terrorism and education: Britain's Prevent Programme. International Journal of Lifelong Education, 2016, 35 (2).

Paul Warwick: The development of apt citizenship education through listening to young people's voices. Educational Action Research, 2008, 16 (3).

Peter J. Hemming: Religion in the Primary School: Ethos, diversity, citizenship. Routledge. 2015.

Peter Ratcliffe: "Community cohesion": Reflection on a flawed paradigm. Critical Social policy. 2012, 32 (2).

Philip A. Woods: Democratic Leadership in Education. Paul Chapman Publishing. 2005.

Qualification and Curriculum Authority: Play your part Post - 16 citizenship. 2004.

Quality Improvement Agency for Lifelong Learning: Six approaches to Post - 16 Citizenship: Citizenship through research projects. the Learning and Skills Network. 2007.

Quentin Skiner, Bo Strath: State and Citizens: History Theory Prospects. Cambridge University Press. 2003.

Ralph Levinson: Science education and democratic participation: an uneasy congruence? Studies in Science Education. 2010, 46 (1).

Rhys Andrews and Gari Lewis: Citizenship education in Wales: community culture and the Curriculum Cymreig. http//www.leeds.ac.uk/educo/documents/0000157.htm. 2011 - 9 - 20.

Rhys Andrews, Andrew Mycock: Dilemmas of Devolution: The "Politics of Britishness" and Citizenship Education. British Politics. 2008 (3).

Rhys Andrews, Catherine McGlynn and Andrew Mycock: National pride and students' attitudes towards history: an exploratory study. Educational Studies. 2010, 36 (3).

Richard Cotmore: Organisational Competence: The Study of a School Council in Action. Children & Society, 2004, Vol. 18.

Richard Dagger: Civic virtues: rights, citizenship, and republican liberalism. Oxford University Press. 1997.

Richard Deakin: How to Pass Higher Modern Studies. Hodder Gibson. 2007.

Robert Jackson and Satoko Fujiwarn: Towards religious education for peace. British Journal of Religious Education, 2007, 29 (1).

Robert Jackson (ed): International Perspectives on Citizenship, Education and Religious Diversity. RoutledgeFalmer. 2003.

Robert Jackson: Religious Education: An Interpretive Approach. Hodder & Stoughton. 1997.

Robert Jackson: Rethinking Religious Education and Plurality: Issues in Diversity and Pedagogy. RoutledgeFalmer. 2004.

Robert Jackson, Siebren Miedema, Wolfram Weisse, Jean-Paul Willaime (Eds): Religious Diversity and Education in Europe: Development, Contexts and Debates. Waxmann. 2007.

Robert Jackson: Teaching inclusive religious education impartially: an English perspective. British Journal of Religious Education, 2017, 39 (1).

Roger Hart: Children's participation: from tokenism to citizenship. Florence: Unicef. 1992.

Rolf Jucker Reiner Mathar (ed): Schooling for sustainable development in Europe. Springer International Publishing. 2015.

Ross Deuchar: Citizenship, enterprise and learning: harmonising competing educational agendas. Trenham Books. 2007.

Ross Deuchar: Reconciling self-interest and ethics: the role of primary school pupil councils, Scottish Educational Review, 2004, 36 (2).

Ryan S. Rennie: The view of the invisible world: Ninian Smart's analysis of the Dimensions of religion and of religious experience. Bulletin, 1999, 28 (3).

Shane O'Neill: cultural justice and the demands of equal citizenship: the Parading dispute in North Ireland. Theoria, 2000.

Shazia Akhtar: The implementation of education for citizenship in Scotland: recommendation of approaches for effective practice. Improving Schools. 2008, 11 (1).

Sheryl Arthur and Gina Hewson: Themes in RE: Learning from Religions. (1). Heinemann Educational Publishers. 2002.

Stephen Baron (etal. ed): Social Capital: Critical Perspectives. Oxford University Press. 2000.

Stephen J Daniels: Global citizenship education and human rights in Scottish education: an analysis of education policy, Citizenship, Social and Economics Education, 2018, 17 (2).

Stephen Ward: Religious control of schooling in England: diversity and division. Intercultural Education. 2008, 19 (4).

Sue Cox and Anna Robinson-Pant: Enhancing participation in primary school and class councils through visual Communication. Cambridge Journal of Education, 2006, 36 (4).

Sue Cox, Anna Robinson-pant: Challenging perceptions of school councils in the primary school, Education 3 – 13, 2005, 33 (2).

Suke Wolton: Immigration Policy and the "Crisis of British Values". Citizenship Studies. 2006, 10 (4).

Terence Copley: Religious Education 7 – 11, Routledge, 2002.

The National Curriculum for England: Citizenship. Key Stages3 – 4. The Stationery Office on behalf of Department for Education and Employment. 1999.

The Scottish Government: Curriculum for Excellence: a framework for learning and teaching Education Scotland: Religious and Moral Education 3 – 18. www.educationscotland.gov.uk.

Tim Hayward: Ecological citizenship: Justice, rights and the virtues of resourcefulness. Environmental Politics. 2006, 15 (3).

Toni M.O'Donovan, Ann MacPhail and David Kirk: Active citizenship through sport education. Education 3 – 13. 2010, 38 (2).

Tracey James: Social Issues in the UK: Wealth & Health Inequalities. Hodder Gibson. 2008.

Ulrike Niens, Lorraine McIlrath: Understandings of citizenship education in Northern Ireland and the Republic of Ireland: Public discourses in the public and private sectors. Education, Citizenship and Social Justice. 2010, 5 (1).

Uvanney Maylor: Nations of diversity, British identities and citizenship belonging. Race Ethnicity and Education. 2010, 13 (2).

Vivienne Baumfield: Thinking Through Religious Education. Chris Kington Publising. 2002.

Walter M. Humes and Hamish M. Paterson (ed): Scottish Culture and Scottish Education: 1800 – 1980. John Donald Publishers Ltd. 1983.

William A Galston: Liberal Purposes: Goods, Virtues, and Diversity in the liberal State. Cambridge University Press. 1991.

William Scott, Chris Oulton: Environmental values education: an exploration of its role in the school curriculum. Journal of Maral Education, 1998, 27 (2).

William Smith: Cosmopolitan Citizenship: Virtue, Irony and Worldliness. European Journal of Social Theory. 2007, 10 (1).

Will Kymlicka and Wayne Norman (ed): Citizenship in Diversity Societies. Oxford University Press. 2000.

Yonah Hisbon Matemba: Problems, survival and transformation: religious education in Scotland-a historical review, 1962 – 1992. History of Education, 2014, 43 (4).